Studientexte zur Soziologie

Reihe herausgegeben von

Dorett Funcke, Institut für Soziologie, FernUniversität in Hagen, Hagen, Deutschland

Frank Hillebrandt, Institut für Soziologie, FernUniversität in Hagen, Hagen, Deutschland

Uwe Vormbusch, Institut für Soziologie, FernUniversität in Hagen, Hagen, Deutschland

Sylvia Marlene Wilz, Institut für Soziologie, FernUniversität in Hagen, Hagen, Deutschland

Die „Studientexte zur Soziologie" wollen eine größere Öffentlichkeit für Themen, Theorien und Perspektiven der Soziologie interessieren. Die Reihe soll in klassische und aktuelle soziologische Diskussionen einführen und Perspektiven auf das soziale Handeln von Individuen und den Prozess der Gesellschaft eröffnen. In langjähriger Lehre erprobt, sind die Studientexte als Grundlagentexte in Universitätsseminaren, zum Selbststudium oder für eine wissenschaftliche Weiterbildung auch außerhalb einer Hochschule geeignet. Wichtige Merkmale sind eine verständliche Sprache und eine unaufdringliche, aber lenkende Didaktik, die zum eigenständigen soziologischen Denken anregt. Herausgegeben vom Institut für Soziologie der FernUniversität in Hagen, repräsentiert durch Dorett Funcke, Frank Hillebrandt, Uwe Vormbusch, Sylvia Marlene Wilz, FernUniversität in Hagen, Deutschland

Weitere Bände in der Reihe http://www.springer.com/series/12376

Heike Delitz

Gesellschaftstheorien

Heike Delitz
Fachgruppe Soziologie
Universität Bamberg
Bamberg, Deutschland

Studientexte zur Soziologie
ISBN 978-3-658-31349-4   ISBN 978-3-658-31350-0 (eBook)
https://doi.org/10.1007/978-3-658-31350-0

Die Deutsche Nationalbibliothek verzeichnet diese Publikation in der Deutschen Nationalbibliografie; detaillierte bibliografische Daten sind im Internet über http://dnb.d-nb.de abrufbar.

© Der/die Herausgeber bzw. der/die Autor(en), exklusiv lizenziert durch Springer Fachmedien Wiesbaden GmbH, ein Teil von Springer Nature 2020
Das Werk einschließlich aller seiner Teile ist urheberrechtlich geschützt. Jede Verwertung, die nicht ausdrücklich vom Urheberrechtsgesetz zugelassen ist, bedarf der vorherigen Zustimmung der Verlage. Das gilt insbesondere für Vervielfältigungen, Bearbeitungen, Übersetzungen, Mikroverfilmungen und die Einspeicherung und Verarbeitung in elektronischen Systemen.
Die Wiedergabe von allgemein beschreibenden Bezeichnungen, Marken, Unternehmensnamen etc. in diesem Werk bedeutet nicht, dass diese frei durch jedermann benutzt werden dürfen. Die Berechtigung zur Benutzung unterliegt, auch ohne gesonderten Hinweis hierzu, den Regeln des Markenrechts. Die Rechte des jeweiligen Zeicheninhabers sind zu beachten.
Der Verlag, die Autoren und die Herausgeber gehen davon aus, dass die Angaben und Informationen in diesem Werk zum Zeitpunkt der Veröffentlichung vollständig und korrekt sind. Weder der Verlag, noch die Autoren oder die Herausgeber übernehmen, ausdrücklich oder implizit, Gewähr für den Inhalt des Werkes, etwaige Fehler oder Äußerungen. Der Verlag bleibt im Hinblick auf geografische Zuordnungen und Gebietsbezeichnungen in veröffentlichten Karten und Institutionsadressen neutral.

Planung/Lektorat: Cori Antonia Mackrodt
Springer VS ist ein Imprint der eingetragenen Gesellschaft Springer Fachmedien Wiesbaden GmbH und ist ein Teil von Springer Nature.
Die Anschrift der Gesellschaft ist: Abraham-Lincoln-Str. 46, 65189 Wiesbaden, Germany

Inhaltsverzeichnis

1	**Was ist und wozu dient „Gesellschaftstheorie"?**	1
1.1	Die Vielfalt von Gesellschaftstheorien und -analysen – und die Vielfalt der Gesellschaftsbegriffe	1
1.2	Unterscheidungen: Gesellschaftstheorie, Sozialtheorie, soziologische Theorie, Gesellschaftsanalyse	5
1.3	Kritiken am Gesellschaftsbegriff	7
1.4	Eine nichtessentialistische Fassung von ‚Gesellschaft': „Unmöglich und notwendig"	12
1.5	Zur Ordnung der Gesellschaftstheorien: Anknüpfungs- und Abstoßungslinien	16
1.6	Methoden der Theorie und Analyse von Gesellschaft: Gesellschaftsvergleiche	19
1.7	Zur folgenden Darstellung	21
2	**Soziologien des konstituierten Subjekts**	25
2.1	Die Durkheim-Schule	25
2.1.1	Émile Durkheim: Erfinder der Gesellschaftstheorie	27
2.1.2	‚Gesellschaft': Institutionen und kollektive Repräsentationen	30
2.1.3	Religion als Selbstheiligung oder Selbstfundierung von Gesellschaft	32
2.1.4	Zwei Durkheimiens: Mauss und Halbwachs	35
2.1.5	Vorblick: Gesellschaftstheorien nach Durkheim	39
2.2	Marxismus, Neo- und Postmarxismus	42
2.2.1	Marx und Engels: Das klassische marxistische Denken	46
2.2.2	Neomarxismus: Die Frankfurter Schule	54

	2.2.3 Ein strukturalistischer Postmarxismus: Bourdieu	63
	2.2.4 Althusser: Ein strukturalistischer Marxismus	71
2.3	Strukturalismus	77
	2.3.1 Claude Lévi-Strauss: Gesellschaft als Bedeutungssystem	79
	2.3.2 Symmetrische Gesellschaftsanalyse: Strukturale Anthropologie von und nach Lévi-Strauss	84
2.4	Poststrukturalismus: Michel Foucault	88
	2.4.1 Gesellschaftstheorie: Wissen, Macht, Subjekt	91
	2.4.2 Gesellschaftsanalyse: Das normale, vernünftige, und das disziplinierte Subjekt	93
	2.4.3 Foucault-Effekte: Die turns der Gesellschaftsanalyse; und die studies	97
2.5	Postfundamentalismus: Castoriadis, Gauchet, Lefort	99
	2.5.1 Castoriadis: die doppelte Imagination von „Gesellschaft"	101
	2.5.2 Gesellschaftsanalyse: Imagination des gesellschaftlichen Grundes und kollektiver Identität	102
	2.5.3 Lefort, Gauchet, Mouffe: die demokratische, paradoxe Gesellschaft	104
2.6	Systemtheorien: Parsons und Luhmann	108
	2.6.1 Durkheim, Parsons, Marxismus: Luhmannsche Anschlüsse und Abwehren	109
	2.6.2 Drei Gesellschaftsbegriffe: System, Weltgesellschaft, Selbstbeschreibung	112
	2.6.3 Der Gesellschaftsbegriff: Radikal nicht-territorial, nicht-anthropozentrisch, nicht-essentialistisch	116
	2.6.4 Gesellschaftsanalyse: Funktional differenzierte Gesellschaft (Gesellschaft ohne Zentrum)	118
2.7	Anschlüsse an Luhmanns Bestimmung von ‚Gesellschaft'	120
2.8	Feminismus und Postkolonialismus als Gesellschaftstheorien	122
	2.8.1 Gender studies	123
	2.8.2 Postcolonial studies	125
	2.8.3 Subaltern studies	128
	2.8.4 Soziologie als Herrschaftspraxis	130
2.9	Kurzer Rückblick auf die ‚Soziologien mit Gesellschaft' – auf Soziologien des konstituierten Subjekts	132

3 Soziologien des konstituierenden Subjekts ... 135
3.1 Max Weber und das Weber-Paradigma ... 137
3.1.1 Gegen den ‚Spuk mit den Kollektivbegriffen' (Version Weber) ... 137
3.1.2 Auflösung von Kollektivbegriffen, Rückgang auf Handeln ... 139
3.1.3 Gesellschaftsanalyse der Moderne ... 140
3.1.4 Trotz allem: ‚gesellschaftlich geformte Subjekte' und ‚imaginierte Kollektive' ... 145
3.1.5 Weiterführungen Webers ... 146
3.2 Georg Simmel: Relationale Soziologie (Formen von Wechselwirkungen) ... 149
3.2.1 Gegen den ‚Spuk mit den Kollektivbegriffen' 2 (Simmels Version) ... 149
3.2.2 Formale Soziologie (Formen von Wechselwirkungen) ... 150
3.2.3 Gesellschaft als Einheit, Vergesellschaftung & Gesellschaftsbewusstsein ... 152
3.2.4 Gesellschaftsanalyse der Moderne ... 154
3.2.5 Weiterführungen von Georg Simmel ... 156
3.3 Gabriel Tarde: Eine neue Mikrosoziologie ... 158
3.3.1 Zur ‚Gesellschaftsanalyse' bei Gabriel Tarde ... 161
3.3.2 Lobpreisungen von Gabriel Tarde ... 162
3.4 Phänomenologie: Alfred Schütz und Folgende ... 163
3.4.1 Alfred Schütz: Strukturen des Alltags ... 164
3.4.2 Die Neue Wissenssoziologie: Berger und Luckmann ... 166
3.4.3 Die aktuelle Wissenssoziologie (Kommunikativer Konstruktivismus) ... 169
3.5 Rational-Choice-Theorien, erklärende Soziologien ... 173
3.5.1 Kernannahmen & Zusatzannahmen, enge & weite Rational Choice Theorien ... 175
3.5.2 Zum Beispiel (1): Die Erklärung der Revolution von 1989 durch Opp, Voss und Gern ... 177
3.5.3 Zum Beispiel (2): Essers ‚Modell Soziologischer Erklärung' (kollektive Akteure) ... 178
3.5.4 Die Suche nach einer Einheitstheorie – und (das Fehlen der) Gesellschaftsanalyse ... 180
3.6 Pragmatismus und Symbolischer Interaktionismus ... 182
3.6.1 Mead: Gesellschaft als der generalisierte Andere ... 185

3.6.2　Weiterführungen (Blumer, Goffman, Becker, Strauss, Garfinkel) 189
3.7　Figurationsprozesse (Norbert Elias) 194
　　　3.7.1　Figuration statt ‚Gesellschaft' oder aber ‚Individuum' 196
　　　3.7.2　Gesellschaftsanalyse: Staatenbildung und Zivilisation des Verhaltens vom 15. bis 18. Jh. 198
　　　3.7.3　Elias: Fortführungen und Kritiken 202

4　Jenseits von Individuum und Gesellschaft: Natur und Kultur 207
4.1　Netzwerke aus Menschen und Nichtmenschen (Bruno Latour) ... 210
　　　4.1.1　Akteur-Netzwerke und Kollektive statt ‚Gesellschaft' 212
　　　4.1.2　Moderne-Analyse: Trennung & Vermischung von Natur/Kultur oder Natur/Gesellschaft 216
　　　4.1.3　Latour-Effekte 219
　　　4.1.4　Exkurs: Kollektive aus Menschen & Nichtmenschen (Philippe Descola) 221
4.2　Leben und Institutionen – Philosophische Anthropologie (Plessner, Gehlen) 224
　　　4.2.1　Pflanze, Tier, und „exzentrische Positionalität" (Helmuth Plessner) 225
　　　4.2.2　Soziologische Theorie: Verteidigung des Öffentlichen, Notwendigkeit des Politischen 229
　　　4.2.3　Handeln, symbolische Außenhalte, Institutionen (Arnold Gehlen) 233
　　　4.2.4　Philosophische Anthropologie: Ein lebenssoziologisches Denken im 20. Jh. und darüber hinaus 239
4.3　„Gefüge" aus Körpern, Affekten und Diskursen; Kollektiv- und Subjekt-Werden (Gilles Deleuze) 242
　　　4.3.1　Institutionen, Gefüge, Werden; gesellschaftliche Bewegungen – Begriffe des Sozialen bei Deleuze 244
　　　4.3.2　Aktualitäten von Deleuze 250

5　Rückblick: Kritik, Pluralität und Notwendigkeit von Gesellschaftsbegriffen 253

Literatur 261

Was ist und wozu dient „Gesellschaftstheorie"? 1

1.1 Die Vielfalt von Gesellschaftstheorien und -analysen – und die Vielfalt der Gesellschaftsbegriffe

In welcher Gesellschaft leben wir, und was ist überhaupt eine ‚Gesellschaft'? Der Studienbrief führt in diese – zuletzt genannte – Grundfrage der Soziologie ein, in die konzeptionellen Grundlagen des Faches oder in die soziologische Theorie von ‚Gesellschaft', und allgemeiner, kollektiver Existenz. Egal, ob ein eher theoretischer oder aber eher empirischer Schwerpunkt verfolgt wird: Eine Antwort auf die Frage nach der Konstitutionsweise, den Elementen und dem Status von ‚Gesellschaft' oder von kollektiver Existenz liegt immer vor – sei es implizit oder explizit. Genauer gesagt, muss eine solche Antwort immer erneut erarbeitet werden. Nie kann man sich hier ausruhen. Denn nicht nur werden Gesellschaften oder Kollektive immer andere, und erheischen daher immer neue Bemühungen in der Frage, mit welcher Gesellschaft man es je gerade zu tun hat. Mehr noch, auch die Frage nach dem Charakter, der Seinsweise und den Elementen von Gesellschaft generell kennt keine definitive Antwort. So ist weder abschließend feststellbar, was die Gegenwartsgesellschaft zentral auszeichnet, noch lässt sich definitiv – nämlich unumstritten – sagen, was eine ‚Gesellschaft' ist und ob dieser Begriff überhaupt angemessen sei. Ebenso wenig lässt sich also auf den Bestimmungen des Gegenstands der Soziologie ausruhen. Auch die Aufgabe des Faches wird schließlich sehr verschieden und immer wieder neu bestimmt. Kurz, auf alle diese Fragen – und auch die der geeigneten Methode – muss eine Antwort gegeben werden. Keine ist allgemein anerkannt oder hätte keine Konkurrenz. Jede soziologische Theorie hat zudem notwendig blinde Flecke, jede blendet etwas aus, um anderes hervorzuheben. Daher ist gerade die Vielfalt, und schärfer noch, die Unvereinbarkeit und Divergenz der soziologischen Theorien bedeutsam und positiv: Sobald man etwa vom Akteur oder der Handlungsmotivation ausgeht, ist nicht gleichermaßen dessen gesellschaftliche Formung etwa in der Sprache oder Sozialisation untersuchbar. Trotz aller Versuche, aus der Soziologie eine Einheitswissenschaft zu machen, gibt es hier keine Einigung. Nicht nur lässt sich hier nichts beweisen; jeder Einheitsversuch bleibt auch immer umstritten und daher partikular.

Tatsächlich ist die Soziologie gerade in der Frage, was die ‚Gesellschaft' ist – und ob dies der Gegenstand der Disziplin sei, ob es sich um eine Gesellschaftswissenschaft handele; oder ob vielmehr soziale Beziehungen oder Interaktionen der zentrale Gegenstand sei; oder Individuen oder aber Bedeutungssysteme –, uneinig. Je nachdem, wie man dieser Vielfalt des soziologischen Denkens gegenübersteht und von welcher wissenschaftstheoretischen Position man dabei überzeugt ist, formuliert man dies negativ (als ‚Spaltung', die das Fach bedrohe) oder positiv (als besonderes Potential des Faches).[1] Was ist der Gegenstand der Soziologie – sind es soziale Handlungen von menschlichen Akteuren; oder sind es Interaktionen zwischen verschiedenen *socii* (Menschen, Artefakte, Tiere, Pflanzen); sind es soziale Strukturen, oder Semantiken oder Kommunikationen; sind es Institutionen, oder Gesellschaften und generell Kollektive? In dieser Frage haben sich bereits die Gründer des Faches – Émile Durkheim vs. Gabriel Tarde, Georg Simmel und Max Weber – getrennt. Das gilt ebenso für die Frage nach der Aufgabe des Faches: Ist es die distanzierte Beschreibung sozialer Phänomene, ist es deren Erklärung aus anderem oder die Kritik der Gegenwartsgesellschaft (von Ungleichheiten, Herrschaftsverhältnissen, Subjektivierungen usw.)? Die Uneinigkeit in dieser Frage liegt auch an einer weiteren Vielfalt oder Spaltung der Soziologie, nämlich an der erwähnten Wissenschaftstheorie: der methodologischen Orientierung an konträren Wissenschaftskulturen, entweder an den historischen Kulturwissenschaften; an den kausal erklärenden, universalistischen Naturwissenschaften oder an einer normativen Disziplin, der praktischen Philosophie/Ethik.

Soziologische Theorie ist in jeder soziologischen Forschung unumgänglich enthalten, in jeder werden Grundbegriffe und Grundevidenzen, Selbstverständnisse und leitende Fragestellungen oder sogenannte Bezugsprobleme geteilt. Jede Antwort auf die analytische oder (wie oft entlang eines allerdings medizinischen Vokabulars formuliert wird) diagnostische Frage basiert bereits

---

[1]Vgl. zur Multiparadigmatizität der Soziologie Fischer 2008 und die Beiträge in *Zeitschrift für Theoretische Soziologie* 2/2017.

auf einer Antwort auf die Theorie-Frage. Die Antwort auf die Frage nach dem *gegenwärtigen* Modus von Gesellschaft setzt einen Theorieansatz voraus, eine Antwort auf die Frage, was Gesellschaft ist, woraus sie sich zusammensetzt und was dabei grundlegend ist. So ist es ein grundlegender Theorieunterschied, ob man ‚soziale Strukturen' annimmt und herauszufinden versucht, die sich dann etwa im Symbolischen ausdrücken (wie etwa Theodor W. Adorno) – oder ob man dieses Symbolische selbst als strukturierend versteht (wie zum Beispiel Pierre Bourdieu). Auch ist es ein Unterschied, ob man Normen und Institutionen als Begrenzungen der gleichwohl vorhandenen individuellen Kalküle versteht oder aber als solche, die eine Subjektform allererst erzeugen. Dasselbe gilt etwa für den Blick auf gesellschaftliche Konflikte (gelten sie als abweichend, als desintegrierend und negativ oder werden Konflikte als stabilisierend, als Gesellschaft erzeugend konzipiert?). Insgesamt impliziert derart eine jede konkrete soziologische Forschung irgendeine soziologische Theorie – und auch einen Gesellschaftsbegriff. Dieser muss nicht als solcher ausgeflaggt sein. *Es kann sich in der soziologischen Theorie nämlich auch gerade darum handeln, den Gesellschaftsbegriff zu verflüssigen, oder ihn ganz auflösen zu wollen, und andere Begriffe an seine Stelle zu setzen.* Indes: Auch dann werden Angebote gemacht, was ‚richtigerweise' an dessen Stelle treten soll, woraus eine Gesellschaft, ein Kollektiv, das Soziale ‚wirklich' besteht.[2]

Wir meinen darüber hinaus, dass die Antwort auf die analytische Frage – mit welcher Gesellschaft, welchen Subkulturen, Herrschaftsverhältnissen, Institutionen, Subjektformen man es zu tun hat, wie soziale Strukturen sich verändert haben oder welche sozialen Bewegungen auftauchen – an Überzeugungskraft gewinnt, wenn diese Theoriefrage (was das eigentlich ist oder als was es bestimmt wird: das Soziale oder Gesellschaft) offengelegt ist. Die Bestimmung von Kerninstitutionen, -dynamiken oder Subjektformen der untersuchten Gesellschaft, des jeweiligen Modus von Vergesellschaftung basiert jedenfalls notwendig auf einer bereits vorgenommenen Bestimmung dessen, was ‚Gesellschaft' sei oder wie sie sich konstituiere (erzeuge). So setzt zum Beispiel ein gesellschaftsanalytischer Blick, der sich im Anschluss an Karl Marx vorwiegend auf die kapitalistische Ökonomie und deren Ungleichheiten konzentriert, bereits

---

[2]Beide Begriffe benutzen wir im Folgenden synonym, um dem Eindruck eines ‚methodischen Nationalismus' (z. B. Beck und Grande 2010) ebenso zu entgehen wie dem Eindruck, es gehe allein um Menschen (vgl. dazu unten die spezieller gefassten Begriffe des ‚Kollektivs' bei Philippe Descola 2011 und Bruno Latour 2010).

eine Entscheidung über das soziale oder gesellschaftliche Leben generell voraus – dass die Ökonomie die Matrix des Sozialen, dass *jede* Gesellschaft letztlich durch Arbeit und Produktionsweisen sowie die dem entsprechende Teilung in Herrschende und Beherrschte strukturiert sei. Sieht man die Spezifik der modernen Gegenwartsgesellschaft hingegen mit Niklas Luhmann in funktionaler Differenzierung, der Bildung einer wachsenden Zahl eigenständiger Teilsysteme, so setzt dies voraus, dass Gesellschaft mit Kommunikation gleichsetzbar und gleichzusetzen ist – und Letztere nicht im Blick auf die Inhalte, den Sinn oder die Motive, sondern die Kommunikationscodes und Medien im Blick interessiert. Oder, wenn eine Soziologie die gegenwärtige globale Situation als die differenter moderner Gesellschaften, weil differenter Formen kollektiver Identitätsvorstellungen beschreibt (mit Shmuel Eisenstadt und Bernhard Giesen 1995), dann, weil sie Vergesellschaftung, Institutionen, Organisationen *kulturell* konstituiert sieht und mit Max Weber von dem ‚Sinn' ausgeht, der mit dem (politischen, wirtschaftlichem usw.) Handeln je verbunden wird. Dasselbe gilt für die Methodenwahl: Die Analyse von Diskursen, Symbolen oder aber historischen Semantiken, von Institutionen, Sozialstrukturen oder aber dem subjektivem Sinn, den individuellen Motiven des Handelns entspricht einer je spezifischen Theorie des Sozialen und damit von Gesellschaft.

Lässt sich die Perspektive umkehren und meinen, dass die Gesellschaftsanalyse primär ist, dass das Interesse für die *eigene* Gesellschaft zu (ungerechtfertigten) verallgemeinernden Aussagen über Gesellschaft führt? Uwe Schimank (2013: 15) schreibt in seiner Einführung, die Gesellschaftstheorie sei *nicht so sehr* an einem „allgemeinen Gesellschaftsbegriff" interessiert, als vielmehr an der „Charakterisierung spezifischer Gesellschaftsformen" (nämlich der eigenen, modernen, westlichen Gesellschaften). Es gehe zuvorderst um Analyse, und nur zu diesem Zweck auch um eine allgemeine Theorie kollektiver Existenz oder von Gesellschaft. Schimank kommt dann gleichwohl zu folgender allgemeiner Definition: „Gesellschaften sind die jeweils größte Art von relativ aus sich heraus reproduktionsfähigen sozialen Gebilden".[3] Dabei könne die „Größe" an der Zahl der Menschen gemessen werden. Die so definierten Gesellschaften fallen „nach wie vor mit Nationen" zusammen (ebd.). Das ist *ein* Gesellschaftsbegriff – gegen den sich einige der zu erwähnenden Kritiken richten. Es gibt andere Begriffe, die etwa gerade solche Gesellschaften umfassen, die nicht nationalstaatlich fundiert

---

[3]Eine Bestimmung von Gesellschaft aus den 1950ern, wie E. R. Leach im *Dictionnaire de l'ethnologie et de l'anthropologie* (Leach 2004, 668 f.) berichtet.

sind, wie zum Beispiel religiöse Kollektive oder auch die totemistischen Gesellschaften (die namentlich das französische anthropologische und soziologische Denken seit Durkheim so beschäftigt haben und weiter beschäftigen). Man kann ebenso an die Subkulturen und Milieus oder an die „neuen Stämme" denken, von denen Michel Maffesoli (1988) mit Blick auf die Gegenwart spricht – an kleinere Kollektive oder an „kulturelle Gemeinschaften" innerhalb von national instituierten Gesellschaften, die um ihre „Singularität" bemüht sind (Reckwitz 2017). Ebenso ist – wiederum in anderen Theorien und Forschungsinteressen – unter Gesellschaft die ‚Weltgesellschaft', die Gesamtheit der transnationalen Kommunikationen gemeint:

> „Geht man aus von einem Begriff der Gesellschaft als eines sozialen Systems, das alles kommunikativ erreichbare Handeln einschließt, dann ist kein Zweifel daran möglich, daß die soziokulturelle Evolution heute die Weltgesellschaft realisiert hat. Es gibt nach diesem Begriff nur noch ein einziges, den Erdball umspannendes Gesellschaftssystem" (Luhmann 2017: 441).

Kurz: Es gibt für diesen Studienbrief keine allgemeingültige, kompakte und zugleich raffinierte (komplexe) Definition von Gesellschaft, die man an dessen Anfang stellen könnte. Jede Bestimmung ist spezifisch und wendet sich bereits gegen eine andere. Jede ist in diesem Sinne auch polemisch und in jedem Fall partikular. So gilt selbst das nur noch eingeschränkt, was Niklas Luhmann noch als gemeinsamen Kern des Begriffes festhalten will: Gesellschaft sei „das jeweils umfassendste System menschlichen Zusammenlebens. Über weitere einschränkende Merkmale besteht kein Einverständnis" (Luhmann 1978: 267). – Bereits über dieses einschränkende Merkmal besteht keine Einigkeit, wie noch zu sehen sein wird.

1.2 Unterscheidungen: Gesellschaftstheorie, Sozialtheorie, soziologische Theorie, Gesellschaftsanalyse

Zudem hat auch der Begriff der *Gesellschaftstheorie* – und nicht nur der der Gesellschaft – mehrere, genauer mindestens drei verschiedene Bedeutungen: Zunächst bezieht sich der Begriff auf vorsoziologische Theorien – die Klassiker der politischen Theorie und der ökonomischen Theorie vom 17. bis ins 19. Jahrhundert (Thomas Hobbes, Adam Smith, Karl Marx) werden als ‚Gesellschaftstheoretiker' bezeichnet (im Unterschied zu den soziologischen TheoretikerInnen).

Sodann, innerhalb der Soziologie, wird unter dem Titel Gesellschafts*theorie* meist nun gerade das bezeichnet, was wir im Folgenden als *Gesellschaftsanalyse* fassen – und gerade nicht ins Zentrum dieses Lehrbriefs stellen, dem es um Theorien von Gesellschaft geht. Tatsächlich ist dies aber bislang die häufigste Bedeutung des Begriffspaares ‚Sozial-‚ und ‚Gesellschaftstheorie':

> „Sozialtheorien enthalten Aussagen über ‚das Soziale', sie beziehen sich also auf jede Art von Vergesellschaftung. Gesellschaftstheorien [hingegen] beziehen sich auf eine bestimmte gesellschaftliche Formation, etwa die moderne (westliche) Gesellschaft." (Lindemann 2018: 17)[4]

Die Betonung liegt in einer solchen Fassung von ‚Gesellschaftstheorie' genau genommen also eher auf *Gesellschaft,* als auf Theorie. Und in jedem Fall müsste es genauer heißen, dass es um eine Gesellschaftstheorie *moderner* Gesellschaft geht. Für eine *allgemeine* Theorie des Sozialen und auch von Gesellschaft steht dagegen oft der Begriff der *Sozialtheorie,* oder auch (und besser) der der *soziologischen Theorie.* Diese kann nun sehr verschiedene Reichweiten haben: Sie kann sich allein um Interaktionen drehen, um Rollen und Konflikte, oder aber sich auf die Fragen beziehen, wie Kollektive erzeugt oder verändert sind und was kollektive Existenz oder Gesellschaft eigentlich ist, wie sie erzeugt wird und aufrechterhalten oder transformiert wird. Im Bereich einer vornehmlich auf Interaktionen von Individuen konzentrierten Sozialtheorie hat Georg Simmel z. B. die Dynamiken von Zweier- und Dreier-Konstellationen beschrieben (allerdings hat er zugleich Dynamiken kollektiver Begegnungen beschreiben wollen). Oder Alfred Schütz hat phänomenologische Rekonstruktionen dessen erarbeitet, wie sich die ‚Welt' oder die ‚Wirklichkeit' (darunter auch, aber nicht allein die soziale, menschliche) dem Subjekt darstellt. Unter *Theorien der Gesellschaft* – oder kurz: Gesellschaftstheorien – wollen wir nun demgegenüber in diesem Lehrbrief speziell jene soziologischen Theorien fassen, die sich um *kollektive* Existenz drehen, um die Seinsweise von Gesellschaft oder Kollektiven. Selbstverständlich sind darunter Ansätze, die das Handeln der Akteure oder Interaktionen als primären Gegenstand und Grundbegriff der Soziologie setzen – wie bei Max Weber und auch Georg Simmel, sofern sie jedenfalls nicht bei Interaktionen stehen bleiben, sondern sich dafür interessieren, was in diesen entsteht.

---

[4]Vgl. zur selben Verwendung von ‚Gesellschaftstheorie' als ‚Gesellschaftsanalyse' und von ‚Sozialtheorie' als ‚Gesellschaftstheorie' u. v. a. nur Lindemann 2008, Joas und Knöbl 2004 oder Laux 2014.

Soziologische Theorien von Gesellschaft, oder eben kurz: *Gesellschaftstheorien* sind gegenüber *Gesellschaftsanalysen* also auf generelle Aussagen aus. Es geht um Gesellschaft schlechthin, weit über die eigene Gesellschaft hinaus. Es geht um allgemeine Mechanismen oder Modi, in denen kollektive oder gesellschaftliche Existenz besteht; Modi, die moderne ebenso wie extramoderne Gesellschaften grundlegend teilen. So konstituieren sich alle Gesellschaften Claude Lévi-Strauss zufolge in Verwandtschaftsstrukturen; und jede konkrete Gesellschaft hat darin einen eigenen Modus. Oder, alle Gesellschaften konstituieren sich in Normen und Werten; oder in Bedeutungssystemen.

1.3 Kritiken am Gesellschaftsbegriff

Spätestens seit den 1980er Jahren lassen sich nun Tendenzen zur Lösung vom Gesellschaftsbegriff und verwandten Begriffen (‚Kultur', ‚culture') in der soziologischen, und ebenso in der ethnologischen bzw. anthropologischen Theorie feststellen. Die Tendenz lautet Verabschiedung, Auflösung, Kritik jeglicher Kollektivbegriffe; in der Hinwendung zu Akteuren oder Aktionen, Relationen oder Praktiken.

> „Der Begriff ‚Gesellschaft' steht in der Soziologie derzeit nicht hoch im Kurs. Immer häufiger gerät er ins Zentrum soziologischer Kritik und nicht wenige innerhalb des Faches halten ihn gar für völlig verzichtbar. Am Beginn des 21. Jahrhunderts scheint der Gesellschaftsbegriff [...] an Überzeugungskraft zu verlieren" (Müller 2015: 195).

Die Kritiken kommen aus durchaus verschiedenen Richtungen, sie entfalten differente Argumente und formulieren verschiedene Alternativen zum Gesellschaftsbegriff. Sie können sich dabei auf die soziologischen Klassiker, vor allem auf Simmel und Weber, berufen. Es lassen sich genauer mindestens fünf Kritiken unterscheiden, die eng miteinander zusammenhängen, aber doch je andere Facetten, andere Problematiken beleuchten, für anderes sensibel machen.

Kritik 1. *Metaphysik/Essentialismus:* Zum einen wird ‚der' Begriff der Gesellschaft in der Tradition von Max Weber und Georg Simmel skeptisch gesehen, weil er ein Kollektivsubjekt unterstelle. Wer Gesellschaft sage, verdingliche oder ‚reifiziere' gesellschaftliche Beziehungen oder Interaktionen, mache die Gesellschaft zum Erklärenden und sei daher Metaphysik oder Ontologie – gegen die die Soziologie gerade angetreten sei: Zu zeigen, dass ‚das Soziale' aus nichts anderem als den Einzelnen und ihren Handlungen oder Kommunikationen bestehe. Auch die so verstandenen *Handlungstheorien sind Gesellschaftstheorien* – auch ihnen geht es um die Aufklärung kollektiver Existenz (wie funktioniert zum Beispiel die Unterwerfung unter einen Staat oder unter abstrakte Gesetze?). Aber sie suchen dabei gerade Ersatzbegriffe für Gesellschaft, um diese umso besser zu verstehen. Die Soziologie habe sich „in irreale Betrachtungen verloren, weil sie die ‚Gesellschaft' zum Grundbegriff ihrer Analysen gemacht hat", schreibt Friedrich Tenbruck (1981: 333). Er kann sich dabei auf Max Weber stützen, der in einem Brief von 1920 – im Jahr seines Todes – folgendes geschrieben hatte:

> „[W]enn ich jetzt nun einmal Soziologe geworden bin, so wesentlich deshalb, um dem immer noch spukenden Betrieb, der mit Kollektivbegriffen arbeitet, ein Ende zu machen. […]: auch Soziologie kann nur durch Ausgehen vom Handeln des oder der, weniger oder vieler Einzelner, strikt „individualistisch" in der Methode also, betrieben werden" (Weber 1920: 946).

„Bemerkenswert ist die Zähigkeit, mit der am Gesellschaftsbegriff festgehalten wird", heißt es in diesem Sinn noch bei Thomas Schwinn (2011: 36), gerichtet speziell an die Systemtheorie und deren Analyse funktionaler Differenzierung. Solche „[m]akrosoziale[n] Perspektiven auf Ordnungskonstellationen erfordern den Gesellschaftsbegriff nicht" (ebd.: 37 f.), gehe dieser doch *immer* mit einer „übertriebenen Homogenitäts- und Ganzheitsphantasie" einher, mit einer Überschätzung von Homogenität und Interdependenz (ebd.: 39). Daher sei nicht nur jeder Kollektivbegriff „entbehrlich", sondern geradezu „hinderlich" (ebd.: 42). In einem ähnlichen Verständnis von Soziologie als Handlungs- und nicht als Gesellschaftswissenschaft heißt es heute in vielen Zusammenhängen, man müsse auf den Gesellschaftsbegriff verzichten, sich auf Interaktionen, Körper, Akteure beschränken (z. B. in der „Gedächtnissoziologie", Delitz 2017; vgl. auch Delitz 2020). So gilt etwa auch für die unter dem Titel einer Praxistheorie zusammengefassten Ansätze (zu denen die soziologischen Theorien von Pierre Bourdieu, Bruno Latour, Michel Foucault oder Judith Butler gezählt werden: vgl. Reckwitz 2003, Schäfer 2013, Hillebrandt 2014, Schäfer 2016); und für Ansätze, die als „relationale Soziologien" gefasst werden (Latour, sowie Simmel oder Mauss, vgl. Diaz-Bone 2017, Papilloud 2017): Dass es immer auch um Alternativen zum Gesellschaftsbegriff geht (ebenso wie auch um Alternativen zum allein menschlichen Akteur. Im Grunde handelt es sich dabei um dieselbe Kritik: Wer ‚Gesellschaft' sage, erfinde ein „Phlogiston" (wie Jean Stoetzel Durkheim 1946 vorwarf, vgl. dazu Delitz 2013: 59), also etwas, das es nicht gibt, mit dem man aber etwas zu erklären sucht. So wirft Latour namentlich Durkheim vor, dass dieser die Gesellschaft zum Akteur mache. Mit solchen essentialistischen Annahmen kontaminiert, sei der Gesellschaftsbegriff obsolet. Er sei wie ein „verwesendes Monster", dessen Geruch „unerträglich geworden" sei. „Es gibt keine Möglichkeit, die Sozialtheorie zu erneuern, solange der Strand nicht gesäubert und der unselige Gesellschaftsbegriff nicht vollständig aufgelöst ist" (Latour 2007: 283).

Kritik 2. *Homogenisierung:* Eng verbunden mit dieser Kritik, die dazu aufruft, statt Kollektiven Akteure, Transaktionen und Aktionen in den Vordergrund zu stellen, wird der Gesellschaftsbegriff in einer zweiten Hinsicht problematisiert: Wer Gesellschaft sage und wer deren Tendenzen erforsche, überschätze notwendig die Homogenität der Einzelnen und die Harmonie der Gesellschaft, ignoriere Heterogenitäten und Konflikte – er homogenisiere das Kollektiv (hänge einer „Homogenitäts- und Ganzheitsphantasie" an, so Schwinn 2011: 39, s. o.). und mache es zudem zu einem abgegrenzten. Dabei hat keine Gesellschaft, hat kein Kollektiv fixe Grenzen. Eng mit der Homogenisierungskritik oder der Kritik an Ganzheitsvorstellungen verbunden ist wiederum eine dritte und eine vierte Kritik:

Kritik 3. *Nationalismus:* Unter anderem Friedrich Tenbruck (1981); Ulrich Beck und Edgar Grande (2010), John Urry (2000) oder Alain Touraine (1981, 2004) haben jedem Gesellschaftsbegriff ein historisch überholtes Festhalten am ‚Container' des Nationalstaats vorgeworfen: Wer Gesellschaft sagt, meine eine nationale und zugleich eine für sich bleibende Gesellschaft. Dabei sind doch die entscheidenden Vergesellschaftungsvorgänge längst global. Wir leben in einem postgesellschaftlichen Zeitalter oder einem Zeitalter der Weltgesellschaft, das vielfältige Ungleichzeitigkeiten und Ungleichheiten, aber keine isolierten Gesellschaften kennt – die zudem noch nie isoliert waren. Angesichts der globalen Verwicklungen und angesichts der steigenden Mobilität von Dingen, Akteuren, Ideen wird „the concept of the social as society" nicht mehr „the organising concept of sociological analysis" sein können (Urry 2000: 1). Bereits Norbert Elias hatte in der Systemtheorie einen unreflektierten Nationalismus gesehen: Das Gesellschaftssystem von Talcott Parsons sei nichts anderes als der „demokratisch gedachte Nationalstaat" (Elias 1980a: XL, s. u.).

Kritik 4. *Fixierung:* Ein weiteres Problem der Kollektivbegriffe ist die Tendenz, Gesellschaften stillzustellen, deren Veränderung zu unterschätzen. Norbert Elias hat der Soziologie insgesamt, vor allem aber erneut der Systemtheorie vorgeworfen, dass sie – trotz oder gerade wegen ihres evolutionstheoretischen Zuges, der Vorstellung einer einlinigen Entwicklung aller Gesellschaften hin zur Moderne – einen Zustand konservieren wolle (Elias 1980a: XVII f.). Bis dato fehle eine wirkliche *Historische Soziologie*, so Elias mit Blick auch auf die soziologischen Grundbegriffe aller soziologischen Theorien, die tatsächlich eher ‚Akteur' oder ‚Gesellschaft' oder ‚Institution' lauteten, und nicht ‚Prozess' oder ‚Werden'. Dabei ignoriert er freilich Webers oder auch Karl Mannheims historische Forschungen. In diesen Kontext gehört auch die Kritik, die Soziologie interessiere sich nicht für die Geschichtswissenschaft (die wirklichen Ereignisse), sondern neige zu Evolutionstheorien, zu Theorien der gesellschaftlichen Entwicklung (Abrams 1981- implizit auch Castoriadis 1984).

Kritik 5. *Anthropozentrismus:* Eine ganz andere, jüngere, ebenso von Latour (z. B. 2008), Urry (2000), oder auch Frederick Barth (1992) und Philippe Descola (2011, 2014) geäußerte Kritik bezieht sich auf die Einschränkung des soziologischen Blicks auf bestimmte, nämlich allein menschliche Akteure: Die Kritik gilt nun der Vernachlässigung der vielen Nichtmenschen, die in Gesellschaften eingehen und diese miterzeugen – sowohl der Artefakte, als auch der Pflanzen und Tiere. Diese Kritik betrifft neben den ‚Soziologien mit Gesellschaft' nun auch die ‚Soziologien ohne Gesellschaft', wenn auch diese – wie namentlich Max Weber in seiner Bestimmung der soziologischen Grundbegriffe (Weber 1980) – nur Menschen als handelnde Akteure und daher als soziologisch interessant sehen.

Diese Kritiken an ‚dem' Gesellschaftsbegriff sind wie gesehen nicht allein in der deutschen Soziologie auffällig. Sie tauchen auch in der anglophonen und in der französischen Debatte auf.[5] So tritt namentlich Alain Touraine als Kritiker des Gesellschaftsbegriffes auf. Es geht ihm – wie andere französische AutorInnen gegen den omnipräsenten „soziologischen Determinismus" (Bourdieu), aber zugleich auch gegen Rational Choice-Theorien (Raymond Boudon, vgl. ders. 1980) antretend – um eine „Soziologie ohne Gesellschaft" (Touraine 1981, vgl. ders. 2004): Die Soziologie habe sich, so Touraine (1981: 4, dt. HD), in der „Kreuzung zweier sukzessiver Vorstellungen" dessen gebildet, was ‚Gesellschaft' sei – nämlich der Konzepte der Institution und der Evolution. Deren Verbindung erst habe die Idee der Gesellschaft und die Definition der Soziologie als Untersuchung von ‚Gesellschaft' entstehen lassen. Mindestens seit den 1980ern, angesichts der sozialen Bewegungen und vor allem des Kampfes zwischen Staat und Arbeitenden sei diese Vorstellung nicht mehr angemessen. Die Disziplin müsse einen neuen Grundbegriff entfalten: „Weit entfernt, das selbstverständliche Hauptobjekt jeder Analyse des sozialen Lebens zu bilden, kann die Idee der Gesellschaft nur eine begrenzte und [...] untergeordnete Vorstellung des Sozialen darstellen" (ebd., dt. HD). Das Zentrum des sozialen Lebens seien soziale Inter-

---

[5]Vgl. zur französischen Diskussion Moebius und Peter 2004, das Themenheft in *M.A.U.S.S.* 24 (2004) und Sénéchal, Roberge und Vibert 2012.

1.3 Kritiken am Gesellschaftsbegriff

aktionen, soziale Bindungen, soziale Bewegungen und sozialer Wandel. Touraine sieht auch faktisch das *Ende der Gesellschaften* (so der Titel des Buches von 2013) gekommen: Wegen der fortschreitenden Globalisierung, von der er sich wünscht, dass sie durch eine Weltgesellschaft abgelöst würde, die sich in der Verteidigung der universellen Menschenrechte fundiert. Dieselben Kritiken, die am Gesellschaftsbegriff geäußert werden, fallen auch bei weiteren Kollektivbegriffen auf – und dies ebenso und zum Teil noch deutlicher in anderen Disziplinen. Das gilt vor allem für den Begriff der ‚Kultur' oder der Kulturen in der Ethnologie respektive Anthropologie (vgl. z. B. Lentz 2009, Delitz 2020). Es gilt aber ebenso für den Begriff der ‚kollektiven' und der ‚kulturellen Identität' (Delitz 2018) – und selbst für einen so unverdächtigen soziologischen Grundbegriff wie den der ‚Gruppe' (Brubaker 2007).

Die Kritiken werden dabei oft pauschal geäußert: Sie unterstellen einen einzigen Gesellschaftsbegriff, sie gelten ‚dem' Gesellschaftsbegriff. Meist wird dieser Begriff – nicht nur im französischen Kontext – Durkheim zugeschrieben. Oft geschieht dies implizit; zuweilen explizit. So spricht Schwinn (2011: 42) von „Durkheims starke[m] Gesellschaftsbegriff als Wesen *sui generis*"; auch Latour meint ausdrücklich Durkheim. Indes erlaubt es gerade jene soziologische Theorietradition, die sich von Durkheim her entfaltet hat, einen raffinierten Begriff von Gesellschaft zu entwerfen. Weit entfernt, eine Ganzheit, ein Kollektivsubjekt vorauszusetzen, wie die Kritik unterstellt, hat Durkheim Gesellschaft von Anfang an als wirkungsvolle *Vorstellung* konzipiert: Sie existiert als *représentation,* in Semantiken, Begriffen, symbolischen In-Form-Setzungen. Dabei bleiben bei Durkheim zweifellos noch Schwachstellen. Sie führen bei Autoren wie Claude Lévi-Strauss, Michel Foucault oder Cornelius Castoriadis dazu, den Gesellschaftsbegriff schrittweise genauer zu fassen. Mitnichten kann seither die Rede davon sein, dass jeder Gesellschaftsbegriff ein metaphysisches Subjekt voraussetzt, eine Ganzheit und etwas Fixes.

Mit den Kritiken an Kollektivbegriffen einher geht die Umstellung der Forschung oder der Gesellschaftsanalyse. In dieser Hinsicht sprechen Stephan Moebius und Lars Gertenbach von einer Auflösung des Gesellschaftsbegriffs: Die

> „theoretische Entwicklung innerhalb der Soziologie ist durchzogen von einem kontinuierlichen Aufbrechen eines systematischen Gesellschaftsbegriffs. Die Gesellschaft wird immer weniger als strukturell-systematische Ganzheit […] konzipiert, vielmehr erscheint sie […] als unverbundenes Nebeneinander verschiedener […] Sinnwelten […]. ‚Gesellschaft' wird auf Konstruktionen von Individuen, auf subjektive Erfahrungen und mikrosoziale Interaktionen zurückgeführt oder aufgrund zunehmender Entgrenzungserscheinungen nicht mehr als […] Ganzes betrachtet" (Moebius und Gertenbach 2008: 4130).

Beides gilt tendenziell; selbstverständlich gibt es weiterhin Gesellschaftsbegriffe, und auch Gesellschaftsanalysen (z. B. Reckwitz 2017, Lindemann 2018). Aber die Debatte in der soziologischen Theorie – der Frage, was eigentlich das ‚Soziale' ist und wie es sich konstituiert – wird davon offenbar nicht berührt; es dominiert die pauschale Kritik. Das hat auch methodische Konsequenzen. Es gibt viel eher Forschungsinstrumente, die sich auf Interaktionen, auf Subjekte, auf Netzwerke und allenfalls auf Gegenstände ‚mittlerer Reichweite' beziehen, als Methoden der Gesellschaftsanalyse, zu denen vor allem Methoden des Gesellschaftsvergleiches zu zählen wären – die ihrerseits in der Kritik stehen (in der Anthropologie) oder überraschend wenig thematisiert werden (in der Soziologie, vgl. jedoch Srubar et al. 2005). In die Kritik ‚allzu globaler' Gegenstände sind auch die verschiedenen ‚studies' einzuordnen – *affect studies, gender studies, subaltern studies,* die sich zwischen den sozial- und kulturwissenschaftlichen Disziplinen eingerichtet haben und in denen quer zu dem Interesse an Kollektiven etwa Praktiken des ‚doing gender' oder der Migration interessieren; religiöse, stadtplanerische, ökonomische Praktiken, usw.

1.4 Eine nichtessentialistische Fassung von ‚Gesellschaft': „Unmöglich und notwendig"

In aktuellen Theoriebewegungen – seitens der bereits in den 1980ern entwickelten, gegenwärtig aber verstärkt rezipierten – postmarxistischen und poststrukturalistischen politischen Theorie erscheint ‚Gesellschaft' als *imaginär instituiertes Objekt*. Bei Ernesto Laclau und Chantal Mouffe ist sie genauer zunächst das „unmögliche" Objekt, da jede Gesellschaft unbestimmt bleibt, veränderlich und umstritten; da sie gespalten bleibt. Zugleich und sodann ist die Gesellschaft (kollektive Einheit) genau daher auch das „notwendige Objekt" (vgl. Laclau und Mouffe 2001: 149 ff.). Immer muss eine Bestimmung der Totalität, des Kollektivs versucht werden. Laclau und Mouffe operieren derart mit Paradoxien, denen zufolge die *Unmöglichkeit von Gesellschaft* als Einheit gerade die *Bedingung ihrer Möglichkeit* ist. Das gilt auch für die Theorie der Gesellschaft:

> „Was man [...] von Laclau und Mouffe lernen kann, ist, dass Gesellschaftstheorie nicht etwa unmöglich ist, weil ihr ein eindeutiger [...] Gegenstand fehlt, sondern dass Gesellschaftstheorie gerade deshalb notwendig ist" (Müller 2015: 193).

Unmöglich ist die Gesellschaft für Laclau und Mouffe zum einen, weil sie nie als Ganze, als Totalität vorhanden ist. Nie gibt es eine völlige Einheit der Mit-

1.4 Eine nichtessentialistische Fassung von ‚Gesellschaft': „Unmöglich ...

glieder, stets gibt es Heterogenität, Ungleichheiten, Spaltungen, Hierarchien und Konflikte. Unmöglich ist Gesellschaft zweitens aber auch, weil das Kollektiv nie in sich geschlossen ist. Keines weist eine klare Grenze zu den Mitgliedern anderer Kollektive auf. Ebenso wenig bleibt ein Kollektiv sich gleich. Jedes verändert sich ständig und auf unvorhersehbare Weise. Damit es gleichwohl Gesellschaft ‚gibt', damit von *einem Kollektiv* die Rede sein kann, ist die Vorstellung der Gesellschaft als Einheit ebenso wie die Vorstellung ihrer Identität in der Zeit notwendig. Schließlich bedarf es der Vorstellung eines außergesellschaftlichen, nicht erfundenen, sondern der Gesellschaft vorhergehenden Grundes: Gerade weil jede Gesellschaft veränderlich ist, weil sie nicht von vornherein harmonisch ist, weil sich partikulare Interessen gegenüberstehen und weil jede Institution und Bedeutung erfunden ist, ist die Vorstellung eines „*außergesellschaftlichen Grundes*" notwendig (Delitz und Maneval 2017). Kollektive konstituieren sich in einer letzten Bedeutung, die als der Gesellschaft vorhergehend und diese daher verpflichtend verstanden werden. Dieser ‚außergesellschaftliche' Grund oder dieses zentrale Imaginäre (Castoriadis 1984) kann z. B. die Bedeutung ‚Gott' sein, oder auch die der ‚Nation', oder der ‚Menschenrechte': In all diesen Fällen sind es heilige Bedeutungen, die individuelles Leben formieren, dabei nicht selbst noch einmal begründbar sind, und auch nicht begründet werden müssen. Hinzuzufügen ist, dass solche Bedeutungen leer sind, immer erneut gefüllt werden müssen; und umstritten bleiben. Diese Formel – der Unmöglichkeit und Notwendigkeit von Gesellschaft – entspricht einem *post-fundamentalistischen* Gesellschaftsbegriff, den Oliver Marchart (2013) von Laclau und Mouffe her in die Diskussion eingebracht hat. In dieser letztlich postmarxistischen, nämlich auf politische Kämpfe konzentrierten Theorie von Gesellschaft wird deren Uneinheitlichkeit gerade als primär verstanden: Der ‚unvollständige Charakter' der Gesellschaft, ihre Unmöglichkeit liegt darin, dass jede in sich unvereinbare Interessen birgt, gespalten ist. Die Bestimmung der Gesellschaft ist daher stets eine partikulare, sie entspricht immer nur einer Seite und ist nie neutral. Auch ist jede konkrete Gesellschaft immer eine, die sich relational, von außen bestimmt. Weil das Außen nicht feststeht, sondern variabel ist, gibt es keine Identität: Was ‚Demokratie' ist, verändert sich beispielsweise je nachdem, von welcher anderen Gesellschaftsform man diese Gesellschaftsform abhebt. Daher ist die „Prämisse von ‚Gesellschaft'" aufzugeben: Gesellschaft „ist kein gültiges Objekt des Diskurses", weil es kein „Grundprinzip" gibt, das eine Gesellschaft als *diese Gesellschaft* bestimmt und die Unterschiede der Einzelnen oder der Subkollektive „fixiert" (Laclau und Mouffe 2001: 149). Zugleich setzt die Unmöglichkeit, eine Bedeutung zu fixieren – Gesellschaft zu bestimmen –, gerade den Versuch dazu voraus. *Gesellschaft ist ebenso unmöglich wie notwendig:*

"Auch wenn das Soziale sich nicht in den intelligiblen und instituierten Formen einer Gesellschaft zu fixieren vermag, so existiert es doch nur als Anstrengung, dieses unmögliche Objekt zu konstruieren. Jedweder Diskurs konstituiert sich als Versuch, […] das Fließen der Differenzen aufzuhalten, ein Zentrum zu konstruieren" (ebd.: 149 f.).

Obgleich die Formel *Unmöglichkeit und Notwendigkeit* von Gesellschaft vor allem dieser Theorie und auch einer bestimmten politischen Absicht entspricht,[6] lässt sie sich doch verallgemeinern: Eine lange Tradition soziologischen Denkens wird darin ausformuliert, die sich in der Kategorie des (gesellschaftlichen, kollektiven, politischen) *Imaginären* oder der Gesellschaft als *Vorstellung* trifft.[7] Bereits bei Durkheim liegt, wie erwähnt und ohne dass er es selbst ausdrücklich ins Zentrum gestellt hätte, eine solche vor: ein Konzept von ‚Gesellschaft' als kollektive Repräsentation, als Vorstellung oder als imaginäre Institution (Delitz 2019). Zugleich stimmt, dass Durkheim durchaus integrationsversessen war und seine Theorie durchaus einer bestimmten politischen, anti-revolutionären Absicht unterlag. In Frankreich wird der Name ‚Durkheim' daher ab den 1920ern zunehmend zum roten Tuch, gibt es eine regelrechte Durkheim-Feindschaft gerade aufseiten der aufkommenden Marxisten. Auf positive, produktive Weise aufgenommen wird die Durkheim-Tradition dagegen in der strukturalistischen Theoriebildung, bei Claude Lévi-Strauss. Die These lautet nun: ‚Gesellschaft' ist nie gegeben, sondern muss permanent symbolisch erzeugt werden: in Diskursen, Tauschpraxen, oder auch kriegerischer Gewalt der Abgrenzung Anderer. Entlang dieser Korrektur interessieren sich poststrukturalistische Gesellschaftstheorien für die Formung von ‚Gesellschaft' und ‚Subjekt'. Sie interessieren sich für die symbolische Konstitution von Gesellschaft in sprachlichen und nichtsprachlichen Kommunikationen. Auch die ‚Praxistheorie' Bourdieus ist eine strukturalistische Gesellschaftstheorie. Sie nimmt ihren Ausgang vom konstituierten Subjekt – ungeachtet des Anspruchs, genau zwischen Subjektivismus und Objektivismus anzusetzen, interessiert sie sich für Subjektformungen. Anders setzt wie erwähnt die deutsche Tradition der Gesellschaftstheorie bei Weber und Simmel an, ausgehend von der Kritik an allen als zu statisch erscheinenden, essentialistischen Kollektivbegriffen. In dieser Tradition ist es der Akteur, der Ausgangspunkt ist.

---

[6]Vgl. zu einer ähnlichen Formulierung Müller 2015, Abschn. 4.1.
[7]Zum ‚politischen Imaginären', den Verkörperungen der Imagination von Gesellschaft als Einheit siehe Koschorke et al. 2007, und Trautmann 2017. Zur Angewiesenheit von Gesellschaft auf Bildern auch Lüdemann 2004, Schlechtriemen 2014.

1.4 Eine nichtessentialistische Fassung von ‚Gesellschaft': „Unmöglich ...

Hier werden Gesellschaftsbegriffe entfaltet, die auf Prozesse abstellen – und die Angewiesenheit des Sozialen auf Akteure und Motive: ‚Vergesellschaftung', ‚Vergemeinschaftung', oder ‚Institutionalisierung'. Aus postfundamentalistischer Perspektive handelt es sich auch hier um einen Gesellschaftsbegriff, der noch ein Fundament (das Subjekt) behauptet, während der Reiz der postfundamentalistischen Begriffe gerade ist, die Unbegründetheit, die Kontingenz von Gesellschaft festzuhalten, *ohne den Gesellschaftsbegriff* und damit bestimmte soziologische *Fragen* einfach fallenzulassen. In der Systemtheorie sprechen Luhmann und alle Folgenden (auf die sich die handlungstheoretische Kritik im Kern bezieht) tatsächlich weiter von Gesellschaft, wobei diese zunächst gerade als Nebeneinander der differenzierten Kommunikationssysteme erscheint. Es gibt in (funktional oder stratifikatorisch) differenzierten Gesellschaften keine übergeordnete Einheit. Die Einheit der Gesellschaft *ist* deren interne Differenz. ‚Gesellschaft' ist so gesehen eine Metapher, eine homogenisierende Selbstbeschreibung, die der sozialen Differenzierung hinterherhinkt:

> „Die Gesellschaft hat keine Adresse. Sie ist auch keine Organisation, mit der man kommunizieren könnte [...,] stattdessen [gibt es] imaginäre Konstruktionen der Einheit des Systems, die es ermöglichen, in der Gesellschaft zwar nicht mit der Gesellschaft, aber über die Gesellschaft zu kommunizieren. Wir werden solche Konstruktionen ‚Selbstbeschreibungen' des Gesellschaftssystems nennen" (Luhmann 1997: 866 f., vgl. Müller 2015: Abschn. 4.1).

Vor allem entlang dieser systemtheoretischen Fassung von Gesellschaft hat sich die deutschsprachige Debatte um den Gesellschaftsbegriff entfaltet – es scheint dies als einzige diskutable ‚Soziologie mit Gesellschaft'.[8] Dabei gibt es auch andere, nicht-essentialistische Gesellschaftsbegriffe: Ähnlich wie Weber und Simmel und doch anders ansetzend, bestimmt namentlich Cornelius Castoriadis ‚Gesellschaft' (1975, in *Gesellschaft als imaginäre Institution*) als Veränderlichkeit und Unbestimmtheit – und daher als *Notwendigkeit einer Bestimmung, einer Imagination der je konkreten Gesellschaft*. Gesellschaft ist nie fix, das Soziale ist veränderlich, und zwar auf unvorhersehbare Weise, so setzt er voraus. Und gerade daher ist eine imaginäre Fixierung notwendig, muss Gesellschaft als diese mit sich identische vorgestellt werden; ebenso wie es die Vorstellung einer Einheit und eines gesellschaftlichen ‚Grundes' braucht: ein Wir-Bewusstsein,

---

[8]Zur Debatte um den systemtheoretischen Gesellschaftsbegriff vgl. z. B. das Themenheft *Erwägen Wissen Ethik* 2000, H. 2, Schwinn 2011 und Göbel 2008.

die Imagination von Gemeinsamem, und einer Verpflichtung oder eines letzten Wertes, in dessen Schuld die Gesellschaft steht (wie erwähnt, z. B. Gott, Volk, Nation, oder Individuum). Diese Vorstellungen vollziehen sich ‚in' und seitens der Individuen, verändern sie aber auch – formen deren Begehren, Wünsche, Handlungen. Castoriadis bestimmt vor diesem Hintergrund Gesellschaft auch als „spannungsvolle Einheit von instituierender und instituierter Gesellschaft" und von „geschehener und geschehender Geschichte" (Castoriadis 1984: 184). Oder die Theorie kollektiver Identität von Helmuth Plessner von 1931 (Plessner 1981): Sie gibt dem Gesellschaftsbegriff bereits eine dezidert nicht-essentialistische Fassung. Auch Plessner geht von der Notwendigkeit einer imaginären Fixierung des kollektiven Lebens aus, der Vorstellung eines Wir, das zugleich – so Plessner – die Differenzierung der Anderen, die Unterscheidung voraussetzt. Das sind nur exemplarisch ausgewählte Gesellschaftsbegriffe, die aber schon deutlich machen, dass es nicht ‚einen' Gesellschaftsbegriff gibt und dass nicht jeder die erwähnten Kritiken verdient. Im Durchgang durch die Theorien werden weitere Fassungen von ‚Gesellschaft' deutlich werden; ebenso wie Begriffe, die an deren Stelle treten, wie z. B. ‚Akteur-Netzwerke' (Latour) oder ‚Gefüge' (Gilles Deleuze) respektive ‚Kollektive von Menschen und Nichtmenschen' (Latour, Descola) – um weniger anthropozentrisch zu denken; oder ‚Vergesellschaftung', ‚Relationen' oder auch ‚Praktiken' – um weniger fixierend und dynamischer zu denken.

1.5 Zur Ordnung der Gesellschaftstheorien: Anknüpfungs- und Abstoßungslinien

Die differenten Versuche, Grundbegriffe für das Soziale zu finden und mit ihnen gesellschaftliche Mechanismen, Dynamiken und Phänomene aufzuklären, lassen sich immer erneut auf einige wenige Klassiker (der Soziologie, aber auch anderer Disziplinen) zurückführen. Es lassen sich von ihnen her Linien des soziologischen Denkens zeichnen – Abstammungslinien oder Anknüpfungslinien. Und genauer: Es lassen sich Linien der produktiven Anziehung, der Attraktion vorhandener Konzepte ebenso wie solche der (ebenso produktiven) Aversion, der Abstoßung von zeitgenössischen oder vorherigen Theorien und Begriffen nachzeichnen. *Eine* der Hauptlinien verweist in dieser theoriegeschichtlichen Perspektive letztlich auf Émile Durkheim und seine Mitarbeiter: Als Reformulierung seiner Konzepte, ebenso wie als Kritik an diesen wird vieles in der nach Durkheim einsetzenden Theoriebildung vor allem, aber nicht nur in Frankreich verständlich. Ähnlich gibt es einen permanenten Einfluss des marxistischen Denkens in soziologischen

1.5 Zur Ordnung der Gesellschaftstheorien: Anknüpfungs-...

Theorien – und dessen Abwehr. Auch wenn sich gerade diese beiden Konzepte widersprechen, da sie entweder alles auf Konflikt, Herrschaft und Ungleichheit beziehen, oder dagegen eher auf Ordnung, Integration: Beides sind Ansätze, die eher nach dem *gesellschaftlich geformten Subjekt* fragen, statt dieses als den Soziales erzeugenden Akteur oder Handelnden vorauszusetzen. Und während Durkheim ein holistischer („Ganzheit") und metaphysischer Gesellschaftsbegriff („Gesellschaft als Akteur") vorgeworfen wird, ist gerade sein Gesellschaftsbegriff heute erneut attraktiv (in neuen Lektüren und Umformulierungen): So führen etwa die politischen Theorien von Gesellschaft im französischen postfundamentalistischen Denken Durkheims Begriff der ‚kollektiven Repräsentation' und dessen Verknüpfung von Gesellschaft und Religion fort. Eine *zweite*, dem entgegengesetzte Linie besetzt das ‚Weber-Paradigma' der soziologischen Theorie – die handlungstheoretische Perspektive, die bei Akteuren und Motiven ansetzt, um Gesellschaft, Staat, Bürokratie, Unternehmen oder Kirchen als von den Individuen geformt und getragen zu erklären. *Deux à deux* schreitet die Theorieentfaltung voran – im Anschluss an diese Klassiker, sie als Autoritäten, oder aber als zu verabschiedend verstehend; im Einbau neuer Elemente oder im Wiederausgraben weiterer GründungsautorInnen. Die meisten Grundbegriffe stammen von ihnen; jeder hat sein eigenes Vokabular entfaltet. Marx und Durkheim auf der einen, Weber (und Simmel sowie Tarde) auf der anderen Seite: Dieses *Extremspektrum* soziologischer Theorie, diese polare Spannung steckt oft auch weiterhin den Rahmen der Antworten auf die Frage ab, was eine Gesellschaft ist, wie sie sich konstituiert, welche Rolle Akteuren oder auch Körpern, Tieren und Pflanzen, Artefakten zukommt; oder wie Gesellschaft mit Symbolen, Bedeutungen und Affekten zusammenhängt; und ob dieser Begriff überhaupt angemessen ist, um mit ihm zu arbeiten. In diesem Spektrum lassen sich letztlich alle weiteren sozialwissenschaftlichen Denkansätze verorten, da es sich um einander konträre und gleichermaßen *irreduzible* Möglichkeiten soziologischen Denkens handelt.[9]

Es gibt also auf der einen Seite jene soziologischen Perspektiven, die (offen oder insgeheim) Durkheim respektive Marx folgen. In ihnen werden Akteure oder Individuen als gesellschaftlich geformt verstanden; das Interesse liegt auf den Subjektformen oder Subjektivitäten ebenso wie auf kollektiven Dynamiken

---

[9]Vgl. ähnlich Renn 2011; zu einer Einschätzung der Integrationsversuche auch Endreß 2002; zu einer Dreier-Ordnung der soziologischen Theorien (entlang von Normen, Handeln oder Systemen/Strukturen) Eßbach 1991.

oder Notwendigkeiten. Es sind dies Perspektiven, die oft als ‚holistisch' definiert werden. Besser wären sie indes als „*Soziologien der konstituierten Subjektivität*" (Balibar 2005) benannt. Für ihre Notwendigkeit argumentiert etwa Castoriadis:

> „Das Intersubjektive ist [zwar] der Stoff, aus dem das Gesellschaftliche gemacht ist. Doch dieser Stoff kommt nur als Teil und Moment des Gesellschaftlichen vor. Das Gesellschaftliche setzt sich aus Intersubjektivem zusammen, ist ihm aber auch vorausgesetzt. Das Gesellschaftlich-Geschichtliche ist weder unbegrenzte Aneinanderreihung intersubjektiver Netze […] und schon gar nicht bloß deren ‚Produkt'" (Castoriadis 1984: 184).

Auf der entgegengesetzten Seite des Spektrums stehen jene Ansätze, die mit Max Weber beim Handelnden, Akteur oder der *konstituierenden Subjektivität* beginnen – um von hier aus die Geltung und Dauer von Institutionen, die Unterwerfung unter Herrschaftsverhältnisse, die Entstehung bestimmter Wirtschaftsformen zu erklären. Sie halten es für zentral, jedes Kollektiv aufzulösen. Und zwischen diesen Polen lassen sich dann alle soziologischen Ansätze verorten. Sie können dabei entweder versuchen, die beiden extremen Möglichkeiten zu vereinbaren, zwischen ‚Handlung' und ‚Struktur', ‚Subjektivismus' und ‚Objektivismus' zu vermitteln, *beide Fragen gleichzeitig zu verfolgen*. Eine solche Lösung gefunden zu haben, beanspruchen etwa Talcott Parsons, Norbert Elias, Pierre Bourdieu, Peter Berger und Thomas Luckmann. Dabei wird je zu fragen sein, wo genau diese ‚Mitte' liegt – zu welchem der beiden Pole die Begriffe und Konzepte jeweils tendieren. Oder aber, soziologische Theorien können an etwas Drittem ansetzen. Sie können den Grundbegriff der soziologischen Theorie neu besetzen, etwas an die Stelle von Gesellschaft oder Akteur setzen. So gesehen, handelt es sich bei der Akteur-Netzwerk-Theorie mit ihrem Interesse für die Aktivität von Artefakten; oder bei jenen Theorien, die Tiere und Pflanzen als *socii* einbeziehen, womöglich um Neubesetzungen der *handlungstheoretischen* Konzeption. Gesellschaftsbegriffe der politischen Theorie (wie die von Ernesto Laclau und Chantal Mouffe) stellen dagegen eher Neuerfindungen im Ausgang vom konstituierten Subjekt dar, sie führen namentlich das marxistische Theorie- und Analyseprojekt fort, indem sie es ‚dekonstruieren' (Laclau und Mouffe 2001), und die Grundbegriffe nun nicht mehr Klasse und Ökonomie lauten – sondern kollektive Identität, Differenz, Artikulation und Hegemonie.

Über *diese* Ordnung der soziologischen Theorien – im Blick auf den Unterschied zwischen *Soziologien der konstituierten Subjektivität* und solchen des *konstituierenden Subjekts* (Balibar 2005) – hinaus gibt es weitere Möglichkeiten, soziologische Theorien und Forschungen zu ordnen. So unterscheiden sich Theorien darin, welche *wissenschafts- und erkenntnistheoretischen Annahmen* sei teilen. Man könnte soziologische Theorien also auch danach ordnen, ob sie in ihren Methoden und ihrem Wissensverständnis den Natur- oder den Kulturwissenschaften folgen. Man kann Gesellschaftstheorien in diesem Zusammenhang auch danach sortieren und unterscheiden, welche *Aufgabe* und welches *Bezugsproblem* sie sich geben – ob es um die bloße Rekonstruktion der Sicht der Akteure geht, oder um die kausale ‚Erklärung' sozialer Dynamiken und Phänomene aus ihrem Handeln; ob das Hauptanliegen eher distanzierte Analyse oder aber engagierte Herrschafts- und Ungleichheitskritik ist. Je machen soziologische Theorien auch differente ontologische und anthropologische Voraussetzungen. Und schließlich lassen sich Theorien auch (wie angedeutet) *theoriehistorisch* ordnen. In der Tat ist die Theoriegeschichte essentiell, um die Vielfalt der soziologischen Theorien zu verstehen. In ihr erweisen sich nicht zuletzt die Klassiker als bleibend aktuell: Deren Fragen und Begriffe werden aufgegriffen und neu gefüllt, sie fungieren nach wie vor als Autoritäten oder aber als schlechte Gegenbeispiele. Deshalb interessieren in der soziologischen Theorie (Gesellschaftstheorie im hier verstandenen Sinn) nie allein die neuesten Theorien. Die alten bleiben, sie sind das Reservoir, um neue Konzepte zu bauen.

1.6 Methoden der Theorie und Analyse von Gesellschaft: Gesellschaftsvergleiche

Angewandt auf die Spezifik der Moderne, analytisch gewendet, werden soziologische Theorien zu Gesellschaftsanalysen. Diese sind in nahezu allen Fällen *vergleichend* angelegt – sei es explizit oder implizit. Zunächst ist der Vergleich von Gesellschaften für eine Gesellschaftsanalyse schon logisch notwendig. Sie setzt voraus, die betreffende Gesellschaft von anderen zu unterscheiden und sie mit diesen zu vergleichen. Zugleich ist eine vergleichende Perspektive auch deshalb notwendig und vorausgesetzt, um in der soziologischen Theorie zu allgemeinen Aussagen zu kommen – Aussagen über die Konstitution, oder die Existenzweise von Kollektiven (z. B. derjenigen, dass Gesellschaft gemeinsame Vorstellungen, Werte voraussetzt; oder bestimmte symbolische und rituelle Praktiken; oder geteilte Motive des Gehorsams, usw.). Die vergleichende Methode ist tatsächlich der Königsweg der Analyse von Gesellschaften. „Mein Vorteil" den Spezialisten gegenüber ist – so schreibt der französische Historiker Marc Bloch 1929 –, dass er im Interesse für die Transformation der europäischen Gesellschaften des Mittelalters nicht nur die Arbeiten über die englische Geschichte gelesen habe, sondern auch die über „agrarische Umwälzungen in anderen europäischen Ländern": Ich habe einen *„besonders wirksamen*

Zauberstab verwendet: die vergleichende Methode", schreibt er (Bloch 1994: 129, Herv. HD). In der vergleichenden Methode der Gesellschaftsanalyse gibt es wiederum grundlegend zwei Möglichkeiten: die synchrone, kulturvergleichende; und die diachrone oder historische Perspektive, in der die je untersuchte Gesellschaft in ihrem Anders-Werden, ihrem Gewordensein interessiert. In beiden muss sich soziologische Theorie und Forschung der Kenntnisse anderer Disziplinen bedienen (der historischen Disziplinen, der Ethnologie und Anthropologie, der Regionalwissenschaften usw.). *Synchron vergleichend* arbeitet zum Beispiel Durkheim im *Selbstmord*, wenn er die differenten Suizidraten verschiedenster Kollektive (von Verheirateten gegenüber Ledigen, ProtestantInnen gegenüber der von KatholikInnen in Frankreich und in Bayern usw.) vergleicht. Hier ist entscheidend, dass diese in derselben Zeitschicht verortet werden. Als gleichzeitige haben sie unterschiedliche Raten und zeugen von anderen Integrationsformen und -intensitäten. Diese synchron vergleichende Vorgehensweise teilt Durkheim mit Weber, der indes der eigenen Gesellschaft weit vorhergehende Zeitschichten untersucht (die Frühzeit der kapitalistischen Wirtschaftsweise): Was war die anfängliche Motivation der Einzelnen, verglichen mit anderen Weltregionen, was war namentlich die eigentümliche religiöse Prägung des Verhaltens und des Weltbildes? Und während Durkheim quantifizierende Vergleiche (die Korrelationsberechnung zwischen unabhängigen und abhängigen Variablen) erfindet, erfindet Weber die qualitativ vergleichende soziologische Forschung. Ebenso ein Meister der synchron vergleichenden, kultur- oder Kulturen-vergleichenden Methode ist Claude Lévi-Strauss. Die gesellschaftsvergleichende Methode ist hier die strukturale Anthropologie, die *alle* Gesellschaften, Kulturen oder Kollektive weltweit einzubeziehen sucht. Dabei ist sie (gerade in ihrer aktuellen Gestalt, bei Descola und Viveiros de Castro, s. u.) sehr sensibel gegenüber jedem noch so versteckten Eurozentrismus: der hier noch darin besteht, die eigene Ontologie, Anthropologie, Sozialtheorie zum Ausgangspunkt der Interpretation der Anderen, des Vergleichs zu machen. Weitere Probleme dieser synchron gesellschaftsvergleichenden Methode oder des Kulturvergleichs sind die Tendenz, die verglichenen Gesellschaften als andere zu verstehen, sie zu alterisieren; sowie beide, die eigene und die andere Gesellschaft zu fixieren und zu homogenisieren – also jene Theoriegefahren, die am Gesellschafts- und Kulturbegriff generell problematisiert werden (s. o.). – Die zweite Methode der Gesellschaftsanalyse und eine zweite Möglichkeit, eine allgemeine Gesellschaftstheorie zu entfalten, ist der *diachrone Vergleich*. Dabei geht es um die Analyse der eigenen Gegenwartsgesellschaft mit Blick auf vorhergehende Gesellschaften am selben Ort, in derselben kulturellen Tradition; oder auch allgemein im Blick auf die ‚Menschheitsgeschichte'. Hier gibt es wiederum zwei Möglichkeiten: Die eine geht (wie z. B. die Systemtheorie) von evolutionären Tendenzen aus, versteht die Gegenwart als mehr oder weniger kontinuierliche Entfaltung von in der Historie angelegten Tendenzen. Hier werden die modernen europäischen Gesellschaften an der Spitze einer Entwicklung gestellt, die bei den ‚archaischen', ‚primitiven' oder auch den ‚vormodernen' Gesellschaften beginnt. Das gilt etwa für die Analyse moderner Gesellschaften als zunehmend funktional, in Teilsysteme differenzierten. Andere Varianten einer solchen Analyse moderner Gesellschaft sind die Thesen einer wachsenden Individualisierung (Simmel, Beck), Affektbeherrschung (Elias) oder Rationalisierung (Weber). Auch diese vergleichenden Analysen haben (enorme) Probleme: Das dem Eurozentrismus eng verwandte Problem, das vor allem aus postkolonialer Perspektive als enorm verstanden werden muss, ist der *Evolutionismus,* die Vorstellung, alle Gesellschaften seien auf dem Weg ‚zu uns', es gäbe nur eine Linie kollektiver Existenz; die westlichen Varianten der kollektiven Existenz seien die am weitesten entwickelten und alle anderen ‚vormodern'. Dagegen scheint es auch in einer historisch vergleichenden Forschung angebracht, von verschiedenen Gesellschaften zu sprechen und stärker einerseits von Diskontinuitäten, und andererseits von Verflechtungen auszugehen. Zwischen den mittelalterlichen oder neuzeitlichen Gesellschaften Europas, und denen des 20. Jh. gibt es zahlreiche Brüche – es sind andere Gesellschaften, andere Subjekte, andere Ontologien, andere Denk- und Fühlweisen. In diesem Sinn beschreibt Michel Foucault die differenten epistemischen Ordnungen (in Renaissance, Absolutismus und der Moderne im 18. und 19. Jh.); oder den *Bruch* zwischen der souveränen Macht und der Disziplinargesellschaft. In jedem Fall muss sich die Soziologie mit historischem Wissen wappnen, statt pauschal von ‚traditionalen' oder ‚vormodernen' gegenüber ‚modernen' Gesellschaften zu sprechen. Zudem sind deren globale, oft gewaltvolle Verbindungen in den Blick zu rücken. Sowohl die historisch-soziologische Vorgehensweise (die mit einer historischen Epistemologie einhergeht – dem Blick auf die Wandelbarkeit dessen, was je als ‚wahr' gilt); wie auch der ethnologisch-anthropologische Vergleich erlauben, *andere* Kollektive in den Blick zu nehmen. Sie erlauben, in der Frage, was für die eigene Gesellschaftsweise spezifisch ist, und ebenso in der Frage, was generell für kollektive Existenz erforderlich ist, unerwartete Linien herauszuarbeiten.

1.7 Zur folgenden Darstellung

Die folgende Darstellung der Gesellschaftstheorien ist in erster Linie interessiert an der *Vielfalt* der soziologischen Theorie, in der Spannweite des Ansatzes am konstituierenden oder aber am konstituierten Subjekt – von Soziologie ‚ohne' und ‚mit Gesellschaft'. Es werden vor allem die gesellschaftstheoretischen Überlegungen skizziert, die Antworten auf die Frage erlauben, was der Gegenstand der

Soziologie ist, und was insbesondere ‚Gesellschaft' eigentlich ist. Es werden aber auch die dem korrelierenden Analysen konkreter Gesellschaften dargestellt. Schließlich interessieren auch die dabei gegangenen methodischen Wege. Zentral sind mit anderen Worten die beiden Fragen: *Was ist eigentlich „Gesellschaft"; und in welcher leben ‚wir' (in den jeweilig thematisierten gesellschaftlichen Kontexten)?* Kurz, es geht um die beiden Grundfragen der Disziplin. Dabei gilt es, eine Auswahl zu treffen. Dargestellt werden nur Ansätze, die über die Gegenwartsanalyse hinausgehen, über ‚Gesellschaftstheorie' in diesem engen Sinne hinaus sich nicht allein für je bestimmte Tendenzen der Gegenwartsgesellschaft interessieren (z. B. Verwissenschaftlichung, Individualisierung, ökonomische, ökologische, politische, familiäre und religiöse Prozesse). Es interessieren nur die, die auch generell Gesellschaft, Kollektive, das Soziale im Blick halten. Auch hier ist natürlich eine Selektion notwendig. Die Auswahl folgt dem erwähnten Ordnungsprinzip: der Spannung von Struktur- und Handlungstheorien, genauer: dem Ausgang von der konstituierten Subjektivität oder dem konstituierenden Subjekt, am interessegeleitet handelnden Akteur (der Gesellschaftsprozesse in Gang bringt) oder aber an kollektiven Strukturen, Dynamiken, Institutionen. Wie diese Spannung den Konflikt zwischen Durkheim und Tarde in Frankreich oder zwischen Simmel und Weber gegenüber den deutschsprachigen organizistischen Denkmodellen ihrer Zeit beherrscht, so beherrscht sie auch den Theoriediskurs der Gegenwart, insbesondere in den erwähnten Kritiken am Gesellschaftsbegriff. Bewegen sich Praxis- und relationale Soziologien, Artefakt-Soziologien oder und Neue soziale Ontologien (Neostrukturalismus) tendenziell eher auf dem akteurstheoretischen Pol, bestimmen sie, wie aus Akteuren und Aktionen heraus Kollektive entstehen, geht es darum, den Gesellschaftsbegriff auf diese Weise neu zu fassen – oder geht es eher um die kulturelle oder gesellschaftliche Formung von Subjekten? Bei jeder dargestellten Theorie ist diese Frage zu klären. Wir wenden uns dabei zunächst den Kollektiv- oder Struktur-zentrierten Theorien zu; dann denen, die am Akteur ansetzen. Die Darstellung wird auf Biografisches verzichten, auch die Werke nicht vollständig darstellen. Sie ist konzentriert auf die gesellschaftstheoretische Frage: *Was ist eine Gesellschaft, wie konstituiert sie sich, welche Elemente sind dabei zentral und auf welche Probleme – Bezugsprobleme – muss Gesellschaft reagieren?* Sodann interessiert, welches Licht von der Antwort auf diese Fragen auf die je untersuchte Gesellschaft (oft: die moderne, d. i. die westliche, europäische Gesellschaft des 20. respektive des 21. Jh.) fällt, was an dieser hervorgehoben wird. Kurz, es geht um *Theorien der Gesellschaft,* Theorien kollektiver Existenz (und zwar paradoxer Weise auch, wenn sie den Gesellschaftsbegriff gerade ersetzen wollen). Dabei werden neben Theorien der Soziologie auch die der Philosophie, Politischen Theorie,

1.7 Zur folgenden Darstellung

Anthropologie respektive Ethnologie wahrgenommen. Dagegen schränkt sich der Studienbrief dort ein, wo soziologische Theorien sich nicht für kollektive Dynamiken oder Institutionen interessieren, sondern bei Interaktionen stehen bleiben, begrenzte, lokale Begrifflichkeiten und Blicke entfalten (regionale Soziologien oder Mikrosoziologien: Soziologien von Paarbeziehungen, Familien oder Städten z. B.) oder v. a. empirisch konzentriert sind, wenig Theoriearbeit vorlegen. Auch die Literaturhinweise stellen eine Selektion dar: Zu jedem Autor und zu jeder (immer noch zu seltenen) Autorin existiert eine umfangreiche Sekundärliteratur, von denen nur einige vorschlagshalber erwähnt werden können.

Literaturempfehlungen zur Vielfalt der Gesellschaftstheorie (Auswahl)

- ABRAHAM, Francis M. 2006. *Contemporary Sociology. An Introduction to Concepts and Theories.* Oxford: Oxford University Press.
- BONSS, Wolfgang et al. 2020 (i. E.). *Gesellschaftstheorie. Eine Einführung.* Bielefeld: Transcript.
- DELITZ, Heike, MÜLLER, Julian, und SEYFERT, Robert, hrsg. 2022. *Theorien der Soziologie.* Wiesbaden: Springer VS (i. V.)
- KNEER, Georg und SCHROER, Markus, hrsg. 2009. *Handbuch Soziologische Theorien.* Wiesbaden: Springer VS.
- ROSA, Hartmut et al. 2013. *Soziologische Theorien.* Konstanz: UVK.
- SCHROER, Markus. 2017. *Soziologische Theorien. Von den Klassikern bis zur Gegenwart.* Stuttgart: UVK.
- SCHWIETRING, Thomas. 2011. *Was ist Gesellschaft? Einführung in soziologische Grundbegriffe.* Stuttgart: UVK.

Weiterführend
MARCHART, Oliver. 2013. *Das unmögliche Objekt. Eine postfundamentalistische Theorie der Gesellschaft.* Berlin: Suhrkamp.

▶ Unterscheiden Sie die Grundfragen und Methoden der soziologischen Theorie von denen der Gesellschaftsanalyse. Gehen Sie dazu auf die Spannbreite, die Gegensätzlichkeit der soziologischen Ansätze ein: Welche Positionen stehen sich hier mit welchen Argumenten gegenüber? Und welche Vermittlungsversuche gibt es?

2 Soziologien des konstituierten Subjekts

2.1 Die Durkheim-Schule

An der Durkheim-Schule kommt man im Kontext soziologischer Theorie, insbesondere der Theorie von ‚Gesellschaft', nicht vorbei. So beschreibt Durkheim (1961: 85) die Soziologie in den *Regeln der soziologischen Methode* von 1895 als „Wissenschaft der Gesellschaft". Und doch ist der allgemeine Begriff *société* im Werk der Durkheimiens gar nicht einmal besonders präsent: Das *Vocabulaire d"Emile Durkheim* (Keck und Plouvier 2008) kennt keinen Eintrag zu ‚société', und Durkheim selbst benutzt ebenso häufig die Begriffe des Sozialen, des Kollektivs oder der Gruppe – oft alle in einem Atemzug:

> „In der Tat geben die Kollektivvorstellungen die Art wieder, wie sich die Gruppe ihre Beziehungen mit den sie affizierenden Gegenständen denkt. Nun ist die Gruppe in anderer Weise zusammengesetzt als das Individuum und die Dinge, welche sie berühren, sind anders beschaffen. [...] Um die Vorstellung der Gesellschaft über sich selbst und ihre Umwelt zu verstehen, muß man die Natur der Gesellschaft [...] studieren" (Durkheim 1961: 94).

Ausdrücklich verweisen Durkheim und die Durkheimianer als Grundbegriff ihrer Soziologie vielmehr auf den Begriff der ‚Institution' – in der Überzeugung, dass ‚soziale Tatsachen' oder eben Institutionen wie zum Beispiel die Sprache oder religiöse Überzeugungen sich nicht von den Individuen her erklären, sondern ihnen vorhergehen, diese formen und zu bestimmten Verhaltens-, Fühl- und Denkweisen zwingen. Wie Durkheim selbst, so haben auch seine Schüler Paul Fauconnet und Marcel Mauss (im ersten Lexikonartikel ‚Sociologie' von 1901, siehe Fauconnet und Mauss 2005) Soziologie als *Wissenschaft der Institutionen* definiert. Und auch wenn Durkheim des Öfteren (z. B. in *Elementare Formen des religiösen Lebens*) formuliert, dass ‚die' Gesellschaft handele; dass sie ein „Gefühl ihrer Einheit" habe (Durkheim 1994: 157) und ihren Mitgliedern etwas aufzuzwingen „geneigt" sei; auch wenn er formuliert, dass die Gesellschaft in den Einzelnen das Gefühl einer Abhängigkeit erzeuge (ebd.: 285); auch wenn es heißt, es sei die „Gesellschaft selbst", die zum Beispiel in den Gläubigen „spricht" (ebd.: 286) – so weiß er selbstverständlich, dass Gesellschaft kein Akteur ist und nicht selbst handelt. Sie besteht vielmehr wesentlich im *Glauben* an das Kollektiv, in geteilten Vorstellungen, Überzeugungen. Die Gesellschaft lebt „nur in und durch die Individuen", schreibt Durkheim (ebd.: 468): „Erlöscht die Idee der Gesellschaft im Bewußtsein der einzelnen Individuen, werden die Glaubensüberzeugungen, die Überlieferungen, die Aspirationen der Kollektivität von den einzelnen nicht länger empfunden", dann „stirbt" sie (ebd.).

Weber hat an dieser Stelle ganz ähnlich formuliert, dass soziale Tatsachen, Kollektivphänomene (‚der Staat', ‚die Gesellschaft' oder ‚die Kirche') nur im Glauben an ihre Geltung, an ihre Autorität und Dauer bestehen. Beide ziehen daraus indes andere Konsequenzen: Während Weber sich für Interessen und Motive, die (unterstellte) gedankliche Haltung im Handeln typischer Einzelner (z. B. des kapitalistischen Unternehmers) interessiert, konzentriert sich die durkheimsche Soziologie für das Fixierte, das Institutionalisierte: das Rechtssystem mit seinen Gesetzen, die gerade der Verfügbarkeit der Einzelnen entzogen sind; die Schulinstitutionen, die Dogmen der religiösen Kollektive usw. Dabei würde eine solche Soziologie immer sagen: Soziale Tatsachen oder Institutionen haben eine ihnen eigene Intensität und Dynamik. Diese resultiert aus der *Assoziation* der Individuen, die im Zusammenwirken etwas hervorbringen, das nicht auf die Einzelnen zu reduzieren ist – emergentes. Durkheim zieht für diese Konzeption die Analogie des Lebens heran, um diese Perspektive zu rechtfertigen: Leben ist ebenso wenig wie das Soziale auf seine Bestandteile zurückzuführen, sondern entsteht aus deren Zusammenspiel.

Es handelt sich um *den* Einsatz einer gesellschaftstheoretischen, dabei kollektivzentrierten, ‚holistischen' oder auch strukturtheoretischen Soziologie. Genauer, hier vollzieht sich die Erfindung der Soziologie des konstituierten Subjekts – die Etienne Balibar dann (zu Recht) vor allem als strukturalistische und poststrukturalistische Errungenschaft kennzeichnet. Beide sind aber ohne die Durkheim-Perspektive und dessen Begriffe nicht denkbar. Ähnliches gilt für die systemtheoretische Soziologie und deren Interesse für das Verhältnis von Gesellschaftsstruktur und Semantik einschließlich des Begehrens nach ‚Individualität': Auch Luhmann interessiert sich eher für die Prägung von Subjekten oder für das Subjekt als Kommunikationseffekt, als es vorauszusetzen. Eine solche gesellschaftstheoretische Perspektive hält im Blick, dass Subjekte als solche nicht die ErfinderInnen und VerursacherInnen sozialer Tatsachen, von Institutionen und von Gesellschaft sind; mindestens ebenso, wie diese die realen Träger sozialer Beziehungen sind, werden sie von diesen geformt. Es interessiert hier vor allem diese zweite Seite, die Form der Subjektivität, die einer bestimmten Form der Gesellschaft entspricht. Dabei wird das gesamte verfügbare (philosophische) Denken umgedreht. Durkheims Leistung ist dabei noch einmal anders formuliert, alle bisher der Philosophie zukommenden Fragen zu *soziologisieren*. An die Stelle des Subjekts, das von einer zeitlosen (Immanuel Kant) oder einer sich entfaltenden (Gottfried Wilhelm Hegel) Vernunft erfüllt wird, tritt das Kollektiv, die *Gesellschaft*. In Form der Normen, Sitten und Gebräuche, der Institutionen produziert eine je konkrete Gesellschaft ihre je eigenen Glaubensvorstellungen, Sprechweisen, Ansichten über abweichendes Verhalten, subjektiven Begehren; noch die Kategorien des Denkens sind kollektiven Ursprungs (die Teilung von Raum und Zeit; die Vorstellung von Kausalität und Kraft). Diese kollektiven – geteilten, in der Sprache instituierten, übernommenen – Vorstellungen, die ‚kollektiven Repräsentationen' sind es, die ‚Gesellschaft' für die Durkheimiens in erster Linie ausmachen. Zugleich braucht diese (wie Durkheim hinzufügt) eine Vorstellung von sich selbst: eine ‚kollektive Repräsentation' im zweiten, engeren Sinn – eine Vorstellung des Kollektivs.

2.1.1 Émile Durkheim: Erfinder der Gesellschaftstheorie

Eine Gesellschaft besteht für Durkheim daher – weil sie aus geteilten Vorstellungen besteht – zum einen in der (sanktionierten und institutionalisierten) Erzeugung eines *„moralischen Konformismus"* (Durkheim 1994: 38, Hervorh. HD). Daher die Straf- und Moralsysteme, auf die Durkheim so oft zu sprechen kommt: Gesellschaften sind notwendig darauf angewiesen, individuelles Verhalten zu kontrollieren, sie sind Systeme von Normen und Normalisierungen; der soziale Zwang der Normen ist für Durkheim das sicherste Kennzeichen einer sozialen Tatsache. In deren Untersuchung lassen sich spezifische Integrationsintensitäten, spezifische Abweichungsmöglichkeiten analysieren – die Analyse der Moral oder des Rechts ist eine Analyse der Gesellschaft in der Frage, auf welche Weise Individuen integriert werden (mit mehr oder weniger Spielraum, mit religiös oder menschenrechtlich begründeten Sanktionen und Verboten). Neben den – durch Verbote und Sanktionen geschützten und erzeugten – *Normen* versteht Durkheim ebenso geteilte *Werte* und *Ziele* als wesentlich für kollektive Existenz: Gesellschaft, die Gruppe, das Kollektiv muss eine Anziehungskraft besitzen, es muss aus sich heraus affirmiert werden. Normen allein begründen kollektives Leben nicht. Durkheim denkt hier vor allem an gemeinsame Vorstellungen des Heiligen; an religiöse Systeme, die neben Verbotsstrukturen immer auch etwas heiligen, es sakralisieren. Letztlich wird dabei die Gesellschaft (und deren Institutionen) selbst geheiligt, so Durkheim, auch wenn dies in religiösen Buchstaben, in anderer Gestalt geschieht – auch wenn z. B. Gott der Gegenstand der Verehrung ist, stehe dahinter das Kollektiv. Man kann dies von den totemistischen über die monotheistischen bis in ‚politische Religionen' verfolgen: auch in der Heiligung der Nation oder des Volkes handelt es sich um eine Vorstellung, in der das Kollektiv zu etwas Heiligem wird, indem ihm eine Aufgabe, eine Verpflichtung zuerkannt wird – die Individuen stehen in der Pflicht der ewigen Nation, oder des Volkes, usw. Aus derselben Perspektive – die noch genauer zu erklären ist und die Durkheim am Fall der totemistischen Rituale und Vorstellungen erklärt – versteht Durkheim auch die ihm eigene, moderne französische Gesellschaft: Sie heiligt in der Institution der Menschenrechte das ‚Individuum'. Oder, in ihr wird das nach Individualität strebende spezifisch ‚moderne' Subjekt erzeugt. Zum anderen besteht eine Gesellschaft auch nur, wenn es geteilte Denk- und Sprechweisen gibt – Gesellschaft basiert auf einem *„logischen Konformismus"* (Durkheim 1994: 38, Hervorh. HD). So teilen alle Individuen einer Gesellschaft die Zeit mehr oder weniger auf dieselbe Weise ein. Es gibt Kalender, die die Zeiteinteilung institutionalisieren. Sie teilen räumliche Einteilungen (Durkheim und Mauss 1996, vgl. Schick et al. 2020). Individuen teilen ebenso die (kulturspezifische) Vorstellung, eine Person zu sein, anders als sie es zum Beispiel Tieren zuschreiben – sie teilen eine Ontologie des Sozialen, wie Durkheim unter anderem bei Philippe Descola heute fortgeführt wird (Descola 2011, Salmon und Charbonnier 2014). Ganz generell sind die Sprache, deren Begriffe, und die Verknüpfungsweisen Modi, in denen ein ‚logischer Konformismus' erzeugt wird. Individuen sind schließlich auch durch spezifische Körperhaltungen und Bewegungsweisen, durch Praktiken oder „Körpertechniken" (Mauss 1989b: spezifische Weisen des Schwimmens oder des Schlafens, z. B.), sowie durch dabei benutzte Artefakte gesellschaftlich geformt. Man könnte dies ihren ‚performativen' Konformismus nennen.

Diese Perspektive auf das geformte Subjekt, auf geteilte Denk-, Fühl- und Verhaltensweisen und deren Konstitution versteht Durkheim als *allein soziologische:* weil sie das Soziale, die Institutionen als wirkmächtig, als Subjekt-formend anerkennt. Kein Verbot lasse sich etwa auf das Nutzen kalkulierende Individuum der Ökonomie zurückführen; auch erklären sich die konkreten Rechtsinstitutionen nicht durch ahistorische Vernunftprinzipien, sondern durch vorhergehende Institutionen des Rechts und deren Veränderung. Die Individuen, ihre Begriffe, Ideen, Interessen, Handlungsweisen und Gefühle sind immer schon die der je konkreten Gesellschaft. Diese sieht Durkheim vor allem durch ihre Art der

2.1 Die Durkheim-Schule

Solidarität, des Zusammenhangs spezifiziert, welche auch die Subjektformierung bestimmt: Moralvorstellungen, die Einteilungen der Tiere, die Körperbilder folgen der *gesellschaftlichen Struktur* (von Unter- und Überordnung, sowie vor allem der Arbeitsteilung). Dass sich das Soziale (Institutionen) nicht aus Einzelnen als solchen erklärt, sondern entweder historisch (aus vorhergehenden Institutionen) oder funktional (im Blick auf die gesellschaftliche, Zusammenhalt stiftende Funktion von Sanktionen oder religiösen Überzeugungen) erklärt werden muss: Diese Konzeption ist für diese soziologische Theorie grundlegend. Sie lässt sich z. B. nicht mit der marxistischen Denkfigur verwechseln. Für sie gibt es nämlich nicht *eine* soziale Sphäre, die alle anderen bestimmt (Ökonomie). Alle Institutionen sind verhaltensformend und es ist eine empirische Frage, welche je führend ist – die religiösen, die politischen, die ökonomischen Institutionen.

Diese Gesellschaftstheorie lässt sich – nach diesen einführenden, bereits tief in den Kern der Gesellschaftskonzeption führenden Bemerkungen – in mindestens vier Aspekten ordnen: 1) interessiert sie, wie Institutionen sich verändern und wie neue Institutionen entstehen. 2) interessiert, wie durch Institutionen Subjekte geformt werden – das Subjekt wie erwähnt als Produkt der Gesellschaft verstehend, als eines, das Sanktionen, Diskursen, Semantiken unterliegt, das normiert und normalisiert wird, dessen geheimste Begehren sich nicht aus ihm selbst erklären. 3) interessiert Durkheim, was eine ‚Gesellschaft' eigentlich ist und wie deren Entstehung und Stabilität zu denken ist. 4) schließlich stellt sich ihm die analytische Frage, mit welcher Gesellschaftsform, d. i. welcher Form von Integration und welcher Form des Individuums man es entsprechend gegenwärtig zu tun hat – und welche Krisen dabei auftreten, die Reformen erfordern. Die Antwort darauf lautet: In modernen (‚höheren', wie Durkheim 1893 noch sagt, vgl. den Titel von Durkheim 1988) Gesellschaften ist der/die *Einzelne* heilig, entsprechend der Form der gesellschaftlichen Differenzierung – *arbeitsteiliger Spezialisierung* (in der es auf jedes Individuum und dessen spezielle Fähigkeiten und Kenntnisse ankommt). Die vier Fragen werden in den fünf Hauptwerken je schwerpunktmäßig beantwortet. Die 4., analytische Frage etwa ist vor allem der Inhalt von *Über soziale Arbeitsteilung*. Von diesem ersten Buch an (von 1893 an) lassen sich dann Verschiebungen der Methode, der Theorie und Grundbegriffe beobachten – Ergänzungen, Korrekturen und Verbesserungen, gerade, was das Gesellschaftskonzept anbetrifft. Methodisch vertritt Durkheim zunächst eine positivistische, am Wissenschaftsideal der Naturwissenschaften orientierte, quantitativ vorgehende Gesellschaftsanalyse (in *Selbstmord* 1897 und in *Regeln der soziologischen Methode* 1895) später eine stärker kulturvergleichende Methode (*Primitive Klassifikation* 1901, Durkheim/Mauss 1996). In *Elementare*

Formen des religiösen Lebens 1912 wird – konzentriert auf eine extramoderne Gesellschaft – das gesellschaftstheoretische Konzept geschärft. Hier geht es um generelle Aussagen zur kollektiven Existenz, nämlich in der Frage, warum es in allen Gesellschaften (selbst den ‚einfachsten', den totemistischen – die sich allerdings als überaus komplex herausstellen) *religiöse* Rituale und Vorstellungen gibt: Welche Funktion hat die Religion für Gesellschaft?

2.1.2 ‚Gesellschaft': Institutionen und kollektive Repräsentationen

Der *Gesellschaftsbegriff* findet sich nun genauer und zum einen immer dort, wo Durkheim – wie erwähnt – von Institutionen spricht.

> „Tatsächlich kann man [...] alle Glaubensvorstellungen und durch die Gesellschaft festgesetzten Verhaltensweisen Institutionen nennen; die Soziologie kann also definiert werden als die Wissenschaft von den Institutionen, deren Entstehung und Wirkungsart" (Durkheim 1961: 100).

Das ist auch die These im erwähnten Lexikonartikel *Sociologie* bei Mauss und Fauconnet. Hier werden die religiösen „kollektiven Gewohnheiten" und das damit einhergehende „System" der Institutionen als Gegenstand der Soziologie definiert: ‚Gesellschaft' ist ein je spezifisches System von Institutionen, die aufeinander verweisen und in die Individuen sozialisiert werden. Sie finden diese schon vor, gleichsam „wie instituiert" (Mauss und Fauconnet 2005: 10, dt. HD). Institution ist dabei ein Begriff, der viele Organisationsgrade umfasst:

> „Wir verstehen darunter ebenso Gebräuche und Moden, Vorurteile und Aberglauben wie die zentralen politischen oder juridischen Organisationen; diese Phänomene sind derselben Natur und differieren nur graduell. Die Institution ist in der sozialen Ordnung das, was die Funktion in der biologischen ist. Ebenso wie die Wissenschaft des Lebens die der vitalen Funktionen ist, ist die Wissenschaft der Gesellschaft diejenige der so definierten Institutionen" (ebd.: 11, dt. HD).

Eine Institution, das ist neben den religiösen, den Moralsystemen und den kosmologischen Vorstellungen namentlich *die Sprache* – für Mauss und Fauconnet und ebenso für die von Durkheim faszinierten Sprachwissenschaftler Antoine de Meillet und Ferdinand de Saussure sowie für die späteren Strukturalisten (Lévi-Strauss, Foucault, Derrida, Mouffe und Laclau). Mauss und Fauconnet fügen hinzu, dass Institutionen im Grunde „Abstraktionen" sind: Sie verändern

2.1 Die Durkheim-Schule

sich permanent, und man müsste sie daher als „living institutions" bezeichnen (ebd.: 11). Mit Durkheim werden die Institutionen oder das Soziale dann durch die Obligation, den Zwang, die Verpflichtung gekennzeichnet – und daher durch ihre Äußerlichkeit den Einzelnen gegenüber. Durkheim selbst betont dabei, dass dies – die Vorgängigkeit gegenüber den Einzelnen, die Exteriorität des Sozialen – weniger eine ontologische Aussage sei (er will nicht wirklich Gesellschaft als Wirklichkeit ‚sui generis' verstehen). Es ist eine heuristische, erkenntnisleitende Aussage: Dass Institutionen sich den Einzelnen aufdrängen (durch Erziehung, Verbote, Konventionen, Strafen), sei das beste *Zeichen* für ihren sozialen Charakter. Ebenso sind Glaubensinhalte, Tabus, Vorschriften und Gewohnheiten nicht als „Werk des Einzelnen" zu behandeln (Durkheim 1967: 72 f.). Denn auch wenn sie von Individuen getragen werden oder nur in ihnen leben, sind sie (so Durkheim) nicht auf individuelle Interessen und Erfindungen zurückführbar. Durch die Assoziation werden sie objektiv, „etwas anderes" (ebd.: 73), etwas, was über das „Bewußtsein des Individuums" (ebd.: 81) hinausgeht, und zwar auch dann, wenn es sich um *Vorstellungen* handelt. Diese sind ihrerseits nicht individuelle, subjektive, sondern geteilte, kulturelle. Institutionen erzeugen, und sie sind, *kollektiv geteilte* Vorstellungen. Entsprechend sind im Lexikonartikel die Begriffe Institution und kollektive Repräsentation eng verknüpft: Gesellschaften werden hier als Systeme von Institutionen (Recht, Moral, Kunst, Politik) gefasst, die durch kollektive Vorstellungen strukturiert seien. Den Begriff der kollektiven Repräsentation oder des kollektiven Bewusstseins hat Durkheim bereits in *Arbeitsteilung* angedeutet:

> „Die Gesamtheit der gemeinsamen religiösen Überzeugungen und Gefühle im Durchschnitt der Mitglieder einer bestimmten Gesellschaft bildet ein umgrenztes System, das sein eigenes Leben hat; man könnte sie das gemeinsame oder Kollektivbewußtsein nennen. [...] Es ist [...] von den besonderen Bedingungen unabhängig, denen sich die Individuen gegenübergestellt sehen. Diese vergehen, es aber bleibt bestehen" (Durkheim 1988: 128).

1898 wird der Begriff näher ausgeführt, indem Durkheim nun die Gemeinsamkeiten und Unterschiede „individuelle[r] und kollektive[r] Vorstellungen" (Durkheim 1967) eingeht. 1912 schließlich wird die Entstehung der kollektiven Vorstellungen in Praktiken erklärt. Dabei handelt es sich um kollektive Vorstellungen zum einen, weil sie gemeinsam oder geteilt sind. Zum anderen beinhaltet der Begriff ein Objekt: Es geht um das Kollektiv als *Inhalt* der Vorstellung. Was die kollektiven Vorstellungen „ausdrücken" oder „symbolisieren", ist der „Zustand der Gesellschaft", ihre „Struktur, die Art, in der sie auf ein Ereignis reagiert, das Gefühl, das sie von sich hat, oder ihre Interessen" (Mauss und Fauconnet 2005: 18, dt. HD). In diesem Gesellschaftsbegriff wird das Kollektiv gerade nicht zur Essenz, es ist ein nicht-essentialistischer Begriff. Der Clou liegt in der zweifachen Aussage: Zum einen beruhen Kollektive auf Individuen. Sie bestehen aus Vorstellungen. Diese Vorstellungen sind zum anderen institutionell reguliert oder gemeinsam geteilt. Namentlich religiöse Leidenschaften, Wünsche, Überzeugungen, Begriffe und Ideen sind nicht subjektiv, sondern sanktioniert, kanonisiert, vor Abweichungen geschützt. Zum anderen enthält der Begriff der *représentation* eine Aussage über das Objekt dieser Vorstellungen: Ihr letzter oder wichtigster Inhalt ist das *Kollektiv*. Es ist nicht Subjekt, sondern Objekt. Diesen Gesellschaftsbegriff bezeichnet Durkheim (1967: 82) als „hyperspiritualistisch". Dabei fügt er hinzu, dass die „Fäden des sozialen Lebens" zwar von den individuellen „Psychen hervorgebracht" werden. Aber als *geteilte* erhalten sie eine neue Qualität und zudem (institutionalisiert) eine obligatorische Kraft:

> „Von unserem Standpunkt aus – sofern man unter Spiritualität die besondere Eigenschaft der Vorstellungswelt des Individuums versteht – müßte man [...] sagen, das soziale Leben zeichne sich durch Hyperspiritualität aus; damit meinen wir, daß die konstitutiven Elemente des psychischen Lebens sich im sozialen Leben zwar wiederfinden, jedoch in weit potenzierterer Form, so daß sie etwas vollkommen Neues darstellen" (ebd.).

In *Über die Teilung der sozialen Arbeit* bestimmt Durkheim bereits auch die Spezifik der *modernen* kollektiven Repräsentation: Die gemeinsam geteilten Inhalte verringern sich gegenüber den umfangreichen Tabus und normativen Vorkehrungen in ‚vormodernen' Gesellschaften. In modernen besteht das Zusammenhaltende in der Abhängigkeit durch Spezialisierung – und in der geteilten Idee der Heiligkeit der Menschenrechte, der Unverletzlichkeit der „individuellen Würde" (Durkheim 1988: 470).

2.1.3 Religion als Selbstheiligung oder Selbstfundierung von Gesellschaft

Die im Begriff der *Vorstellungen* zentrierte Gesellschaftstheorie findet sich aber vor allem in Durkheims *Religionssoziologie*. In ihr werden die religiösen Konzepte als Selbstvorstellungen einer Gesellschaft bestimmt, die sich aus religiösen Ritualen erklären. Die Idee ist die der kollektiven Efferveszenz („Erregung", Durkheim 1994: 297 ff. oder „Gärung", ebd.: 290, 301): Im religiösen Ritual entstehen systematisch intensive Gefühle, kollektiv geteilte Erregungen. Die Individuen spüren eine Kraft, die sie zusammen erzeugt haben – und die sie auf etwas anderes, auf die Idee einer übermenschlichen Kraft oder Instanz projizieren: Die Götter, die damit nichts anderes als das Kollektiv sind, aber vorgestellt in religiösen, es heiligenden Buchstaben. Dieses Konzept der religiösen Selbstheiligung von Kollektiven taucht bereits in *Arbeitsteilung* auf, schiebt sich aber zunehmend ins Zentrum der Theorie – Durkheim macht die Soziologie im Zentrum zu Religionssoziologie, er will – so schreibt er einmal an Mauss – das Religiöse zur „Matrix" des Sozialen machen (anstelle der Ökonomie: Durkheim 1998: 71). Religiöse Bedeutungen sichern den moralischen und kognitiven Zusammenhalt, sie grenzen das Verbotene vom Erlaubten, das Heilige vom Profanen ab. Sie sind aber keineswegs nur Zwangssysteme, sondern erzeugen eine intensive Anziehung oder Attraktivität. *In ihnen werden die Institutionen – Normen, Verbote, Gebote – begründet und der Verfügung entzogen, in der Berufung auf eine vorgestellte, heilige, fundierende Instanz: Gott hat sie uns gegeben.* Durkheim macht die Religion also derart zum Zentrum seiner Gesellschaftstheorie, wobei er unter ‚Religion' nicht allein monotheistische Institutionen meint, sondern ebenso die totemistischen Systeme (das Fallbeispiel des Buches) oder auch den modernen Glauben an die Nation – alle Vorstellungen von etwas Heiligem. So sind die christlichen Glaubensüberzeugungen „nur ein besonderer Fall eines sehr allgemeinen Gesetzes", das wie folgt lautet: „Das ganze soziale Milieu erscheint uns von Kräften bevölkert, die […] nur in unserem Geist existieren" (Durkheim 1994: 311), und denen dennoch im Ernstfall sogar das Leben geopfert wird: sei es der Nation; oder im Kampf um die Menschenwürde.

Durkheim selbst konzentriert sich (mithilfe ethnografischer Berichte) ganz auf das „totemistische System in Australien" (so der Untertitel des Buches von 1912): auf die religiösen Vorstellungen der Arunta – den Glauben an die Identität oder Verwandtschaft der Totemtiere mit den menschlichen Mitgliedern der Gruppe sowie an eine gemeinsame Abstammung; und auf deren Rituale – die der Reproduktion der totemistischen Gattungen dienen oder die (im Anlegen von Federn oder Fellen) die Verwandtschaft mit dem Totem bezeugen. In ihnen wird die beschriebene kollektive Erregung erzeugt: durch gemeinsames Tanzen, Musizieren, Schreien.

> „Sind die Individuen einmal versammelt, so entlädt sich […] eine Art Elektrizität, die sie rasch in einen Zustand außerordentlicher Erregung versetzt. […] Man kann sich leicht vorstellen, daß sich der Mensch bei dieser Erregung nicht mehr kennt. Er fühlt sich beherrscht und hingerissen von einer Art äußeren Macht […]. Da sich aber zur gleichen Zeit auch seine Genossen auf die gleiche Weise verwandelt fühlen

> und ihr Gefühl durch ihre Schreie, ihre Gesten und ihre Haltung ausdrücken, so
> geschieht es, daß er sich wirklich in eine fremde, völlig andere Welt versetzt glaubt
> [...], in eine Umwelt voller intensiver Kräfte, die ihn überfluten und verwandeln.
> [...] In diesem gärenden sozialen Milieu und aus dieser Gärung selbst scheint also
> die religiöse Idee geboren worden zu sein". (ebd.: 297, 300 f.)

Die religiösen Bedeutungen haben derart einen sozialen Ursprung. Und mittels der Symbole, der Totemzeichen, die Durkheim zufolge allgegenwärtiger und heiliger sind als die Totemtiere selbst, wird das Kollektiv – in den von ihm erzeugten intensiven Gefühlen – im Alltag präsent gehalten. Indes taucht es nicht als solches als Inhalt der religiösen Vorstellungen auf. Es wird vielmehr in geheiligter, „transfigurierter" Form gedacht: religiös vorgestellt, als äußere Macht, als Totemprinzip (ebd.: 468).

> „Das Totem ist also vor allem ein Symbol [...]! Aber wovon? [...] Einerseits ist es
> die äußere und sinnenhafte Form dessen, was wir das Totemprinzip oder den Totem-
> gott genannt haben. Andererseits ist es auch das Symbol jener spezifischen Gesell-
> schaft [...]. Wenn es also sowohl das Symbol des Totems wie der Gesellschaft ist,
> bilden dann nicht Gott und die Gesellschaft eins? Wie hätte das Wappen der Gruppe
> das Zeichen für diese Quasigottheit werden können, wenn die Gruppe und die Gott-
> heit zwei unterschiedliche Realitäten gewesen wären? Der Gott des Klans, das
> Totemprinzip kann also nichts anderes als der Klan selber sein" (ebd.: 284).

Die anonyme Kraft, die als heilig gilt, als Schöpfer jedes Einzelnen, ist die kollektiv erzeugte Kraft – die Gesellschaft und Gott sind dasselbe! Die Funktion von Religion ist mit anderen Worten Autodivination von Gesellschaft: in ihr gibt sich das Kollektiv (in Gestalt der religiösen Institutionen und Funktionsträger) einen *vorgestellten,* außergesellschaftlichen *Grund:* etwas Heiliges, das ihr vorhergeht und die sozialen Normen, Gebote, Verbote begründet. So erhält die Religion einen „Grund, den auch der unbeugsamste Rationalist nicht verkennen kann. Ihr Hauptziel ist nicht, dem Menschen eine Darstellung der physischen Welt zu geben", sondern sie ist ein „Begriffssystem, mit dessen Hilfe sich die Menschen die Gesellschaft vorstellen" (Durkheim 1994: 309).

Das Religiöse lässt sich derart genuin soziologisch, d. h. in nicht-religiösen Begriffen beschreiben und erklären. Es ist eine Betrachtung, die nach der Funktion der Religion für das *kollektive* (nicht individuelle) Leben fragt. Religion wird anders als im Marxismus auch keine Ideologie, keine Täuschung, keine Verschleierung von Herrschaft. Vielmehr wird jetzt denkbar, dass Religion – die Erzeugung von Heiligem – *für jede kollektive Existenz notwendig ist; dass Gesellschaften sich notwendig religiös beschreiben.* Religionssoziologie ist hier wirklich Gesellschaftstheorie und -analyse. Analytisch interessieren dann die spezifische Form und Semantik der religiösen Bedeutungen, vor allem der zentralen: die Vorstellung ‚Gottes', aber auch die, dass die ‚Nation' heilig sei, oder das ‚Individuum'. In dieser Frage sieht Durkheim die je zentralen religiösen Bedeutungen von der Differenzierungsform der Gesellschaft abhängen. Demnach werden die religiösen Vorstellungen andere, je mehr die Gesellschaft arbeitsteilig, funktional differenziert ist: Je spezialisierter die Individuen in einer Gesellschaft sind, umso mehr konzentrieren sich die Vorstellungen des Heiligen in einer Instanz: im monotheistischen ‚Gott', schließlich im ‚menschlichen Individuum'.

2.1.4 Zwei Durkheimiens: Mauss und Halbwachs

Religionssoziologie ist insgesamt ein Schwerpunkt der Durkheim-Schule. Marcel Mauss betont die geteilten, den Körper formenden und gemeinsame Gefühle erzeugenden *Praktiken* (z. B. des Gebets, des Schamanen oder der Trauerriten); Maurice Halbwachs hat sich für die Orte und Erzählungen interessiert, mit denen namentlich das christliche Kollektiv seine Identität in der Zeit vorstellt (Gedächtnisorte); Marcel Granet hat chinesische religiöse Rituale und Denkweisen analysiert (zum Beispiel Geburts- und Todesrituale). Darüber hinaus haben die Durkheimiens – Mauss, Halbwachs, Granet, Hertz, Hubert, Fauconnet – der durkheimschen Soziologie je eigene Gebiete erschlossen: die soziologische Analyse von Verträgen; der Vorstellungen der Person; der Zeiteinteilungen, usw. Im Folgenden interessiert am Fall von Mauss und von Halbwachs, wie die genuin durkheimsche Denkweise bei ihnen funktioniert und zugleich weitergeführt wird.

In der soziologiehistorischen Rezeption wird *Marcel Mauss* zunehmend als eigenständiger Klassiker gesehen,[1] der sich von Durkheim trennt, weil er nicht einen derart metaphysischen Gesellschaftsbegriff habe, wie man ihn Durkheim oft zuschreibt. So hat es etwa Claude Lévi-Strauss gesehen, der Mauss das Verdienst zurechnete, Durkheims Soziologie vor allerlei problematischen Tendenzen geschützt zu haben. Mauss interessiert sich für konkrete Rituale und damit verbundene Vorstellungen wie z. B. die rituellen Tauschsysteme in Melanesien, Nordamerika, Polynesien (Mauss 1989a). In ihnen wird ‚Gesellschaft' als ‚lebendiges' System von Institutionen sichtbar, von *Tauschpraktiken* und entsprechenden, diese sicherstellenden Ritualen und Vorstellungen. In diesem Interesse für extra-europäische Kollektive wurde Mauss nicht nur zum Mit-Begründer der

---

[1] Zu Mauss vgl. z. B. Moebius 2006b, Adloff 2007, Moebius, Nungesser und Papilloud 2012.

Ethnologie, sondern er wurde auch zu einem Vorreiter des strukturalistischen Gesellschaftsbegriffes (eben von Lévi-Strauss). Seine Beschreibung des systematischen Charakters der Tauschpraktiken ging in diesen ebenso ein, wie Mauss die Übertragung der allgemeinen Linguistik auf soziale Tatsachen vorbereitet hat: So, wie Mauss und Durkheim – und mit ihnen die Linguistiker de Saussure und Meillet – die Sprache als soziale Institution beschreiben (vgl. z. B. Fauconnet und Mauss 2005), so versteht Lévi-Strauss dann mit Hilfe von Marcel Mauss' Gabentheorie die sozialen Praktiken umgekehrt wie eine Sprache: wie ein System, dessen Erzeugung von Bedeutungen sich untersuchen lässt (Lévi-Strauss 1989). Ihre Funktion liegt darin, Austausch zu garantieren. Dabei entfaltet Mauss selbst keine Theorie der ‚Gesellschaft'; es geht ihm nicht um eine Bestimmung des Begriffes. Zentraler ist vielmehr der Begriff der Institution – vor allem der der der ‚totalen Institution' oder der „*totalen* sozialen Tatsache" (Mauss 1989a: 12). Unter diesem Begriff wird der rituelle Gabentausch in extramodernen Gesellschaften gefasst, in dem es nicht allein um Ökonomisches geht. In ihm sind ebenso religiöse und politische Beziehungen verwickelt. Und da der Tausch hier eine streng vorgeschriebene Form besitzt, welche die Menschen zum immer erneuten Tausch zwingt; da die Kollektive darin ihren Rang und ihr Ansehen erzeugen und verlieren können – auch deshalb ist es eine „totale" soziale Tatsache: Das gesamte kollektive Leben ist darin verknüpft. In diesen Tauschakten nun wird – und dies ist Mauss' Beitrag zu einem nichtessentialistischen und nicht-holistischen Gesellschaftsbegriff – immer erneut die Gesellschaft, das Kollektiv erzeugt: allein durch die Dinge, die zirkulieren, wobei dies ebenso Artefakte sein können wie Frauen oder Feste. Getauscht wird tatsächlich alles: Werkzeuge oder Nahrungsmittel, „Höflichkeiten, Festessen, Rituale, Militärdienste, Frauen, Kinder, Tanz, Feste, Märkte" (ebd.: 15). In diesen rituellen, institutionalisierten, auf Dauer gestellten Tauschpraktiken werden weitgehend friedliche Verbindungen erzeugt – solche der Reziprozität, der Gegenseitigkeit unter zunächst Fremden: die Gruppe. Zugleich dient der rituelle Tausch Statuskämpfen und Begriffen der Ehre. Man verliert seine Ehre, wenn man nicht tauscht, und seinen Rang, wenn man nicht genügend wegzugeben hat. Zudem ist die Tauschpraxis auch ein Handel mit den Göttern und Ahnen, usw. Kurz: Es ist das System der Gaben und Gegengaben, der Tauschakte, in dessen strukturellen oder rituellen Charakter ein Mechanismus der Erzeugung von Gesellschaft gesehen werden kann. Claude Lévi-Strauss (1993) wird dies später, 1949 – konzentriert auf den Frauentausch oder auf Verwandtschaftssysteme – viel expliziter als Mauss selbst so darstellen, auch, indem er auf die damit einhergehenden Verbote und deren Funktion eingeht: Im Frauentausch und seiner negativen Seite, dem Inzestverbot konstituieren sich über die Kernfamilie hinaus erst größere Gruppen – die Ausheirat der Frauen ermöglicht Gesellschaft. Diese besteht nicht als solche, sondern sie besteht

2.1 Die Durkheim-Schule

nur in den permanenten, regelhaften Praxen des Tausches von Frauen (oder der Kommunikation via Frauen) bzw. EhegattInnen – in symbolischen oder kulturellen Bedeutungssystemen. Und wenn Mauss seine Methode als „präsisen Vergleich" (1989a: 13) von Gesellschaften beschreibt, nimmt er ein zweites strukturalistisches Kernelement vorweg: Strukturale Anthropologie als vergleichende Soziologie, der es um den Vergleich einander zeitgenössischer Kollektive geht, um differente Möglichkeiten kollektiver Existenz. Mauss indes ist an diesem Punkt noch Durkheimien, er teilt mit Durkheim und anderen eine evolutionistische Perspektive, die die ethnologisch untersuchten Gesellschaften als vormoderne, archaische, primitive versteht – sie zurückprojiziert: „In den Wirtschafts- und Rechtsordnungen, die den unseren vorausgegangen sind", so heißt es in Bezug auf die melanesischen oder nordamerikanischen Gesellschaften seiner Gegenwart, besteht jener Gabentausch, von dem er so fasziniert ist (ebd.: 14). In ihnen sind es „noch" weniger die Individuen, als vielmehr „Kollektive", die tauschen und sich im Tausch zu Gegenseitigkeit „verpflichten" (ebd.). Mauss hat sich zudem für religiöse Aktivitäten interessiert – für das Gebet, die Magie, die Trauerriten (Mauss 2012); für die kollektive Herkunft des Pronomens „Ich" oder den Begriff der Person; für die erwähnten Weisen, sich des Körpers zu bedienen (Mauss 1989b); im Übrigen aber auch z. B. für den Begriff der Nation. In all diesen Einzeluntersuchungen zeigt sich die der Durkheim-Schule eigene Denkweise: Individuen sind gesellschaftlich geformt; ohne dass die ‚Gesellschaft' dabei als etwas vorzustellen wäre, was jenseits der Praktiken stünde und diesen vorherginge. In dem mit Durkheim zusammen verfassten Text von 1901 über die „primitiven Formen von Klassifikation" (Durkheim und Mauss 1996: 254 f.) haben es die beiden freilich noch etwas anders formuliert, indem sie dort die Raum- und Zeiteinteilungen, oder die Klassifikationen der Tiere als Ordnungen verstanden haben, die die Gliederung der Gruppe nur noch ausdrücke.

Auch *Maurice Halbwachs* teilt viel mit Durkheim. Auch er übernimmt dessen Vorstellung der Formierung von Subjekten, und auch er führt die Bemerkungen zur Existenzweise von Gesellschaft weiter – und auch er verteidigt Durkheim:

> „Wenn er zunächst den Aspekt des Zwanges betont hat, so darum, weil man am Beginn einer Wissenschaft die Fakten [...] durch leicht zu erfassende äußerliche Zeichen kennzeichnen muß" (Halbwachs 1985: 160).

Halbwachs interessiert sich nun speziell für Fragen des Gedächtnisses – etwa für die Tatsache, dass Gesellschaften vor allem das lebendig (in Erinnerung) halten, was für sie Anlass positiver Affekte oder Gefühle ist. Ganz grundlegend entwirft er eine Theorie kollektiver Existenz oder von Gesellschaft, die deren Haupterfordernis in der *Vorstellung einer Identität in der Zeit, einer Kontinuität* sieht: über die Individuen und Ereignisse hinweg bestehen Gruppen, Kollektive oder Gesellschaften nur, wenn sie ein kollektives Gedächtnis erzeugen. Und dieses ist zugleich kulturell: Die vorgestellte Identität muss nicht nur erzählt, sie muss auch in Denkmalen, Erinnerungsritualen, Gebäuden vor Augen gestellt werden.

Genauer, gibt es bei Halbwachs zwei Grundbegriffe: den Begriff des „kollektiven Bezugsrahmens" jeder Erinnerung des Einzelnen (Halbwachs 1985); und den des „kollektiven Gedächtnisses" (Halbwachs 1967). Anzunehmen ist *zum einen* ein „gesellschaftlicher Rahmen" des individuellen Gedächtnisses: Der Einzelne kann sich nur in dem Maß erinnern und eine Identität erzeugen, in dem er am Gedächtnis anderer, an dem der Gruppe „partizipiert" (Halbwachs 1985: 21). Die These ist: jede individuelle Erinnerung braucht eine kollektive Bestätigung und Anregung. Sie ist zudem immer schon sozial oder gesellschaftlich, weil sie sich der Sprache bedienen muss (vgl. ebd.: 369). Hier denkt Halbwachs das Subjekt als *Produkt* seiner Gruppe: Man verstehe das Denken Einzelner nur, wenn man es „in das Denken der [...] Gruppe hineinversetzt" (ebd.: 201). Zum anderen ist das „individuelle Gedächtnis" das, *in dem ein Kollektiv, eine Gesellschaft besteht:* Es ist eine spezifische Perspektive, ein „Ausblickspunkt" auf das Kollektiv, das *nur in diesen Perspektiven existiert* – wie die ‚Welt' bei Leibniz nur in den Perspektiven der einzelnen Monaden existiert. Gerade dieses (leibnizianische) Konzept hatte auch – worauf wir bisher nicht eingegangen sind – Durkheim 1912 benutzt: ‚Gesellschaft' besteht nur in den Vorstellungen der Einzelnen, die durch den Körper individualisiert sind. Wie die Monaden von Leibniz sind sie je „Gesichtspunkte" auf die Gesellschaft, wobei sie ihren Inhalt zugleich von dieser erhalten (Durkheim 1994: 367). Weil die individuellen Erinnerungen also auf denen der Gruppe beruhen, geht Halbwachs (1967: 31 f.) so weit, die Vorstellung persönlicher Identität, einer „Einheit" des Individuums als „Illusion" zu bezeichnen. Es wäre aber ebenso falsch, der Gruppe eine eigene Persönlichkeit zuzuerkennen: Auch wenn Halbwachs von Fähigkeit der Gruppe spricht, *sich* zu erinnern (z. B. Halbwachs 1985: 213) und ihr ein eigenes Gedächtnis zuordnet (das der Familie oder der Arbeiterklasse); betont er, dass sich dieses nur in den „individuellen Gedächtnissen" aktualisiert (ebd.: 23): *Wie das individuelle Gedächtnis nur scheinbar individuell ist, ist das kollektive Gedächtnis nur scheinbar Subjekt.* Nicht das Kollektiv erinnert sich, es ist vielmehr *Inhalt* von Gedächtnispraxen und -vorstellungen – die aber nicht subjektiv sind, sondern ihrerseits von Bestätigungen anderer abhängen.

Auch hier geht es (mit Castoriadis gesprochen) um ‚Gesellschaft' als Imagination: Kollektive, Institutionen, Gesellschaften bestehen nur, wenn die Einzelnen sie als mit sich identische, kontinuierliche verstehen. Diese Identität ist kontrafaktisch: Permanent ändert sich das Kollektiv oder die Institution, kommen neue Individuen hinzu. Daher braucht es – so Halbwachs – Anschauliches oder Symbolisches: Orte, kulturelle Artefakte, Schriften erzeugen die Illusion von Identität, Dauer, Bleibendes. In *Stätten der Verkündigung im Heiligen Land* (2003 [1941]) zeigt Halbwachs, wie diese Imagination von Identität gelingt: Mittels konkreter materieller Anhaltspunkte und Orte hat sich die christliche Gemeinschaft über 2000 Jahre erhalten, in der ständigen Erzählung, Pflege, Begehung der religiösen Stätten in Israel, im ‚Heiligen Land'. Dabei kommt es weniger auf tatsächliche Kontinuitäten und wirkliche Orte an, als auf den *Glauben* daran, dass es diese Orte waren, an denen sich die für die christliche Gemeinschaft zentralen Ereignisse abgespielt haben. Oder: es kommt darauf an, Erinnerungen *überhaupt* zu verorten. Ebenso zeigt er in *Das kollektive Gedächtnis* (Halbwachs 1967) wie erwähnt auch, dass jede einzelne (z. B. religiöse, ökonomische oder politische) ‚Gesellschaft' ihre eigenen Räume und Zeiten etabliert. Mit diesen Konzepten ist Halbwachs der Begründer der sozial- und kulturwissenschaftlichen Erforschung von Erinnerungen und Erinnerungspolitiken (vgl. z. B. J. Assmann 1999, A. Assmann 1999, Nora 1984–1992, Nora 2013).

2.1.5 Vorblick: Gesellschaftstheorien nach Durkheim

Diese von den Durkheimiens geteilte Perspektive wird in der Geschichte des soziologischen Denkens *zum einen* vielfältig weitergeführt – wenn auch oft implizit, ohne Durkheim wirklich zu nennen oder nennen zu müssen. Sie ist insbesondere die historische Grundlage der Linie jener Gesellschaftstheorien, die nicht vom vorgesellschaftlich gedachten Akteur ausgehen. Dabei werden je andere Aspekte aufgenommen; wird die durkheimsche Perspektive auf Gesellschaft reformuliert und auch ergänzt – letzteres gerade, was ihre Ignoranz gegenüber gesellschaftlichen Konflikten, von Herrschaft betrifft. Ungleichheit, Armut, Ausgrenzungen, Diskriminierung, gesellschaftliche Bewegungen und politische Kämpfe interessieren Durkheim tatsächlich kaum, respektive nur unter dem Gesichtspunkt der Krise, einer ‚Pathologie' (Durkheim 1961), vor allem von ‚Anomie', Regellosigkeit (siehe die entsprechenden Kapitel in Durkheim 1973, 1988). Das Interesse liegt umgekehrt auf den integrierenden, nicht den desintegrierenden Momenten von Gesellschaft. Ebenso spielt politische Gewalt eine erstaunlich geringe Rolle in den Konzepten und Forschungen – erstaunlich angesichts des 1. Weltkrieges (für die Schriften, die ab den 1920ern entstehen – Durkheim selbst, wie einige seiner im Krieg gefallenen Mitarbeiter, konnten darauf nicht mehr reagieren). Erstaunlich oder kritikwürdig ist dies aber auch angesichts der Tatsache, dass die modernen europäischen Gesellschaften auf Kolonialisierung beruhen. Ähnliches gilt auch für Simmels oder Webers Soziologien (die indes nicht die institutionelle Gestalt einer „Schule" haben[2]) – gerade darin besteht die Kritik der *postcolonial studies* an der Soziologie insgesamt (siehe Go 2013, 2016). *Zum anderen* gibt es Theorieansätze, die an Durkheim insofern ‚anschließen', als sie sich gerade von dieser Soziologie mit Gesellschaft abstoßen, sie abwehren. So, wie sich Durkheim konstitutiv – dadurch zum eigenen Ansatz findend – gegen die individualistische Erklärung richtet (gegen die von Gabriel Tarde), indem er axiomatisch behauptet, dass *jede Erklärung, die vom Individuum ausgeht, falsch sei;* genauso richtet sich jede handlungstheoretische Soziologie konstitutiv gegen jene Perspektive, für die seit den 1920ern der Name Durkheim steht. (Weber selbst erwähnt Durkheim nicht – das ist das ewige Rätsel der Soziologiegeschichte).

Was nun das positive Durkheim-Erbe – die Anschlüsse an ihn – betrifft, so stehen zum einen die systemtheoretischen Ansätze (von Parsons und Luhmann) deutlich in der Linie von Durkheim. Zum anderen führt eine Linie der französischen soziologischen Theorie von Durkheim und Mauss zu zahlreichen Autoren, und zwar über den Strukturalismus von Claude Lévi-Strauss: ‚Soziologien mit Gesellschaft', Theorien kollektiver Existenz oder der konstituierten Subjektivität entfalten – nach, mit Lévi-Strauss und damit Durkheim (und ebenso mit und nach Marx) – Michel Foucault, Cornelius Castoriadis, auch Pierre Bourdieu und Philippe Descola; Laclau und Mouffe oder Louis Althusser. Bereits in den 1930ern schließen an eine Soziologie, die sich für Rituale und Heiliges interessiert, die Autoren des *Collège de Sociologie* an (Hollier 2012, Moebius 2006a). In diesem Rahmen macht namentlich Georges Bataille auf den „verfemten Teil" der kapitalistischen Ökonomie aufmerksam: Die Verausgabung und Verschwendung (gegenüber Investition und Produktion). Seit den 1980ern weist die vitalistische Soziologie von Michel Maffesoli (vgl. ders. 1986) auf einen weiteren ‚verfemten' Teil der Gesellschaft hin: auf die alltäglichen Feste, Tänze, Drogen, die das Leben modernster Gesellschaften durchziehen und von der Soziologie ignoriert werden. Die poststrukturalistische Soziologie teilt das durkheimsche Interesse für Normen und Normalisierungen, für Subjektformungen – wenn auch aus einem ganz anderen, kritischen Blick. Bei Foucault sind es zudem die Strafsysteme, die ihn mit Durkheim verbinden: In der Sanktion der Abweichung, einer Tat als Verbrechen, erweist sich erst, was gesellschaftlich dominant ist. Eine strukturalistische Theorie hingegen interessieren Normen weniger mit Blick auf den Einzelnen, als mit Blick auf

---

[2]Vgl. zu ‚soziologischen Denkschulen' in der BRD Fischer und Moebius 2019 und darin den Beitrag von Maurer zur ‚erklärenden' Soziologie.

2.1 Die Durkheim-Schule

Kollektive: im regelhaften, normierten Tauschakt wird Gesellschaft konstituiert oder aktualisiert. Immer muss es Austausch geben – der ein Tausch von Symbolen, von Zeichen ist: das Soziale funktioniert wie eine Sprache (Lévi-Strauss). Von Durkheim übernimmt Lévi-Strauss auch das kulturvergleichende Verfahren, um zu allgemeinen gesellschaftstheoretischen Aussagen zu kommen. Wie bei Durkheim die Religion eine universale Institution ist, ist es hier das Paar Frauentausch-Inzestverbot. Er teilt zudem das Interesse für totemistische Gesellschaften, nun im Aspekt der Klassifikation der Tier- und Pflanzenarten, als Modus der Einteilung der Individuen in Gruppen. Auch bei Pierre Bourdieu lassen sich Durkheim-Anschlüsse sehen: in der Ausweitung der quantitativen Methoden (die Durkheim im *Selbstmord* ‚erfindet'); im Interesse für unbewusste Normen des Verhaltens und die Einwanderung gesellschaftlicher Normen in den Körper. Zugleich ist auch seine Soziologie alles andere als durkheimianisch, insofern sie eine tiefe Kritik von Herrschaft darstellt. Parsons und Luhmann wiederum teilen in ihrer Gesellschaftsanalyse der Moderne (funktionale Differenzierung), in ihrer Konzeption von Subjektivität (als Semantik), in der Vorstellung eines evolutionären Wandels und im Bezugsproblem (soziale Ordnung) vieles mit der Soziologie von Durkheim. Luhmann hat nicht zufällig ein Vorwort zur *Arbeitsteilung* verfasst:

„[W]ir versuchen es gar nicht erst zu rekonstruieren, wie man Durkheim im Jahre 1893 lesen konnte. Wir lesen ihn als Klassiker. […] Klassisch ist eine Theorie, wenn sie einen Aussagenzusammenhang herstellt, der in dieser Form später nicht mehr möglich ist, aber als Desiderat oder als Problem fortlebt. […] Was [Durkheim] den Späteren zu sagen hat, liegt auf der Ebene der Theorie. Man muß in der Analyse klassischer Texte den gegenwärtigen Stand des Faches zugrunde legen: das inzwischen gestiegene Auflösevermögen, die größere Tiefenschärfe der theoretischen und methodischen Gegenstandsprojektion. Auf der Folie veränderter Ansprüche zeichnet sich dann ab, was der klassische Text mit relativ einfachen Mitteln zusammenfügen konnte. Der Text bleibt aktuell, solange seine Problemstellung kontinuierbar ist. Er bleibt maßgebend in einem ambivalenten Sinne: Man kann an ihm ablesen, was zu leisten wäre; aber nicht mehr: wie es zu leisten ist" (Luhmann 1988: 19 f.).

Literaturempfehlungen

- DELITZ, Heike. 2013. *Émile Durkheim zur Einführung*. Hamburg: Junius.
- DELITZ, Heike und Tanja Bogusz, hrsg. 2013. *Émile Durkheim – Soziologie – Ethnologie, Philosophie*. Frankfurt/M.: Campus.

> - **KECK,** Frédéric und Mélanie Plouviez. 2008. *Le vocabulaire d'Émile Durkheim.* Paris: Ellipses.
> - **KÖNIG,** René. 1973. *Émile Durkheim zur Diskussion.* München: Carl Hanser.

▶ Stellen Sie den Blick der Durkheimiens auf „Gesellschaft" und auf das „Soziale" dar. Inwiefern handelt es sich um eine „genuine" Gesellschaftstheorie – was beinhaltet der Kollektiv-zentrierte Zugang? Welche Gesellschaften interessieren exemplarisch und unter welchem Gesichtspunkt?

2.2 Marxismus, Neo- und Postmarxismus

> „Die fast unlösbare Aufgabe besteht darin, weder von der Macht der anderen, noch von der eigenen Ohnmacht sich dumm machen zu lassen." (Adorno 1994: 67)

Eine jede marxistische Soziologie geht von der Ökonomie als entscheidender, determinierender Instanz der modernen, westlichen und auch jeder anderen (oft als ‚vormodern' gefassten) Gesellschaft aus. Genauer, sind Arbeit, Produktion und Konsumtion oder Produktion und Reproduktion menschlichen Lebens zentral. Insofern handelt es sich um eine ‚materialistische' Gesellschaftstheorie. Sie ist nicht materialistisch, weil sie die Artefakte, das Materielle ernst nähme (wie z. B. der *New Materialism,* vgl. Massumi 2002, Bennett 2020), sondern weil hier das Ideelle, die Vorstellungen und Ideen, als *Ausdruck* der jeweiligen, zugrunde liegenden und ‚eigentlich' sozialen Tatsachen – von Arbeit und deren ungleicher Verteilung – erscheinen. Die These ist: Ideen folgen stets jenen Handlungen und Interessen, die das elementare Leben, das Weiterleben betreffen. Das ist in mehrfacher Hinsicht das genaue Gegenteil der durkheimschen Theorie der Gesellschaft, obgleich es sich auch hier um eine Kollektiv-zentrierte Perspektive handelt – eine ‚Soziologie mit Gesellschaft'. Auch für jede marxistische Theorie ist das Subjekt gesellschaftlich konstituiert. Zugleich handelt es sich bei Gesellschaft aber durchgängig um eine Herrschaftspraxis, um Spaltung, Kampf, Konflikt. Das arbeitende Subjekt wird aus dieser Perspektive (bislang) immer unterworfen und von sich entfremdet – unterworfen unter Rechtsregime, politische Regime, religiöse Vorstellungen; entfremdet von seinen eigenen Möglichkeiten. Und die kollektiv

2.2 Marxismus, Neo- und Postmarxismus

geteilten Gedanken sind aus dieser Perspektive die ‚herrschenden Gedanken' – die *der Herrschenden*. Für eine marxistische Theorie ist schließlich die Religion eine zu kritisierende Ideologie: Sie dient der Aufrechterhaltung von Ungleichheit ebenso wie das Rechts- oder das politische System, oder die Philosophie. Kurz: Im Gegensatz zu Durkheim ist hier zum einen die Ökonomie die ‚Matrix' der Gesellschaft (gerade dagegen hatte sich Durkheims Religionssoziologie gewandt, s. o.). Zudem ist Gesellschaft gerade keine Einheit, sondern gespalten, konflikthaft, ein Herrschaftszusammenhang. In den Vordergrund zu schieben und zu kritisieren sind daher die Mechanismen, in denen dies geschieht: die der Ausbeutung, Entfremdung, Unterdrückung. Marxistische sind kritische Soziologien. Letztlich zielen sie durch die wissenschaftliche Arbeit auf die Überwindung der bestehenden (kapitalistischen) Gesellschaft und Institutionen – was erneut ganz im Gegensatz zur Durkheim-Soziologie steht.

Dabei gibt es mehrere Varianten dieser Gesellschaftstheorie. So, wie Strukturalismus, Poststrukturalismus und „Postfundamentalismus" (vgl. dazu Marchart 2013) sowie Systemtheorie je in bestimmter Hinsicht als *neo-* und als *post-durkheimianisch* bezeichnet werden könnten – so gibt es *neo-* und *post-marxistische* Gesellschaftstheorien. In ihnen werden (unter Hinzunahme neuer Konzepte aus Anthropologie, Philosophie, Psychoanalyse, Linguistik) die problematischsten, eher politisch als theoretisch begründeten Elemente des marxistischen Denkens korrigiert: vor allem die geschichtsphilosophische Vorstellung von Gesetzen der Geschichte; aber auch die Konzeption von Gesellschaft, der zufolge die Ökonomie alles andere determiniere; und die Vorstellung, es gäbe ein notwendiges revolutionäres Subjekt – die Arbeiterklasse. Insgesamt wird zunehmend auch die Vorstellung korrigiert, die Individuen seien durch ihre Klassenzugehörigkeit bestimmt.

Neomarxistische Ansätze – die der Frankfurter Schule oder die ‚Kritische Theorie der Gesellschaft' (Theodor Adorno, Max Horkheimer u. a.) – teilen dabei mit Marx und Engels noch die Überzeugung, das Ökonomische sei grundlegend für alle anderen sozialen Bereiche; sowie die, dass der Kapitalismus die Individuen von ihren humanen Potentialen entfremde. Verabschieden werden hier aber die Geschichtsphilosophie und die damit verbundene Gewissheit, der Arbeiter werde aufgrund der inneren Krisen ‚des Kapitalismus' revolutionär werden. An dessen Stelle wird erforscht, warum es in den ‚entwickelten' kapitalistischen Ökonomien *nicht* zur Revolution kommt und warum der Arbeiter nicht solidarisch, sondern fremdenfeindlich, faschistisch geworden ist. Eine Antwort sehen die Frankfurter in der „Kulturindustrie" (Adorno und Horkheimer 1971): In Kino, Radio, im Groschenroman macht sich die kapitalistische Wirtschaftsweise immun gegen Kritik und Revolte, indem sie *in den Subjekten* Träume des Aufstiegs und eine heile Welt erzeugt (vgl. Kracauer 1977); im Massenkonsum wird den Arbeitern das Gefühl der Teilhabe gegeben; faschistische Ideen erlauben die Ablenkung von der eigenen Unterdrückung. Und es ist die autoritäre Erziehung, die den Arbeiter statt revolutionär reaktionär werden lässt (vgl. Adorno et al. 1973).

Postmarxistische Denkweisen trennen sich dagegen auch vom Basis-Überbau-Konzept, der ökonomistischen und klassenreduktionistischen Annahme einer sozialen Struktur (der Klassen), der gegenüber kulturelle, rechtliche, politische Phänomene Ausdrücke oder allenfalls Verschleierungen sind. Ein postmarxistisches Konzept entfaltet in den 1940ern (im italienischen Gefängnis) Antonio Gramsci, dem es darum geht, eine aktive Wirkung der ‚Überbauten', insbesondere der politischen und zivilgesellschaftlichen Institutionen zu denken, statt nur die Ökonomie als gesellschaftlich wirksam zu verstehen. Zivilgesellschaft und Staat sind ihrerseits wirkmächtig – sie sind im Fall der kapitalistischen Gesellschaft insbesondere so instituiert, dass sie diese trotz aller von ihr erzeugter Probleme und Krisen aufrechterhalten (Gramsci 2019 [1948–1951]). Ein zweiter Beginn eines genuin postmarxistischen Denkens – das marxistisch motiviert ist und doch mit zentralen Theorieelementen des orthodoxen Marxismus bricht – ist der strukturalistische Marxismus von Louis Althusser. Die gesellschaftlichen Kämpfe sind *„überdeterminiert"*, heißt es hier (z. B. Althusser 2011 [1965]: 126, 129, Hervorh. i. O.): In der entscheidenden proletarischen Revolution, nämlich der russischen von 1917 zeige sich, dass es nicht der ‚einfache' Konflikt zwischen Proletariat und Bourgeoisie ist, der zum Klassenkampf und zur revolutionären Veränderung führt. In dieser Revolution waren vielmehr zahlreiche gesellschaftliche Widersprüche involviert, die sich gegenseitig verstärkten. Zudem war die Schwäche der bürgerlichen Institutionen entscheidend, und nicht zuletzt war es der außenpolitische Druck. An der Stelle einer alles determinierenden Instanz – einer einfachen Kausalbeziehung – ist eine strukturale Beziehung zu denken: *Die determinierende Struktur ist ihrerseits determiniert oder strukturiert.* Die ökonomische Struktur (‚die Basis') ist ihren Wirkungen (dem ‚Überbau') immanent, statt ihnen vorherzugehen. Sie konstituiert sich *in* den nichtökonomischen (politischen, rechtlichen, religiösen) Institutionen. Pierre Bourdieu hat neben den ökonomischen Ungleichheiten vor allem kulturelle Differenzierungen – insbesondere solche, die in den Körper, in seinen ‚Habitus' einwandern –, als die erkannt, in denen Ungleichheit und Herrschaft erzeugt, reproduziert und stabilisiert wird. Zudem hat er für das zeitgenössische Frankreich (1970) eine Struktur von *drei* Klassen ausgemacht, die sich durch Distinktions- respektive Nachahmungsstreben statt durch Konflikt

2.2 Marxismus, Neo- und Postmarxismus

auszeichnen. Neben vielen weiteren AutorInnen (z. B. Hardt und Negri 2004) steht für ein postmarxistisches Denken nicht zuletzt die „Dekonstruktion des Marxismus" von Ernesto Laclau und Chantal Mouffe (so der Untertitel des Buches von 1985, vgl. dies. 2001). Dieser Postmarxismus – der französische der 1980er Jahre (von Lefort und Gauchet, Laclau und Mouffe) – beinhaltet auch und vor allem die Kritik am politischen Projekt des Marxismus: das nun als *Totalitarismus* diskutiert wird. Der orthodoxe Marxismus mit seiner Theorie der revolutionären Klasse und der Vernichtung der bürgerlichen Institutionen ist ein *notwendig totalitäres Gesellschaftsprojekt,* das darin den faschistischen Projekten nicht nachsteht. Es war insbesondere das Erscheinen von *Archipel Gulag* (Solschenyzin 1973), in dem die sowjetische Schreckensherrschaft deutlich wurde. Für diese französischen linken Intellektuellen ist seither klar: Will man das linke Denken retten, muss der orthodoxe Marxismus, muss die Idee einer klassenlosen, nicht mehr gespaltenen Gesellschaft dekonstruiert werden, und muss sich die Linke auf die Anerkennung der Menschenrechte und der Demokratie verpflichten. Die Linke muss – so Laclau und Mouffe weiter – dabei ihrerseits ein hegemoniales Projekt anstreben, innerhalb der demokratischen Institutionen, indem sie verschiedenen Minoritäten eine Stimme gibt, diese bündelt, und zwar gerade im Sinne einer ‚radikalen Demokratie' statt einer Einparteienherrschaft, eines Totalitarismus. Konzeptionell sind damit vielfache Umbauten der Gesellschaftstheorie verbunden. Laclau und Mouffe nehmen ebenso die Kritik am Basis-Überbau-Modell (Althusser und Gramsci) auf, wie sie die Differenztheorie von Jacques Derrida (vgl. z. B. ders. 1976) auf die Frage von ‚Gesellschaft' übertragen: Gesellschaft – oder ‚kollektive Identität' – ist stets negativ bestimmt, in Differenzierung von Anderem, indem etwas ausgeschlossen wird – im ‚konstitutiven Außen' (vgl. Laclau und Mouffe 2011: 27). Es ist eine kontrafaktische, und nie einstimmige, sondern umstrittene, hegemoniale Bestimmung. Statt aus einer Einheit besteht Gesellschaft für Laclau und Mouffe (und Lefort und Gauchet) gerade aus Konflikten: Konflikten *um die Bestimmung der Gesellschaft.* Hier wird neben dem linken Projekt auch der *Gesellschaftsbegriff* gerettet – Gesellschaft wird dabei nicht-essentialistisch bestimmt als ein ‚Objekt', das ebenso unmöglich wie notwendig ist: nie tatsächlich eine Einheit, muss diese immer erneut behauptet werden (s. u.). Auch bei Gilles Deleuze, oder in den *studies* im Anschluss *(postcolonial* und *subaltern studies,* den *gender studies)* findet sich ein vielfältiges postmarxistisches Denken und wird die Kritik an nicht durchschauten Herrschaftsverhältnissen auf vielfältige Weise ausgeweitet – auf die Kritik falscher Begehren, auf die Kritik der männlichen Herrschaft, auf die Kritik der kolonialen Herrschaft und auf die Kritik der rassistisch fundierten Herrschaft.

2.2.1 Marx und Engels: Das klassische marxistische Denken

Will man diese postmarxistischen, aktuellen Gesellschaftstheorien – und die weiter zentrale Kritik am Kapitalismus – verstehen, so gilt es zunächst die Kernelemente des Marxismus zu skizzieren, wie sie aus den Schriften von Karl Marx und Friedrich Engels ersichtlich sind. Dabei handelt es sich um ein permanent neu gelesenes Werk. Die orthodoxen Lektüren (die der ‚Zweiten' und ‚Dritten Internationale' der marxistischen Theorie, vgl. dazu z. B. Laclau und Mouffe 2001); die strukturalistischen Interpretationen des Marxschen Werkes (Althusser et al. 2015 [1965]); die postmarxistischen Theorien (z. B. Bourdieu, Foucault, Deleuze, Laclau und Mouffe, Lefort und Gauchet) lesen je anderes in den Texten und stellen je anderes ins Zentrum. Gleichwohl lassen sich folgende Punkte als Kern einer marxistischen Gesellschaftsvorstellung erwähnen: 1) *Materialismus* (‚das Sein bestimmt das Bewusstsein' oder das Leben das Denken: die Produktionsweisen und -mittel), 2) *Theorie des Kapitals* (das Besondere der kapitalistischen Wirtschafts- und Gesellschaftsform ist die Ablösung des Tauschwerts der Ware vom Gebrauchswert – der ‚Fetischcharakter der Ware', so Marx), 3) *Klassenkampftheorie* sowie 4) die damit eng verknüpfte *Geschichtstheorie*, und schließlich 5) die radikal *kritische* Haltung gegenüber der als kapitalistisch verstandenen Gesellschaft. Was die Gesellschaftstheorie betrifft, so steht hier diese moderne, westliche, ‚eigene' Gesellschaft im Zentrum. Es geht um deren Erkenntnis; und nur zu diesem Zweck werden auch allgemeine Aussagen über Gesellschaft, kollektives Leben gemacht – etwa die, dass es historisch und geografisch *immer* die Produktionsverhältnisse waren und sind, die Leben und Denken bestimmen. So gibt es auch bedeutsame marxistische Denkweisen in Anthropologie und Archäologie: Für die von diesen Disziplinen untersuchten Gesellschaften werden dann dieselben Mechanismen der Herrschaft, der Teilung, der Kontrolle über Produktionsmittel angenommen, wie sie für die moderne Gesellschaft als zentral erscheinen. Der Gesamtansatz wird oft auch als ‚Politische Ökonomie' bezeichnet. *Zur Kritik der Politischen Ökonomie* hieß Karl Marx' Analyse der kapitalistischen Wirtschaftsform von 1859 (vgl. Marx 1961a). Marx selbst verstand seine Aufgabe insgesamt als *Kritik des Kapitalismus* – als wissenschaftliche ‚Kritik', d. i. Analyse der ‚Naturgesetze', denen das Kapital folge; und als politische Kritik der Mystifizierungen – nämlich der Darstellung von gesellschaftlicher Ungleichheit als unumgänglich. Es geht unter dem Titel einer *Kritik der politischen Ökonomie* zum einen also um eine Theorie und Analyse von Gesellschaft, die sich auf die ökonomischen Institutionen und ihr Verhältnis zu den anderen – die ökonomische, die Klassenherrschaft aufrechterhaltenden – Institutionen konzentriert. Zum anderen ist der Ansatz selbst politisch: er will diese Ökonomie und diese Ungleichheit auch selbst überwinden oder jedenfalls überwinden helfen. Dabei gilt – drittens – die Kritik der bisherigen Disziplin der politischen Ökonomie: Nicht zuletzt in diesem Sinne ist der Titel zu verstehen, eben als *Kritik der bisherigen politischen Ökonomie* (z. B. David Ricardo, Adam Smith, Pierre-Joseph Proudhon), um die kapitalistische Wirtschaftsweise recht zu verstehen, um ihre ‚Naturgesetze' zu erkunden. Es geht um den Zusammenhang von *Kapital, Grundeigentum, Lohnarbeit; Staat, auswärtigem Handel,* und *Weltmarkt;* und es geht um folgende ‚Gesetze': die *Trennung von Gebrauchs- und Warenwert (Fetisch-Charakter der Ware), die Akkumulation von Kapital, die Monopolbildung, der Ausgriff auf immer neue Absatzmärkte und Rohstofflager oder* die *ökonomischen und gesellschaftlichen Krisen.* Mit dieser ökonomischen Grundlage ist der Marxismus wie erwähnt ebenso eine Gesellschaftstheorie des Konfliktes, wie eine materialistische Theorie von Gesellschaft (die Produktionsweise bestimmt das gesellschaftliche Leben und die Subjekte, deren Gedanken, Begehren, Handlungsweisen, und erzeugt Konflikte), eine Theorie der Geschichte, und nicht zuletzt ein politisches *Projekt,* das ermutigt, den Kampf aufzunehmen.

Gesellschaft: Ökonomie und Konflikt

> „Wie die Individuen ihr Leben äußern, so sind sie. Was sie sind, fällt also zusammen mit ihrer Produktion, sowohl was sie produzieren, als auch damit, wie sie produzieren" (Marx und Engels 1969 [1846]: 21).
> „Die Gedanken der Herrschenden sind [...] die herrschenden Gedanken, d. h. die Klasse, welche die herrschende materielle Macht der Gesellschaft ist, ist ihre herrschende geistige Macht" (ebd.: 46).

Die Gesellschaftstheorie von Marx und Engels ist also in erster Linie ökonomische Theorie; damit aber auch und untrennbar davon eine Konflikttheorie. Gesellschaft ist – aufgrund der (als universal vorausgesetzten) ungleichen Verteilung von Produktionsmitteln und damit verbundener Herrschaft – immer gespalten, nie eine Einheit. Der Kampf dreht sich um die konkreten Lebensbedingungen; und das ‚Leben' des Menschen wird dabei verstanden als eines, das in Arbeit, in Produktion von Nahrung und allem Weiteren besteht. Leben ist Produktion und Reproduktion. Weil diese Produktion stets Ungleichheiten erzeugt, Produktionsmittel historisch immer ungleich verteilt waren und sind, ist die Geschichte eine Abfolge von Gesellschaftsformen – nicht wie bei Gottfried Wilhelm Hegel als fortschreitende ‚Selbstverwirklichung der Vernunft' (in Gestalt der je um fortschrittlichere Ideen kämpfenden Völker), sondern als Abfolge von

Herrschaftsinstitutionen; von Kämpfen zwischen den Herrschenden und den Beherrschten (Produktionsmittelbesitzern und Produktivkräften). Mit anderen Worten: Nicht Ideen bestimmen den Kampf, sondern Interessen.

„In der gesellschaftlichen Produktion ihres Lebens gehen die Menschen […] notwendige […] Verhältnisse ein, Produktionsverhältnisse, die einer bestimmten Entwicklungsstufe ihrer materiellen Produktivkräfte entsprechen. Die Gesamtheit dieser Produktionsverhältnisse bildet die ökonomische Struktur der Gesellschaft, die reale Basis, worauf sich ein juristischer und politischer Überbau erhebt […]. Die Produktionsweise des materiellen Lebens bedingt den sozialen, politischen und geistigen Lebensprozess" (Marx 1961 [1859]: 8 f.).

Während für Hegel der „Denkprozeß" das entscheidende ist, durch das Geschichte in Gang kommt und Gesellschaftsformen sich verändern, ist für Marx dieses „Ideelle" nur das „übersetzte Materielle" (Marx 1962 [1867]: 27). Alle Institutionen lassen sich auf die Struktur der Klassen und auf die Interessen der herrschenden Klasse zurückführen. Und innerhalb der kapitalistischen Gesellschaft lassen sich dann alle Institutionen, alle Subjektformen, und alle Konflikte auf den Grundwiderspruch von Kapital und Arbeit, Bourgeoisie und Proletariat zurückführen. Insofern lässt sich diese Gesellschaftstheorie auch als ‚klassenreduktionistisch' charakterisieren. Zugleich gibt es bei Marx und Engels Ansätze zu einer Gesellschaftstheorie, die entscheidende Momente der gesellschaftlichen Veränderungen in den je neuen Produktionstechniken sieht – man denke an den oft zitierten Satz aus *Das Elend der Philosophie* zur Dampfmaschine (mit Dampf angetriebener Mühlen):

„Mit der Erwerbung neuer Produktivkräfte verändern die Menschen ihre Produktionsweise, und mit der Veränderung der Produktionsweise, der Art, ihren Lebensunterhalt zu gewinnen, verändern sie alle ihre gesellschaftlichen Verhältnisse. Die Handmühle ergibt eine Gesellschaft mit Feudalherren, die Dampfmühle eine Gesellschaft mit industriellen Kapitalisten" (Marx 1972 [1847]: 130).

Wie auch immer Marx diese *Unterordnung aller sozialer Tatsachen und Bedeutungen unter den ökonomischen Konflikt* letztlich dachte (im Blick zu behalten ist, dass diese Sätze aus einer politischen Kampfschrift stammen): Aus dieser Auffassung resultiert die bis heute einflussreiche Denkweise, wir lebten in einer ‚kapitalistischen' Gesellschaft (deren politische, rechtliche, kulturelle Institutionen von daher zu verstehen sind), es komme soziologisch auf Sozialstruktur-Analyse an; und alle religiös-politischen Institutionen und auch Bewegungen (wie die des islamistischen Terrorismus) ‚erklären' sich dadurch,

z. B. durch enttäuschte Aufstiegserwartungen. Aus dieser Tradition stammt auch die relevante soziologische Motivation, die Gesellschaft zu analysieren, um sie zu kritisieren und zu verändern. Soziologie versteht sich hier als Gesellschaftspolitik, im Gegensatz zur Weber-Linie mit ihrer Forderung nach ‚Werturteilsfreiheit', und ebenso im Gegensatz zur Soziologie in der Linie Durkheims. Diesem wird seit den 1920ern seitens der französischen MarxistInnen vorgeworfen, die bestehende Ordnung zu verteidigen, staatstragend zu sein – konservativ, reaktionär. Denn auch die Soziologie ist aus der marxistischen Sicht ein Überbauphänomen. Sie stellt sich „dogmatisch auf den Boden der kapitalistischen Gesellschaft" und nimmt diese unkritisch als „Grundlage der ‚Wissenschaft' hin", wenn sie Arbeitsteilung zum Beispiel als generelles gesellschaftliches Erfordernis definiert (Lukacs 1975 [1923]: 40).

Gesellschaftsanalyse: Die kapitalistische Gesellschaft

Zentral für ein Verständnis der modernen Gesellschaftsform ist in dieser Tradition ‚der' Kapitalismus. Diese Wirtschafts- und damit Gesellschaftsform ist gekennzeichnet durch die besondere Gestalt, die hier das Produkt, die Ware erhält: Der Kapitalismus ist die Wirtschaftsform des ‚Warenfetischismus', also der Trennung von Kaufpreis und Gebrauchswert sowie der Abhängigkeit des Preises vom Markt. Kapitalistische Ökonomie bedeutet weiter Trennung der ProduzentInnen vom Produkt, Spekulation auf Preise, Vervielfältigung der konsumierten Dinge, Erzeugung immer neuer Bedürfnisse und Märkte. Marx versteht es weiter als das Entwicklungsgesetz dieser kapitalistischen Produktionsweise, Gewinn zu machen, um zu investieren, um Gewinn zu machen – Kapitalakkumulation. Kennzeichnend ist damit auch die Konzentration des Kapitals: Monopolbildung. Daraus resultiert jene globale politische und ökonomische Dynamik, mit der wir es auch aktuell zu tun haben: die permanente Ausweitung der Handelssphäre, die Suche nach neuen Produkten, KonsumentInnen und Absatzmärkten, nach ArbeiterInnen, Rohstoffen, Kapital. Dieser permanenten Ausweitung liegt das Prinzip der unbegrenzten Akkumulation von Kapital zugrunde, das Marx also als ein Grundprinzip der kapitalistischen Ökonomie kennzeichnet. Dem entsprechen die Angewiesenheit auf ein ständiges Wirtschaftswachstum und das Begehren nach immer mehr Kapital bei den KapitaleignerInnen. Marx sieht daher notwendig Krisen und Kriege kommen – imperialistische und kolonialistische Politiken, wie sie gegenwärtig etwa die chinesische (Wirtschafts-)Politik der ‚Neuen Seidenstraße' darstellt. Die in dieser Ökonomie etablierten gesellschaftlichen Beziehungen (von Lohnarbeit, von ArbeitgeberInnen und ArbeitnehmerInnen) machen letztere zu Dingen mit Preisen. Sie verdinglichen sie, da der Wert eines Menschen sich nach seiner Produktivität, seiner Leistung im Kapitalbildungsprozess bemisst. Zudem sind die sozialen Beziehungen tendenziell isoliert. Mit dieser Wirtschaftsform einher geht die

> „Verdinglichung aller menschlichen Beziehungen, die ständig wachsende Ausdehnung einer den Produktionsprozeß abstrakt-rationell zerlegenden, um die menschlichen Möglichkeiten [der] Produzenten unbekümmerten Arbeitsteilung". (Lukacs 1975: 39)

Es entstehen scheinbar isolierte Tatsachen, wie sie die Systemtheorie dann analytisch (oder auch: affirmativ) beschreibt: ‚Ökonomie', ‚Wissenschaft', ‚Recht' – die moderne Differenzierung ist aus dieser Perspektive nichts anders als eine ideologische Gesellschaftsvorstellung, die dazu dient, die kapitalistische Wirtschafts- und Herrschaftsform aufrechtzuerhalten. Die Vorstellung isolierter gesellschaftlicher Sphären ist ein Produkt des Kapitalismus. Die zunehmende Arbeitsteilung, die der industriellen Produktion entspricht, ist aus dieser marxistischen Perspektive gerade nicht Ursache von ‚Solidarität', wie es Durkheim – absichtlich umgekehrt – denkt. Die Aufteilung von Fähigkeiten und Kenntnissen, die Spezialisierung entspricht auch einer Entsolidarisierung und Verungleichung.

Das Kapital als Subjekt

In der Beschreibung der Gesellschaft ist dieser soziologischen Theorie (nach wie vor) eigentümlich, das Kapital oder den Kapitalismus als Subjekt oder Akteur anzusprechen. Denn nicht das persönliche Bereicherungs-Begehren ‚der Kapitalisten', der UnternehmerInnen und InvestorInnen erklärt die gesellschaftlichen Transformationen. Es ist das Kapital selbst, das sich vermehren will oder muss. Die einzelnen UnternehmerInnen sind „personifiziertes Kapital", es handelt durch sie hindurch. Es will immer mehr Arbeit in sich einsaugen, um Gewinn zu machen, zu *wachsen*. Nur als „Träger" dieser Bewegung sind die GeldbesitzerInnen also KapitalistInnen. Sicher wollen alle innerhalb dieser Wirtschafts- und Gesellschaftsform reich werden. Gleichwohl vollziehen sie damit zwangsläufig die Bildung von Kapital mit (Marx 1962 [1867]: 16, 124 ff.). KapitalistInnen, UnternehmerInnen, AnteilseignerInnen oder GrundeigentümerInnen sind nicht VerursacherInnen, sondern „Personifikationen" des Kapitalismus. Denn noch weniger

> „als jeder andre kann mein Standpunkt, der die Entwicklung der ökonomischen Gesellschaftsformation als naturgeschichtlichen Prozeß auffaßt, den einzelnen verantwortlich machen für Verhältnisse, deren Geschöpf er sozial bleibt" (ebd.: 16).

2.2 Marxismus, Neo- und Postmarxismus

Wie bei Durkheim, so handelt es sich um eine Gesellschaftstheorie, die vom *konstituierten* oder vom gesellschaftlich geformten Subjekt ausgeht – sich für dieses interessiert. Auch von dieser Seite her wird eine Traditionslinie soziologischer Theorie aufgebaut. Sie führt zu den neo- und postmarxistischen Ansätzen, geht tief in die soziologische Theorie und Analyse etwa Pierre Bourdieus ein, ebenso wie sie bei Michel Foucault. Ernesto Laclau und Chantal Mouffe, oder Gilles Deleuze eine neue Gestalt erhält.

Basis und Überbau

Wie erwähnt, ist in der Frage der Gesellschaftsform die Art der Produktion und ihrer Aufteilung grundlegend. Sie ist die Basis aller anderen Institutionen, sie weist diesen „Rang und Einfluß" zu (Marx 1961b: 637). Zugleich stabilisieren diese Institutionen – der ideelle ‚Überbau' (juristische, politische, religiöse, künstlerische, philosophische Institutionen und Bedeutungssysteme) – die materielle Basis, die ökonomische Struktur. Letztlich kommt es zur Stabilisierung eines zu Krisen führenden Wirtschaftssystems einerseits und insbesondere auf *Politik* und *Recht* an sowie andererseits auf Religion (die indes in modernen Gesellschaften an Überzeugungskraft verliert), Kultur, Philosophie – auf Ideensysteme. Rechtsstaatlichkeit, Gewaltenteilung und das demokratische politische System erscheinen aus marxistischer Perspektive derart als Institutionen, die dazu dienen, das bürgerliche Eigentum zu schützen. Sie sichern die Herrschaft einer Klasse über die andere. Das als Staatsräson definierte Privateigentum legitimiert die soziale (mithin ökonomische) Ungleichheit. Schutz des privaten Eigentums – dies ist das ganze „Geheimnis" (Marx 1983: 799) des Nationalstaates:

> „Es ist jedesmal das unmittelbare Verhältnis der Eigentümer der Produktionsbedingungen zu den unmittelbaren Produzenten [...], worin wir das innerste Geheimnis, die verborgne Grundlage der ganzen gesellschaftlichen Konstruktion und daher auch der politischen Form des Souveränitäts- und Abhängigkeitsverhältnisses, kurz, der jedesmaligen spezifischen Staatsform finden" (ebd.: 799 f.).

So ist die Trennung des Öffentlichen vom Privaten nichts anderes als eine Organisation der Gesellschaft, in der sich die Bourgeoisie ihr Eigentum garantiert (Marx und Engels 1969: 62). Rechtsstaatlichkeit, Wahlsystem, parlamentarische Repräsentation, es sind dies Institutionen der Selbst-„Versicherung der Bourgeoisklasse". Sie halten die Interessen der „ausgebeuteten Klassen" im Zaum, ebenso zähmen sie aber auch die kapitalismuskritischen Bürgerlichen selbst – abspringende Bürgerliche wie die RomantikerInnen (Marx und Engels 1960: 288). Die politische Form der Demokratie verschleiert und stabilisiert etwa die Ausbeutung, weil sie die Arbeiter stets als formal freie und gleiche definiert. Zugleich ist der moderne Staat als Bürokratie und als Wahrer der nationalstaatlichen Unversehrtheit ebenso wie in seiner Außenpolitik wichtig, er sichert die in- und ausländischen Geschäfte, Rohstoff- und Marktzugänge. Kurz: der demokratische Nationalstaat ist mit und trotz all seiner politischen Errungenschaften die „organisierte Gewalt einer Klasse zur Unterdrückung einer anderen" (Marx und Engels 1972 [1848]: 482). Selbst die Erklärung der Menschen- und Bürgerrechte; die Rede von Volkssouveränität; das Wahlsystem; und insgesamt der kulturelle „Überbau" sind aus dieser Perspektive Täuschungsmanöver. Täuschungsmanöver sind insgesamt Philosophie und Religion, aber auch die Naturwissenschaften (die Psychologie oder die Biologie). Insofern diese den *homo oeconomicus* oder den Konkurrenzkampf für „natürlich" erklären, werden Ungleichheiten und Ausbeutungen legitimiert.

Über die bürgerliche, kapitalistische Gesellschaft hinaus gilt vieles davon ganz generell: Im „Verhältnis der Eigentümer" zu „Produzenten" liegt *immer* die Grundlage der „politischen Form" (Marx 1983 [1867]: 799 f.). Politische Institutionen sind Ausdruck der ökonomischen Struktur. Der moderne Staat als Monopolorganisation physischer Gewalt entstand dieser Vorstellung zufolge historisch aus der Notwendigkeit heraus, große, nur kollektiv bewältigbare Aufgaben zu koordinieren. So verlangte die Notwendigkeit, in Mesopotamien die Wasserzufuhr zu sichern, eine erste „zentralisierende Staatsgewalt". Rein durch die Größe von Bauaufgaben heraus entstand eine privilegierte Gruppe. Diese nutzte ihre Stellung zur Bereicherung aus, und es entstand eine gleichzeitig politische und ökonomische Ungleichheit. Die ökonomische Struktur ist derart *immer* die „reale Grundlage", aus der dann auch alle anderen (religiösen, rechtlichen, politischen usw.) Institutionen „in letzter Instanz zu erklären sind" (Engels 1880/1987: 208). Und auch aktuell spricht vieles für diese Analyse der Gesellschaft. So scheinen es auch und vor allem heute – angesichts von Facebook, Amazon und Co – sehr viel eher die Regierungen zu sein, die „sich den wirtschaftlichen Verhältnissen fügen mussten", statt dass sie diesen das „Gesetz" vorgeben (Marx 1972: 109). Das Agieren der Bundesregierung in Klimaschutzfragen spricht für eine solche Sichtweise ebenso wie die Zögerlichkeit in der Wohnungspolitik oder angesichts der Vermüllung des Planeten. Produktion und Konsum erscheinen zunehmend als nur schwer lenkbare Prozesse, bei denen es kurzfristige, auf Wahlperioden beschränkte Kalküle sind (Arbeitsplätze, Steuereinnahmen und Wachstumsraten), die politische Entscheidungen lenken – viel weniger als ethische und im Grunde einfach vernünftige Bedenken etwa angesichts der Naturzerstörungen, die diese Wirtschaftsweise mit sich bringt.

2.2 Marxismus, Neo- und Postmarxismus

Wie erwähnt führt dieses System Marx zufolge *notwendig* in ökonomische und daher in innen- wie außenpolitische Krisen. Weil die Konflikte in der Gesellschaft auf *einen* Widerspruch (den Antagonismus von Kapital vs. Arbeit) vereinfacht sind, und weil es global zu immer neuen Ausbeutungen kommen muss. Der „ungeheuren Produktivkraft" und dem schnellen Wachstum der „Kapitalwerte" steht eine notwendig schrumpfende „Basis" an Marktteilnehmenden gegenüber – die Verwertung des „schwellenden Kapitals" wird zunehmend schwierig (Marx 1983: 277). Die Folge: *Klassenspaltung – wachsende Ungleichheit – Revolution.* Das gilt für jede bisherige Gesellschaftsformation:

> „Die Bourgeoisie kann nicht existieren, ohne die Produktionsinstrumente, [und damit] sämtliche gesellschaftlichen Verhältnisse fortwährend zu revolutionieren. [...] Die fortwährende Umwälzung der Produktion, die ununterbrochene Erschütterung aller gesellschaftlichen Zustände, die ewige Unsicherheit [...] zeichnet die Bourgeois-Epoche [...] aus [...]. Alles Ständische [...] verdampft, alles Heilige wird entweiht, und die Menschen sind endlich gezwungen, [...] ihre gegenseitigen Beziehungen mit nüchternen Augen anzusehen. Das Bedürfnis nach einem stets ausgedehnteren Absatz für ihre Produkte jagt die Bourgeoisie über die ganze Erdkugel. Überall muß sie sich einnisten, überall anbauen, überall Verbindungen herstellen." (Marx und Engels 1977: 465)

Ziel der Analyse der Ökonomie ist es, deren ‚Bewegungsgesetze' zu verstehen. Daher beschreibt Marx seine Theorie der Gesellschaft als *Naturwissenschaft* oder als Naturgeschichte: Gefunden werden sollen *Gesetze* der Geschichte – aber diese Gesetze sind natürlich keine Naturgesetze, und diese Gesellschaftstheorie ist mindestens ebenso Politik wie Theorie.

Gesellschaftstheorie, Geschichtsphilosophie, Politik

Kennzeichnend für den klassischen Marxismus ist eine geschichtsphilosophische Aussage: die Geschichte sei keine Folge zufälliger Ereignisse, sondern sie unterliege „Gesetzen" – denen ungleicher Gesellschaften. „Die Geschichte aller bisherigen Gesellschaft ist die [...] von Klassenkämpfen", heißt es im *Manifest der kommunistischen Partei* (Marx und Engels 1972 [1848]: 462), dessen politisches Ziel man einbeziehen muss – wie insgesamt diese Geschichtsphilosophie als politisches Projekt und nicht so sehr als Theorie der Geschichte gelesen werden muss. In diesem Sinne skizzieren Marx und Engels im *Manifest,* wie alle vergangenen Herrschaftsverhältnisse einen kontinuierlichen, vorübergehend erfolgreichen, aber letztlich in neue Ungleichheiten führenden Kampf erkennen lassen. Mehrmals gab es eine „revolutionäre Umgestaltung" der bestehenden Gesellschaft (ebd.), die historisch ‚notwendig' war – aufgrund der jeweils sich zuspitzenden Widersprüche. So ging die kapitalistische Gesellschaft ‚notwendig' aus dem Untergang der feudalen Gesellschaft hervor, und diese notwendig aus dem Scheitern der Sklavenhaltergesellschaft. Und so wird auch die kapitalistische Gesellschaft notwendig überwunden werden. Umso mehr, weil sie die gesellschaftliche Spaltung, die Konflikte zugespitzt, radikal vereinfacht hat: Die Gesellschaft ist nicht mehr in drei Stände geteilt, sondern nur noch in zwei gegensätzliche Klassen. Es gibt nur noch diesen Konflikt von Arbeit vs. Kapital. Diese zugespitzte Analyse der Geschichte (der die historische und aktuelle Vielfalt der ethnischen Bewegungen und Identitätspolitiken, Gender-Kämpfe und der Kampf gegen den Rassismus gegenüberzustellen wäre) dient also nicht zuletzt dazu, die politische Aktivität, den politischen Kampf zu orientieren. Erreicht werden soll der Aufstand der Arbeiter, um die „revolutionäre Diktatur des Proletariats" (Marx 1987 [1875]: 28) zu errichten. Diese wäre die Aufhebung der Herrschaft der bürgerlichen Klasse und überhaupt der Aufteilung in Klassen – die klassenlose Gesellschaft. In dieser Gesellschaftsform, in der ‚Diktatur des Proletariats' sehen Marx und Engels im 19. Jh. also ein Freiheitsversprechen. In ihr wären alle gesellschaftlichen Gegensätze und jede Herrschaft aufgehoben. Es wäre „das Reich der Freiheit" (Engels 1987: 226, 228). In ihm gäbe es keine organisierte politische Gewalt mehr, keinen Staat: denn dieser sei stets nichts anderes als die „organisierte Gewalt einer Klasse" (Marx und Engels 1977: 482). Erneut muss man in solchen Aussagen, in der Vorstellung der künftigen Gesellschaft als ‚Diktatur' und in der Geschichtsphilosophie also die politische Zielsetzung in Rechnung stellen. Es geht viel weniger darum, Prognosen zu machen, als zum Kampf zu motivieren, in dem der Arbeiter „nichts zu verlieren" hat als seine „Ketten" (Marx und Engels 1972: 493). „Der Kommunismus ist für uns nicht ein Zustand, der hergestellt werden soll", er ist eine politische „Bewegung", schreiben Marx und Engels (1969 [1846]: 35) auch. Nach dem 20. Jh. klingt der Titel ‚Diktatur' natürlich ganz anders – angesichts der Millionen Toten in der Sowjetunion, in China, Kambodscha, angesichts der Verfolgung aller Andersdenkenden. Gerade daher auch ist also ein Postmarxismus notwendig.

2.2.2 Neomarxismus: Die Frankfurter Schule

Die Frage, die sich den linken Intellektuellen aber zunächst, in den 1930ern, stellt, ist: Warum wird ‚der Arbeiter' in der Mehrheit kein revolutionäres Subjekt, warum entfaltet er nicht dieses revolutionäre Klassenbewusstsein? Warum teilt er statt dessen ein rassistisches Denken?

2.2 Marxismus, Neo- und Postmarxismus

[Beiseite gesprochen: Bei Helmuth Plessner (1974, s. u.) und Karl Mannheim (1984) wird die *dem vorhergehende* Frage nach den gesellschaftlichen *Gründen* von Rassismus und Antisemitismus gestellt: Warum kommt gerade das *deutsche bürgerliche* Denken zu den Begriffen des Volkes, des Lebens – warum gibt es sich das politische Projekt, die ‚Rasse' zum Grund der Gesellschaft zu machen? Warum begründet sie deren Identität und Einheit nicht auf der Idee der Menschenrechte, wie im politischen Humanismus? Warum also werden im deutschen Denken nicht das Individuum, sondern im Gegensatz Volk und Rasse zu Autoritäten, von denen man das Heil erwartet? Plessner und Mannheim verweisen dazu auf die politische Stellung Deutschlands im 18. und 19. Jahrhundert: die Antihaltung der maßgeblichen Schichten gegenüber der Französischen Revolution wird notwendig auch gegen-humanistisch; die fehlende nationalstaatliche Einigung führt zur Berufung auf das Volk (statt der Nation); und die konfessionelle Spaltung sowie der Einfluss des Protestantismus führen zur Aufladung der Philosophie, zur Betonung von Innerlichkeit, und der deutschen ‚Kultur'.]

Für die *marxistischen* Denker des frühen 20. Jh. – die der Frankfurter Schule, für Max Horkheimer, Theodor Adorno, Siegfried Kracauer, Walter Benjamin, Ernst Bloch – stellt sich nun also die Frage, warum auch und gerade der Arbeiter diese Ideen teilt: Warum gewinnt er kein Klassenbewusstsein – warum wird er keine ‚Klasse für sich selbst', wie es bei Marx in *Das Elend der Philosophie* hieß und wie der Kampf der Kommunisten voraussetzt?

> „Die ökonomischen Verhältnisse haben zuerst die Masse der Bevölkerung in Arbeiter verwandelt. Die Herrschaft des Kapitals hat für diese Masse eine gemeinsame Situation, gemeinsame Interessen geschaffen. So ist diese Masse bereits eine Klasse gegenüber dem Kapital, aber noch nicht für sich selbst. In dem Kampf […] findet sich diese Masse zusammen, konstituiert sie sich als Klasse für sich selbst" (Marx 1972: 180 f.).

Und weiter: Warum zeigt sich ‚der Arbeiter' nicht mit den weltweiten, ebenfalls Unterdrückten solidarisch; warum beginnt keine Revolution insbesondere in den ‚entwickeltsten' kapitalistischen Gesellschaften (z. B. Deutschland, USA)? *Was ist also die Psyche oder die Subjektform des Arbeiters, im frühen 20. Jahrhundert?* Um diese Frage zu beantworten, entwerfen die Frankfurter im US-amerikanischen Exil einen Fragebogen, ein empirisches Instrument zur Messung des „autoritären", potentiell faschistischen Charakters: die Faschismusskala, oder kurz die „F-Skala" (Adorno et al. 1973: 40 ff.). Mittels zahlreicher, indirekter Fragen entwerfen Adorno und seine KoautorInnen eine Charakterstruktur, die sich durch eine Verbindung von Xenophobie, Homophobie, Aberglauben, Autoritätshörigkeit, der Affirmation strenger Erziehung und anderem mehr kennzeichnet, und die besonders anfällig für rassistische Mythen macht. Zusätzlich, neben dieser sozialpsychologischen These (der Verbindung von Marx und Freud), interessieren sich die ‚Frankfurter') insbesondere für die ‚Kulturindustrie', für die in den kapitalistischen Gesellschaften im 20. Jahrhundert neu entstehenden Massenmedien und Kulturtechniken von Kino, Radio und Fernsehen; sowie für Architekturen – und ihre Verbindung zur neuen Masse der Angestellten. So erziehen die Architekturen – die Schaufenster und geschützten Räume der Passagen und Warenhäuser – diese neuen Subjekte zu Konsum und Begehren (vgl. Benjamin 1995); oder die Hollywood-Filme, in die die „kleinen Ladenmädchen" gehen, erwecken Träume von einem besseren Leben (Kracauer 1977). Generell erziehen die Massenmedien der Kulturindustrie zu einer konsumierenden, passiven – statt zu einer revolutionären, aktiven Haltung. Schließlich verknüpfen Adorno und Horkheimer diese beiden Themen mit einem dritten: einer sehr weit ausgreifenden Interpretation der *gesamten okzidentalen Kulturgeschichte* als einer Geschichte der Naturbeherrschung, der Beherrschung nicht nur der äußeren, sondern auch der inneren Natur, und damit der Entfremdung des Menschen von sich selbst – die ausgerechnet unter dem Begriff der ‚Aufklärung' stattfindet (Horkheimer und Adorno 1971 [1944], s. u.)! Diese drei Elemente also erklären die ausbleibende Revolution – die stabile Verbindung von Kapitalismus und totalitärem Staat im deutschen Fall; und ebenso die Immunität gegenüber jeglicher Ungleichheitskritik im Fall der USA – die Stabilität des fordistischen Kapitalismus, der auf Massenproduktion und Massenkonsum sowie auf die ‚Kulturindustrie' setzt.

Was nun den *Gesellschaftsbegriff* betrifft, so ist festzuhalten: Die neomarxistischen AutorInnen teilen die Auffassung von der Zentralität der Ökonomie. Die moderne, kapitalistische Gesellschaft ist in all ihren Momenten von diesem Ausbeutungs- und Herrschaftsverhältnis bestimmt. Die anderen gesellschaftlichen Bereiche, insbesondere die Kultur, drückt diese Ökonomie einerseits aus, zum anderen stabilisiert sie diese auch. Sodann teilen die Autoren die marxistische Verbindung von Theorie und politischer Praxis: Soziologische Theorie ist kein Selbstzweck. Ihr Ziel ist die radikale Veränderung der Gesellschaft. Sie ist keine „traditionelle", sondern „kritische" Theorie der Gesellschaft (Horkheimer 1972 [1937]). In diesem Zusammenhang der Kritik an ‚traditionellen' Theorien teilt insbesondere Adorno auch die Kritik am Gesellschaftsbegriff, namentlich von Durkheim, und insgesamt der Soziologie: diese verdingliche die Gesellschaft. Durkheim wisse zwar auch, dass die Gesellschaft kein Ding ist, aber er gestehe ihr doch einen dinghaften Charakter zu, er mache die Gesellschaft zu einer „Gegebenheit" und verdoppele so den kapitalistischen „Verselbständigungsprozess". Womit man es zu tun habe, sei aber immer nur ein kontingentes und instabiles „Verhältnis zwischen Menschen" (Adorno 1993: 68).

Analyse der modernen Gesellschaft: F-Skala, Kulturindustrie; Dialektik der Aufklärung

Die gesellschaftsanalytischen Bemühungen der Frankfurter Schule beinhalten wie einführend erwähnt zum einen eigene empirische Erhebungen; zum anderen kulturkritische Schriften.

1) Die empirisch verfolgten Fragen, die Adorno und seine MitarbeiterInnen im Exil in den USA stellen, entspringen der (auch eigenen biografischen) Erfahrung, dass sich die Arbeiter und generell „Menschen sehr oft nicht im Sinne ihrer materiellen Interessen verhalten" (Adorno et al. 1973: 11). Sie wählen (für heute gesprochen) z. B. CDU und AfD, statt SPD und Linke. Wieso werden die materiellen Interessen nicht leitend, wieso ist der Überbau wirksam? Wie lassen sich solche „grelle[n] irrationale[n] Züge" der politischen Haltung erklären, vor allem die Faszination durch den Nationalsozialismus? (ebd.) Die angesprochene F-Skala zur Messung des Faschismuspotentials dient vor allem dazu, das in sich kohärente Denkmuster abzubilden, das solche Wahlerfolge erklärt. Politische, wirtschaftliche und gesellschaftliche Überzeugungen verdichten sich hierbei in einer Charakter*struktur,* die Adorno et al. den „autoritären" Charakter nennen. Er wird in der entfalteten kapitalistischen Gesellschaft systematisch erzeugt. Dabei handelt es sich um eine nach oben unterwürfige, und nach ‚unten' destruktive politische Haltung – um Rassismus, Xenophobie, Homophobie, wie sie auch gegenwärtig die politische Debatte hierzulande wie anderswo bestimmt. Woraus besteht diese Charakterstruktur und wie erklärt sie sich? Die Beobachtung bereits der 1950er ist: Wer einer Minderheit gegenüber vorurteilsbeladen ist, ist es auch gegen andere Minderheiten; es verschränken sich dabei Vorurteile und Charaktereigenschaften (Autoritätsgläubigkeit, Aberglaube, Homophobie u. a. m.) zu einem „Syndrom".[3] Es hat keinerlei rationale Basis. Vorurteile gegenüber Anderen brauchen keinen Grund. Sie sind insofern buchstäblich irrational, als sie typischer Weise gerade dem Fehlen eigener Erfahrung entspringen. Woher also

---

[3]Seit den 2000ern wird das (ohne Nennung Adornos, soweit ich sehe) unter dem Begriff der *Gruppenbezogenen Menschenfeindlichkeit* (vgl. Heitmeyer et al. 2000–2012) thematisiert.

Fremdenfeindlichkeit und Antisemitismus? Weil dies der *Charakterstruktur* entspricht, welche die kapitalistische, bürgerlich beherrschte Gesellschaft des frühen 20. Jhs. erzeugt und die sie ‚braucht': den *autoritären Charakter*. Unterwerfung unter eine Autorität, dabei kann man an die politischen Massenorganisationen der klassischen Moderne ebenso denken wie an die strenge Hierarchie und Disziplin im Betrieb oder die familiäre Erziehung. Ein solcher Persönlichkeitstyp neigt nun – so Adorno et al., unter Aufnahme der Erkenntnisse der Psychoanalyse – dazu, die eigene Ohnmacht durch die Diskriminierung Anderer zu kompensieren. Der autoritäre Charakter ist rassistisch, und es sind daher gerade die deprivilegierten, die beherrschten Klassen oder die „Abgehängten", die zum Rassismus und zur Fremden- und Homosexuellenfeindlichkeit neigen – überhaupt zu allem Bunten in der Gesellschaft.

2) Neben dieser sozialpsychologischen Erklärung der ausbleibenden Revolution und des Rassismus wird von Adorno und Horkheimer die industrielle Entwicklung der Kultur in Rechnung gestellt: In Film, Fernsehen und Radio wird aus der romantischen Gegenkunst eine vollkommen unkritische „Kulturindustrie" und ein Massenkonsum im Dienst des Kapitals. Von nun an wird die Welt durch die Filterblasen der Kulturindustrie gesehen – und noch einmal neu gilt dies heute, in Zeiten von Twitter, Facebook, Instagram. Die KinobesucherInnen, die die Straße „als Fortsetzung" des Hollywood-Films wahrnehmen, werden zur „Richtschnur der Produktion" (Adorno und Horkheimer 1971: 123): Die Welt soll als „bruchlose Verlängerung" der Kinorealität erscheinen (ebd.). Dabei ist entscheidend, dass die Kulturindustrie zur „Verkümmerung der Vorstellungskraft" führe: Die Begehren der Arbeiterschaft sind nicht mehr die Träume einer klassenlosen Gesellschaft. Die ArbeiterInnen träumen stattdessen, MillionärInnen zu werden. Die kapitalistische Produktion hält die Menschen derart „mit Leib und Seele eingeschlossen" (ebd.: 120). Das „Amüsement" ist derart nur die „Verlängerung der Arbeit" (ebd.: 123). Beides, Sozialpsychologie (Einbau Freuds in die Klassentheorie) und Kultursoziologie (Einbau der Effekte der kommerziellen Kultur) erklären das *Ausbleiben der Revolution*.

3) Beide Erklärungen werden von Adorno und Horkheimer also in eine These zur Naturbeherrschung und zur Aufhebung alles freiheitlichen, reflexiven Denkens in der abendländischen Denkgeschichte eingebettet: Die so beschriebene bürgerliche Gesellschaft ist nur die Spitze einer lang zuvor beginnenden Entwicklung der Entzauberung und Beherrschung, die sich am Ende als totale Herrschaft über den Menschen entpuppt, als Herrschaft, die im Namen der (positivistisch gewordenen) Wissenschaft, der Aufklärung auftritt. Sie macht alles gleich, errichtet neue Tabus: das Verbot, Anderes zu sein, Verschiedenes.

2.2 Marxismus, Neo- und Postmarxismus

„Auf dem Weg zur neuzeitlichen Wissenschaft leisten die Menschen auf Sinn Verzicht. Sie ersetzen den Begriff durch die Formel, Ursache durch Regel und Wahrscheinlichkeit […]. Was dem Maß von Berechenbarkeit und Nützlichkeit sich nicht fügen will, gilt der Aufklärung für verdächtig" (ebd.: 7 f.).

Die *Dialektik* der Aufklärung liegt – da die Aufklärung gerade angetreten war, alle Mythen (die der Beherrschung des Menschen durch Geister, Götter, und schließlich Gott) aufzulösen – im „Rückfall" in Mythologie (ebd.: 4). Aufklärung wird selbst Mythos. Die Aufklärung zerstört sich selbst. Statt Freiheit bringt sie überall Herrschaft hervor: Herrschaft über die äußere und innere Natur. Zwar hat die Aufklärung also seit je das „Ziel verfolgt, von den Menschen die Furcht zu nehmen". Und doch strahlt die „vollends aufgeklärte Erde" im „Zeichen triumphalen Unheils" (ebd.: 5), von dem der moderne *Rassenmythos* nur das deutlichste Zeichen ist.

„Was die Menschen von der Natur lernen wollen, ist, sie anzuwenden, um sie und die Menschen vollends zu beherrschen. Nichts anderes gilt. Rücksichtslos gegen sich selbst hat die Aufklärung noch den letzten Rest ihres eigenen Selbstbewußtseins ausgebrannt. Nur solches Denken ist hart genug, die Mythen zu zerbrechen, das sich selbst Gewalt antut. […] Aufklärung ist totalitär" (ebd.: 6).

Das hat mit der Form aller bisherigen Gesellschaften zu tun, einer stets in Beherrschende und Beherrschte geteilten Gesellschaft (vielleicht bis auf die relative Ausnahme des „nomadischen Wilden", ebd.: 27). Die religiösen Vorstellungen (von Gott und den in seiner Schuld stehenden Gläubigen) – und selbst noch etwas so ganz und gar unverdächtiges wie die „deduktive Form" der empirischen, positiven Wissenschaft mit ihrer Annahme von Kausalität – spiegeln *nichts anderes als „Hierarchie und Zwang"* (ebd., Hervorh. HD). Kurz, in ausnahmslos jeder okzidentalen Form des Wissens und in jeder dem entsprechenden Vorstellung der ‚Natur' offenbart sich nur der falsche Charakter der Institution des gesellschaftlichen Lebens – nämlich die „Permanenz des gesellschaftlichen Zwangs" (ebd.).

Die 2. und 3. Generation der Frankfurter Schule: Habermas und Honneth

In der Linie dieser *Kritischen Theorie* stehen namhafte deutschsprachige SozialphilosophInnen und soziologische TheoretikerInnen. Das gilt vor allem für

Jürgen Habermas (der bei Adorno Assistent war und bei Abendroth habilitierte, da Horkheimer ihn „nicht mochte" und der aus verschiedenen Gründen durchaus umstritten ist als Erbe der Frankfurter Schule)[4], und für Axel Honneth, der bei Habermas habilitierte. Indirekt oder direkt in der Tradition von Frankfurt stehen auch so verschiedene AutorInnen wie Hauke Brunkhorst, Rainer Forst, Hans Joas, Hartmut Rosa, Stephan Lessenich und andere.

1) Ohne ins Detail eines Riesenwerkes gehen zu können (das kürzlich noch größer wurde, vgl. Habermas 2019), ist festzuhalten, dass Habermas' Theorie der Gesellschaft – wie sie vor allem in *Theorie des kommunikativen Handelns* von 1981 vorliegt – sich durch die Unterscheidung zwischen *Lebenswelt* (Familie, Privatleben) einerseits, und *System* andererseits (d. i. vor allem die normfreien, eigenen, systemischen Imperativen unterliegenden Bereiche von Markt, Recht, Verwaltung) kennzeichnet. Marx und Luhmann werden hier ebenso verbunden, wie Marx und Durkheim, Marx und Mead, Marx und Weber. Dabei ist der (normative) Ausgangspunkt ein sprachphilosophisches Argument. Die mit diesem erzeugte gesellschaftsanalytische, kritische These ist: Die von sprachlicher, kommunikativer – d. h. strukturell auf gegenseitige Verständigung und nicht Herrschaft zielenden – Vernunft getragenen, „sozial integrativen" Bereiche der Lebenswelt werden durch die kapitalistischen Institutionen ‚kolonialisiert', überformt, unterwandert. Die auf je eigenen Modi der Integration basierenden Teilsysteme – wie z. B. die Ökonomie mit ihrem systemischen Mechanismus des Kaufens/Verkaufens – führen in der kapitalistischen Gesellschaft zu einer *„Kolonialisierung der Lebenswelt"* (1981: Bd. 2, 522, Hervorhebung i. O.): Die Vorgaben oder die „Imperative der verselbständigten Subsysteme dringen [...] von außen in die Lebenswelt – wie Kolonialherren in eine Stammesgesellschaft – ein und erzwingen die Assimilation" (ebd.). Das betrifft neben den ökonomischen Prozessen (die Ökonomisierung des akademischen Lebens, z. B.) vor allem auch sozialrechtliche Prozesse, in denen der Staat einerseits zwar – in Gestalt des Wohlfahrtsstaates – Verelendung und damit die Krisen des Kapitalismus vermeidet. Andererseits werden aber Personen (als Arbeitslose, Sozialhilfeempfänger usw.) klassifiziert, verwaltet, und paternalistisch behandelt. Dieser – hier nur sehr kurz skizzierten – Gesellschaftstheorie und -analyse wird eine normative Sozialtheorie oder Sozialphilosophie hinzugefügt. Sie setzt wie erwähnt auf die Potentiale der ‚kommunikativen Vernunft', nämlich auf

---

[4]Vgl. *Das Habermas-Handbuch* (Brunkhorst, Kreide und Lafont 2009: Kap. II, von Honneth) und Honneth 1982.

2.2 Marxismus, Neo- und Postmarxismus

die in der Sprache strukturell angelegte Möglichkeit und Tendenz zur herrschaftsfreien Verständigung, zum Konsens. Auf Konsens basiert für Habermas auch das Projekt der modernen Demokratie: auf Institutionen der Verständigung, der Diskussion und Überlegung, der ‚Deliberation'. – Was den Gesellschaftsbegriff anbetrifft, so wird ‚Gesellschaft' von Habermas als „systemisch stabilisierte[r] Handlungszusammen[hang] sozial integrierter Gruppen" bestimmt (Habermas 1981 Bd. 2: 228). In der damit sich stellenden Frage, ob dies eher eine *Soziologie des konstituierten Subjekts* oder aber der *konstituierenden Subjektivität* ist – *Soziologie ‚mit'* oder *‚ohne Gesellschaft'* – ist hier vielleicht tatsächlich ein Mittelweg geschritten: Es gibt in jedem Fall eine ausgearbeitete Handlungstheorie, die Theorie des kommunikativen Handelns. Sie basiert ebenso auf George H. Meads Theorie der symbolischen Interaktion und der darin stattfindenden Entfaltung von Identität, wie auf den Sprachphilosophien, die Sprache als Aktion verstehen. Und es gibt zugleich eine ebenso ausgearbeitete Theorie von Gesellschaft, die nun wesentliche Ansätze der Systemtheorien, der Theorien funktional differenzierter Gesellschaft (Parsons, Luhmann) ebenso in sich aufnimmt, wie die klassischen Beiträge von Durkheim und Weber und schließlich die kritische Theorie der Gesellschaft aus Frankfurt. Letztere wird durch den Blick auf Selbstwidersprüche und „Pathologien" (Habermas 1981, Bd. 2: 566) der modernen Gesellschaft und ihrer ‚Rationalisierung' fortgeführt. Webers *Protestantische Ethik* und die daraus entfaltete Analyse der modernen Gesellschaft wird dazu im Übrigen ebenso ausführlich (und kritisch) interpretiert, wie Durkheims Analyse der spezifisch modernen Form der *Arbeitsteilung*.

2) Was Axel Honneth betrifft, so löst auch er sich von der geschichtsphilosophischen Tradition des Marxismus; ist aber stärker konflikttheoretisch und weniger ‚rationalistisch' orientiert. Beschrieben werden hier differente „Paradoxien" des Kapitalismus (Honneth 2002), der kapitalistisch dominierten Gesellschaft und ihrer Institutionen – oder „Pathologien des Sozialen" (vgl. Honneth 1994a). Dem liegt eine Sozialtheorie der Anerkennung zugrunde (dort, wo Habermas eine Sprachtheorie der Verständigung voraussetzt): Gesellschaftliche Pathologien, ‚krankhafte' oder falsche Entwicklungen beruhen auf Verdinglichungen von Subjekten. Und diese bedeuten letztlich stets eine *verweigerte Anerkennung:* sei es in rechtlicher, emotionaler oder finanzieller Hinsicht werden dabei Subjekte missachtet, zum alleinigen Objekt gemacht. In dieser Konzeption (der Anerkennung) ist die Lektüre Hegels zentral, nämlich das berühmte Kapitel ‚Herrschaft und Knechtschaft' in der *Phänomenologie des Geistes* von 1807 (Hegel 1988: 127 ff.). Es geht

hier um den ‚Kampf um Anerkennung' – die eigene Identität beruht auf der Anerkennung durch Andere. „Das Selbstbewußtsein ist *an* und *für sich*, indem und dadurch, daß es für ein Anderes an und für sich ist; d. h. es ist nur als ein Anerkanntes" (ebd.: 127). Und weiter heißt es:

> „Das Selbstbewußtsein ist zunächst einfaches Fürsichsein, sichselbstgleich durch das Ausschließen alles anderen aus sich [...]. Aber das Andere ist auch ein Selbstbewußtsein; es tritt ein Individuum einem Individuum gegenüber auf. [...] Jedes ist wohl seiner selbst gewiß, aber nicht des anderen, und darum hat seine eigene Gewißheit von sich noch keine Wahrheit." (ebd.: 129 f.)

Hegel beschreibt Anerkennung der Identität durch andere (eine Differenztheorie von Identität) nun weiter als einen asymmetrischen *Kampf* zwischen ‚Herr' (Für-sich-Sein) und ‚Knecht' (Für-andere-Sein). Sehr vereinfacht: Der Knecht ist zwar unterlegen, untergeordnet; aber der Status des Herrn ist von der Anerkennung seiner Herrschaft durch den Knecht abhängig; und er muss um dessen Anerkennung ringen – sich als Herr gebärden. Mit diesem Hegel geht es Honneth – im Fall individueller Identität und Intersubjektivität und über diese hinaus – um die „moralische Grammatik" (so der Untertitel in 1994a) von sozialen und gesellschaftlichen Konflikten. Diese werden als Konflikte um *Anerkennung*, um Achtung analysiert. „Soziale Pathologien" (vgl. z. B. Honneth 1994b) bestehen entsprechend in vorenthaltenen Anerkennungen.

> „Subjekte können nur dann miteinander kommunizieren, wenn sie sich in einer gewissen Weise als Anerkannte erfahren. Wird ihnen diese Anerkennung vorenthalten, so reagieren sie verletzt. Das ist die Grundidee meiner Theorie des Kampfes um Anerkennung" (ebd.: 8).

Dabei unterscheidet Honneth die Bereiche Liebe, Recht und Wirtschaft, in denen je eigene Anerkennungsdynamiken und -pathologien bestehen. Die politischen Kämpfe und Bewegungen drehen sich – so lässt sich diese Theorie gesellschaftstheoretisch wenden – im Kern nicht darum, nun selbst an die Macht oder selbst zu Reichtum zu kommen, andere abzulösen. Vielmehr geht es etwa rechtlich diskriminierten Minderheiten oder Arbeitslosen um die Anerkennung ihrer Rechte respektive Leistungen – womit sie die Gesellschaft voranbringen:

> „Es sind die moralisch motivierten Kämpfe sozialer Gruppen, ihr kollektiver Versuch, erweiterten Formen der Anerkennung institutionell und kulturell zur Durchsetzung zu verhelfen, wodurch die normativ gerichtete Veränderung von Gesellschaften praktisch vonstatten geht" (Honneth 1994a: 149).

Was als Richtung dieser Veränderung zu erreichen sei, sei „soziale", gesellschaftlich instituierte „Freiheit" (Honneth 2011): die moderne, demokratisch instituierte Gesellschaft ist angetreten im Namen umfangreicher Freiheitsrechte, die der Autonomie des Einzelnen, der Eigenständigkeit des Individuums als dem letzten Wert dienen und diese versprechen: im Versprechen von Rede-, Versammlungs-, Glaubensfreiheit, in der Institution des Rechtsstaates also ebenso wie in der der der Massenmedien. Worauf die gesamte politische Institution der modernen Demokratie zielt – und was sichergestellt werden muss –, ist diese ‚Kultur der Freiheit'. Dabei lassen sich gegenwärtig zahlreiche Gefährdungen einer solchen Freiheitskultur ausmachen, angefangen von der Politikverdrossenheit über Verschwörungstheorien bis zur Manipulation der politischen Willensbildung durch social bots.

2.2.3 Ein strukturalistischer Postmarxismus: Bourdieu

Der neomarxistischen Erklärung der Reproduktion und Stabilisierung von Ungleichheit und Herrschaft – der ausbleibenden Revolution – werden durch postmarxistische Ansätze weitere Erklärungen hinzugefügt. Zur Erinnerung: Wir unterscheiden Neo- und Postmarxismus im Maß, in dem orthodox marxistische Elemente korrigiert oder ersetzt werden. *Neomarxistische* Ansätze trennen sich von der Geschichtsphilosophie, führen aber die ‚materialistische' Beschreibung ökonomischer Dynamiken als Kern der Gesellschaftsanalyse fort – die moderne Gesellschaft ist hier letztlich kapitalistische Gesellschaft (auch wenn neben den ökonomischen Institutionen und ihren negativen Effekten weitere Institutionen in den Blick kommen). *Postmarxistisch* lassen sich dagegen jene Gesellschaftstheorien nennen, die darüber hinaus auch die ökonomische Theorie von Gesellschaft relativieren, nicht mehr im Kern von kapitalistischen Gesellschaften sprechen; und die auch die Klassentheorie und die Bindung an die Arbeiterklasse aufgeben. Dabei gibt es selbstverständlich unscharfe Grenzen.

So geht es Pierre Bourdieu zentral weiter um eine Klassentheorie – nicht aber um eine Beschreibung spezifisch kapitalistischer Produktionsweisen und Subjektformen. Das ‚praxeologische' Konzept um den zentralen Begriff des Habitus; das Konzept der drei Kapitalsorten, die zur eigenen Position im ‚sozialen Raum der Klassen' beitragen; und die Analyse der gesellschaftlichen Teilung in drei Klassen werden davon gelöst. Der Begriff der ‚Gesellschaft' taucht dabei – auch bei Bourdieu – eher nebenbei auf. Der Begriff wird zwar stets mitgeführt, wenn etwa von „gesellschaftlichen Beziehungen", „gesellschaftlichen Praxisformen" oder vom „Zwang der gesellschaftlich bestimmten objektiven Situation" die Rede ist (z. B. Bourdieu 1979: 140 f., 145). Es ist aber kein zentraler Begriff. Dies entspricht auch hier einer Kritik an Verdinglichungen durch Kollektivbegriffe – der Kritik an der Gefahr, ‚Gesellschaft' oder auch ‚Ethnie' oder ‚Gruppe' als Subjekt zu denken und als Erklärungsgrund vorauszusetzen – und mehr noch, die Kritik ist, in der Rede von ‚Gruppen' den Glauben an diese mitzuerzeugen (Bourdieu 1992). Die zentralen theoretischen Begriffe lauten vielmehr ‚Praxis' und vor allem ‚Habitus'. Bourdieu gilt daher auch als ein Hauptvertreter der – in sich sehr differenten – *Praxistheorien* (Schäfer 2013, 2016, Hillebrandt 2014).

Zwischen Subjektivismus und Objektivismus: Die Praxeologie

Ihm selbst geht es ausdrücklich (ähnlich wie Antony Giddens, Talcott Parsons, Norbert Elias, oder Peter Berger und Thomas Luckmann) darum, einen *neuen, dritten Weg der soziologischen Theorie* zu finden, die Spaltung zwischen den Ansätzen – entweder am Akteur oder aber am Kollektiv, entweder am konstituierenden Subjekt oder aber an der es konstituierenden sozialen Struktur – aufzuheben. In Bourdieus Worten: er will den soziologischen ‚Subjektivismus' (den Ansatz ‚im' Subjekt oder von ihm aus, der die eigene Position und deren Bedingungen vergisst) ebenso wie den ‚Objektivismus' (die scheinbar distanzierte, interessenlose Perspektive auf das Subjekt, der ebenso die eigene Position vergisst) aufheben: *„Von allen Gegensätzen, die die Sozialwissenschaften spalten, ist der verderblichste der zwischen Subjektivismus und Objektivismus"*, schreibt er (Bourdieu 1993: 49, Hervor. HD). Dabei ist unter ‚Subjektivismus' die phänomenologische Perspektive gemeint (z. B. alle Soziologien, die von Alfred Schütz ausgehen, etwa Harold Garfinkels Ethnomethodologie). Diese Perspektive sucht die Einzelnen in ihrem Erleben der sozialen Welt zu verstehen, was jede die Reflexion auf die gesellschaftliche Bedingtheit dieses Erlebens ausblende. Eine solche Perspektive muss ignorieren, dass das Subjekt gesellschaftlich geformt und unterworfen ist. Unter ‚Objektivismus' versteht Bourdieu dagegen die strukturalistische Analyse, als eine, die „vom individuellen Willen unabhängige objektive Gesetzmäßigkeiten zu ermitteln" sucht. Beide werden in ihrem Bezug zur von ihnen beschrieben sozialen Wirklichkeit, zur ‚Praxis' kritisiert: Die subjektivistische Position geht davon aus, dass die „objektiven Strukturen mit den einverleibten" deckungsgleich sind – sie teilt eine „Illusion des Verstehens" (ebd.: 50 f.). Der Strukturalismus (Objektivismus) hingegen anerkennt zwar eine „Diskontinuität zwischen der wissenschaftlichen und praktischen Erkenntnis". Aber er unterlässt es, die eigene Operation, die „objektivierende Relation" selbst noch einmal zu objektivieren. Er ignoriert die Beziehung zwischen dem *„erlebten"* und dem *„objektiven Sinn"* und er unterlässt es, die Bedingungen, „unter denen der *Sinn des sozialen Spiels* entsteht" (ebd.: 52, Hervorh. i. O.), zu analysieren. Kurz: die *eigene* theoretische Arbeit

2.2 Marxismus, Neo- und Postmarxismus

wäre ihrerseits noch als *soziale Praxis* zu analysieren. Ein weiteres Problem der objektivistischen Ansätze ist, dass sie – wie erwähnt – dazu tendieren, Kollektive zu personifizieren, wenn nämlich etwa ‚der Arbeiterklasse' die Fähigkeit zugesprochen wird, „zu handeln" (ebd.: 70). Der so verstandene Objektivismus (mit dem also offensichtlich nicht allein Lévi-Strauss, sondern mindestens ebenso der Marxismus gemeint ist) schließt einen „virtuellen Essentialismus" ein. Hinzu kommt die „Illusion einer mechanischen Notwendigkeit", mit der Strukturen das Handeln anleiten – ein soziologischer Determinismus (Bourdieu 1979: 142 f.). Es ist gerade dies, was Bourdieu am Strukturalismus (von dem er kommt) stört: das Desinteresse dafür, ob und in welcher Weise die Akteure die Normen tatsächlich einhalten, von denen Lévi-Strauss ausgeht (z. B. die Verwandtschaftsregeln).

Der dritte Weg besteht darin, die Gegensätzlichkeit beider Perspektiven aufzuheben, beide zu vermitteln und zugleich reflexiver zu machen: Die Soziologie müsse einerseits objektivistisch sein, nämlich (anders als die Phänomenologie) mit der „eingeborenen Erfahrung brechen". Sie muss zum anderen aber auch noch die „mit der Position des ‚objektiven' Beobachters verbundenen Voraussetzungen" reflektieren (Bourdieu 1993: 72). Eine solche, dritte und reflexivere Perspektive wäre die „praxeologische" (1979: 147): Eine praxeologische Soziologie meint damit mehr als einen bloßen Ansatz an den Praktiken (wie man es im Titel ‚Praxistheorien' vielleicht vermuten könnte). Sie teilt die objektivistische Betrachtung des Sozialen – die Soziologie des konstituierten Subjekts -, kommt aber auch noch einmal hinter diese Perspektive, indem sie deren gesellschaftliche Bedingungen mitdenkt. Die Praxeologie (d. i. die Wissenschaft der Praxis) fragt nach den theoretischen und vor allem den *gesellschaftlichen* Möglichkeitsbedingungen der Soziologie selbst (vgl. ebd.: 148): Unter welchen Bedingungen entsteht der Anspruch, etwas ‚objektiv' (und nicht allein subjektiv) über das Soziale auszusagen – z. B. die marxistische Aussage, dass die Akteure in einen Kampf verstrickt seien? In diesem Fall (und in jedem) ist die Klassenposition der Beobachtung inhärent. Keine Beobachtung verfügt über einen neutralen, leeren Beobachtungsplatz. Zugleich gilt es wie erwähnt, die Interaktionen nicht auf „symbolische Tauschvorgänge" zu reduzieren: denn dann würde man einen „sozialen Mechanismus" voraussetzen, die Einhaltung jeglicher Regeln (Bourdieu 1993: 72). Das wäre von der Realität weit entfernt – der Strukturalismus verkennt den *unbewusst strategischen* Sinn der Handelnden, der vor allem in ‚Distinktion' besteht. Auch dessen gesellschaftlichen Bedingung sind die Klassen – die mitzuerkennende Voraussetzung eines solchen strategischen Sinns ist gesellschaftliche Ungleichheit. Die Akteure streben strategisch nach Distinktion, nach Differenz und Absetzung von Anderen – und zwar ohne dabei „das geringste Kalkül angestellt", ohne die „Erfolgsaussichten" kalkuliert haben zu müssen

(Bourdieu 1979: 167). Strategisch nennt Bourdieu das Handeln dennoch, weil der familiär erzeugte Habitus je bestimmte Urteile und Vorlieben schlicht *undenkbar* macht, sie sanktioniert als etwas, dass ‚man' nicht tut, das skandalös ist, oder das ‚nichts für einen ist' – wie das Essen von Fisch insbesondere für „den Mann aus den unteren Klassen" (Bourdieu 1982: 307). Gegenüber jeder Handlungs- und Subjekttheorie muss daher die „Untersuchung der Logiken der Interaktionen" der *Untersuchung der gesellschaftlichen (Klassen-)Strukturen untergeordnet* werden (Bourdieu 2011: 10). Denn die Ungleichheitsstrukturen bestimmen ebenso die Interaktionsweisen wie die subjektiven Vorstellungen. Die „Wahrheit" einer jeden subjektiven Erfahrung liegt in den Klassen-Strukturen (Bourdieu 1979: 149). Die handlungstheoretische Perspektive schließt diese Erkenntnis aus. Sie ignoriert und muss ignorieren, was die von ihr als voraussetzungslos gedachten Aktionen und Interaktionen den „Strukturen schulden" (ebd.: 150). Sie lässt daher die wirkliche gesellschaftliche Praxis ganz undurchschaut. Vor allem die Rational-Choice-Theorie bedeute hier einen „Rückfall" in das „prä-strukturalistische Stadium" (ebd.). Zugleich darf sich die Sozialwissenschaft aber auch nicht „auf die bloße Aufdeckung" dieser objektiven Strukturen reduzieren. Wie die Handlungstheorie, so tendiere nämlich dann auch eine z. B. strukturalistische oder die Durkheim-Soziologie zur bloßen „*Bestandsaufnahme des krud Gegebenen*" (ebd.: 150, Hervorh. i. O.). *Beide* Positionen führen zu einer unkritischen Sozialwissenschaft. Daher muss auch der objektivistische Standpunkt verlassen werden: Zum einen also, weil sichtbar zu machen ist, was die eigene Position anzielt – sichtbar zu machen ist, dass auch soziologische Theorie ein *Einsatz im Kampf um die „richtige" Perspektive* ist. Zum anderen verfälsche der Strukturalismus die Praxis (Bourdieu 1993: 52), weil er wie erwähnt zu einer holistischen Perspektive neige, dazu tendiere, Kollektive zu personifizieren: Wenn er Gruppen „Dispositionen" zuschreibt (während sich diese doch „allein im individuellen Bewußtsein bilden"), vergisst er zu analysieren, wie die *Homogenität der Gruppe zustande kommt* (Bourdieu 1979: 163). Die zweite Gefahr einer ‚objektivistischen' Theorie, die von der gesellschaftlichen Geformtheit des Subjekts ausgeht, ist also, den Strukturen eine Eigentätigkeit zuzusprechen. Die Gefahr liegt im „Strukturrealismus" (ebd.: 163), dem zufolge ‚Kultur', ‚Struktur', ‚Klassen' oder ‚Diskurs' eine eigene Realität haben, eine eigene „Wirksamkeit" (ebd.: 159 f.).

Unterliegt Lévi-Strauss dieser Gefahr, und entgeht ihr Bourdieu? Beides ist nicht eindeutig. So existieren für Lévi-Strauss die ‚Strukturen' (z. B. der Verwandtschaft) allein in ihrer Performanz, in der permanenten Erzeugung von Unterschieden und Tauschbeziehungen, von Diskontinuitäten und Kontinuitäten. Zugleich kommt es Lévi-Strauss tatsächlich *nicht* auf Freiräume im Handeln der

Individuen an. Er interessiert sich dafür nicht. Solche Freiräume bestehen aber letztlich auch in Bourdieus Theorie kaum. Wenn sich Individuen oder Akteure z. B. in einer in Klassen gespaltenen Gesellschaft befinden, wird alles zum Einsatz im Klassenkampf – noch die Auffassung von ‚Realität': In Klassengesellschaften gerät alles, selbst die „Definition des Wirklichen zum Einsatz eines [...] Kampfes zwischen den Klassen" (ebd.: 151). Im Unterschied zu anderen Versuchen, die Spaltung zwischen Soziologien des konstituierten Subjekts und der konstituierenden Subjektivität aufzuheben – die nämlich bei Giddens, Elias, Berger und Luckmann eine letztlich subjektivistische „Schlagseite" (Marchart 2013: 45) aufweisen – hat Bourdieus ‚Praxeologie' eine deutlich objektivistische ‚Schlagseite'. *Und es geht Bourdieu auch gar nicht darum, die Frage nach dem gesellschaftlich geformten Subjekt aufzugeben: Die Korrektur der objektiven Betrachtungsweise liegt auf einer anderen Ebene – nämlich darin, die objektivistische Betrachtung selbst noch zu objektivieren.*

Wir haben es mit einer (post-)marxistischen, von Konflikten und gesellschaftlichen Teilungen ausgehenden Gesellschaftsbeschreibung zu tun, die viel von Lévi-Strauss übernimmt, und für die Beschreibung der eigenen Gesellschaft nutzt: Etwa, wenn Bourdieu wie Lévi-Strauss von Klassifikationssystemen ausgeht, die das kollektive Leben strukturieren – den Einteilungen, die Wahrnehmungen von Dingen oder Menschen beherrschen. Bourdieu zeigt, wie alle Aktivitäten, Dinge, Personen in Gegensatzpaare, in Kategorien wie hoch und niedrig, grob und fein, grobschlächtig und subtil eingeteilt und hierarchisiert werden (vgl. Bourdieu 1982: 730). Dasselbe gilt für Gefühle, Urteile und Bewegungsweisen: je sind sie eingeteilt und bewertet, und zwar bewertet nach dem Schema einer Klassengesellschaft – sie sind klassenspezifisch und ordnen eine Position zu. Sie folgen wie erwähnt dem Distinktionsstreben, das in einer in Klassen geteilten Gesellschaft *alles* durchdringt. Was Lévi-Strauss also übersieht, ist: jeder Austausch, selbst „Feste und Zeremonien" oder die „Zirkulation wissenschaftlicher Informationen" hat *letztlich* „politische und ökonomische" Gründe (Bourdieu 1979: 155). Jede Tätigkeit und jede Kenntnis, jede Vorliebe weist „Herrschaftsstrukturen" auf (ebd.: 156).

Der klassenspezifische „Habitus"

In *Die feinen Unterschiede* zeigt Bourdieu dies an der ästhetischen Erfahrung, am scheinbar subjektiven ‚Geschmack' für bestimmte Kunstwerke und -gattungen, bestimmte Speisen oder Sportarten: Kulturelle Kenntnisse, Fähigkeiten, Besitztümer und Aktivitäten sind Distinktionspraxen. Sie wirken umso tiefgreifender, als sie in den Körper eingewandert sind – gestützt von der Vorstellung, dass sich über den ‚Geschmack' nicht streiten lasse, da er allein individuellen Vorlieben entspräche.

„Der Geschmack: als Natur gewordene, d. h. inkorporierte Kultur, Körper gewordene Klasse trägt er bei zur Erhaltung des ‚Klassenkörpers'; als inkorporiertes [...] Klassifikationsprinzip wählt er aus und modifiziert er, was der Körper [...] aufnimmt, [so dass] der Körper die unwiderlegbarste Objektivierung des Klassengeschmacks darstellt". (Bourdieu 1982: 307)

Neben dem Begriff des (Klassen-)Geschmacks ist der Begriff des Habitus zentral – und beide begründen eine soziologische Perspektive, die zutiefst am Körper, an der gesellschaftlichen Formung von Körpern interessiert ist. Klassenpositionen wandern in das Subjekt ein in Gestalt des Habitus, einer klassenspezifischen, in der Familie weitergegebenen Art und Weise, den Körper zu ‚bewohnen', sich zu bewegen und die (soziale) Welt wahrzunehmen. Ebenso fasst der Begriff des Habitus Denkweisen und Dispositionen zu bestimmten Gefühlen und Intensitäten. Kurz, der Habitus ist eine *„Handlungs-, Wahrnehmungs- und Denkmatrix"* (Bourdieu 1979: 169, Hervorh. i. O.). Die kontingente Geschichte seiner Erzeugung wird vergessen, die Klassenpositionen sind verkörpert – und werden so unbewusst reproduziert.

„Die für einen spezifischen Typus von Umgebung konstitutiven Strukturen (etwa die eine Klasse charakterisierenden materiellen Existenzbedingungen), die empirisch unter der Form von [...] Regelmäßigkeiten gefaßt werden können, erzeugen Habitusformen, d. h. Systeme dauerhafter Dispositionen, strukturierte Strukturen, die geeignet sind, als strukturierende Strukturen zu wirken" (ebd.: 163 f.).

Der Habitus ist *strukturierende Struktur:* Mit diesem Konzept und Grundbegriff soll also zum einen erfasst werden, dass individuelle Praktiken und Vorstellungen „objektiv" und „regelmäßig" sein können (einer Klassenstruktur entsprechen und diese reproduzieren), *ohne* Ergebnis einer mechanischen Erfüllung zu sein (wozu der Strukturalismus tendiere); wie auch erfasst werden soll, dass Handlungen „kollektiv abgestimmt sein können", ohne Ergebnis einer „planenden Tätigkeit" zu sein (ebd.).

Eine in drei Klassen gespaltene Gesellschaft

Diesem theoretischen Konzept – dieser Neufassung von ‚Gesellschaft' in einer letztlich sich für das geformte Subjekt interessierenden Perspektive – folgt die gesellschaftsanalytische Arbeit Bourdieus: Die Analyse der französischen Gegenwartsgesellschaft (der 1970er) als einer, die in drei Klassen gespalten ist. Deswegen bleibt die Revolution aus: weil es drei Klassen sind; und weil die

2.2 Marxismus, Neo- und Postmarxismus

Klassenpositionen in den Körper, den Habitus, den Geschmack einwandern. Das ist das große Thema und der Untersuchungsgegenstand vom Hauptwerk *Die feinen Unterschiede* (Bourdieu 1982). Bourdieu analysiert die französische Gesellschaft des späten 20. Jh. als eine, die in drei ‚Geschmacksklassen' eingeteilt ist. Nicht allein die Einkommensklassen sind dafür entscheidend – und bei weitem nicht allein die Frage von Produktionsmittelbesitz. Die Klassengesellschaft Frankreichs stellt sich als eine dar, deren Herrschaftsstruktur vor allem durch Bildung und Herkunft reproduziert wird. Genauer unterscheidet Bourdieu drei Formen von ‚Kapital': neben dem ökonomischen Kapital das (entscheidende, weil den Habitus bestimmende) kulturelle, und zudem das soziale Kapital (die sozialen Beziehungen und Kreise). Die französische Gesellschaft der 1970er (und ebenso zweifellos die heutige) stellt sich als eine dar, die einen mehrdimensionalen ‚sozialen Raum' aufweist. In ihm ergeben sich die Positionen der Einzelnen durch zahlreiche Vorlieben, Kenntnisse und Fähigkeiten: durch die erworbenen Bildungstitel und die in den Körper eingegangenen kulturellen Fähigkeiten und Kenntnisse (das kulturelle Kapitel), durch die sozialen Beziehungen und durch das Vermögen und Einkommen. Wegen der geschilderten Zentralität des Habitus, der in den Körper eingewanderten Klassenposition, ist dabei das *kulturelle* Kapital letztlich ausschlaggebend. Ein Habitus lässt sich nicht kaufen; er besitzt eine Trägheit, einen „Hysteresis-Effekt" (Bourdieu 1979: 168) – er wirkt, erworben im Elternhaus, tendenziell lebenslang. Die empirische Analyse (die Antworten auf einen umfangreichen Fragebogen) ergibt eine Aufteilung der Gesellschaft in *drei Geschmacksklassen* – in den feinen, *legitimen Geschmack der Bourgeoisie;* in den *kleinbürgerlichen Geschmack der mittleren Klasse;* und in den populären oder *proletarischen Geschmack der unteren Klassen* (Bourdieu 1982), wobei die drei Klassen in sich wiederum verschiedene Fraktionen aufweisen (insbesondere die herrschende Klasse oder der legitime Geschmack). Zugleich bezeichnet Bourdieu diese Gesellschaft als eine, die *letztlich* in zwei einander entgegengesetzte Klassen geteilt ist, nämlich in Herrschende und Beherrschte. Oder, die „grundlegende Opposition" ist die von „Luxus- und Notwendigkeitsgeschmack" (Bourdieu 1982: 298). Wegen der strukturierenden, unbewussten, für sich übernommenen klassifizierenden Wirkung des Habitus ist diese Opposition aber keine, die zu einem Klassenkampf motiviert. Vielmehr begnügen sich die Beherrschten mit dem, ‚was ihnen zukommt', in ihren Habitus eingewandert ist. Und der „eigentliche Schauplatz der symbolischen Kämpfe [...] ist die herrschende Klasse selbst" (ebd. 395), der Kampf ist nämlich unter benachbarten Positionen am heftigsten: Die „*soziale Nachbarschaft* als Ort des *letzten Unterschieds*" ist „der Punkt der größten Spannungen" (ebd.: 251, Hervorhebung i. O.). *All dies erklärt, warum es nicht zur Revolution kommt.* Die Kämpfe finden nicht zwischen den beiden entgegengesetzten Klassen statt, weil alles zur Einordnung und Unterordnung beiträgt, weil Ungleichheit kulturell erzeugt ist und in den Körper einwandert.

„Man braucht sich nur einmal zu vergegenwärtigen, daß Güter sich in distinktive Zeichen verwandeln, die [...] Zeichen von Distinktion, aber auch von Vulgarität sein können, um zu erkennen, daß die *Vorstellung*, die Individuen und Gruppen durch ihre Eigenschaften und Praktiken *unvermeidlich* vermitteln, integraler Bestandteil ihrer sozialen Realität ist. Eine Klasse definiert sich durch ihr *Wahrgenommen-Sein* ebenso wie durch ihr *Sein*, durch ihren Konsum – der nicht *ostentativ* sein muß, um symbolischen Charakter zu tragen – ebenso wie durch ihre Stellung innerhalb der Produktionsverhältnisse" (ebd.: 754).

Neben dieser Analyse der in den Körper, in den Habitus (inkl. Fähigkeiten, Wahrnehmungsweisen, Bewertungen, Denkweisen) eingewanderten und von ihm reproduzierten Klassenposition beschreibt Bourdieu die moderne Gesellschaft zugleich als in ‚soziale Felder' differenziert. In ihnen herrschen je eigene Codes der Kapitalakkumulation (Reputation in der Wissenschaft z. B., vgl. Bourdieu 1988); in denen erneut Ungleichheit entsteht. Es herrschen hier je eigene Machtmechanismen, es sind je eigene Kenntnisse und Kapitalien notwendig, um in den Feldern (der Kunst, der Politik und Verwaltung, der Religion) mit um Herrschaftspositionen zu kämpfen. Die Klassenanalyse wird hier also mit einer Analyse sozialer Differenzierung nahtlos verknüpft.

Was ist – rückblickend – also bei Bourdieu ‚Gesellschaft'? Gegen die Sozialphänomenologie, gegen Handlungstheorien und vor allem gegen Rational-Choice-Theorien will Bourdieu in Erinnerung rufen, dass die Individuen nie voraussetzungslos sind. Sie stehen in gesellschaftlichen Kämpfen um Herrschaft – und sie sind Ergebnis dieser Kämpfe. Schließlich entsteht eine „Gesellschaftsordnung nicht [...] durch einfaches mechanisches Aufsummieren" (Bourdieu 1993: 254) von Akteuren. Eher ist Gesellschaft zu beschreiben als „unaufhörlicher Kampf", der mit symbolischem oder kulturellem Kapital im weiten Sinne ausgefochten wird und bei dem es um die „Durchsetzung der legitimen Definition der Wirklichkeit geht" (ebd.: 258). Kurz: Gesellschaft ist ein Kampffeld, sie ist gespalten – und die Soziologie selbst ist beteiligt an diesem Kampf, in dem es immer und vor allem auch um die ‚richtige', legitime Sichtweise auf die Gesellschaft geht. Im Umfeld und im Einflussbereich von Bourdieu haben Luc Boltanski und Eve Chiapello (2003) die Veränderung der kapitalistischen Produktionsweise und der entsprechenden Management-Diskurse im späten 20. Jh. untersucht. Auch diese Untersuchung – des *neuen Geistes des Kapitalismus* (so der Titel) – trägt bei zur Erklärung einer Klassengesellschaft, einer Ungleichheit produzierenden kapitalistischen Gesellschaft, in der es *nicht* zur Revolution kommt: Der gegenwärtige, der postfordistische Kapitalismus, wie er sich seit den 1990er Jahren zeigt, habe auf die Kritiken an sozialer Ungleichheit einerseits, und an Standardisierung und an starren Lebensläufen und Karrieren andererseits reagiert. Er habe die Motivationen für Führungskräfte reformuliert; und neue Rechtfertigungen von Ungleichbewertungen instituiert – im Versprechen von Teamwork, Kreativität und Selbstverwirklichung im Unternehmen einerseits und in der Vorstellung eines neuen „Gerechtigkeitsregimes" andererseits (vgl. Boltanski und Thévenot 2007), also der Kriterien, nach denen differente Löhne und Positionen als gerecht empfunden werden.

2.2.4 Althusser: Ein strukturalistischer Marxismus

> „Indem Marx die Theorie der Geschichte begründete (den historischen Materialismus), hat er in einer einzigen Bewegung auch mit seinem früheren ideologischen philosophischen Bewusstsein gebrochen und eine neue Philosophie begründet (den dialektischen Materialismus)" (Althusser 2011: 35).

Louis Althusser hat im Werk von Marx um 1845 einen „Einschnitt" verortet: In *Thesen über Feuerbach* und *Deutsche Ideologie* habe Marx jene neue Konzeption gefunden, die in den „Werken der theoretischen Reifung" (im *Kapital*) und im späteren, „reifen" Werk entwickelt sind (ebd.: 112). Er habe hier eine *grundlegend andere Struktur des Denkens* entwickelt als jene, die noch Hegels Dialektik beinhaltet und als deren Nachfolger Marx weithin gilt. Statt Marx' Gesellschaftstheorie als schlichte Umkehrung der idealistischen Philosophie Hegels – also als Materialismus, der mit Hegel eine ebenso schematische, dialektische Geschichtsphilosophie teile – zu sehen, müsse man bei Marx *ganz anderes* suchen. Insbesondere sei jede Darstellung des marxistischen Denkens entlang der Kausalität implizierenden Begriffe von ‚Basis' und ‚Überbau' verkehrt. Althusser schreibt dies, um den Marxismus zu retten. Auch er beginnt daher seine Interpretation mit der für den Marxismus zentralen Frage: Warum ist die proletarische Revolution *nicht* in den eigentlich kapitalistischen Ländern ausgebrochen? Die ihn interessierende Frage ist zudem: *Warum ist sie stattdessen ausgerechnet in Russland erfolgreich gewesen* – in einem Land, in dem gerade kein nennenswertes Industrieproletariat bestand, in dem vielmehr die Agrarwirtschaft dominierte? Um diese Frage zu beantworten, muss man die marxistische Theorie reformulieren. Die Klassen- und die Konflikttheorie wird dabei strukturalistisch reformuliert, im Rückgriff auf Begriffe von Claude Lévi-Strauss.

Die These lautet zunächst: Es ist immer die schwächste Stelle der sozialen Struktur – die von Klassen wie Ständen, Schichten, politischen Bewegungen; und ebenso von nationalen wie internationalen Institutionen gebildet wird – die die entscheidende Stelle ist. Gibt es eine schwache Stelle, so wird dort die Revolution ausbrechen. Die Schwäche Russlands erklärt also, warum gerade hier die Revolution ausbrach. Und die Schwäche liegt nun genauer darin, dass in Russland eine Vielzahl von sozialen Konflikten – statt des einen Konflikts – vorlagen. Die Ursache für die Revolution ist die „Überdetermination" der Konfliktstruktur. In Russland gab es eine in anderen Ländern nicht zu findende *„Anhäufung und Zuspitzung aller damals möglichen historischen Widersprüche"* (Althusser 2011: 114, Hervorhebung i. O.). Die Konfliktlinien, die sich hier trafen, waren 1) die „Widersprüche eines feudalen Ausbeutungsregimes", das „über eine enorme bäuerliche, ,unkultivierte' Masse umso grausamer herrschte, als [seine] Bedrohung zunahm"; 2) die Widersprüche der „imperialistischen Ausbeutung" in den großen Städten; 3) die Widersprüche zwischen Stadt und Land; und 4) die Widersprüche der „Ausbeutung ganzer Völker", der Minderheiten unter dem zaristischen, russischen Regime. Diese Konflikte überlagern sich so, dass sich der Klassenkampf enorm zuspitzte, Intensität und Energie gewann, und zwar ganz unabhängig von der Stärke der Arbeiterklasse im engeren Sinn. Hinzu kommt – so Althusser –, dass auch die herrschende Klasse gespalten war. Die dem Zaren treuen Großgrundbesitzer standen 5) einem Kleinadel gegenüber, der permanent „auf Verschwörungen" sann; ähnliches galt 6) für das Bürgertum (ebd.: 116). Russland war derart zugleich *„die am meisten verspätete und die am meisten fortgeschrittene* Nation" (ebd., Hervorh. i. O.), die, die am wenigsten vom Kapitalismus erfasst war und zugleich die, die die meisten Konflikte in sich vereinte und daher am weitesten ,fortgeschritten' war auf dem Weg zum Kampf: Daher also war Russland das „schwächste Glied" unter den imperialistischen Staaten (ebd.), und konnte und musste die Revolution dort ausbrechen.

In dieser Analyse will Althusser den Marxismus doppelt korrigieren. 1) *Die gesellschaftlichen Widersprüche sind nie ,einfach'*. Aufgrund ihres historischen Charakters ist jede Gesellschaft eine Überlagerung von mehreren (älteren und jüngeren) Konflikten. Russland ist also keine Ausnahme, sondern es zeigt diese Tatsache nur am deutlichsten. Der gesellschaftliche Konflikt oder Widerspruch ist also *„immer überdeterminiert"* (ebd.: 129, Hervorhebung i. O.).

> „Es zeichnet sich [...] ab, dass der Widerspruch Kapital-Arbeit niemals einfach ist, sondern dass er immer durch die Formen und die konkreten historischen Umstände spezifiziert ist, unter denen er wirkt. Spezifiziert durch die Formen des Überbaus (der Staat, die herrschende Ideologie, die Religion, die organisierten politischen

2.2 Marxismus, Neo- und Postmarxismus

Bewegungen etc.); spezifiziert durch die äußere und innere historische Situation, die ihn einerseits gerechtfertigt ist." (ebd.: 127)

2) *Die Überbauten sind nie nur passive Ausdrücke der ihnen bereits zugrunde liegenden ökonomischen Struktur.* Sie sind vielmehr ihrerseits aktiv (vgl. ebd.: 121 f.). Zu denken ist – im Gegensatz zum orthodoxen Marxismus – keine einfache Kausalbeziehung von ökonomischer Basis und den institutionellen Überbauten. Genau darin liegt nun die Übernahme strukturalistischer Konzepte, die ihrerseits keine ‚Struktur' denken, die anderem zugrunde liegt – sondern eine permanente Strukturierung und Konstitution von Gesellschaft durch Bedeutungssysteme. Diese sind nicht Ausdruck, sondern *Modus* des kollektiven Lebens, seiner ‚Struktur' (der Ungleichheit z. B.; genau das ist es im Übrigen ja auch, was Bourdieu im Konzept des Habitus denken will: *strukturierende Struktur*). Bei Althusser heißt es an dieser Stelle: So, wie die ökonomische Struktur andere Institutionen erzeugt, so ist sie selbst zugleich von diesen Institutionen „*betroffen*" (ebd.: 121, Hervorh. i. O.). Sie determiniert die politischen, rechtlichen, religiösen usw. Institutionen – und ist von diesen determiniert. Zwar stehen auch für Althusser *Basis* (die ökonomische Struktur, die Produktionsverhältnisse) und *Überbau* (der Staat und alle juristischen, politischen und ideologischen Institutionen) dabei einander gegenüber – sie sind unterschieden. Aber er will namentlich den Staatsapparat gleichwohl nicht als bloße Erscheinung jener Basis verstehen. Es sei Marx selbst gewesen, der die einfache kausale Denkfigur bereits verabschiedet habe: Er habe (gemeinsam mit Engels) nämlich ein „*neue[s] Verhältnis*" zwischen *neuen Begriffen* für die Beziehungsglieder" erfunden (ebd. 137, Hervorh. i. O.), eine ganze neue Denkweise für das gesellschaftliche Feld. Wenn Engels etwa schreibt, die ökonomische Lage sei zwar die ‚Basis', aber die „Momente des Überbaus" bestimmten den „Verlauf" der Kämpfe und deren „*Form*" (ebd.: 138, Hervorh. i. O.), so sei das kausale, einfache Basis-Überbau-Schema schon durchbrochen. Auch für Marx und Engels ist der gesellschaftliche Widerspruch also nie ‚einfach'. Er ist immer schon ‚überdeterminiert' oder überbestimmt. Der zentrale Begriff der „Überdetermination" entstammt dabei Sigmund Freud, der Träume als ‚überdeterminiert' bezeichnete – weil im Traum sich mehrere Ereignisse verdichten und überlagern, ist die Traumgeschichte ‚überdeterminiert' und nie eine einfache. Althusser erwähnt dies, nicht ohne hinzuzufügen, dass diese Übernahme Freuds „notwendig" sei: Denn es gehe bei Freud „*um dasselbe theoretische Problem*" wie jenes, das sich dem Marxismus stelle: „*Mit welchem Begriff soll man die Determination einer Struktur […] durch eine Struktur denken?*" (Althusser 2015: 425, Hervorhebung i. O.) Es ist dieses Problem, das also auf die strukturalistische Denkweise, auf Lévi-Strauss (s. u.) verweist.

Althusser und seine Koautoren – es sind so bedeutende Autoren wie Étienne Balibar, Roger Establet, Pierre Macherey, und Jacques Rancière – führen eine solche strukturalistische Relektüre von Karl Marx insbesondere für das Hauptwerk *(Das Kapital)* durch. In *Das Kapital lesen* formuliert Althusser (2015: 422) den Begriff einer „strukturale[n] Kausalität", die an die Stelle der einfachen Kausalität treten soll – um *die Determination einer Struktur durch eine Struktur* zu denken: Eine strukturale Kausalität ist die, die zwischen differenten Institutionen besteht, die sich *gegenseitig* bestimmen. Die Denkfigur lässt sich an der Erzeugung des Subjekts verdeutlichen: Es ist von den Institutionen oder Bedeutungssystemen ausgesagt und erzeugt, die es zugleich trägt, aktualisiert – es ist von etwas bewirkt, das ihm zum einen äußerlich ist, und das zum anderen doch nur aus ihm besteht. Ähnlich sind z. B. die politischen Institutionen von der sozialen (ökonomischen) Struktur *hervorgebracht;* und zugleich gehen die politischen Institutionen dieser auch *vorher.* Es gibt in diesem Sinne keine allem anderen zugrunde liegende soziale Struktur, und ihre Wirkungen liegen „nicht außerhalb" von ihr. Die Struktur ist kein „präexistierender Raum". *Die soziale Struktur ist „ihren Wirkungen" (den anderen Institutionen) „immanent", statt ihnen vorherzugehen,* die Sozialstruktur ist eine ihren „Wirkungen" innewohnende Ursache", sie besteht *„in ihren Wirkungen"* und ist jenseits dieser „nichts" (ebd.: 426 f., Hervorh. i. O.). Kurz: die soziale Strukturierung ereignet sich *in* den vielfältigen Institutionen – in Bedeutungssystemen, so würde ein Strukturalist sagen. In diesem Post-Marxismus wird man religiöse oder politische Institutionen also nicht als Ausdruck und Instrument der Klassenherrschaft verstehen – man wird vielmehr sagen müssen, dass *Gesellschaft nie von ihren Produktionsweisen bestimmt ist.* Es ist dann auch keine Geschichtsphilosophie mehr möglich, keine Aussage zum notwendigen Lauf der Geschichte. Und ein Postmarxismus muss an diesem Punkt – der Vorhersage der Revolution und der klassenlosen Gesellschaft – auch erkennen (und revidieren), dass und warum der Marxismus nirgends in eine freie Gesellschaft und immer in den *Totalitarismus* führte. Das marxistische, emanzipatorische Projekt zu retten, das bedeutet nicht zuletzt, *diesen* Umschlag des marxistischen Freiheitsbegehrens in die kommunistische Diktatur zu verstehen.

Alle postmarxistischen Projekte, die implizit oder explizit an diesen strukturalistischen Marxismus, an Althusser anschließen – die Gesellschaftstheorien von Castoriadis, Mouffe, Gauchet, Lefort – arbeiten genau an dieser Frage: Wie lässt sich ein *Marxismus ohne Totalitarismus* etablieren? Althusser macht dafür den Beginn: Zu verstehen sei insbesondere nämlich auch (neben dem Ausbruch der Revolution), warum *nach* der Revolution das russische, revolutionäre

2.2 Marxismus, Neo- und Postmarxismus

Volk die Diktatur ertrug: Warum hat es die Verbrechen Stalins – die Ermordung von Millionen – „ertragen", wieso hat die Partei sie geduldet, und wieso hat ein „kommunistischer Führer sie [...] befehlen können" (ebd.: 144)? Die Theorie des revolutionären Akts muss angesichts dieser Fragen (die vor allem Lefort, Gauchet, Mouffe stellen) eine andere werden – es müssen Machtdynamiken bedacht werden, es müssen ‚hegemoniale', um Hegemonie ringende Positionen und Kräfte untersucht werden. Der Traum, die Ideologie einer klassenlosen Gesellschaft muss als solche, als *hegemoniales* Projekt verstanden werden, das andere ausgrenzt, und zwar am intensivsten: Die klassenlose Gesellschaft ist nur möglich als gewaltsame, als totalitäre, absolut beherrschte Gesellschaft. Der Begriff der *Hegemonie* wird in dieser postmarxistischen Gesellschaftstheorie daher ebenso zentral, wie der Begriff der *Überdetermination* und die These der *Immanenz* der Struktur in ihren Wirkungen – und er wird doppelt wichtig: als analytischer Begriff, in einer Kritik hegemonialer Projekte, die Gesellschaft zu bestimmen; und als politischer, als Aufruf, selbst hegemonial zu werden. Der Begriff (Hegemonie) entstammt in diesem marxistischen Kontext dabei übrigens dem Werk Gramscis (s. o.), der noch vor Althusser in den 1940ern nach einem neuen Verständnis des Marxismus suchte. Auch Gramsci ging es ja um die Eigenbedeutung der Institutionen – von Zivilgesellschaft, Staat, Religion und Rechtssystem, um deren Rückwirkung auf die Ökonomie und um Stabilisierungseffekte: So beschrieb er die Zivilgesellschaft als den ‚Schützengraben' der bürgerlichen Herrschaft. Im Begriff der *Hegemonie* ging es ihm dabei spezifisch um die Aussage, dass keine Position per se die bestimmende, herrschende (‚falsche'), und keine per se die revolutionäre (‚wahre') ist – auch die marxistische Position ist eine hegemoniale oder soll eine werden. Es gibt je partikulare Positionen, die miteinander um die Hegemonie konkurrieren. So gesehen, steckt also auch im Hegemoniekonzept die Überwindung des Basis-Überbau-Schemas und des ökonomischen Determinismus sowie des damit einhergehenden Klassendeterminismus – die Überzeugung, man sei auf der richtigen Seite der Geschichte, im Besitz der Wahrheit. Laclau und Mouffe haben – mit Gramsci, Althusser und Derrida – die Hegemonietheorie weiter ausgearbeitet. Hegemonie-Analysen finden sich auch in den *postcolonial studies* und *subaltern studies*, die sich für vollkommen hegemonial beherrschte, subalterne Klassen interessieren. So beschreibt Gayatri Spivak (2008, ihrerseits in einer Neulektüre von Marx und Gramsci) die Position der indischen Frau als hegemonial beherrscht: In einer männlich dominierten, in Kasten geteilten und zudem kolonialistisch dominierten Gesellschaft ist sie „subaltern", verstreut, unhörbar, sie unterliegt schon sprachlich einer mehrfachen Hegemonie – der patriarchalischen Tradition und der Kolonialmacht (s. u.). Auch rechte Autoren übrigens berufen sich auf Gramsci, um ihren hegemonialen Kampf zu orientieren.[5] In diesen Projekten – den hegemonietheoretischen – wird also die Annahme einer alles bestimmenden ökonomischen Basis revidiert. Das Denken eines gesellschaftlichen ‚Grundes' wird aber nicht einfach fallengelassen – der Grund, die Basis wird letztlich – v. a. bei Laclau und Mouffe – „postfundamentalistisch" reformuliert (Marchart 2013). Die Frage ist nun die nach den *Vorstellungen* des Grundes, die gesellschaftlich seitens differenter Positionen behauptet werden.

Literaturempfehlungen

- FETSCHER, Irving. 2018. *Marx. Eine Einführung*. Berlin: Suhrkamp.
- QUANTE, Michael und David P. Schweikard, hrsg. 2016. *Marx-Handbuch. Leben – Werk – Wirkung*. Stuttgart: J.B. Metzler.
- KLEIN, Richard, Johann Kreuzer und Stefan Müller-Doohm, hrsg. 2011. *Adorno-Handbuch. Leben – Werk – Wirkung*. Stuttgart: J.B. Metzler.
- BRUNKHORST, Hauke, Regina Kreide und Christina Lafont, hrsg. 2009. *Habermas-Handbuch*. Stuttgart: J.B. Metzler.
- MÜLLER, Hans-Peter, hrsg. 2014. *Pierre Bourdieu. Eine systematische Einführung*. Berlin: Suhrkamp.
- FRÖHLICH, Gerhard und Boike Rehbein. 2009. *Bourdieu-Handbuch. Leben – Werk – Wirkung*. Stuttgart: J.B. Metzler.
- COLLIOT-THÉLÈNE, Catherine, Etienne François und Gunter Gebauer, hrsg. 2005. *Pierre Bourdieu. Deutsch-französische Perspektiven*. Frankfurt/M.: Suhrkamp.
- NASSEHI, Armin und Gerd Nollmann, hrsg. 2004. *Bourdieu und Luhmann – Ein Theorienvergleich*. Frankfurt/M.: Suhrkamp.

▶ Erläutern Sie den Unterschied zwischen einer klassisch marxistischen, einer neomarxistischen, und einer postmarxistischen Theorie der Gesellschaft.

---

[5]Vgl. *Kulturrevolution von rechts: Gramsci und die Nouvelle Droite* (Benoist 1985/2017).

2.3 Strukturalismus

Vom Strukturalismus, der strukturalistischen Gesellschaftstheorie war nun schon öfter die Rede. Hinter dieser Gesellschaftstheorie steht das Werk von Claude Lévi-Strauss. Es vollzieht zum einen, theoretisch oder konzeptionell, den *cultural turn* der (französischen) soziologischen Theorie, die Wendung weg von einer Theorie, die kulturelle oder Bedeutungssysteme als Ausdrücke der sozialen Struktur (von Ungleichheit oder sozialer Differenzierung) versteht – hin zu einer Theorie der kulturellen Konstitution von Gesellschaft. *In* Bedeutungssystemen, z. B. in der Benennung und Ordnung der Tiere und Pflanzen in Gattungen und Arten, konstituiert sich das (in diesem Fall totemistische) Kollektiv. Dazu gehört, zweitens, die *strukturale Anthropologie* – die kulturvergleichende Erforschung von prinzipiell allen menschlichen Gesellschaften, um zu einem möglichst vollständigen Inventar der Modi kollektiver Existenz zu gelangen. In diesem Rahmen (der die strukturale Anthropologie zu einer Disziplin der Ethnologie und nicht der Soziologie gemacht hat) interessieren sich neben Lévi-Strauss selbst der Lévi-Strauss-Schüler Pierre Clastres; sowie aktuell Philippe Descola und Eduardo Viveiros de Castro nämlich nicht in erster Linie für die eigene, moderne Gesellschaft. Das Interesse liegt vielmehr auf den extramodernen, den außereuropäischen indigenen Gesellschaften. Von ihnen aus fallen dann je Gemeinsamkeiten und Differenzen auf – erscheint die eigene, moderne, westliche Gesellschaft als ein Fall unter anderen möglichen Modi kollektiver Existenz, von Gesellschaft. Die strukturale Anthropologie verfolgt dabei methodisch einen *kontrastiven* Vergleich – und dies, um so wenig eurozentrisch wie möglich zu sein, um insbesondere jede evolutionistische Vorstellung der Geschichte zu vermeiden. Die indigenen Gesellschaften sind keine vormodernen oder ‚archaischen' (wie noch für Durkheim und Mauss). Sie sind *andere* Modi von Gesellschaft, die vielleicht am besten beschrieben sind, wenn sie als das Gegenteil, als umgekehrt symmetrisch zu eigenen Gesellschaft erscheinen – deren Begriffe gleichwohl genutzt werden müssen. Vor diesem Hintergrund nennt Pierre Clastres (1976) die von ihm untersuchten südamerikanischen Kollektive ‚Gesellschaften *gegen* den Staat' (und nicht vorstaatliche); oder spricht Lévi-Strauss von ‚gegengeschichtlichen' (und nicht geschichtslosen) Gesellschaften. Tatsächlich sind die von der Ethnologie untersuchten Gesellschaften der eigenen, europäischen zeitgenössisch. Vor demselben Hintergrund untersuchen heute Descola und Viveiros de Castro weltweite Varianten von Ontologien – Teilungen von Natur und Kultur, Einbeziehungen von Pflanzen und Tieren in Kollektive, oder deren Ausgrenzung; und je differente Subjektvorstellungen (einschließlich der eigenen).

Konzeptionell teilt der Strukturalismus mit Durkheim grundlegend den Blick auf das *gesellschaftlich konstituierte* Subjekt. Dabei sind die theoretischen Mittel indes verfeinert, in der erwähnten Wendung, in der an die Stelle der vorausgesetzten ‚Gesellschaft' und sozialen Struktur die Bedeutungssysteme (respektive, im Poststrukturalismus, die Diskurse) treten. In ihnen werden Subjekte ausgesagt, Subjektpositionen erzeugt, Bedeutungen und Identitäten fixiert – und Sozialordnungen konstituiert. Konzeptionell korrigiert der Strukturalismus die Durkheim-Perspektive also, indem symboltheoretische und genauer, sprachtheoretische Überlegungen eingebaut werden. In die Sozialtheorie werden nun Konzepte der französischen, allgemeinen Linguistik aufgenommen, nämlich Theorien, die die Sprache ganz allgemein als ‚soziale Institution' verstanden – und dabei ihrerseits von Durkheim inspiriert waren. Gemeint sind die Sprachtheorien von Antoine de Meillet und Ferdinand de Saussure. Beide haben mit Durkheim die Sprache als *Institution* verstanden, die unabhängig von ihren Sprechenden zu denken ist: Sie ist existent nur in den Wirkungen, den Sprechakten, sie wird im selben Moment hervorgebracht, in dem sie wirkt. Zudem wird für Lévi-Strauss die Sprachtheorie von Roman Jakobson wichtig, dessen Begriff des ‚Nullphonems' zu denken erlaubt, dass Gesellschaft, dass ein Bedeutungssystem keinen Grund hat, kein Zentrum, dass Bedeutung vielmehr in Gang kommt, wenn es differente Positionen gibt – die Bedeutung einfach dadurch haben, dass sie unterschiedlich sind. Dies setzt eine leere Position voraus, die das ‚Spiel der Differenzen' in Gang bringt (Derrida 1976). In der Übertragung der Theorien der Sprache auf soziale Institutionen erlaubt dies, ebenso die Konstitution von Kollektiven, wie von Subjektpositionen zu denken, *ohne eine von ihnen* (im Sinne von ‚Henne oder Ei') *vorauszusetzen*. Genau diesen Gedanken hatte Althusser als ‚strukturale Kausalität' gesucht: Weder geht das Individuum der Gesellschaft vorher, noch umgekehrt: Beide ereignen sich radikal gleichzeitig. Genauer, wird Lévi-Strauss an diese Stelle eine *Kulturtheorie* setzen: Die Subjektpositionen z. B. der Verwandtschaftsstruktur (Vater, Mutter, Tante usw.) werden wie diese *(im selben Zug)* symbolisch, in der sprachlichen Benennung oder auch in der Dorfstruktur, erzeugt. Ebenso etablieren sich in der totemistischen Klassifikation der Tiere und Pflanzen die Gruppen *im selben Zug*, in dem ihre Mitglieder als Individuen konstituiert werden. Aufgrund dieser doppelten These gibt es im Übrigen für Étienne Balibar und andere KennerInnen des Strukturalismus keinen *Post*-Strukturalismus – die poststrukturalistische unterscheidet sich nicht von der strukturalistischen Theorie, mit Ausnahme der (enorm wichtigen) thematischen Verschiebungen hin zu den Machtprozessen, Subjektivierungen und Unterwerfungen, die namentlich mit Michel Foucault in den Vordergrund treten: So gesehen, ist der Poststrukturalismus „noch Strukturalismus", oder ist der Strukturalismus „schon Post-Strukturalismus" (Balibar 2005: 15). Die Bewegung beider "besteht in der gleichzeitigen Operation der De- und Rekonstruktion des Subjekts: Dekonstruktion des Subjekts als archè (Grund, Prinzip, Ursprung) und Rekonstruktion der Subjektivität als Effekt. Oder, sie besteht im Übergang von der konstituierenden Subjektivität zur konstituierten Subjektivität" (ebd.: 14, dt. HD).

Neben der thematischen Verschiebung unterscheidet sich der Poststrukturalismus selbstverständlich auch methodisch vom Strukturalismus (der historische Vergleich rückt an die Stelle des synchronen Vergleichs), inhaltlich (ins Zentrum rückt die Genealogie der eigenen, der europäischen Gesellschaften), und vom Ziel her – Poststrukturalismus ist mit der Konzentration auf Praktiken der Unterwerfung eine kritische Gesellschaftstheorie und -analyse. Im Folgenden werden wir uns zunächst den strukturalistischen Autoren – namentlich Claude Lévi-Strauss sowie Pierre Clastres – zuwenden; und anschließend Foucault.

2.3.1 Claude Lévi-Strauss: Gesellschaft als Bedeutungssystem

Lévi-Strauss' soziologische Theorie schließt ausdrücklich an diejenige von Marcel Mauss und Émile Durkheim an, wobei sie diese ,vom Kopf auf die Füße stellt', sie reformuliert. Denn während es Mauss und Durkheim noch für möglich hielten, eine *"soziologische Theorie des Symbolismus* zu entwickeln" (etwa im Anspruch der durkheimschen Wissenssoziologie, den sozialen Ursprung der Kategorien des Denkens zu zeigen, vgl. Durkheim und Mauss 1996, Schick et al. 2020), habe man den *"symbolischen Ursprung der Gesellschaft* zu suchen" (Lévi-Strauss 1989: 18, Hervorh. HD). Durkheim selbst hatte dabei durchaus bereits die Rolle der Symbole betont: Jedes kollektive Leben sei nur mithilfe eines ganzen Systems von Symbolen möglich, schrieb er in *Elementare Formen* (Durkheim 1994: 316). Und doch finden sich ebenso Formulierungen, die von einer *gegebenen* Gesellschaft sprechen, die sich in ihren Symbolsystemen ausdrückt (vgl. v. a. Durkheim und Mauss 1996: 254, s. o.); oder die fordern, das *Soziale aus dem Sozialen* zu erklären. Dagegen bedeutet nun eine strukturalistische Denkweise, die Erzeugung von Kollektiven *in* Bedeutungssystemen, in Praktiken des Tauschs von Zeichen zu sehen. Gruppen, Gesellschaften, Kollektive gehen ihren Symbolen nicht vorher. Im Frauentausch z. B. konstituieren sich erst permanent größere Gruppen oder ,Gesellschaft' – die Frauen sind (so Lévi-Strauss) ,Zeichen', deren Bestimmung es ist, getauscht zu werden. Der Akzent liegt auf Bedeutungssystemen, die nicht auf etwas verweisen, das ihnen zugrunde liegt – sondern sie erzeugen es. Dies ist insofern eine Fortführung von Durkheim, als dieser Gesellschaft vor allem als kollektive Vorstellung, als Repräsentation bestimmt hatte: und Vorstellungen des Kollektivs brauchen Anschauliches, eben Symbole. Im Strukturalismus liegt dabei – mit Marcel Mauss – der Akzent auf den Praktiken der Kommunikation. Der Akzent liegt ebenso auf der Betonung des grundlegenden Charakters der Bedeutungssysteme: Sie sind zu denken als „*a priori* requirement of sociological thought" (Lévi-Strauss 1945: 517 f.). Zurückführen kann man eine Bedeutung nicht auf ihren Signifikanten, also nicht auf das, auf das sie verweist (die soziale Gruppe z. B.) – sondern nur auf weitere, und letztlich leere Bedeutungen – Wörter, die keinen bestimmten Referenten haben (wie das *mana* im melanesischen Sprachraum, das zwingt, die Gabe weiterzugeben, so hatte Marcel Mauss gefunden). Das letzte, solche Begriffe, sind „flottierende Signifikanten" (Lévi-Strauss 1989: 39) oder Nullphoneme (Jakobson), die das Spiel der Differenzen und damit Bedeutung erst begründen. Jacques Derrida hat diese Idee – die, dass den Symbolsystemen *nichts* (Außersymbolisches, Reales) zugrunde liegt, sondern dass dieses umgekehrt in den Bedeutungssystemen erzeugt wird –, dicht entlang von Lévi-Strauss' Text reformuliert: In der „Abwesenheit eines Zentrums oder Ursprungs" wird „alles zum Diskurs". „Die Abwesenheit eines transzendentalen Signifikats erweitert das Feld und Spiel des Bezeichnens ins Unendliche" (Derrida 1976: 425).

An den in allen Gesellschaften vorhandenen *Verwandtschaftssystemen* – am Verbot einiger, und Gebot anderer Heiraten – wird diese strukturalistische Theorie und ebenso die strukturale, vergleichende Methode erfunden. Hier wird zudem der strukturalistische Gesellschaftsbegriff am explizitesten. Auch bei Lévi-Strauss ist dies im Übrigen nicht der zentrale Grundbegriff; zentraler sind ‚Struktur' und ‚Transformation' (s. u.). ‚Gesellschaft' nun ist in *Elementare Strukturen* eine jede über die biologische Familie hinausgehende, und daher künstliche *Allianz* von Familien: sie setzt die Kooperation von Familien voraus. Fundiert ist dies, so Lévi-Strauss, auf *einem* Verbot, das zugleich die Einführung von Kultur in die Natur bedeutet, die ‚Erfindung' der menschlichen Lebensform: Gesellschaft kennzeichnet sich durch das Inzestverbot, die Definition bestimmter ehelicher Beziehungen als ‚Inzest' und deren Untersagung. In allen Gesellschaften wird ein bestimmter Bereich der Beziehungen verboten – und zwar, um die so innerhalb der Familie ‚eingefrorenen' Frauen gegen andere auszutauschen und Gesellschaft in Gang zu bringen. Auf die Frage, was eine Gesellschaft ist und welche Aktivitäten konstitutiv sind, hat Lévi-Strauss zunächst also eine ‚familiensoziologische' Antwort: Die entscheidende Institution, mit der sich die Gesellschaft in Gang bringt, ist das Verbot, bestimmte Frauen zu heiraten, die dafür für den Tausch und damit für die solidarische Kooperation zwischen Familien frei werden. Der Akzent liegt weniger auf dem Verbot, als auf dessen positiver Funktion: Es schafft *artifizielle* verwandtschaftliche Gefühle. Die „Rolle der Kultur", oder von Regelsystemen ist es, die *„Existenz der Gruppe als Gruppe zu sichern"* (Lévi-Strauss 1993: 81, Hervorh. HD). Die Ausheirat „stellt das einzige

2.3 Strukturalismus

Mittel dar, die Gruppe als Gruppe zu erhalten", das einzige Mittel, um nämlich die „Segmentierung zu vermeiden", zu der eine Gesellschaft abgeschlossener Familien tendieren würde (ebd.: 640). Denn Exogamie und Inzestverbot sind letztlich „Regel[n] der Gegenseitigkeit. Die Frau, die man sich versagt [...], wird gerade dadurch" anderen angeboten (ebd.: 105). Es hat also nicht ein bereits gegebener

> „Gesellschaftszustand die Regeln der Verwandtschaft und der Heirat erforderlich gemacht. Sie sind der Gesellschaftszustand selbst, der die biologischen Beziehungen und die natürlichen Gefühle umformt und sie in Strukturen zwingt" (ebd.: 654).

Hier ist ganz deutlich, dass ein solcher Gesellschaftsbegriff gerade keine Ganzheit meint, und Gesellschaft nicht als etwas Gegebenes versteht – sie ist weder Akteur noch Subjekt (wie es die erwähnte erste Kritik am Gesellschaftsbegriff unterstellt). Auch jeden anderen Tausch, vor allem den Tausch von Worten, versteht Lévi-Strauss in dieser Weise als einen, der einen „sozialen Wert" in sich besitzt: Egal, was der Inhalt ist, immer ist der Tausch das „Mittel, die Menschen miteinander zu verbinden" (ebd.: 641). Zugleich besitzt der Tausch von Frauen eine besondere Bedeutung, weil es auch der Modus ist, indem die Reproduktion der Gesellschaft liegt; und der, mit dem sich zahlreiche Begehren verknüpfen. Die Verwandtschaftsregeln weisen dabei zahlreiche Varianten auf. Ein Ziel der strukturalen Anthropologie ist, diese Vielfalt durchsichtig zu machen, sie auf *‚elementare Strukturen'* zu reduzieren: Mal sind bestimmte Gattinnen vorgeschrieben, mal ist nur der Bereich der verbotenen Gattinnen gekennzeichnet. Neben diesen Differenzen ist das, was die strukturalistische Theorie also interessiert, die gemeinsame Funktion: der Tausch von Frauen, und in ihm die Konstitution von Gesellschaft. Ebenso wie Mauss die ausgetauschten Dinge und Dienste als solche beschrieb, in denen das entscheidende der *Akt des Tausches* und die damit erzeugte solidarische Haltung von Gruppen ist, so beschreibt Lévi-Strauss nun den Frauentausch als *Kommunikationsakt,* in dem Gruppen erzeugt werden: Wenn

> „das Inzestverbot und die Exogamie eine wesentlich positive Funktion haben, wenn ihr Zweck darin besteht, zwischen den Menschen ein Band zu knüpfen, ohne das sie sich nicht über die biologische Organisation erheben könnten, um zu einer sozialen Organisation zu kommen, dann müssen wir einräumen, daß Linguisten und Soziologen nicht nur dieselben Methoden anwenden, sondern auch ein und denselben Gegenstand untersuchen. Tatsächlich haben in dieser Hinsicht Exogamie und Sprache dieselbe fundamentale Funktion – die Kommunikation mit dem Anderen und die Integration in die Gruppe" (ebd.: 658).

Eine zweite Institution, an der das strukturalistische Konzept von ‚Gesellschaft' sehr deutlich wird, ist die *totemistische Klassifikation*. Hier geht es um die Erzeugung von Gruppen – und ebenso von Subjektpositionen, von Individuen – in der Klassifikation der Natur; und in der Identifikation mit je einem der natürlichen Wesen. Der Totemismus interessiert hier nicht (wie bei Durkheim) als normatives, religiöses System. Tabus in Bezug auf bestimmte natürliche Wesen gibt es auch in anderen Systemen (daher spricht Lévi-Strauss vom ‚Ende des Totemismus', vom Ende der totemistischen „Illusion", 1965: 134). Der Totemismus interessiert allein als „Begriffssystem" (Lévi-Strauss 1973: 153). Es ist ein System der Unterscheidung und Benennung natürlicher Arten – mit der Funktion, dass die klassifizierten Tiere und Pflanzen „von der Sozialordnung verwendet werden, um sich zu konstituieren" (Lévi-Strauss 1965: 125). *In* der Gliederung der Natur und *in* der Identifikation mit je bestimmten Tieren oder Pflanzen (Totems) ereignet sich die Zuordnung von Individuen zu Gruppen, die Unterordnung von Gruppen, und die Bestimmung von Subjekten. Die Totemtiere oder -pflanzen drücken nicht die Clans aus, sie sind nicht deren Symbole in diesem Sinn – die Clans gehen den Totems nicht vorher, eher ist es umgekehrt:

> „Die totemistischen Klassifikationen verteilen ihre Gruppen [...] auf eine ursprüngliche Reihe und eine abgeleitete Reihe: die erstere umfaßt die zoologischen und botanischen Arten [...], die letztere die menschlichen Gruppen unter ihrem kulturellen Aspekt, und es heißt, daß die erstere vor der letzteren existierte und sie in irgendeiner Weise hervorgebracht habe. [...] Beide Reihen bestehen zwar in der Zeit, aber sie erfreuen sich darin einer zeitlosen Ordnung". (Lévi-Strauss 1973: 269)

Auch hier, am Totemismus, wird wie beim Thema der Verwandtschaft die Kernformel der strukturalistischen Gesellschaftstheorie deutlich: *Kollektive sind symbolisch oder kulturell konstituiert.*

Dasselbe gilt für Raumordnungen oder Architekturen: Auch diese sind symbolische Modi, *in* denen Kollektive erzeugt und strukturiert werden. Die traditionelle Dorfstruktur der Bororo, so Lévi-Strauss (1978: 210 f., ders. 1972), erzeugt in ihrer kreisförmigen Anlage zum einen eine Struktur, in der alle Clans dieselbe Stellung einnehmen – alle sind in einem Kreis um das zentrale Männerhaus angeordnet. Da das Dorf zugleich axial in Heiratshälften geteilt ist, organisiert sich auf diese Weise zugleich die Dorf- Gesellschaft als eine, die auf der Zusammenarbeit der Hälften beruht – auf dem Tausch von Frauen, Diensten, Festen. Lévi-Strauss beobachtet zudem eine dritte räumliche Struktur: Die Stellung der Häuser zum Fluss unterteilt die Clans in die ‚von oben' oder ‚unten'. Diese Achse scheint keine praktische Bedeutung zu haben, weder die

2.3 Strukturalismus

Zuteilung der Individuen zu Clans noch zu Heiratshälften ist davon berührt. Lévi-Strauss erklärt diese scheinbar bedeutungslose räumliche Struktur daher als jene, die dem ‚flottierenden Signifikanten' im System der Worte entspricht: In sich leer, scheint sie die Funktion zu besitzen, allen anderen Bedeutungen eine „Bedeutung zu geben" (Lévi-Strauss 1972: 177) – das Spiel der Differenzen und damit der Bedeutungen in Gang zu setzen. Die derart komplexe Dorfstruktur.

> „ermöglicht nicht nur das raffinierte Spiel der Institutionen, sie umfaßt und sichert auch die Beziehungen zwischen den Menschen und dem Universum, zwischen der Gesellschaft und der übernatürlichen Welt, zwischen den Lebenden und den Toten" (Lévi-Strauss 1978: 220).

Schließlich untersucht Lévi-Strauss zweihundert Mythen aus den verschiedensten Gegenden der Welt nach den sie organisierenden Strukturen. Das Ziel ist es nach wie vor, im Kulturvergleich ein „Niveau zu erreichen, auf dem sich eine Notwendigkeit enthüllt" – ebenso wie in der Vielfalt der Heiratsregeln eine „kleine Anzahl von einfachen Prinzipien" sichtbar wurde, ein „signifikantes System" (Lévi-Strauss 1976: 23). Die Mythen nun lassen sich dabei nicht derart ‚einfach' auf eine gesellschaftliche Funktion beziehen: Sie haben keine „greifbare" praktische Funktion. Anders als die Klassifikationssysteme stehen sie auch „nicht in direkter Verbindung mit einer anderen Realität, die mit einer höheren Objektivität begabt wäre" (ebd.). In den Mythen scheint sich die menschliche Kreativität frei zu entfalten. Das Ziel der strukturalen Analyse ist daher zunächst, die Mythen in Elemente (‚Mytheme') aufzuteilen, im Nachweis, dass dieselben Elemente in verschiedenen Mythen auftauchen. Es zeigt sich etwa,

> „daß die Ge-Mythen vom Ursprung des Feuers, wie die Tupi-Guarani-Mythen über dasselbe Thema, mittels eines doppelten Gegensatzes vorgehen: des Gegensatzes zwischen roh und gekocht einerseits, zwischen frisch und verfault andererseits. Die Achse, welche das Rohe und das Gekochte vereint, ist ein Charakteristikum der Kultur, diejenige, welche das Rohe und das Verfaulte verbindet, ein Charakteristikum der Natur, da das Kochen die kulturelle Transformation des Rohen vollendet". (ebd.: 191)

Die Mythen enthüllen sich als differentielles System, in dem es – und das ist der *eine* Aspekt der Mythenanalyse, das *eine* Ergebnis – nicht auf eine reale, ihnen zugrunde liegende Begebenheit und nicht auf einen Autor ankommt. Das, worauf ein Mythos verweist, sind lediglich weitere Mythen. Auch ist es unerheblich, wer die Mythen erzählt. Sie enthüllen eine Logik, die „unabhängig von jedem Subjekt" ist (ebd.: 23). In diesem Sinne wird Lévi-Strauss auch sagen, dass nicht die Menschen die Mythen denken, sondern die Mythen sich eher „in den Menschen [...] denken" (ebd.). Kurz, der Strukturalismus ist eine Soziologie *ohne konstituierendes Subjekt* (ein ‚Kantianismus ohne transzendentales Subjekt', hatte Paul Ricoeur 1963 formuliert, vgl. ebd.: 25). Er vollzieht, wie Balibar (2005: 15) sagt, den Übergang vom Subjekt als *Ursprung* von Bedeutung zum Subjekt als *Effekt* von Bedeutungssystemen. Die *zweite* Aussage, die Lévi-Strauss in der Analyse der Mythen trifft, lautet – nun doch bezogen auf den Inhalt –, dass die Mythen stets um das Verhältnis von Leben und Tod, Kultur und Natur kreisen; und das sie das Gegenteil einer Geschichte sind: Sie sind ein „Apparat zur Beseitigung der Zeit" wie auch „der Natur" (Lévi-Strauss 1976: 31). In den Mythen, die nie eine Geschichte erzählen, geht es darum, die Veränderung und den Tod, dem das Soziale wie auch der Mensch untersteht, abzuwehren. Der *dritte* Aspekt der strukturalistischen Mythenanalyse ist eng verbunden mit dem bereits kurz erwähnten Begriff der ‚Transformation': Die Mythen enthüllen sich als Transformationen voneinander, sie sind „endlos" (ebd.: 17) und nie lässt sich das System der Mythen schließen. Und *viertens,* in untrennbarem Zusammenhang damit, wird Lévi-Strauss die eigene Analyse der Mythen als weitere Transformation, als weiteren ‚Mythos' begreifen, als vom indigenen Denken eingesetzt.

„Wie die Riten sind auch die Mythen endlos. Und indem unser Unternehmen, seinerseits zu kurz und gleichzeitig zu lang, die spontane Bewegung des mythischen Denkens nachvollziehen wollte, mußte es sich seinen Anforderungen beugen und seinem Rhythmus fügen. So ist dieses Buch über die Mythen in seiner Weise auch ein Mythos". (ebd.: 17)

2.3.2 Symmetrische Gesellschaftsanalyse: Strukturale Anthropologie von und nach Lévi-Strauss

An diesen (späten) Lévi-Strauss schließt die neostrukturale Anthropologie von Philippe Descola (2011) und Eduardo Viveiros de Castro (2019) an. Beide Autoren teilen die strukturale, vergleichende Analyse von Kulturen oder Gesellschaften – in einer Zeit, in der Anthropologie wie Soziologie alle Kollektivbegriffe verabschieden und insbesondere die Begriffe der ‚Gesellschaft' und ‚Kultur' für essentialistisch halten. Sie teilen zugleich Lévi-Strauss' Anerkennung der indigenen Kulturen als *Subjekt* des anthropologischen Wissens. Die Mythen, die totemistischen Klassifikationen sind Urheber, nicht Objekt der Anthropologie – die Anthropologie ist vielmehr ‚ihrerseits ein Mythos', eine Transformation

2.3 Strukturalismus

von Transformationen. Beide Wissensformen sind einander ebenbürtig, als symmetrisch zu behandeln:

> „Es gilt, alle Konsequenzen aus der Idee zu ziehen, dass die Gesellschaften und Kulturen, die Gegenstand anthropologischer Forschung sind, auch die Gesellschafts- und Kulturtheorien [...] mithervorbringen, die auf Grundlage dieser Forschungen formuliert werden" (Viveiros de Castro 2019: 17).

Beide Autoren konzentrieren sich dabei auf den Vergleich differenter *Ontologien:* verschiedener Verständnisse dessen, was ‚Natur' und was ‚Kultur' ist, oder was Person ist. Zu finden sind sie daher auch unter dem Titel einer *Neuen sozialen Ontologie* oder unter dem des *ontological turn* der Anthropologie. In diesem Vergleich wird die eigene Ontologie als *eine Variante neben anderen Varianten* von Ontologien aufgefasst. Die Vorstellung, es gäbe *eine* Natur und *viele* Kulturen, wird nicht als von anderen Gesellschaften geteilte Grundlage genommen, sondern als eine Ontologie neben anderen – als naturalistische Ontologie neben der totemistischen, animistischen und analogistischen Ontologie (Descola); oder als multikulturalistische neben der multinaturalistischen Ontologie (Viveiros de Castro). Beide, und in besonderem Maße Eduardo Viveiros de Castro teilt dabei die gesellschaftsanalytische Methode von Lévi-Strauss: strukturale Anthropologie als *kontrastiver Kulturvergleich*. In ihm geht es erneut (wie bereits im ebenso aufgegriffenen Transformationsbegriff) darum, so wenig eurozentrisch wie möglich zu sein, indem nämlich die untersuchten Kollektive heuristisch gerade als Gegenteil, und nicht Vorläufer der europäischen Gesellschaften erscheinen – im Blick auf die Ontologie (bei Descola und Viveiros de Castro); auf die Geschichte (bei Lévi-Strauss selbst); und auf das Politische (bei Pierre Clastres).

Claude Lévi-Strauss vergleicht die globalen Kulturen – die australischen, chinesischen oder nordamerikanischen Verwandtschaftssysteme oder Mythen – gerade nicht unter dem Titel ‚vormoderner' Gesellschaften. Nur der Provokation halber spricht er vom ‚Wilden Denken' (Lévi-Strauss 1973), dessen Komplexität er von Beginn an zeigt. Die von der Ethnologie untersuchten und von ihm verglichenen Gesellschaften sind der eigenen zeitgenössisch, sie sind nicht vormodern, sondern sie haben – so Lévi-Strauss – entgegengesetzte Wege beschritten, eine andere, eine der eigenen entgegengesetzte „Wahl" (Lévi-Strauss 1973: 272 u. ö.) getroffen. Neben den Verwandtschaftssystemen zeigt Lévi-Strauss diese kollektive und kollektiv unbewusste ‚Wahl' vor allem im Blick auf das Verhältnis zur eigenen *Geschichte*. Die im *Wilden Denken* untersuchte totemistische Gesellschaft mit ihren Mythen (der gemeinsamen Abstammung der menschlichen und nichtmenschlichen Mitglieder der Gruppe) ist keine ohne Geschichte. Sie ist auch keine, die ‚noch nicht' zur Geschichte vorgedrungen wäre. Sie instituiert sich vielmehr antihistorisch, gegen die Geschichte: Die Mythen erzählen gerade keine historische Veränderung. Damit stehen die totemistischen Gesellschaften im Gegensatz zu den (westlichen modernen) Gesellschaften, die sich ihre Veränderung vor Augen stellen und permanent nach Neuem suchen. Auch die totemistische Klassifikation lässt sich dann als ein Modus verstehen, die Geschichte auszublenden: Indem sie ihre Einzelnen und Gruppen in eine homologe Reihe mit den natürlichen Arten bringen, die als unveränderlich wahrgenommen werden, instituieren sich diese Gesellschaften als ‚kalte' Gesellschaften: Im Gegensatz zu den ‚warmen' suchen sie die „Wirkung zu annullieren, die die historischen Faktoren auf ihr Gleichgewicht und ihre Kontinuität haben könnten" (ebd.: 270), indem die Vergangenheit „eher als zeitloses Modell denn als eine Etappe des Werdens aufgefaßt wird", als „Form ohne Inhalt" (ebd.: 271). Derart geht es der strukturalen Anthropologie um Extremmöglichkeiten kollektiver Existenz (vgl. auch Lévi-Strauss 1989: 32) oder um eine idealtypische Analyse, die andere Gesellschaftsformen gerade *nicht* in eine evolutionäre Linie stellt, an deren Spitze die eigene, europäische Gesellschaftsform steht. Im selben Impuls gegen eine eurozentrische Verzerrung anderer Gesellschaften, im selben Impuls, alle negativen Beschreibungen indigener Kollektive zu vermeiden, entfaltet Pierre Clastres eine politische Anthropologie. So, wie Lévi-Strauss Gesellschaften-gegen-die-Geschichte beschreibt, beschreibt er „Gesellschaften gegen den Staat" (Clastres 1976, ders. 1980):

> „Die primitiven Gesellschaften sind Gesellschaften ohne Staat: dieses an sich richtige Tatsachenurteil verschleiert in Wahrheit eine Meinung, ein Werturteil [...]. Denn was damit ausgesagt wird, ist die Vorstellung, daß den primitiven Gesellschaften etwas fehlt – der Staat – [...]. Diese Gesellschaften sind also unvollständig. Sie sind keine richtigen Gesellschaften." (Clastres 1976: 179)

Diesen Gesellschaften fehlt indes der Staat nicht – im Gegenteil wehren sie ihn permanent ab (und haben ihn virtuell damit bereits). Sie instituieren sich als Ungeteilte (daher spricht Clastres weiter von ‚primitiven' Gesellschaften, im Sinn dieses Willens, ungeteilt zu bleiben): Indem der Häuptling eine schwache, nichtzwingende Macht besitzt; indem rituelle Kriege einer größeren Gesellschaft und ihres Machtpotentials durch Zerstreuung in kleine, einander feindliche Kollektive entgegenwirken; oder indem in den Initiationsriten die Macht der Gesellschaft auf jeden einzelnen Körper (der Männer) geschrieben wird, instituieren sich diese Gesellschaften als „Gesellschaften gegen den Staat", und nicht als nicht- oder vorstaatliche. Descola hat in derselben Funktion der Zerstreuung, der gegenstaatlichen Institution den „residentiellen Atomismus" der Achuar in Peru und Ecuador (Descola 1986: 19) gesehen: die territoriale Verstreuung in der rigiden Begrenzung der Zahl der Häuser an einem Ort, das Begehren der Haushalte, autonom zu sein, ist ihrerseits ein Modus, große Kollektive und damit Verungleichungen zu vermeiden.

Kurz, die vergleichende Soziologie, die hier entfaltet wird, konstruiert einerseits einander gegensätzliche Modi kollektiver Existenz – und die Konzentration liegt dabei weniger auf der eigenen (modernen) Gesellschaft, als auf den anderen. Gleichwohl läuft diese im Hintergrund immer mit. Es geht mindestens ebenso darum, die anderen möglichst vorurteilslos (nicht-evolutionistisch) zu begreifen, als darum, von den anderen Modi her einen neuen Blick auf die eigene Gesellschaft zu ermöglichen:

> Eine wahrhafte Anthropologie [...] ‚wirft uns von uns selbst ein Bild zurück, auf dem wir uns nicht erkennen', da jede Erfahrung einer anderen Kultur uns die Gelegenheit zum Experiment mit unserer eigenen Kultur bietet." (Viveiros de Castro 2019: 17)

Zum anderen geht es darum, insgesamt die Erfordernisse und Funktionsweisen kollektiver Existenz zu formulieren – dies ist die Aufgabe der strukturalistischen Theorie.

Literaturempfehlungen

- **DELITZ**, Heike. 2015. *Bergson-Effekte. Aversionen und Attraktionen im französischen soziologischen Denken.* Weilerswist: Velbrück.
- **DOSSE**, François. 1991. *Geschichte des Strukturalismus.* Frankfurt/M.: Fischer.
- **KAPPERT**, Michael und Dorett Funcke, hrsg. 2008. *Wirkungen des wilden Denkens.* Frankfurt/M.: Suhrkamp.
- **LOYER**, Emmanuelle. 2017. *Lévi-Strauss. Eine Biografie.* Berlin: Suhrkamp.
- **PACE**, David. 2015. *Claude Levi-Strauss. The Bearer of Ashes.* London: Routledge.
- **REINHARDT**, Thomas. 2013. *Claude Lévi-Strauss zur Einführung.* Hamburg: Junius.
- **RUIJTER**, Arie de. 1991. *Claude Lévi-Strauss.* Frankfurt/M.: Campus.

▶ Was ist eine strukturalistische soziologische Theorie – welche Aussage zu „Gesellschaft" ist hier zentral? Und was ist eine strukturale Anthropologie, zu welchen Aussagen kommt sie?

2.4 Poststrukturalismus: Michel Foucault

Der Vorzug der poststrukturalistischen Gesellschaftstheorie – im Kern also derjenigen von Michel Foucault – gegenüber dem Strukturalismus liegt aus soziologischer Sicht nicht nur darin, dass hier neben Diskursen auch stärker Praktiken, Körper, Artefakte mitgedacht werden; sondern dass vor allem Machttechniken und Unterwerfungen sowie Normalisierungen interessieren; und dass die moderne europäische Gesellschaft im Zentrum steht, in deren Genese. Um indigene, globale Gesellschaften geht es hier umgekehrt aber in keiner Weise. Die Methode ändert sich von einem synchronen zum diachronen Vergleich, und von der Analyse von Mythen, Verwandtschaftsregeln und Klassifikationen zur Analyse historischer Diskurse in Archiven. Auch im Poststrukturalismus ist der Gesellschaftsbegriff eher nicht zentral – die Grundbegriffe lauten hier *Diskurs, Wissen, Macht, Subjekt,* sowie *Dispositiv,* das Regeln des Diskurses und materielle Techniken, Sagbares und Sichtbares verknüpft (Deleuze 1991). Letztlich ist aber wohl ‚Diskurs' der zentrale Begriff – denkt man an Publikationen wie *Die Ordnung des Diskurses* (Foucaults Antrittsvorlesung am *Collège de France*), an die Rezeption (z. B. Stäheli 2000b, Bublitz 2003, Moebius und Reckwitz 2008) und die Methode Foucaults (z. B. Landwehr 2001, Diaz-Bone 2006).

Diese thematischen, methodischen und begrifflichen Verschiebungen rechtfertigen es, von einem *Poststrukturalismus* zu sprechen. Es werden gleichwohl zentrale Theorieentscheidungen des Strukturalismus geteilt, die es ebenso rechtfertigen, von einem *strukturalistischen Denken* zu sprechen (vgl. Deleuze 1992, der sieben Kriterien eines strukturalistischen Denkens nennt und dabei Foucault einreiht). Es werden jene Theorieentscheidungen geteilt, die auch Derrida in seiner Lektüre von Lévi-Strauss hervorgehoben hatte: Gesellschaft hat *keinen Grund* und kein Zentrum, entscheidend sind Bedeutungssysteme, die ein Spiel von Differenzen voraussetzen. Und es werden die Theorieeffekte geteilt, die Balibar hervorhebt: An die Stelle des konstituierenden rückt das *konstituierte Subjekt*. Ebenso rücken an die Stelle des Autors die Diskurse, wie Lévi-Strauss die Mythen als sich selbst sprechende verstanden hatte. Die Diskurstheorie teilt also ebenso die These der Erzeugung von Realität in Bedeutungssystemen, wie die damit verbundene Dezentrierung der ‚sozialen Struktur' und des Subjekts.

2.4 Poststrukturalismus: Michel Foucault

„Die Auffassung von Gesellschaft als gleichsam ‚äußerer' Macht, die einseitig auf ein Individuum einwirkt, [...] weicht einer Konzeption von Gesellschaft, die dem Individuum eine – soziale – Existenz allererst gewährt und sich [...] performativ konstituiert. Damit wird aber dann auch die ‚Welt des Inneren' [...] außer Kraft gesetzt. Sie kann als Spur der Gesellschaftlichkeit des Subjekts im Subjekt gelesen werden." (Bublitz 2003: 97 f.)

Gesellschaft ist, wie auch im Strukturalismus, zudem kein harmonisches Ganzes, etwa von Funktionssystemen, wie bei Parsons: Sie ist ein Konglomerat heterogener Institutionen, in denen konkrete Machttechniken mit je spezifischen Wissensordnungen verknüpft sind. Statt „totalisierender Betrachtungsweisen der Gesellschaft" steht daher die

„Analyse der Heterogenität und Performativität diskursiver Ereignisse und Formationen [, die] sie sich keiner hegemonialen, geschlossenen Einheit verschreibt; diese bleibt vielmehr immer prekär und instabil. Die Verabschiedung einer Ableitungs- oder Bestimmungslogik im Sinne einer zentralen Macht oder eines zentralen Unterdrückungsverhältnisses setzt das Modell der gesellschaftlichen Totalität außer Kraft" (ebd.: 80).

Es handelt sich in diesem Sinne – eben auch in der Abkehr vom Marxismus, dem Basis-Überbau-Modell – wie im Strukturalismus um „ein radikal dezentriertes Gesellschaftsmodell" (ebd.: 81).

Zugleich gibt es aber eben immense Verschiebungen: Gegenüber Lévi-Strauss' Desinteresse für Gewalt, Macht, Konflikt werden diese der zentrale Gegenstand: Gesellschaft erscheint als je spezifischer Modus, Individuen zu kontrollieren, als (in sich heterogener und ungleichzeitiger) Sanktions- und Normierungszusammenhang – oder als ‚unmögliche Totalität' (Stäheli 1995, ders. 2000b, Moebius und Gertenbach 2008). Dies ist sie auch insofern, als sich der Kern einer Gesellschaft in Abgrenzungen, in Differenz konstituiert: z. B. in Definition, Ausgrenzung, Einsperrung der ‚Wahnsinnigen' (Foucault 1973). Gesellschaft erscheint als Machtapparat, an dem ebenso Kontroll- und Bestrafungsinstitutionen beteiligt sind, wie Fürsorge- und Therapie-Institutionen sowie die Wissenschaften. Und die Subjekte erscheinen als den Institutionen unterworfene und sich selbst unterwerfende, als normalisierte und als ‚Normale' oder ‚Abweichende'; ihre Körper als disziplinär geformt und ihre ‚Seele' als von ‚Wahrheitsinstitutionen' erkannt und ausgesagt. In diesem Sinne – einer kritischen Gesellschaftstheorie, die Herrschaft thematisiert und untersucht, ohne von einer alles dominierenden Instanz (der Ökonomie) auszugehen – handelt es sich zugleich um ein poststrukturalistisches wie postmarxistisches Denken. Der Begriff der ‚Macht' entstammt hier mindestens ebenso den kritischen Gesellschaftstheorien wie der Lebensphilosophie von Friedrich Nietzsche, der zufolge alles Leben Begehren nach mehr Leben oder Macht ist. In diesem Sinne hat Gilles Deleuze (1987: 100) bei Foucault einen „tiefsitzenden Nietzscheanismus" sehen können.

Foucault konzentriert sich dabei auf die eigene Gegenwartsgesellschaft in ihrem Gewordensein: Es ist eine historische Soziologie entlang der Frage, *wie ‚wir' – die Subjekte europäischer, moderner Gesellschaften seiner Gegenwart – zu dem geworden sind, was wir sind.* Sichtbar gemacht werden gerade keine evolutionären, einlinigen Prozesse (Rationalisierung, Differenzierung, Individualisierung). Foucault interessiert sich – im Sinne einer ‚Archäologie' – vielmehr für Kontingenzen, historische Brüche, für das Anders-Werden der europäischen Gesellschaften und Subjekte insbesondere seit dem 15. Jh. *In welchen Institutionen und Disziplinen ist das moderne Subjekt entstanden, mittels welcher Prozeduren, Prüfungen, Wissensformen? Welche Effekte oder welche Positivität hat die spezifisch moderne Technik der Macht, über die sich das autonom wähnende Individuum so tief täuscht? Was ist ‚der Mensch' und aus welchen Gründen wird über ihn gesprochen? Worin gründen unsere geheimsten Begehren – und welche Funktion haben diese? Wie wurde die Bevölkerung, und wie und warum wurde das individuelle Leben zum Objekt der Politik?* – Um solche und ähnliche Fragen geht es in diesem wirkmächtigen Werk, in dem die Bedeutungssysteme nun als regional und historisch eingrenzbare, institutionelle oder disziplinäre ‚Diskurse' untersucht werden. In dieser Analyse historischer Diskurse werden historisch andere Denkweisen, Weltsichten, Machttechniken, Subjektformen sichtbar; deutlich wird die idiosynkratische Entstehung moderner Institutionen (Krankenhaus, Schule, Seelsorge, Psychologie und Psychiatrie, der Humanwissenschaften) und deren Effekte der Kontrolle von Individuen. Auch hier geht es also *nicht* um die Vorstellung, die Diskurse (und die mit ihnen verbundenen Praktiken) drückten die Gesellschaft nur noch aus. Sie erzeugen diese und die entsprechenden Subjekte – sie erzeugen Wirkliches. So wird in den Diskursen und Praktiken der Inquisition der vom Teufel besessene ebenso erzeugt, wie in den humanwissenschaftlichen Diskursen und Praktiken der erwähnte psychisch ‚Kranke'. Die Produktion des *disziplinierten Körpers;* die *Produktion des sich selbst erkennenden und erkannten Subjekts;* und die *Produktion von ‚Normalität' und ‚Sicherheit'* im Blick auf die *Bevölkerung* – so könnte man zentrale analytische Interessen Foucaults auch bestimmen. Dem entspricht die Kennzeichnung der modernen Gesellschaft als ‚Disziplinargesellschaft' (*Überwachen und Strafen,* Foucault 1976); als Gesellschaft der *‚Bio-Macht' (Der Wille zum Wissen Band 1,* Foucault 1986); und als Gesellschaft der *‚Gouvernementalität'* (die Vorlesungen am *Collège de France,* Foucault 2004, 2005, 2006).

2.4.1 Gesellschaftstheorie: Wissen, Macht, Subjekt

In *Ordnung der Dinge* (Foucault 1974) entfaltet Foucault seine historische Diskursanalyse und zugleich seine Diskurstheorie (der diskursiven Erzeugung von ‚Wirklichem') in ihrer ganzen Provokation: dem Abschied von der Vorstellung eines Fortschritts im Denken; dem Abschied vom Wahrheitsbegriff, der Vorstellung, es gälte, zu einem der Realität entsprechenden Wissen zu kommen. Zwar spielen Machttechniken und Unterwerfungen in diesem Werk eine eher geringe Rolle. Aber dafür wird der Foucault eigene Blick auf die Diskontinuität und Kontingenz der Aussagen über Wirklichkeit am deutlichsten. Nachgewiesen wird die erhebliche Veränderlichkeit, und die Zufälligkeit der ‚Ordnungen der Dinge' in je drei thematischen Gebieten: im Wissen des Lebens, im Wissen der Ökonomie und im Wissen der Sprache zeichnet Foucault einen zweifachen historischen Bruch nach, eine Veränderung. Zugleich werden zwischen diesen Brüchen Regelmäßigkeiten deutlich, die die differenten Gebiete gemeinsam haben: Es gibt, so die These, je eine gemeinsame Wissensordnung, ein Denksystem *(episteme)*. Die verschiedenen Wissensbereiche übergreifend, verändert sich die *episteme* oder die ‚Ordnung der Dinge' von der Renaissance (16. Jh.) zur ‚Klassik' (17.–18. Jh.) und von der Klassik zum 19. Jh. in Westeuropa erheblich: Während das Denken der Renaissance in den drei Gebieten einem Code der *Ähnlichkeit* folge – so dass zum Beispiel Walnüsse und Kopfschmerzen zusammengebracht werden, weil sich das Gehirn und die Nuss äußerlich ähneln (ebd.: 56) –, ordne das Denken des „klassischen" Zeitalters die Dinge durch *Repräsentationsbeziehungen* zu den Wörtern. Es habe eine „ungeheure Reorganisation der Kultur" stattgefunden (ebd.: 76). Im 19. Jh. schließlich ziehe eine „Analytik der Endlichkeit" in das Wissen der drei Gebiete – die Lebewesen, die Ökonomie, die Sprache – ein (ebd.: 377 ff.). Erst hier sei der „Mensch" als Subjekt und Objekt des Wissens entstanden: er ist nun eine „empirisch-transzendentale Dublette", nämlich zugleich das Wesen, das „jede Erkenntnis möglich macht" (ebd.: 384) und ein Naturwesen wie andere auch, evolutionär erklärbar und insofern ‚endlich'. Jetzt entdeckt man, dass jede Erkenntnis ebenso „anatomisch-physiologische", wie auch „historische, gesellschaftliche oder ökonomische" Bedingungen hat. Man entdeckt die „*Geschichte* der menschlichen Erkenntnis" – und ist weiter auf der Suche nach *Wahrheit* (ebd.: 385 f., Hervorh. i. O.). Foucault schließt dieses Buch, indem er auf einen weiteren Bruch des Wissens aufmerksam macht: Wenn der ‚Mensch' eine recht junge „Erfindung" ist, wenn er keineswegs immer im Zentrum des Wissens stand, so könne man „sehr wohl wetten, daß der Mensch" als das zentrale Objekt des Wissens (der Humanwissenschaften) auch wieder verschwinden wird (ebd.: 462) – indem er nämlich dezentriert wird, als Effekt von Bedeutungssystemen gedacht wird, in Strukturalismus und Poststrukturalismus, bei Foucault selbst, bei Derrida, bei Lévi-Strauss. Während diese Analyse das Besteck der Diskurstheorie bereitlegt und deutlich macht, wie sehr die Realität eine diskursiv erzeugte ist – und wie veränderlich dies ist –, werden in den anderen Hauptwerken Foucaults die Themen Wissen und Macht verknüpft. Es geht in ihnen um die Formierung von Subjekten im Wortsinn: um deren *Unterwerfung,* in Diskursen, in Disziplinen des Wissens, wie auch in anderen Techniken der Macht (in der Form der Gebäude, in der Kontrolle von Tagesabläufen, in Prüfungen: Foucault 1976). In den von Foucault untersuchten historischen Diskursen wird deutlich, dass kein Wissen rein spekulativ ist, keines neutral ist. Im Wissen vollziehen sich Ausgrenzungen und Normalisierungen. Das zeigt Foucault (1973) zunächst für jene lang zurückliegenden Diskurse, die sich um den ‚Wahnsinn' drehen: Unter diesem Titel wurden in der europäischen Neuzeit zunächst sehr verschiedene Individuen klassifiziert, ausgegrenzt und eingesperrt – wobei sie sich allein negativ, durch das ‚Fehlen von Arbeit' kennzeichneten. Sie nehmen dabei den Platz ein, den vorher die Leprakranken besetzten – als Individuen, *in deren Ausgrenzung sich der Gesellschaftskörper konstituiert.* In der historischen Analyse des Wahnsinns und der Entstehung der Psychiatrien wird deutlich: Humanwissenschaftliche Disziplinen (wie die Psychologie) und deren therapeutische Institutionen sind Techniken der Klassifikation, der Einsperrung und Normalisierung von Individuen – es sind *Machttechniken.* Diskurse generell sind, so Foucault (1991: 38), „Formen der Ausschließung, der Einschränkung, der Aneignung" von Wissen und sie üben einen Zwang aus: Diskurs ist „Gewalt". Der Diskurs bestimmt, was ‚normal' ist, indem anderes als anormal, pathologisch, seltsam gekennzeichnet wird. Zu analysieren ist also das „negative Spiel" des Diskurses (ebd.: 34): In der Behauptung einer ‚Wahrheit' wird anderes – und werden andere – als ‚unwahr' ausgeschlossen. In jeder Gesellschaft gibt es solche „Prozeduren der *Ausschließung*" (ebd.: 11, Hervorhebung i. O.). In jeder weiß man,

> „daß man nicht das Recht hat, alles zu sagen, daß man nicht bei jeder Gelegenheit von allem sprechen kann, daß schließlich nicht jeder beliebige über alles beliebige reden kann. Tabu des Gegenstandes, Ritual der Umstände, bevorzugtes oder ausschließliches Recht des sprechenden Subjekts – dies sind die drei Typen von Verboten, die [...] ein komplexes Raster bilden, das sich ständig ändert". (ebd.)

Insofern ‚man nicht das Recht hat, alles zu sagen', unterliegen die Diskurse selbst Einschränkungen – „in jeder Gesellschaft" wird „die Produktion des Diskurses kontrolliert, selektiert, organisiert und kanalisiert wird" (ebd.: 10 f.). Diskurse sind geregelte Praktiken. Es sind daher Weisen, Macht auszuüben. Und es sind *diskontinuierliche* Praktiken. Es ist weder von ihrer ‚Entwicklung', von einem Fortschritt im Wissen auszugehen, noch ist Wissen als rein kontemplativ zu verstehen. Vielmehr ist „anzunehmen, daß die Macht Wissen hervorbringt", dass Macht und Wissen sich verbinden: *Es gibt keine „Machtbeziehung [...], ohne daß sich ein entsprechendes Wissensfeld konstituiert, und kein Wissen, das nicht gleichzeitig Machtbeziehungen voraussetzt und konstituiert"* (Foucault 1976: 49, Hervorh. HD). ‚Macht' ist dabei zu denken als eine „Gesamtwirkung", da sie sich – so Foucault – nie nur an die richtet, die ihr ganz offensichtlich unterworfen sind (die Beherrschten, die unteren Klassen). Der Macht unterworfen sind alle Subjekte; sie durchdringt alle Praktiken – daher spricht Foucault auch von einer ‚Mikrophysik' der Macht, die eben nicht im Besitz einer Klasse oder Position ist, sondern den gesamten Gesellschaftskörper durchquert. Auch die scheinbar Mächtigen sind von ihr „eingesetzt, die Macht verläuft über sie und durch sie hindurch" (ebd.: 38). Auch ist Macht kontinuierlich – Machtbeziehungen bestehen nicht allein in bestimmten Momenten (der Niederschlagung einer Revolte), sondern ‚Gesellschaft' ist eine „immerwährende Schlacht" (ebd.). Schließlich ist Macht bei all dem nicht als bloßer Zwang, als negativ zu verstehen. Sie ist produktiv: Produziert werden von ihr „Gegenstandsbereiche und Wahrheitsrituale: Das Individuum und seine Erkenntnis sind Ergebnisse dieser Produktion" (ebd.: 250).

2.4.2 Gesellschaftsanalyse: Das normale, vernünftige, und das disziplinierte Subjekt

In *Wahnsinn und Gesellschaft. Eine Geschichte des Wahns im Zeitalter der Vernunft* (1961, dt. 1973) entfaltet Foucault also diese diskursanalytische Gesellschaftsanalyse erstmals. Wie und warum hat sich die Erfindung des Wahnsinns vollzogen, das ist die Frage. Ein erstes Ergebnis ihrer Untersuchung lautet, dass der Wahnsinn eine relativ junge europäische Erfahrung ist – zwar gab es auch in Mittelalter und Renaissance Subjekte, die wir als Geisteskranke verstehen würden. Aber die „Auseinandersetzung des Menschen mit dem Wahnsinn" war in dieser Zeit eine ganz andere, sie war nicht medizinisch, sondern religiös konnotiert. Es ging in den Diskursen über den Wahnsinn „um die Frage des Sündenfalls" und um den Narren Gottes (ebd.: 14). In der modernen Gesellschaft dagegen hat die Stimme der Wahnsinnigen keinerlei Aussagekraft mehr. Sie verschwindet „in der Ruhe einer Gelehrsamkeit" (ebd.) und wird zur individuellen Krankheit. Diese Entwicklung verortet Foucault im 17. Jh.: „Plötzlich" gibt es den normalen, vernünftigen; und von ihm getrennt den wahnsinnigen Menschen (ebd.: 175 u. ö.). Es entstehen Institutionen und Architekturen, in die Subjekte als ‚wahnsinnig' interniert werden – wobei sie wie erwähnt den Platz der Leprakranken einnehmen. Während diese als Aussätzige galten, als SünderInnen, deren Krankheit eine Strafe Gottes war, werden zwei Jahrhunderte später die „gleichen Formeln des Ausschlusses" an denselben Orten andere Subjekte als ‚aussätzig' definieren. Es sind jetzt „Arme, Landstreicher, Sträflinge" und Geisteskranke, die als ‚wahnsinnig' vor die Tore der Stadt verbannt werden: Im 17. Jh. übernimmt der Wahnsinn die „Rolle der Lepra als Heimsuchung in den Ängsten der Menschen", und wie diese ruft er Reaktionen des „Ausschlusses und der Reinigung hervor" (ebd.: 25). Warum ist es nun der ‚Wahnsinnige', der ausgegrenzt wird? Weil er *nicht arbeitet und nicht vernünftig ist* (vgl. ebd.: 11). In dieser Ausgrenzung hat sich die Geburt der modernen Gesellschaft vollzogen – einer Gesellschaft, die gleichermaßen vernünftige wie arbeitsame Subjekte bevorzugt und erzeugt. In der Definition der Geisteskranken also hat die moderne Gesellschaft zurückgewiesen, „was für sie außerhalb liegt" (ebd.: 9). In dieser frühen Analyse der Ausgrenzung geht es Foucault ebenso um eine historische Gesellschaftsanalyse, wie eine *Gesellschaftstheorie* zumindest angedeutet ist: Eine ‚Gesellschaft' konstituiert sich, indem eine Grenze gezogen wird, indem Individuen ausgegrenzt werden. In dieser Praktik trifft eine Gesellschaft „ihre entscheidende Wahl. Sie vollzieht darin die Abgrenzung, die ihr den Ausdruck ihrer Positivität verleiht" (ebd.: 9) – die bestimmt, was im *Kern* der Gesellschaft steht oder wie sie Subjekte formt, welche Subjektform sie erzeugt. Jede Gesellschaft ist daher vor allem „über ihre Grenzerfahrungen" zu erforschen: Man muss sich für die historischen Modi der „Absplitterung" interessieren, denn in ihnen hat sich die „Geburt" einer Gesellschaft vollzogen (ebd.).

Um die ‚Geburt' der modernen Gesellschaft geht es auch in *Überwachen und Strafen*. Hier werden mindestens zwei Ausgrenzungen verfolgt: Zum einen die der unübersehbaren und unberechenbaren Menge, und zum anderen die des ungelehrigen, nicht arbeitenden Subjekts. Positiv formuliert, wird die moderne Gesellschaft als Erzeugung des arbeitsamen und gelehrigen, sich selbst kontrollierenden (disziplinierten) Subjekts beobachtet. Dieses Subjekt entspricht einem historischen, kontingenten Bruch der Techniken der Macht: Die souveräne Macht des Fürsten weicht in wenigen Jahrzehnten einer Machttechnik, die einer kapitalistischen Wirtschaftsordnung förderlich ist und zugleich die Kontrolle der Bevölkerung auf effiziente Weise sicherstellt. Es geht bei der Disziplin um einen „Machtverstärker", der ein „Produktionsmehrer" ist; um eine Macht, die die „Kräfte der Gesellschaft" anreichert, statt sie „zu enteignen" (Foucault 1976: 267). Die Macht ist jetzt „bis in die elementarsten [...] Bestandteile der Gesellschaft"

2.4 Poststrukturalismus: Michel Foucault

wirksam, im Unterschied zu den „jähen, gewalttätigen und lückenhaften Verfahren der Souveränität" (ebd.). Der Bruch zwischen beiden Formen der Kontrolle oder Unterwerfung von Individuen hat sich im 18. Jh. ereignet: War 1757 noch die letzte rituelle Bestrafung eines (versuchten) Königsmörders vollzogen worden, so findet man an deren Stelle nur wenige Jahrzehnte später ein „Reglement für das Haus der jungen Gefangenen" (ebd.: 9). An die Stelle des öffentlichen Strafspektakels (nämlich der Vierteilung) tritt die rigide Planung des Tagesablaufs der Inhaftierten, die sich hinter den Mauern der Gefängnisse vollzieht. Der gemarterte, zum „Spektakel dargebotene Körper" ist „verschwunden" (ebd.: 14 f.). Seine Stelle nimmt der Körper ein, der den Insassen der Institutionen gehört – der disziplinierte und gelehrige Körper der SchülerInnen, der Kranken, der ArbeiterInnen, der Rekruten und DelinquentInnen. Auf den Körper greift nun die „Disziplin" zu: eine „Kunst des Ranges", der Prüfungen und Einordnungen. Diese Macht „individualisiert die Körper", verteilt sie im Raum, in „einem Netz von Relationen", die permanente Vergleiche erlauben (ebd.: 187). In den Disziplinarinstitutionen ist nicht nur der Körper Objekt der Einwirkung; zugleich entsteht in ihnen ein neues Wissen – auch die „Seele" wird Objekt der Macht, der Erforschung und Erkenntnis. In der Strafgewalt dient diese ‚Seele' als „Bezugspunkt" der Macht über den Körper. Mit ihr werden die Einzelnen „individualisiert" (ebd.: 51), als Individuen „fabriziert" (ebd.: 278). Foucault beschreibt diese Veränderung der Machttechniken als eine Veränderung, die der kapitalistischen Ökonomie dienlich ist: die Disziplinierung hat eine ökonomische Nützlichkeit, sie erzeugt die effektiven und sich selbst disziplinierenden ArbeiterInnen. Zugleich hat sie eine politische Nützlichkeit – die Ökonomie ist nicht der Grund der Veränderung der Macht. Beobachtet wird eher eine historische Konvergenz zwischen den neuen Technik der Macht und den Bedürfnissen der neuen Ökonomie.

Zusätzlich zur *Disziplinierung,* die auch eine *Normalisierung* ist (da die Individuen im Hinblick auf eine Norm verglichen und aneinander gemessen werden), beschreibt Foucault die moderne Gesellschaft auch als *gouvernementale* Machtformation (Foucault 2004, 2005, 2006) sowie als *Bio-Politik* (Foucault 1983): Was zunächst die Bio-Politik oder auch Bio-Macht betrifft, so richtet sich diese Machtform – die sich parallel zu den Disziplinarinstitutionen entfaltet hat – nicht auf den Körper der Einzelnen. Ihr Objekt ist vielmehr der ‚Körper' der Bevölkerung: Die moderne Gesellschaft kennzeichnet sich durch ein doppeltes Objekt der Macht. Neben dem individuellen Körper entsteht ein neues Objekt, die *Bevölkerung* wird erfunden als eine, die es weniger zu disziplinieren, als vielmehr anzureichern gilt: dem dienen Gesundheitspolitiken und demografische Statistiken. *Disziplinen des Körpers, Regulierungen der Bevölkerung:* Es sind die beiden Aspekte, in denen sich eine neue Machttechnik und eine neue Gesellschaft organisiert – es ist eine „Macht zum Leben", da ihre „höchste Funktion nicht mehr das Töten, sondern die Durchsetzung des Lebens ist" (ebd.: 135). Die moderne Gesellschafts- und Machtform ist weniger auf die Bestrafung, als auf die „Verstärkung, Kontrolle, Überwachung, [...] Steigerung und Organisation der unterworfenen Kräfte" gerichtet (ebd.: 132). Darin darf weder ein gesellschaftlicher „Fortschritt" gesehen werden, noch darf man sich Illusionen über eine weniger drückende Form von Macht machen: Nie „waren die Kriege blutiger" als in denen, in denen sich die Politik auf die ganze Bevölkerung richtet (ebd.: 163); die moderne Machtform dringt zudem in die ‚Seele' jedes Einzelnen ein.

Die Disziplinierung der Körper war das Thema von *Überwachen und Strafen*. Die Erfindung der Bevölkerung ist das Thema der *Vorlesungen zur Gouvernementalität*. Erneut geht es um einen historischen Bruch, nun vom 16. bis ins 18. Jh.: Lag der Zweck der „Souveränität" des Königs „in ihr selbst", so liege der Zweck der neuen Form der „Regierung" in der „Intensivierung" der von ihr „geleiteten Vorgänge" (Foucault 2005: 161) – die mit Statistiken, durch Quantifizierung gemessen wird. Statt „Ausdruck der Macht des Souveräns" zu sein, wird die *Bevölkerung* jetzt zum Ziel des Regierens: Sie tritt dabei ebenso als „Subjekt von Bedürfnissen", wie auch als „Objekt" der Regierungskunst auf (ebd.: 168).

> „Unter Gouvernementalität verstehe ich die Gesamtheit, gebildet aus den Institutionen, den Verfahren, Analysen und Reflexionen, den Berechnungen und den Taktiken, die es gestatten, diese [...] Form der Macht auszuüben, die als Hauptzielscheibe die Bevölkerung, als Hauptwissensform die politische Ökonomie und als wesentliches technisches Instrument die Sicherheitsdispositive hat" (ebd.: 171 f.).

Hier taucht also ein neuer Aspekt auf, den Foucault an modernen Gesellschaften hervorhebt – neben der Disziplin und der Bio-Macht das *Sicherheitsdispositiv*. Die moderne Regierungskunst beinhaltet Vorhersagen. Zu ihren Aufgaben gehört u. a. die Bekämpfung von Kriminalität durch Prognose und Kalkulation. Die moderne Regierungskunst besitzt Foucault (2004: 19) zufolge also drei zentrale Aspekte oder Techniken: den *„juridischen Mechanismus"* der Abfassung von Gesetzen und Festlegung von Strafen, den *Disziplinarmechanismus;* und den *Sicherheitsmechanismus*. Auch in diesen erweiterten Analysen der westlichen Moderne geht es mindestens ebenso um das Politische (den modernen Staat, die Regierung) wie um die moderne Form der Ökonomie – diese erscheint nun als eine, welche die „Form des ‚Unternehmens'" zunehmend verallgemeinert (Foucault 2006: 334, vgl. auch Bröckling 2007). Oder, als „Korrelat" der Gouvernementalität entsteht der Diskurs über den „homo oeconomicus". Es ist dies ein Individuum, das „in eminenter Weise regierbar ist" (ebd.: 371 f.).

Insgesamt – auch etwa in den historischen Analysen der „Sorge um sich" (Foucault 2009) – geht es Foucault um eine *kritische* Analyse: Um die *kritische* Geschichte jener Verfahren, „durch die in unserer Kultur Menschen zu Subjekten gemacht" (Foucault 1994: 243), also unterworfen werden. Sie werden alternativer Leben, einem Anders-Werden beraubt – fixiert, kontrolliert, nicht zuletzt von sich selbst. Diese kritische Analyse steckt namentlich auch in *Der Wille zum Wissen Band 1: Sexualität und Wahrheit* (Foucault 1986): Hier geht es um die historische Analyse der Kontrolle und Einschränkung von Sexualität in den Diskursen über diese: Eingeschränkt wird das Begehren hier auf die nützliche Form der heterosexuellen Praktiken und Subjekte im Rahmen der bürgerlichen Familie. Es ist dies ein Aspekt der erwähnten Bio-Macht. Die Kritik Foucaults gilt dabei nicht zuletzt der Aufklärung, dem Humanismus: Aufgedeckt werden müssen noch deren Illusionen, indem im Streben nach ‚Autonomie' und ‚Herrschaft der Vernunft' erneut nichts anderes als Formen der Unterwerfung sichtbar werden: Unterwerfungen des Körpers, der Leidenschaften und Begehren, Einschränkung von Individuen.

„Abschließend könnte man sagen, daß das politische […] Problem […] nicht darin liegt, das Individuum vom Staat […] zu befreien, sondern uns sowohl vom Staat als auch vom Typ der Individualisierung, der mit ihm verbunden ist, zu befreien. Wir müssen neue Formen der Subjektivität zustande bringen, indem wir die Art von Individualität, die man uns jahrhundertelang auferlegt hat, zurückweisen." (ebd.: 250)

2.4.3 Foucault-Effekte: Die turns der Gesellschaftsanalyse; und die studies

In der gegenwärtigen Theoriediskussion und ebenso in der Erforschung der Dynamiken der kapitalistischen Gegenwartsgesellschaft lassen sich zahlreiche poststrukturalistische, und damit von Foucault orientierte Perspektiven finden (vgl. zu den poststrukturalistisch veränderten Fragestellungen, Begriffen, Analysen in den sozialwissenschaftlichen Disziplinen Moebius und Reckwitz 2008). So sind fast all jene Soziologien vom Poststrukturalismus und damit von Michel Foucault informiert, die sich den Artefakten, dem Materiellen und dem Körper zuwenden – der *material,* der *bodily* und der *affective turn* wurden wesentlich von den Arbeiten Foucaults (und parallel von denen von Gilles Deleuze) angeregt. Auch jede Frage nach der Subjektform der Gegenwart ist von Foucault orientiert – hierzulande z. B. die Analyse des kreativen Subjekts bei

Andreas Reckwitz, des Konsumsubjekts bei Dominik Schrage, oder des unternehmerischen Selbst bei Ulrich Bröckling. Dasselbe gilt für Untersuchungen gegenwärtiger Regierungstechniken und Gouvernementalitäts-Formen (Thomas Lemke und andere), und für diskursanalytisch angelegte Untersuchungen etwa zu Migration, Versicherung, Medizin, oder Demografie. Auch die *gender studies* sind mit von Foucault ermöglicht: die kritische Analyse der diskursiven Erzeugung der ‚Natürlichkeit' der beiden Geschlechter und ihrer Hierarchie. Auch die tief in der Sprachstruktur steckende Erzeugung von Frau und Mann ist eine Machtform, eine Einschränkung und Unterwerfung von Körpern, Lebensweisen, Individuen (vgl. v. a. Butler 1991, 1997, 2001). Ebenso gilt dies für die kritische Analyse kolonialer Herrschaft und Subjektformierung durch *postcolonial studies* und *subaltern studies* (bei Gayatri Spivak oder Edward Said). Und nicht zuletzt ist der Gesellschaftsbegriff nun ein anderer:

> „Kennzeichnend für einen poststrukturalistischen Gesellschaftsbegriff ist die Überlegung, daß Gesellschaft nicht als gegebene Analyseeinheit und als stabile äußere Realität gedacht wird, das sich selbst konstituiert als auch im selben Moment dekonstituiert" (Bonacker 2008: 40).

Dabei bezieht Bonacker sich unter dem Begriff des ‚Poststrukturalismus' allerdings wesentlich auf den Gesellschaftsbegriff von Claude Lefort (s. u.), den wir mit Oliver Marchart eher als „postfundamentalistisch" bezeichnen würden: es ist dies eine Weiterführung der strukturalistischen, auf Bedeutungssysteme konzentrierten Perspektive in der politischen Philosophie, die eher parallel zu den Arbeiten von Foucault als in dessen Linie verläuft. Dagegen ist es „vor allem Michel Foucault, der aufgezeigt hat, wie Prozesse der Individualisierung weniger als Anzeichen einer Auflösung von Gesellschaft zu deuten sind, als vielmehr von einer allgemeinen Vergesellschaftung zeugen, die sogar die Körper der Individuen durchdringt" (Moebius und Gertenbach 2008: 4131). Die Totalität der ‚Gesellschaft' wird bei Foucault zum einen aufgelöst in eine „Logik differenzierender Machtverhältnisse", von Institutionen und Techniken sowie Diskursen. So gesehen, lässt sich „der systematische Stellenwert des Gesellschaftsbegriffs" bei Foucault eher „schwer erkennen" (ebd.: 4132). Zugleich ist festzuhalten, *dass es um Gesellschaft geht* – um die Analyse moderner westlicher Gesellschaft ebenso, wie um einen neuen, deutlich nicht-essentialistischen Gesellschaftsbegriff, der die ‚Ganzheit' einer Gesellschaft in deren Praktiken und Diskursen der Abgrenzung, in ihrem ‚Außen' sieht: Indem permanent etwas, indem bestimmte Individuen, Aussagen, Praktiken ausgegrenzt werden und entsprechend Subjekte geformt, zu solchen gemacht werden, konstituiert sich eine ‚Gesellschaft'.

Literaturempfehlungen

- DREYFUS, Hubert L. und Paul Rabinow. 1994. *Michel Foucault. Jenseits von Strukturalismus und Hermeneutik.* Weinheim: Beltz.
- KAMMLER, Clemens, Rolf Parr und Ulrich Johannes Schneider, hrsg. 2014. *Foucault-Handbuch. Leben – Werk – Wirkung.* Stuttgart: J.B. Metzler.
- KELLER, Reiner. 2008. *Foucault. Klassiker der Wissenssoziologie.* Konstanz: UVK.
- KRASMANN, Susanne. 2003. *Die Kriminalität der Gesellschaft: Zur Gouvernementalität der Gegenwart.* Konstanz: UVK.
- LEMKE, Thomas. 2008. *Gouvernementalität und Biopolitik.* 2. Aufl. Wiesbaden: Springer VS.
- MOEBIUS, Stephan und Andreas Reckwitz, hrsg. 2008. *Poststrukturalistische Sozialwissenschaften.* Frankfurt/M.: Suhrkamp.
- SARASIN, Philipp. 2016. *Michel Foucault zur Einführung.* Hamburg: Junius.
- SCHNEIDER, Ulrich J. 2004. *Michel Foucault.* Darmstadt: Primus.

▶ Was meint ‚Gesellschaft' bei Michel Foucault? Worin liegt die soziologische Theorie, was sind die Grundbegriffe, worin liegt die Verschiebung gegenüber dem Strukturalismus – was meint *Poststrukturalismus?* Und wie (inhaltlich, methodisch) kennzeichnet Foucault die moderne Gesellschaft?

2.5 Postfundamentalismus: Castoriadis, Gauchet, Lefort

Wie Michel Foucault steht auch die nun zu besprechende Gesellschaftstheorie in der Linie des strukturalistischen Denkens sowie des Denkens von Durkheim – in der Linie einer Soziologie des konstituierten Subjekts. Sie ist nur mit und nach

Durkheim; mit und nach Claude Lévi-Strauss; und mit und nach Jacques Derrida zu verstehen. Zugleich handelt es sich um postmarxistische Theorien, die – wie die von Foucault und auch wie diejenige von Louis Althusser – an einem gesellschaftskritischen Projekt festhalten, ohne die marxistischen Dogmen zu teilen. Mit Oliver Marchart (2013) können diese Gesellschaftstheorien also – im Unterschied zum Poststrukturalismus Foucaults; und im Gegensatz zum orthodoxen Marxismus – als *postfundamentalistische* Theorien von Gesellschaft bezeichnet werden. Anders als bei Foucault geht es um politische Philosophien, die ‚Gesellschaft' als kontrafaktische Imagination einer Einheit und Identität verstehen – eine Imagination, die Aufgabe ‚des Politischen' ist, die in der symbolischen Repräsentation der Einheit und Identität gerade über die Spaltung der Gesellschaft hinwegtäuscht. Zugleich handelt es sich um *postmarxistische* Theorien: Auch hier geht es um eine Rettung des linken Denkens, im Sinne der oben bereits erwähnten hegemonietheoretischen Reformulierung. Zugleich wird die marxistische Vorstellung einer Basis unter dem Begriff des gesellschaftlichen Grundes revidiert. Jede soziale Bedeutung ist – gemäß der strukturalistischen und poststrukturalistischen Denkweise – primär. Es gibt nichts, das sie nur noch ausdrückt (,die Ökonomie', ,die Sozialstruktur'). Das Spezifische eines Postfundamentalismus liegt nun darin, hinzuzufügen: *Genauer daher, weil es ihn nicht gibt, muss dieser ‚gesellschaftliche Grund' imaginiert, gesellschaftlich vorgestellt und instituiert werden* – der für die Identität der Gesellschaft bürgt. Gesellschaft erscheint damit als imaginär *fundiert*. Hier lässt sich der Titel eines ‚Postfundamentalismus' buchstäblich vor allem auf das Werk von Cornelius Castoriadis beziehen, denn dessen Theorie der Gesellschaft kreist um das ‚zentrale Imaginäre', eine letzte Bedeutung, in der sich Gesellschaft fundiert – eine nicht weiter begründbare, vorgestellte, erfundene Instanz, die der Gesellschaft ihren Auftrag, ihre Bedeutung und *Identität* gibt (z. B. Gott, Vernunft, Nation). Zugleich geht es den postfundamentalistischen Theorien – nun bei Claude Lefort, und mit ihm bei Marcel Gauchet, Ernesto Laclau und Chantal Mouffe – um die Unmöglichkeit und genau daher Notwendigkeit von ‚Gesellschaft' als *Einheit*. Hierfür ist Lefort grundlegend, der eine Reformulierung der marxistischen Konflikttheorie anleitet und einen neuen Begriff des Politischen entwirft. In diesem Begriff fällt ‚das Politische' mit der symbolischen Erzeugung von Einheit oder von *Gesellschaft* zusammen. Auch mit diesem postfundamentalistischen Gesellschaftsbegriff erscheinen also viele Kritiken, die gegen eine ‚Soziologie mit Gesellschaft' vorgebracht haben, als obsolet: Weder wird Gesellschaft essentialisiert, zum Subjekt, noch wird sie fixiert, oder harmonisiert.

2.5.1 Castoriadis: die doppelte Imagination von „Gesellschaft"

In *Gesellschaft als imaginäre Institution. Entwurf einer politischen Philosophie* bietet Castoriadis 1975 – ausgehend von einer fundamentalen Kritik der marxistischen Gesellschaftstheorie, dem Basis-Überbau-Schema und der dementsprechenden Geschichtsphilosophie – einen neuen, im Grunde aber schon bei Durkheim und Lévi-Strauss vorbereiteten Gesellschaftsbegriff (Castoriadis 1984). Dieser Begriff von Gesellschaft als *Imagination,* als wirksame Vorstellung (die des Symbolischen bedarf) erinnert in Vielem an Durkheim. Zugleich ist die Auseinandersetzung mit Lévi-Strauss deutlich. Allerdings fehlt eine Theorie des Klassenkampfes, der Heterogenität der Bevölkerungen und ihrer gegensätzlichen Interessen. Sein Interesse liegt in der Frage, warum Gesellschaften sich (mehrheitlich, tendenziell) unterwerfen, sich von etwas anderem her begründet verstehen – was diese ‚heteronome' Gesellschaft von einer ‚autonomen' Gesellschaft unterscheidet, die es zu erreichen gilt. Diese würde ihre Selbsterfindung, ihre Kontingenz und Veränderbarkeit nicht verbergen. Eine heteronome Gesellschaft ist aus diesem Blick eine „Selbstentfremdung, bei der sich die Gesellschaft ihr eigenes Sein als Selbst-Institution" verhüllt, indem sie sich einen „außergesellschaftlichen Ursprung" gibt (Castoriadis 1984: 606). Diese Form von Gesellschaft ist nur „eine Weise, Gesellschaft zu instituieren". Sie ist „willkürlich wie jede Institution" (ebd.: 362) und sie kann durch eine ‚autonome' Gesellschaft ersetzt werden, wie sie in kurzen Momenten der Geschichte (in der griechischen *polis*) bereits bestanden hat.

Castoriadis teilt in diesem politischen Ziel eine strukturalistische Theorie von Gesellschaft: Es gibt keine sozialen Strukturen, die sich im Symbolischen ausdrücken und ihm daher zugrunde liegen. Gesellschaft ist imaginiert und hat nur dank vielfacher Symbolismen Existenz (Castoriadis 1984: 217 ff.). Er übernimmt zugleich von Durkheim die Denkfigur eines außergesellschaftlichen, vorgestellten Grundes. Dabei geht Castoriadis – mehr als andere Gesellschaftstheorien – von einer Prozessontologie aus: Was das Soziale kennzeichnet, ist permanente Veränderung. Sowohl Individuen verändern sich permanent, als auch Gesellschaften. Dabei folgen die Gesellschaften einander nicht gesetzmäßig; die Geschichte ist unvorhersehbar. „[W]as in und dank" ihr vorliegt, ist immer erneutes „Auftauchen neuer Gesellschaften" und die „unaufhörliche Selbstveränderung" jeder Gesellschaft (ebd.: 313). Gerade deswegen müssen sich Kollektive imaginär fixieren, sich feststellen, sich eine Identität in der Zeit geben:

„Das Gesellschaftlich-Geschichtliche ist beständig fließende Selbstveränderung und kann doch nur sein, indem es sich zu ‚stabilen' Gestalten gestaltet, in denen es zur Erscheinung kommt, und zwar auch für sich selbst" (ebd.: 347).

Jede Gesellschaft muss derart „ihr Gesellschaftsein verschleiern, indem sie die Zeitlichkeit verleugnet"; das heißt, sie kann sich „nicht als sich selbst erschaffende" anerkennen (ebd.: 360) – sie muss verleugnen, dass eine jede Institution menschengemacht und damit veränderlich und kontingent ist. Der Titel *Gesellschaft als imaginäre Institution* hat demnach zwei Bedeutungen: 1) die kontrafaktische Überzeugung von einer kollektiven Identität in der Zeit, 2) die ebenso kontrafaktische Überzeugung, von etwas *anderem* begründet zu sein, sich nicht sich selbst zu verdanken. Hier spricht Castoriadis von einer zentralen oder primären gesellschaftlichen Bedeutung: dem *„zentralen Imaginären"* einer Gesellschaft (ebd.: 221, Hervorhebung i. O.). Das ist etwa die Gottesvorstellung. ‚Gott' ist soziologisch gesehen kollektiv erfunden – eine Bedeutung, die auf nichts verweist und viele weitere Bedeutungen (Gebote, Normen), Begehren, Handlungen, Lebensläufe begründet. ‚Gott' ist „das, worauf die Symbole verweisen, die ihn tragen" und das, „was in einer jeden Religion diese Symbole zu religiösen Symbolen macht" (ebd.: 241). Diese vollständig erfundene Bedeutung fungiert als *außergesellschaftlicher* Grund von Gesellschaftsformationen und Institutionen. Es ist eine Bedeutung, die weder weiter begründet werden kann noch einer Begründung bedarf; es ist die letzte oder erste Bedeutung, der leere Signifikant, der (wie es bei Derrida hieß) das Spiel der Bedeutung ins Unendliche ausdehnen lässt – und auf den sich eine jede religiös instituierte Gesellschaft beruft.

2.5.2 Gesellschaftsanalyse: Imagination des gesellschaftlichen Grundes und kollektiver Identität

Auch in seiner Gegenwart sieht Castoriadis solche letzten, fundierenden Bedeutungen: Zwar erwecke die moderne Gesellschaft auf den ersten Blick nicht den Eindruck, sich auf Vorgestelltes zu beziehen. Es scheint, „als habe sie die Rationalisierung bis an die äußersten Grenzen getrieben". Gerade dies jedoch – das Beharren auf Rationalität, Vernunft – ist ebenso „willkürlich" (ebd.: 268) wie der Glaube an Gott. Die Höherrangigkeit der Vernunft und die damit verbundene Fundierung juristischer oder politischer Entscheidungen auf die ‚Würde der menschlichen Natur' lässt sich ebenso wenig noch begründen. Castoriadis nennt als imaginierten, außergesellschaftlichen Grund moderner Gesellschaften neben

2.5 Postfundamentalismus: Castoriadis, Gauchet, Lefort

‚Rationalität' zudem die ‚Nation': Sie erfüllt die „Aufgabe der Identifikation" mit dem eigenen Kollektiv in besonders überzeugender Weise, da

> „sie auf eine ‚gemeinsame Geschichte' verweist – eine Bezugnahme, die gleich in dreifachem Sinne imaginär ist, denn erstens gehört diese Geschichte der Vergangenheit an, zweitens reichen die Gemeinsamkeiten nicht sonderlich weit, und schließlich ist das, was von dieser Vergangenheit [...] als Träger gemeinschaftsbildender Identifikationen im Bewußtsein der Leute dient, größtenteils mythisch." (ebd.: 254 f.)

Auch Volk und Nation sind Instanzen eines vorgestellten Grundes der Gesellschaft, mit weitreichenden Folgen. Ihnen entstammen subjektive Begehren, Politiken der Identifikation und Solidarität wie der Ausgrenzung – sie bestimmen das Denken und Handeln der Subjekte. Darin bestünde eine von Castoriadis inspirierte Gesellschaftsanalyse: in der Frage, welche imaginären Gründe die Diskurse und weiteren Symbolsysteme einer z. B. nationalstaatlichen Gesellschaft dominieren, wie Tagesabläufe, Einteilungen von Individuen, Wünsche formiert werden; sowie in der Frage, welche zeitlichen und räumlichen Gestalten eine Gesellschaft aufweist. So beschreibt Castoriadis die kapitalistische Gesellschaft als eine, die sich in einer bestimmten Zeitvorstellung instituiert:

> „Was ist der Kapitalismus? Eine unzählige Masse von Dingen, Tatsachen, Ereignissen, Handlungen, Gedanken, Vorstellungen, Maschinen, Institutionen, Bedeutungen, Resultaten – die wir, so gut es geht, auf einige Kerninstitutionen und Bedeutungsknoten zurückführen können. Doch diese Institutionen und Bedeutungen wären in Wirklichkeit unmöglich (gewesen), hätte der Kapitalismus nicht eine effektive Zeitlichkeit eingeführt, eine ganz besondere Weise der Selbstveränderung der Gesellschaft, die [...] der Kapitalismus gewissermaßen ist. Man kann sagen, daß diese effektive geschichtliche Zeitlichkeit vom Kapitalismus geschaffen wurde; andererseits kann aber der Kapitalismus nur in, durch und als eine solche effektive Zeitlichkeit bestehen" (ebd.: 350).

Wie erwähnt, ist ein solcher Gesellschaftsbegriff (Gesellschaft als imaginär fundiert, vereinheitlicht, fixiert) ein zutiefst *symboltheoretischer.* Das Imaginäre existiert nur, wenn es ausgesagt wird, sichtbar, mitteilbar wird. Castoriadis unterscheidet wie Foucault Diskurse und Materialitäten – das Sagbare und Sichtbare. Er benennt dies mit den griechischen Begriffen: *legein* (das Gesagte: Gesetze, Diskurse) und *teukein* (das Aufgebaute, Konstruierte: Artefakte bis zu Stadtformen, ebd.: 298 f.). Die imaginär instituierte Gesellschaft geht mit einer Einteilung und Sukzession in der Zeit einher; einer Vorstellung des Zusammenhangs der Generationen, einer Geschichte. Diese Institution einer Zeit braucht

Symbolisches und Artefakte (Denkmale, Kalender). Ebenso bedeutet ‚Gesellschaft' die Institution einer räumlichen Struktur oder Gestalt – die ihrerseits auf symbolischen Artefakten beruht, auf Architekturen und Infrastrukturen. Es sind dies *Modi der Gesellschaftsinstitution selbst*. Das Symbolische ist hier nicht der Ausdruck der bereits bestehenden Gesellschaft oder Sozialstruktur, und die räumliche Gestalt, die

> „‚Ausgedehntheit' des Gesellschaftlich-Geschichtlichen ist kein‚Rahmen', in dem sich Gesellschaftlich-Geschichtliches erstreckt, sondern die Art und Weise, in der sich das Gesellschaftlich-Geschichtliche selbst entfaltet. Denn das Gesellschaftlich-Geschichtliche ist beziehungsweise erschafft sich als Figur, das heißt als Verräumlichung, und als Anderssein/Anderswerden dieser Figur, das heißt als Zeitlichkeit" (ebd.: 370).

2.5.3 Lefort, Gauchet, Mouffe: die demokratische, paradoxe Gesellschaft

Parallel und in Kenntnis dieser Theorie entstehen weitere postfundamentalistische Gesellschaftsbegriffe und -analysen. Sie stellen das gesellschaftliche Imaginäre nun als *politisches* Imaginäres in den Vordergrund – die Institution von gesellschaftlicher Einheit und der Gesellschaft als Aufgabe des ‚Politischen', der politischen Institutionen und Diskurse. Ausgehend von der Form, in der im absolutistischen Frankreich (im *ancien régime*) die Gesellschaft als Einheit verkörpert wird – nämlich im Körper des Fürsten oder Königs – ist nun die Frage, worin die Besonderheit der neuen Gesellschaftsform besteht, die diese ablöst: Was ist die besondere – und zu verteidigende – Form der modernen Demokratie, wie sie in der Ablösung des Königs, in der Revolution von 1789 entsteht? Welche Identität erlangt hier die Gesellschaft, und was sind die Gefahren, denen diese Demokratie gegenübersteht? Genauer, wird die besondere Form, in der in der modernen Demokratie die Gesellschaft als Einheit instituiert wird, gegen zwei ihr konträre Gesellschaftsformen unterschieden: zum einen erscheint sie als permanente Abwehr der Wiederkehr des Fürsten, in dem die Einheit der Gesellschaft in einer Person (hegemonial) ausgesagt wäre. Und zum anderen erscheint die moderne Demokratie – mit ihren politischen Institutionen – als permanente Abwehr des Totalitarismus, der Verkörperung der Gesellschaft durch eine Partei. In diesem Sinne ist es eine postmarxistische, und gleichwohl linke Theorie: Das Ziel ist, emanzipative Kräfte – solche, die sich gegen Diskriminierungen wehren – auf die moderne Demokratie zu verpflichten: da diese die einzige ist, die die

2.5 Postfundamentalismus: Castoriadis, Gauchet, Lefort

Menschenrechte verteidigt, wie gerade die sowjetischen oder maoistischen Terrorherrschaften zeigen. Es geht also sehr wohl um ein konflikttheoretisches, herrschaftskritisches Projekt; aber es ist gerade die (‚bürgerliche') Demokratie, die nun als die einzige Gesellschaftsform erscheint, die der totalitären Versuchung widersteht. Sie ist die einzige, die das Politische, den Konflikt um die Bestimmung der Gesellschaft nicht beseitigt, sondern diesen für zentral hält.

Bei Lefort, Gauchet, und Mouffe gibt es derart einen gemeinsamen theoretischen, politischen und historischen Ausgangspunkt. Letzterer ist 1789. Sichtbar wird, wie viel die neue Gesellschaft ihrem Gegenteil verdankt, der Vorstellung des gottgesalbten Souveräns, in dessen unsterblichen Körper sich die gesellschaftliche Einheit und Identität findet. Die moderne Demokratie ersetzt diesen Körper des Königs durch den ‚leeren Ort der Macht': Im Wahlsystem wird an die Stelle des Fürsten ein wechselndes Personal gesetzt, das nur temporär beanspruchen kann, die Gesellschaft zu repräsentieren; hinzu kommen die Institutionen der Opposition und damit des politischen Diskurses. Ausgehend von der These, dass eine Gesellschaft „nur zu sich kommt", wenn sie ihre Denkbarkeit (Intelligibilität) sichert; dass jede Gesellschaft also „über zahllose Zeichen eine *Quasi-Repräsentation ihrer selbst*" erzeugen muss (Lefort 1999: 39, Hervorh. HD), stellt sich nun folgende Frage: Welche Form der Selbstvorstellung hat die moderne Demokratie? Inwiefern teilt sie ein ‚theologisch-politisches Erbe', was verdankt sie ihrem Vorgänger, und worin liegt der Unterschied? Die Antwort lautet also, einerseits: Nach der Enthauptung des Königs ist der „Ort der Macht" dauerhaft „leer" (nur temporär, vorübergehend gefüllt, vgl. ebd.: 50). Andererseits wird das Volk – genau im Moment, in dem es sich als Subjekt verkörpern, die Einheit der Gesellschaft aussagen, seine Souveränität manifestieren soll (im Wahlakt) – in die „reine Zahl" der Stimmen aufgelöst. Und schließlich sorgt der politische Diskurs dafür, dass die Identität der Gesellschaft latent oder „schwimmend" bleibt. Weder also gibt es einen die Gesellschaft repräsentierenden Körper (des Königs); noch verweist die Gesellschaft auf ein „Außen" (Gott) oder „Innen" (eine gemeinsame Abstammung z. B.) – die „Macht löst sich nicht mehr von der Arbeit der Spaltung, in der sich die Gesellschaft instituiert" (ebd.: 50). Und doch bleibt die Gesellschaft auf der Suche nach ihrer Identität und ihrem „Fundament" (ebd.: 55). Weiter gilt, dass die Gesellschaft auf etwas verweist, was sie „nicht erzeugt" hat – auf ein *Außen*, „von dem aus die Gesellschaft sich definiert" (ebd.: 45). So wird weiter das Bild des „Volkes, des Staates, der Nation" aktualisiert, von dem her die „soziale Identität" ihre Bedeutung erhalten (ebd.: 60), ohne dass diese tatsächlich zu einer Einheit führten, da der politische Konflikt um diese Identität ebenso instituiert ist. Das

Paradox der Demokratie liegt darin, weiter das Bild einer gesellschaftlichen Einheit und Identität zu verbreiten, diese aber immer offen, umstritten zu halten. In derselben Frage, inwiefern die Monarchie in die Demokratie eingeht, verweist Marcel Gauchet (1991) auf ein *zweites demokratisches Paradox*, in einer Lektüre der Erklärung der Menschen- und Bürgerrechte von 1789. In diesem Gründungsdokument werden zwei letzte Bedeutungen erfunden, auf denen die moderne (französische) demokratische Gesellschaft sich begründet. Denn die Aufgabe, die sich den Revolutionären stellte, war es, dem geheiligten König eine ebenso unbezweifelbare Fundierung entgegenzusetzen: Diese „Konkurrenzsituation zwischen der etablierten Macht und der zu errichtenden Macht" war die „Matrix des revolutionären Prozesses" (ebd.: 19), aus der sich die *Erklärung der Menschen- und Bürgerrechte* erklärt. An die Stelle der Heiligung des Königs von oben (Gott) tritt die der ‚Natur des Menschen'; an die Stelle des Königs tritt das ‚Volk' als Souverän. Die moderne Demokratie versetzt sich derart „in ein Verhältnis mimetischer Aneignung gegenüber der königlichen Macht" (ebd.: 23 f.). Zudem „drängte die Dualität der Legitimitäten dazu, aufseiten der aufkommenden Legitimität noch mehr zu akkumulieren", als es der König in Anspruch nahm (ebd.) – daher die Bejahung der *nationalen* Souveränität. Im Verweis auf die imaginierte Nation sprachen die Revolutionäre im Namen einer höherrangigen Gemeinschaft. Das Imaginäre der Nation ist auch heute nicht vom demokratischen Diskurs lösbar – ebenso wenig wie das der Menschenwürde. Alle Debatten um Migration erklären sich daraus, auch in der hoch emotionalen und ernsten politischen Spaltung – in die, die auf den Menschenrechten beharren, und die, die die Grenzen des Volkes betonen (mit dem Argument des Rechtsstaates oder dem Verlangen nach dem nationalstaatlich bestimmten ‚Volk').

Chantal Mouffe geht von diesen beiden letzten Bedeutungen aus: als solchen, die die Uneinigkeit der Demokratie, ihren Konflikt letztlich erklären. In der Berufung auf konträre Gründe – Menschenwürde *und* Volk – liegt das „demokratische Paradox" (Mouffe 2010). Und in der Institution des Konfliktes, in der Umwandlung der politischen Feindschaft in Gegnerschaft, in politischen Wettbewerb statt Krieg: darin liegt das Besondere der modernen Demokratie. Diese Gesellschaftsform ist die einzige, die den Konflikt anerkennt – und damit dem (so definierten) *Politischen* Rechnung trägt (Mouffe 2007). Dabei ist Gesellschaft – wie mit Laclau festgestellt – ebenso *unmöglich, weil gespalten und uneinig, wie auch notwendig:* Eine Einheit muss ausgesagt werden, eine kollektive Identität behauptet. Wie eingangs bereits zitiert:

> „Auch wenn das Soziale sich nicht in den intelligiblen und instituierten Formen einer Gesellschaft zu fixieren vermag, so existiert es doch nur als Anstrengung,

dieses unmögliche Objekt zu konstruieren. Jedweder Diskurs konstituiert sich als Versuch, [...] das Fließen der Differenzen aufzuhalten, ein Zentrum zu konstruieren" (Laclau und Mouffe 2001: 149 f.).

Der ‚unvollständige Charakter' der Gesellschaft, ihre Unmöglichkeit liegt darin, dass jede – so hatten wir eingangs ebenso bereits erwähnt – konfligierende Interessen birgt, gespalten ist, gerade keine Einheit. Die Bestimmung der Gesellschaft ist stets eine partikulare, sie entspricht immer nur einer Seite. Auch ist jede Gesellschaft eine, die sich relational, in Differenz, im Außen bestimmt, so Mouffe und Laclau (ebd.: 27) – einem Außen, das unendlich variabel ist: Was ‚Demokratie' ist, ergibt sich aus der Abgrenzung (vom Faschismus oder vom Stalinismus z. B.). Deswegen halten es Laclau und Mouffe für notwendig, die „Prämisse von ‚Gesellschaft'" aufzugeben: Gesellschaft ist keine gegebene Einheit oder Totalität. Sie hat kein „Grundprinzip" (Laclau und Mouffe 2001: 149). Zugleich setzt die Unmöglichkeit, eine Bedeutung zu fixieren – Gesellschaft zu bestimmen –, gerade den Versuch dazu voraus: Um eine Bedeutung anfechten zu können, muss es eine Bedeutung geben, muss eine Einheit ausgesagt werden, müssen Grenzen bestimmt werden, so Laclau und Mouffe. Das gilt auch für eine demokratisch instituierte Gesellschaft, und auch für das linke Projekt einer ‚radikalen Denokratie', nach dem sie streben): Die „Logik der Konstitution des ‚Volkes'" – und damit die Begrenzung des ‚Wir', und die Abgrenzung ‚Anderer' – ist auch für diese „notwendig" (Mouffe 2010: 56). Es muss eine Eingrenzung eines Rechtssubjektes vorgenommen werden (die der Staatsbürger). Zugleich erlaubt die demokratische Bezugnahme auf die universell gedachte ‚Menschheit', diese Ausgrenzung immer erneut in Frage zu stellen: Das „demokratische Paradox" ist die gleichzeitige Fundierung der Gesellschaft – die Bestimmung ihrer Identität – in der ‚Souveränität des Volkes' und in der ‚Würde des Menschen'. Beide Letztbegründungen der kollektiven Identität führen immer erneut zur Spaltung, zum Konflikt, denn sie erfordern unvereinbare, einander entgegengesetzte Politiken; und sie speisen konträre Begehren.

Literaturempfehlungen

- **BEDORF,** Thomas und Kurt Röttgers, hrsg. 2009. *Die französische Philosophie im 20. Jahrhundert. Ein Autorenhandbuch.* Darmstadt: WBG.
- **BRÖCKLING,** Ulrich und Robert Feustel, hrsg. 2009. *Das Politische denken.* Bielefeld: Transcript.

- CONDOLEO, Nicola. 2015. *Vom Imaginären zur Autonomie. Grundlagen der politischen Philosophie von Cornelius Castoriadis.* Bielefeld: Transcript.
- DELITZ, Heike. 2015. *Bergson-Effekte. Aversionen und Attraktionen im französischen soziologischen Denken.* Weilerswist: Velbrück.
- FLÜGEL-MARTINSEN Oliver, Reinhardt Heil und Andreas Hetzel, hrsg. 2004. *Die Rückkehr des Politischen.* Darmstadt: Wiss. Buchges.
- MARCHART, Oliver. 2010. *Die politische Differenz.* Berlin: Suhrkamp.
- MARCHART, Oliver. 2013. *Das unmögliche Objekt. Eine postfundamentalistische Theorie der Gesellschaft.* Berlin: Suhrkamp.

▷ Stellen Sie die eine jener postmarxistischen Theorien der Gesellschaft dar, die sich unter dem Titel des ‚Postfundamentalismus' *(post-foundational thought)* fassen lassen: Was meint der Begriff ‚Post-Fundamentalismus'? Wie wird dabei ‚Gesellschaft' bestimmt? Und welche Analyse der modernen Gesellschaft wird erstellt – was wird in deren Zentrum gestellt?

2.6 Systemtheorien: Parsons und Luhmann

Niklas Luhmanns Theorie sozialer Systeme, und die von ihm inspirierten Arbeiten u. a. von Armin Nassehi, Andreas Göbel, Dirk Baecker – kurz, die ‚Systemtheorie' – ist aktuell diejenige Theorie, die in der deutschsprachigen Soziologie noch am meisten für einen elaborierten Gesellschaftsbegriff steht und die daher den oben erwähnten Kritiken unterliegt: Wenn handlungstheoretische Ansätze den Begriff der Gesellschaft verabschieden wollen, dann in Auseinandersetzung mit Luhmann. So gibt es namentlich bei Thomas Schwinn (2001) den Versuch, die Analyse der modernen Gesellschaft Luhmanns, die von der Zentralität funktionaler Differenzierung ausgeht, aufzunehmen und fortzuführen – und dies, ohne einen Gesellschaftsbegriff, ohne ein ‚Ganzes' vorauszusetzen, das in sich differenziert sei. Nun lassen sich mindestens drei Fassungen des Gesellschaftsbegriffes bei Luhmann finden (und ebenso füllen die Luhmann-Nachfolger den Gesellschaftsbegriff je verschieden): Niklas Luhmann spricht 1) von Gesellschaft als dem sozialen System, welches „alle anderen sozialen Systeme in sich einschließt" (1997: 78). 2) Spricht er von Gesellschaft in einem Fall, von

2.6 Systemtheorien: Parsons und Luhmann

der „Weltgesellschaft", die einer primär funktional – und nicht mehr segmentär – differenzierten Gesellschaft entspricht (1997: 145–170). 3) Fasst Luhmann Gesellschaft als sich selbst beschreibende, als Semantik der „Gesellschaft der Gesellschaft" (Luhmann 1997: Kap. 5, ders. 2017). In der Systemtheorie wird damit der Gesellschaftsbegriff „als operativer Begriff in die Soziologie eingeführt" (Müller über die Weiterführung Luhmanns bei Nassehi, 2015: 218): Gesellschaft wird nicht als in sich fixer Gegenstand verstanden, den es zu untersuchen gilt, nicht als Ursache oder Grund bestimmter Dynamiken und Phänomene. ‚Gesellschaft' wird hier vielmehr als „unbestimmte Größe" verstanden, und als das, was nichts seinerseits erklärt, sondern zu erklären ist. Insofern handele es sich bei der Systemtheorie – ebenso wie bei Foucault sowie bei Bruno Latour, oder Mouffe und Laclau – um eine *„indeterministische* Soziologie" (ebd.: 219, Hervorh. i. O.). Im Folgenden gehen wir zunächst auf diejenigen Gesellschaftstheorien ein, an die Luhmann anschließen kann (diese korrigierend) – insbesondere auf die Systemtheorie von Talcott Parsons, die in den 1930er Jahren entsteht; um dann die drei Fassungen des Gesellschaftsbegriffs genauer darzustellen.

2.6.1 Durkheim, Parsons, Marxismus: Luhmannsche Anschlüsse und Abwehren

Wie in anderen Fällen, so versteht man die Theorieanlage auch hier am besten, wenn man die Vorläufertheorien kennt – Arbeiten, an die angeschlossen wird, und solche, gegen die sich die Theorie wendet. Von Durkheim übernehmen Parsons und ebenso Luhmann den kollektiv-zentrierten Ansatz (obgleich Parsons sein erstes Hauptwerk 1937 *The Structure of Social Action* nennt) und die funktionalistische Methode (die Frage nach der Funktion eines sozialen Teilsystems oder einer Institution für die Gesamtgesellschaft); ebenso wie die damit einhergehende Beschreibung der modernen als einer vorwiegend arbeitsteilig – funktional – differenzierten Gesellschaft. Mit Parsons wiederum teilt Niklas Luhmann die Übernahme biologischer und evolutionsbiologischer Konzepte – die Beschreibung von Systemfunktionen entlang der Systeme eines ‚Organismus' in dessen Relation zu seiner ‚Umwelt' und die Suche nach evolutionären Errungenschaften.

Ausgangspunkt der Theorie sozialer Systeme bei Parsons ist dabei zum einen die – von Max Weber und Ferdinand Tönnies gestellte – Frage, wodurch Individuen motiviert sind, zusammen zu handeln – der handlungstheoretische Ansatz. Diesen verbindet Parsons zum anderen mit Durkheims Konzept der

Vorgängigkeit normativer Rahmen des Handelns. Diese Synthese der beiden gegensätzlichen Theorieansätze, die bisher in der soziologischen Theorie aufgetreten sind, stellt Parsons als ein Ergebnis der Theorieentwicklung selbst dar: Der eigene Theorieansatz – eine ‚voluntaristische Handlungstheorie' – erscheint so als notwendige Entwicklung, Höherentwicklung der soziologischen Theorie. *The Structure of Social Action. A Study in Social Theory with Special Reference to a Group of Recent European Writers* lautet der volle Titel dieses Werkes. Es geht dabei darum, Interaktionsprozesse als solche zu modellieren, die ebenso normative, wie auch „konditionale Elemente" aufweisen (Parsons 1937: 82): Handlungen sind ebenso voluntaristisch, also vom Ziel und ‚Wille' her bestimmt (ein Begriff, den Parsons von Tönnies übernimmt), wie auch stets gesellschaftlich eingebettet, sie folgen einem Willen, sich anzupassen. Handeln ist normativ strukturiert, es gibt „Muster" oder gesellschaftlich geformte Ziele (Parsons 1964: 52 f.), denen das Handeln folgt. Es ist nie allein individuell motiviert, sondern folgt immer auch einem „effort to conform" (Parsons 1937: 76). Diese Handlungstheorie ist bereits eine Systemtheorie, da sie an den „*Mustern*" interessiert ist, die Handlungen ergeben, und an den „Mechanismen", die diese Muster oder diese „*Strukturbildungen*" steuern (Parsons 1972: 9, Hervorh. HD). Zudem zieht Parsons „Akteur", „Ziel" und „Situation" zusammen, diese als „Bedingung" oder „Referenzrahmen" des Handelns verstehend (Parsons 1937: 43 f.). Nach diesem ersten Werk, das also beansprucht, die bisherige soziologische Theorie zusammenzuführen – eine Einheitstheorie zu erstellen anstelle der Spaltung in gegensätzliche Ansätze –, kommt es in den 1950ern zur ausdrücklichen Entfaltung einer „Systemtheorie", einer „Theory of Social Systems". Hier wird jetzt das sogenannte AGIL-Schema entfaltet, also die Modellierung sozialer Systeme entlang von vier Funktionen *(Adaptation, Goal Attainment, Integration, Latent Pattern Maintenance – Anpassung, Zielerreichung, Integration, latente Strukturerhaltung).* Sie entsprechen den Funktionen, die Organismen aufrechterhalten müssen, um zu leben: Ein soziales System ist so gesehen wie ein Organismus ein Zusammenhang von Elementen (Organen), eine ‚Struktur', deren Aufgabe es ist, sich ebenso von der Umwelt abzugrenzen, wie im Austausch mit ihr zu bleiben. In der Übertragung dieses Modells auf das Soziale – auf alle möglichen sozialen Tatsachen wie Freundschaften, Institutionen, Unternehmen und nationale Gesellschaften – lassen sich dann je die Elemente bestimmen, die diese Funktionen erfüllen. Im Fall einer nationalen Gesellschaft – des ‚Gesellschaftssystems' – dient die Wirtschaft der *Anpassung* an die Umwelt des Systems (A), das politische System der *Zieldefinition* und -erreichung (G), das soziale System oder die ‚gesellschaftliche Gemeinschaft' dem *Zusammenhalt* (I), und ‚Kultur'

2.6 Systemtheorien: Parsons und Luhmann

und Religion der *Erhaltung der Normen* via Wertbindung und Erziehung (L). Es gehen kontinuierlich weitere biologische Begriffe in diese Theorie ein, deren letzte Frage oder deren Bezugsproblem ist, wie eine Gesellschaft es schafft, zu ‚überleben', sich zu erhalten (wie ist soziale Ordnung eigentlich möglich?): Sie ‚überlebt' – so Parsons –, indem sie ihre „kulturelle Orientierung" bewahrt, mithilfe des kulturellen Systems sowie des sozialen Systems. Jenes definiert die Werte, dieses erzeugt die Motivation, der Gesellschaftsordnung zu folgen. Auch ist das politische System elementar, da es die „territoriale Unverletzlichkeit der normativen Ordnung" sichert; und schließlich braucht es das Wirtschaftssystem zum gesellschaftlichen ‚Leben'. – Was den (so oft als essentialistisch, harmonistisch und nationalistisch kritisierten) Begriff der ‚Gesellschaft' bei Parsons angeht, so wird die Gesellschaft hier ausdrücklich kontraintuitiv, nämlich als etwas beschrieben, das *nicht* aus ‚Menschen' besteht. Sie gehören als Körper (organische Systeme) ihrerseits vielmehr zur „Umwelt" sozialer Systeme, so schreibt bereits Parsons (1972: 124, 126, wie auch später Luhmann). Gesellschaft wird beschreibbar als bestehend aus den – füreinander funktionalen – Operationen der Teilsysteme. Zugleich wird angenommen, dass deren Ordnung und Stabilität gefährdet, *unwahrscheinlich* ist, u. a. wegen der individuellen, egoistischen Motive und Interessen der Einzelnen. Gleichwohl besteht sie, und die Frage ist, wie das funktioniert. ‚Gesellschaft' wird aus diesem Blick als ein System bestimmt, das sich *hinter* dem Rücken der Akteure etabliert und erhält – durch deren Handlungen oder Kommunikationen hindurch. Es gibt mit anderen Worten Mechanismen sozialer Koordination, die den Individuen nicht notwendig bewusst sind – diese will die Systemtheorie beschreiben. Von dieser Fassung des Gesellschaftsbegriffes – als System von Funktionen – aus geht es dann darum, konkrete Gesellschaften im Blick auf deren *Stabilität* zu analysieren. Oder, es geht der Gesellschaftsanalyse, die diesem Gesellschaftsbegriff folgt, um „solche wichtigen Fragen" wie die, wie „ein bestimmtes Maß an Ordnung" gesichert wird (ebd.: 73). Von hier aus wird dann eine evolutionäre Theorie von Gesellschaften entfaltet, die deren Modernität an fünf „*pattern variables*" (Parsons und Shils 1951: 76–89) misst. Es gibt je „Dilemmata" (ebd.: 76) oder Alternativen der Handlungsorientierung, die Parsons der Unterscheidung von Ferdinand Tönnies zwischen *Gemeinschaft und Gesellschaft* entnimmt: Eine Handlung kann eher kollektiv- oder selbst-orientiert ausgerichtet sein; partikularistisch oder universalistisch; funktional diffus oder spezifisch; affektiv oder affektiv neutral; zugeschrieben oder erworben. Es entsteht so eine Matrix, die 32 Kombinationen kennt – ein Instrument, mit dem die ‚Modernität' von konkreten Gesellschaften (z. B. China oder Japan, weltweit vergleichend also) gemessen werden soll.

Die Differenz zwischen Parsons und Luhmann nun – die zugleich auch die Differenz zwischen Durkheim und Luhmann ist – liegt zum einen in der Annahme der normativen Integration der Gesamtgesellschaft. Für Luhmann gibt es eine solche gesamtgesellschaftliche normative Integration nicht. Und im Unterschied zu Parsons geht er zum anderen auch nicht mehr von vier bereits definierten Funktionen und Systemen aus – die Funktionen bilden sich evolutionär, und sie werden vom jeweiligen (Kommunikations-)System definiert. Auch die Vorstellung eines Modernitäts-Messinstrumentes findet sich so bei Luhmann nicht mehr. Gleichwohl steht er tief in der Linie, die Durkheim und Parsons verbindet, nämlich im Interesse für die Mechanismen, mit denen ‚soziale Ordnung' erreicht wird. Ebenso sind andere Theoriekonzepte zu erwähnen, die Luhmann integriert: die Frage des Sinns (Weber und Edmund Husserl), oder die Modellierung sozialer Systeme mithilfe kybernetischer und evolutionsbiologischer Theorien, usw. Zugleich schreibt Luhmann permanent *gegen* bestimmte Theorien: Der Gegner ist namentlich jede marxistische oder allgemeiner, jede ökonomistische Theorie von Gesellschaft, der zufolge die Ökonomie Zentrum und Basis der modernen Gesellschaft ist. Von Beginn an geht es Luhmann (1984: 13) darum, die bereits „erloschenen Vulkane des Marxismus" in der soziologischen Theorie endgültig zu verabschieden. Die Beschreibung der modernen als funktional differenzierter Gesellschaft löst die Vorstellung einer kapitalistischen Gesellschaft ebenso ab, wie die Klassenbegrifflichkeit: Eine solche Beschreibung der modernen Gesellschaft (als kapitalistische und als Klassengesellschaft) sei veraltet. Sie entspreche einer primär stratifikatorischen Gesellschaft, wie sie bereits seit dem 18. Jh. in Europa nicht mehr bestanden habe. Zudem hält Luhmann eine *per definitionem* kritische Gesellschaftstheorie für unwissenschaftlich und auch für gefährlich. Sie ist eben ein politisches Projekt, und mehr noch:

> „Eine kritische Gesellschaftstheorie verbessert nicht die Gesellschaft selbst. Solche Selbstüberschätzung lebt von einer ‚Überidentifikation' der Gesellschaft und endet sehr rasch in Resignation oder gewaltsamem Aktivismus". (Luhmann 2017: 956)

2.6.2 Drei Gesellschaftsbegriffe: System, Weltgesellschaft, Selbstbeschreibung

Die soziologische Theorie Luhmanns beansprucht nicht, eine adäquate – allein ‚wahre' – Darstellung der sozialen Realität zu leisten. Was sie gleichwohl beansprucht, ist eine umfassende soziologische Theorie: Es geht um

2.6 Systemtheorien: Parsons und Luhmann

„Universalität der Gegenstandserfassung in dem Sinne, dass sie als soziologische Theorie alles Soziale behandelt und nicht nur Ausschnitte (wie zum Beispiel Schichtung und Mobilität, Besonderheit der modernen Gesellschaft, Interaktionsmuster etc.)" (Luhmann 1984: 8 f., Hervorh. i. O.).

Die Kernfrage oder das Bezugsproblem lässt sich ähnlich wie bei Parsons formulieren: Wie ist soziale Ordnung (Luhmann 1981), oder Gesellschaft, und basaler: wie ist Kommunikation eigentlich möglich – welche Mechanismen haben sich dafür etabliert und welche weisen insbesondere moderne Gesellschaften auf? In der Antwort darauf verbindet Luhmann drei analytisch trennbare, inhaltlich aber eng verknüpfte Theoriekonzepte, die seinen Gesellschaftsbegriff bestimmen: 1) die *System-Umwelt-Theorie,* die soziale Systeme als solche nachbuchstabiert, die sich in Differenz zur ihrer Umwelt ausbilden und erhalten (Differenztheorie); 2) die Theorie spezifisch sozialer Systeme als Sinn-kommunizierender Systeme – die *Kommunikationsmedientheorie* mit ihrem Akzent auf der Entfaltung „symbolisch generalisierter" Kommunikationsmedien und damit sozialer Teilsysteme; und 3) die *Evolutionstheorie,* die These einer historischen, evolutionären Umstellung der primären Form der gesellschaftlichen Differenzierung. Die drei Theoriebestandteile – „Gesellschaftstheorie, Evolutionstheorie und Theorie der Kommunikationsmedien" – sind eng verbunden, und zwar durch (so Luhmann 1983: 10) die Annahme, die moderne Gesellschaft kennzeichne sich durch die „Steigerung der Wahrscheinlichkeit des Unwahrscheinlichen", von sozialer ‚Ordnung'. Wie ist erwartbare und weitere Systembildung *trotzdem* – nämlich trotz der Kontingenz, der Undurchsichtigkeit von Motiven und der Vielfalt der möglichen Antworten – möglich, so formuliert Luhmann seine Ausgangsfrage. Oder: Auf welche Weise werden so viele andere ebenso mögliche Handlungen *aussortiert,* warum kommen „fast alle möglichen Handlungen und Interaktionen *nicht* zustande" (1997: 39, Hervorh. i. O.)?

Systemtheorie, System-Umwelt-Theorie oder Differenztheorie 1): Die Frage der soziologischen Theorie sozialer Systeme ist nicht, was z. B. das ‚Wesen' von Politik oder auch von Gesellschaft ist. Die Frage ist operativ formuliert. D. h., sie zielt auf Aktivitäten und nicht auf ‚Sein' ab, z. B. so: „Wie unterscheidet das politische (religiöse, wirtschaftliche usw.) System *sich selbst* von seiner Umwelt?", und genauer, „wie produzieren Kommunikationen *sich*" zum Beispiel als politische, oder religiöse, oder wissenschaftliche? (Luhmann 2000: 81, Hervorh. HD) Damit sind bereits wesentliche Grundannahmen präsent: Soziale Systeme erzeugen sich durch Grenzziehung oder Differenzierung von der Umwelt, genauso, wie Organismen sich durch die Aufrechterhaltung ihrer Körpergrenzen von der Umwelt differenzieren und nur so leben. Die Umwelten sind zudem stets komplexer: Systeme wie Organismen müssen diese äußere Komplexität für sich reduzieren. Kommunikationssysteme entfalten dazu ‚symbolisch generalisierte' Kommunikationsmedien, wie z. B. das Geld: Das System der Wirtschaft reduziert damit die Komplexität der Umwelt, reduziert diese zu *seiner* Umwelt, in dem etwa nicht moralische Appelle, sondern allein ökonomische Anreize im System wahrgenommen oder verarbeitet werden, an sie angeschlossen wird (so, wie Organismen die Umwelt auf das reduzieren, was ihre Sinnesorgane fähig sind wahrzunehmen – ‚ihre' Umwelt haben, wie v. a. der Biologe Jakob von Uexküll gezeigt hat). Das gesellschaftliche System wird durch innere Differenzierung seinerseits komplexer, da es durch Differenzierung in Teilsysteme und deren jeweilige Kommunikation auf ein Umwelt-Problem differenziert reagieren kann (z. B. auf das ökologische Problem): Es kann nun mehr Inhalte gleichzeitig thematisieren und ist damit anpassungsfähiger, evolutionär erfolgreicher.

Mit der System-Umwelt-Theorie oder der Theorie der Differenzierung sozialer Systeme von ihrer Umwelt verbunden ist damit bereits 2) die *Kommunikationsmedientheorie:* Die „Operation, durch die soziale Systeme und mithin Gesellschaft sich konstituieren, ist Kommunikation", schreibt Luhmann (z. B. 2000: 15). Kommunikation – nicht Handlung – ist so gesehen der Grundbegriff dieser soziologischen Theorie: „Gesellschaft ist nicht ohne Kommunikation zu denken, aber auch Kommunikation nicht ohne Gesellschaft" (Luhmann 1997: 13, vgl. ders. 1984: 232 ff.). Es geht Luhmann wie Parsons hier darum, die Bildung und Aufrechterhaltung sozialer Systeme (einschließlich nationaler Gesellschaften oder gar der Weltgesellschaft) gerade *nicht* auf Individuen zurückzuführen. Zwar setzen soziale Systeme diese, nämlich die „Bewußtseinssysteme" voraus, die zu Kommunikation allein fähig sind. Aber die zwischen den Bewusstseinen entstehende Einheit lasse sich nicht auf Individuen reduzieren. Sie spielt sich zwischen ihnen ab und kann daher „keinem Einzelbewußtsein zugerechnet werden" (Luhmann 1997: 81). Soziale Systembildung – einschließlich der Bildung des Gesellschaftssystems – muss daher als emergentes Geschehen verstanden werden, das relational ist, und wie erwähnt operativ oder nur in actu besteht: Gesellschaft ist nichts Gegebenes. Mit der Kommunikationstheorie verbunden ist eine Prozessbeschreibung – Kommunikationen und Anschlusskommunikationen sind das, was sich gesellschaftlich ereignet. Letztere werden als unwahrscheinlich vorausgesetzt – weil Bewusstseine füreinander undurchsichtig sind, doppelte Kontingenz in der basalen (modellierten) Interaktion zwischen *ego* und *alter* herrscht. Und gerade, weil also „*beide* Partner *doppelte* Kontingenz erfahren" (Luhmann 1984: 154, Hervorh. i. O.), und dadurch die Situation unbestimmt ist (unklar ist, ob und wie angeschlossen wird) – *gerade deshalb bilden sich Systeme.* Kommunikation hat *gerade* in ihrer Unbestimmtheit eine „strukturbildende Bedeutung" (ebd.). Beide Bewusstseine „konzentrieren sich" in dieser Situation nämlich „auf das, was sie am anderen […] beobachten"; und wenn sie ihre Kommunikation an dieser Beobachtung orientieren, dann *„kann eine emergente Ordnung zustandekommen"* (ebd.: 156, Hervorh. HD). Solange kommuniziert wird, gibt es soziale Systeme (Interaktionen, Organisationen, das Gesellschaftssytem). – *Funktional* differenzierte Systeme sind dann jene Systeme sozialer Interaktionen (Kommunikationen), in denen sich „symbolisch generalisierte Kommunikationsmedien" etabliert haben: Durch sie wird Kommunikation und Anschlusskommunikation spezifiziert im Blick auf eine Funktion – und so wahrscheinlicher: das Geld erhöht wie erwähnt die Annahmewahrscheinlichkeit ökonomischer Operationen, da Kommunikationen nun allein auf die Alternative Zahlen/Nichtzahlen hinauslaufen; die Macht erhöht die Annahmewahrscheinlichkeit politischer Kommunikation, in der Alternative zwischen Macht haben/nicht haben. Dasselbe gilt für die ‚Medien' Wahrheit (Wissenschaft); oder ‚Liebe' (Beziehungssystem). Jedes System hat derart eine Funktionserfüllung „monopolisiert" – nämlich die, die Grundlage der eigenen Subsystembildung ist (Luhmann 1997: 746 f.). Was z. B. „als Recht" einmal „festgestellt ist, kann in der weiteren Kommunikation dazu dienen, die Frage Recht oder Unrecht erneut aufzuwerfen" – während dagegen moralische, ökonomische, politische Argumente unerheblich sind (ebd. 749). Wissenschaft geht es nicht um Moral, auch Politik nicht. Deren Funktion ist es, kollektiv bindende (nicht: normativ richtige) Entscheidungen herbeizuführen. Und wie bereits Parsons, so beschreibt also auch Luhmann die Handlungen, Motive, Meinungen der Menschen als zur „Umwelt" der sozialen Systeme gehörig (Luhmann 1984: 234, 288 f., vgl. ders. 2017: 746 ff.): In der wissenschaftlichen, politischen Kommunikation, in Zahlungsakten, Klagen usw. gehen stets nur Kommunikationen, und nie der ‚ganze Mensch' (mit seinem Organismus, seiner Psyche) ein – obwohl diese vorausgesetzt bleiben. Dem wird Luhmann im Übrigen (in *Liebe als Passion,* Luhmann 1983) hinzufügen: Die Vorstellung der personalen Identität, der Person ist eine historisch entstandene Semantik.

Mit der Kommunikationsmedientheorie ist also eine Annahme einer Entwicklung, einer Ausfaltung (in Richtung Differenzierung) bereits verbunden – sie ist formuliert als *Evolutionstheorie* 3): Die symbolisch generalisierten Kommunikationsmedien und damit die Teilsysteme sowie eine funktional differenzierte Gesellschaft sind historisch entstanden und sie haben sich etabliert, weil die funktionale Differenzierung evolutionäre Vorteile bietet. Die Umstellung des Differenzierungsprinzips von Gesellschaft wird beibehalten und ausgebaut, weil sie erfolgreich ist. Luhmann unterscheidet dabei evolutionäre Stufen:

Zunächst entfaltet sich das Gesellschaftssystem als ein *segmentär differenziertes* – soziale Systeme von Kommunikationen, Gesellschaften oder Kollektive sind voneinander territorial unterschieden. Innerhalb dieser Systeme hat dann eine *stratifikatorische Differenzierung* eingesetzt – die Differenzierung sozialer Systeme hat sich – evolutionär – umgestellt auf eine Kommunikationen entlang von Schichtgrenzen. Schließlich erfolgte (im 18. Jh.) die Umstellung der europäischen Gesellschaften oder Kommunikationssysteme auf vorwiegend *funktionale Differenzierung*. Dabei ist vorausgesetzt, dass alle Differenzierungsformen weiterhin Bestand haben (es gibt weiter Nationen und ebenso Ungleichheiten). Ebenso ist vorausgesetzt, dass diese Umstellungen der gesellschaftlichen Differenzierungsform nur kommunikativ erfasst werden können: Sichtbar werden sie in Veränderungen der Semantiken. Vorausgesetzt ist schließlich, dass die Strukturform sich dabei zuerst ändert: Erst „nachdem" der Strukturwandel der Differenzierungsform „irreversibel geworden ist, übernimmt die Semantik die Aufgabe, das zu beschreiben" (Luhmann 1997: 883). Es ist dies – die ‚historische Semantik' – Luhmanns empirische Forschung, die sich vor allem in den Aufsätzen von *Gesellschaftsstruktur und Semantik* (4 Bände, Band 1 Luhmann 1980) sowie in Liebe als Passion (Luhmann 1983) findet, ebenso aber auch in den einzelnen Monografien zu den Teilsystemen.

2.6.3 Der Gesellschaftsbegriff: Radikal nicht-territorial, nicht-anthropozentrisch, nicht-essentialistisch

„Mit dem Wort Gesellschaft verbindet sich keine eindeutige Vorstellung. Selbst das, was man üblicherweise als ‚sozial' bezeichnet, hat keine eindeutige Referenz. Noch kann Versuch, die Gesellschaft zu beschreiben, außerhalb stattfinden […]. Die Definition ist schon eine der Operationen des Gegenstandes. Die Beschreibung […] muß ihren Gegenstand als sich beschreibenden erfassen." (Luhmann 1997: 16)

Wie fasst Luhmann mit diesen Theoriekonzepten nun den Begriff der ‚Gesellschaft'? Wie erwähnt, finden sich mindestens drei Bestimmungen: Gesellschaft als *umfassendes soziales* System, das alles Soziale (Kommunizierte) in sich einschließt und daher keine soziale Umwelt besitzt (vgl. Luhmann 1997: 78–91); Gesellschaft als *Selbstbeschreibung*, als Semantik oder Kommunikation (ebd. 866–1150); und Gesellschaft als Gesellschaft in einem Fall, als *Weltgesellschaft*. Zudem werden wie gesehen Gesellschaftsformen differenziert. „Ausgangspunkt" von jedem der drei Gesellschaftsbegriffe ist zunächst, dass man es nicht mit einem Gegenstand zu tun hat und dass Gesellschaft auch nicht in der Soziologie einen äußeren Beobachter haben könnte. „Ausgangspunkt ist, daß keine Gesellschaft sich selbst mit ihren eigenen Operationen erreichen kann" (Luhmann 1997: 866)

2.6 Systemtheorien: Parsons und Luhmann

und dass man es weder mit einem Subjekt, noch einem Objekt zu tun hat (ebd.: 868). Gesellschaft *ist* Kommunikation. Sie ‚gibt' es nur als gesellschaftliche Selbstbeschreibung, als Semantik. Unter ‚Gesellschaft' sind daher „*imaginäre* Konstruktionen der Einheit des Systems" zu sehen – die es ermöglichen, „über die Gesellschaft zu kommunizieren" (ebd.: 866 f., Hervorh. HD). Die soziologische Beschreibung kann deswegen auch keinen externen Standpunkt einnehmen – sie ist selbst eine gesellschaftliche Operation, und gerade dies habe jede bisherige Gesellschaftstheorie und jede Bestimmung des Gesellschaftsbegriffes vernachlässigt. Soziologische Theorien sind ihrerseits Operationen ‚in' der Gesellschaft ‚über' die Gesellschaft – sie sind keine ‚besseren', objektiveren, sondern nur weitere Beobachtungen oder Kommunikationen (vgl. ebd.: 1142). Diese Fassung des Gesellschaftsbegriffes (als Selbstbeschreibung und damit als Kommunikation oder Operation) dient dazu, hartnäckige „Erkenntnisblockaden" oder „Hindernisse" (ebd.: 23 f.) beiseitezuräumen: Blockaden, die dadurch entstehen, dass Gesellschaft als Einheit, Subjekt, Objekt verstanden wird; Blockaden, die dazu führen, jedem Gesellschaftsbegriff einen Essentialismus sowie einen Nationalismus zu unterstellen. Die Unterstellung ist – und das wird dann kritisiert –, Gesellschaft bestehe aus Menschen oder werde von Individuen getragen; sei an ein Territorium gebunden; und könne von außen beobachtet, analysiert, kritisiert werden. So opfert die Handlungstheorie oder auch Simmel „lieber den Gesellschaftsbegriff als das soziologische Interesse an Individuen", weil Aggregatbegriffe „überhaupt fragwürdig und durch relationale Theorien abzulösen" seien (Luhmann 1997: 26). Kurz, der Gesellschaftsbegriff wird mit bestimmten Annahmen beschwert, die gerade nicht die der Systemtheorie sind, und die zu ‚Soziologien ohne Gesellschaft' führen – dazu, jeden Gesellschaftsbegriff und die damit verbundenen Forschungen zu verabschieden. Folgende Annahmen sind gerade nicht die der Systemtheorie und müssen verabschiedet werden:

> „(1),daß eine Gesellschaft aus konkreten Menschen und aus Beziehungen zwischen Menschen bestehe, (2) daß Gesellschaft folglich durch Konsens der Menschen, durch Übereinstimmung Ihrer Meinungen und Komplementarität ihrer Zwecksetzungen konstituiert oder doch integriert werde; (3) daß Gesellschaften regionale, territorial begrenzte Einheiten seien. [...]; (4) und daß deshalb Gesellschaften wie Gruppen von Menschen oder wie Territorien von außen beobachtet werden können" (Luhmann 1997: 24 f.).

Dagegen entfaltet die Systemtheorie einen nicht-essentialistischen, nicht-anthropozentrischen, nicht-regionalistischen Gesellschaftsbegriff. Neben dem Konzept der ‚Selbstbeschreibung' taucht ‚Gesellschaft' schließlich (im Blick auf funktionale Differenzierung) als *Weltgesellschaft* auf: Muss das Gesellschaftssystem als

„System mit der Fähigkeit zur Selbstreflexion" (Luhmann 1997: 873) beschrieben werden, so handelt es sich heute um *ein* System im Singular, um Gesellschaft ohne andere (unerreichbare) Gesellschaften.

> „Geht man aus von einem Begriff der Gesellschaft als eines sozialen Systems, das alles kommunikativ erreichbare Handeln einschließt, dann ist kein Zweifel daran möglich, daß die soziokulturelle Evolution heute die Weltgesellschaft realisiert hat. Es gibt nach diesem Begriff nur noch ein einziges, den Erdball umspannendes Gesellschaftssystem. Wer dieses Faktum bestreitet, verwendet […] einen anderen Gesellschaftsbegriff, bindet zum Beispiel den Begriff der Gesellschaft nach wie vor an […] den Gedanken des Nationalstaats und muß für das umfassende System einen anderen Begriff zur Verfügung stellen – etwa den des ‚internationalen Systems'" (Luhmann 2017: 441).

2.6.4 Gesellschaftsanalyse: Funktional differenzierte Gesellschaft (Gesellschaft ohne Zentrum)

Mit all dem ist die Gesellschaftsanalyse bereits eng verknüpft – die moderne Gesellschaft ist in diesem komplexen Theorie und Begriffsnetz immer schon vorausgesetzt und mitbeschrieben. Die Besonderheit *moderner* (westlicher) Gesellschaft liegt darin, dass diese Gesellschaft sich durch vorwiegend funktionale Differenzierung auszeichnet. Sie ist deswegen radikal dezentral vorzustellen: als *Gesellschaft ohne Zentrum*. Weder Religion, noch Politik oder Wirtschaft bestimmen, determinieren die Gesamtgesellschaft. „Das Gesamtsystem verzichtet auf jede Vorgabe einer Ordnung" und damit auf „Redundanz". Das ist evolutionär erfolgreich, weil sich die Komplexität interner Kommunikationen steigert. Hat sich die Gesellschaft vorwiegend funktional differenziert, kann kein System die Funktion eines anderen übernehmen (Luhmann 1997: 753): „Die Wissenschaft kann bei einer Regierungskrise nicht aushelfen; die Politik" kann nicht ökonomischen Erfolg garantieren, Wirtschaft keine Wahrheit erzeugen (ebd.: 762 f.) – oder wenn, dann handelt es sich um Korruption, Vetternwirtschaft, um Entdifferenzierung, die mit einer Leistungsminderung der Systeme einhergeht. Dennoch sind die Systeme aufeinander angewiesen: Das Erziehungssystem bildet Menschen aus, die als Arbeitskräfte in der Wirtschaft nachgefragt werden; das Wissenschaftssystem sorgt für Erkenntnis, von der die Politik zu profitieren hofft. Die Systeme sind strukturell gekoppelt, etwa das Politische an das Recht über die Verfassung. Ist Gesellschaft radikal dezentral, gibt es auch keine Einheit, keine Integration in ein Ganzes.

2.6 Systemtheorien: Parsons und Luhmann

Diese Gesellschaftsanalyse der Moderne wird wie erwähnt verknüpft mit einer historischen Soziologie, der *historischen Semantikforschung*. Zum einen wird dabei generell in veränderten Semantiken (Begriffen, Konzepten) nach Anzeichen für die Umstellung der Differenzierungsform gesucht – z. B. in der Form, wie über ‚Kultur' oder ‚Natur' oder ‚Liebe' gesprochen wird. Zum anderen interessieren speziell die Veränderungen der Selbstbeschreibungen von ‚Gesellschaft'. Auch diese folgen der Umstellung der Differenzierungsform.

> „In einfachster Form gibt das System sich einen Namen, eine rigide, invariante Bezeichnung [...] Auf solche Eigennamen können sich dann Kontrastierungen stützen, die das eigene System einem anderen entgegensetzen, um es im Kontrast zu identifizieren – so Griechen und Barbaren, Christen und Heiden oder [...] Zivilisierte und Wilde. Das erlaubt [...] eine allmähliche Auffüllung des Kontrastes mit Strukturbeschreibungen, [...] zum Beispiel Arbeitsteilung, und damit eine inhaltliche Anreicherung der [...] Selbstbeschreibungen" (Luhmann 1997: 880).

In der Antike herrscht eine Semantik von Gesellschaft vor, die auf *segmentäre* Differenzierung (territoriale Gliederung) schließen lässt. So beschreiben sich die GriechInnen in Abgrenzung von den ‚Barbaren'. Auch gegenwärtig gibt es diese segmentäre Form der Differenzierung, namentlich im politischen System. Im Mittelalter erfolgt die interne Umstellung auf *stratifikatorische* Differenzierung, indem innergesellschaftliche Komplexität steigt – in einer gesellschaftlichen Selbstbeschreibung, die sich als Stände- und dann als Klassengesellschaft versteht. Im 18. Jh. etabliert sich als primäre Differenzierungsform der Gesellschaft die *funktionale* Differenzierung (in der historisch rekonstruierbaren Entfaltung autonomer Teilsysteme, der Differenz von Kunst, Religion, Politik usw.). Die Semantik verändert sich z. B. in der Herausbildung einer personalen Kommunikation (der romantischen Liebe). Oder es werden Naturkatastrophen anders kommuniziert (statt als Strafe Gottes als ökonomisches Problem). Was die Semantik der gesellschaftlichen Selbstbeschreibung betrifft, so bleibt die ‚alteuropäische' Beschreibung von Gesellschaft als Klassengesellschaft weiter bestehen – und gerade dagegen lässt sich die Systemtheorie als eine ‚spätere', der funktionalen Differenzierung angemessene Semantik verstehen, die sich selbst in die Beschreibung einschließt und daher eine paradoxe Form wählen muss. Die Gesellschaft verzichtet jetzt darauf, „feste Positionen für richtiges Beobachten vorzugeben" (Luhmann 2017: 958). Die Selbstbeschreibung kann daher auch keine „Reflexion der umfassenden Einheit des Gesellschaftssystems" mehr sein (ebd.: 963). Dabei wird eine solche Selbstbeschreibung nicht allein von der Wissenschaft erstellt – vielmehr erfolgt sie in allen Teilsystemen. Im politischen System etwa „beginnt die moderne Reflexion mit dem Übergang [...] zum modernen Souveränitätsbegriff, der nicht mehr nur die Unabhängigkeit im Verhältnis zu Reich und Kirche, sondern die Einheit der Staatsgewalt in einem Territorium zu erfassen sucht" (ebd.: 965) und Gesellschaft als *nationale* Gesellschaft bestimmt. Im Unterschied dazu ist die Spezifik der soziologischen Selbstbeschreibung, bei der „Identitätsvorstellung für das Gesellschaftssystem" mitzudenken, dass die Soziologie „selbst dies nur als Teilsystem der Gesellschaft [...] tut" (ebd.: 953 f.). Die ‚Gesellschaft' – und nicht der ‚Mensch' wie bei Foucault (s. o.) – ist so gesehen die „empirisch-transzendentale Dublette" (ebd.: 948). Sie selbst realisiert „ihre eigene Reflexion" und muss daher „mit selbstreferentiellen Begriffen" arbeiten (ebd.: 949).

In diesen verschiedenen Analysen der modernen Gesellschaft (als primär funktional differenzierter Gesellschaft, in ihren Selbstbeschreibungen) geht Luhmann von einer singulären und kontingenten Entwicklung aus: Diese Gesellschaftsform ist einerseits „nur ein einziges Mal realisiert worden", nämlich nur in der „von Europa ausgehenden modernen Gesellschaft" (Luhmann 1980: 27); und andererseits erzeugt sie ein *einziges* „Welt konstituierendes Gesellschaftssystem" (ebd.: 948) – die erwähnte Weltgesellschaft. Zwar ist etwa das politische System weiter intern differenziert (segmentär, nationalstaatlich). Dennoch *gibt* es Kommunikation zwischen Nationalstaaten – es gibt ein ‚weltpolitisches' System. Und insgesamt gilt: *„Es gibt faktisch nur noch diese eine Gesellschaft, die alle soziale Kommunikation einbezieht"* (ebd., Hervorh. HD). Auch hier gibt es Selbstbeschreibungen: „Die Weltgesellschaft identifiziert sich selbst als dasjenige Sozialsystem, das kein anderes Sozialsystem [...] um sich hat" (ebd.: 961).

2.7 Anschlüsse an Luhmanns Bestimmung von ‚Gesellschaft'

Vielfältige systemtheoretische Autoren und Autorinnen führen – insbesondere, aber nicht nur hierzulande – diese Gesellschaftstheorie fort. So beschreibt Armin Nassehi (2011) Gesellschaft als Gesellschaft der *Gegenwarten:* Gesellschaft ist kein Allgemeines oder Ganzes, und auch nicht vorhanden. Sie ist ein „Kontext, der Optionen, Potentialitäten, bestimmte Formen von Unbestimmtheiten anbietet" (Nassehi, zitiert in Müller 2015: 218). Ähnlich hatte bereits Luhmann (1984: 399) geschrieben, dass es Systeme oder „Strukturen" und Gesellschaften „nur als jeweils gegenwärtige" gibt. In dieser Vorstellung, der zufolge Gesellschaft permanent erzeugt wird, nur in der je aktuellen Kommunikation besteht, spricht auch Dirk Baecker nach der modernen von der aktuellen als der „nächsten" Gesellschaft (2007), in der die jeweiligen Gegenwarten durch die digitalen Medientechnologien

2.7 Anschlüsse an Luhmanns Bestimmung von ‚Gesellschaft'

auf neue Weise erzeugt werden (so dass z. B. die Vergangenheit anwesend bleibt und Vergessen ein Problem wird). Auch Nassehi hat eine Theorie der digitalen Gesellschaft verfasst: die Probleme der Zählung, Kategorisierung, Prognose der Bevölkerung sind dieser These zufolge bereits im 19. Jh. bestanden; die Digitaltechnik ist die Lösung eines Problems, das bereits vorher bestanden hat, so „dass die gesellschaftliche Moderne immer schon digital war, dass die Digitaltechnik also letztlich nur die logische Konsequenz einer in ihrer Grundstruktur *digital* gebauten Gesellschaft" sei (Nassehi 2019: 11, Hervorh. i. O.). Zu nennen wären ebenso die Erforschungen der ‚Weltgesellschaft' bei Rudolf Stichweh, Erforschungen der einzelnen Teilsysteme aus systemtheoretischer Perspektive (Rechts- Religions- und Politische Soziologie), Arbeiten zum juridischen Regime der Menschenrechte, zur Erziehung oder auch zu Architektur als Kommunikationsmedium oder aber als System – und nicht zuletzt Weiterführungen der Analyse der modernen Gesellschaft als einer funktional differenzierten Gesellschaft. Ebenso gibt es, sichtbar unter anderem in der eingangs erwähnten Debatte um den Gesellschaftsbegriff, aber auch in Kontroversen um eine ‚kritische' Theorie der Gesellschaft, eine ständige Auseinandersetzung mit dieser soziologischen Theorie – diesem singulären Theorieereignis innerhalb der deutschsprachigen Soziologie (singulär etwa im Blick auf den Umfang und die interdisziplinäre Semantik der Theorie).

Literaturempfehlungen

- SALOMON, René und Andreas GÖBEL. *Luhmann. Klassiker der Wissenssoziologie 19*, Konstanz 2020.
- Jahraus, Oliver et al., hrsg. 2012. *Luhmann-Handbuch. Leben – Werk – Wirkung*. Stuttgart: J. B. Metzler.
- KNEER, Georg und Armin NASSEHI 2009. *Niklas Luhmanns Theorie sozialer Systeme: Eine Einführung*. München: W. Fink.
- NASSEHI, Armin und Gerd NOLLMANN, hrsg. 2004. *Bourdieu und Luhmann – Ein Theorienvergleich*. Frankfurt/M.: Suhrkamp.

▶ Wie wird ‚Gesellschaft' bei Niklas Luhmann bestimmt? Wie verbinden sich die Bestandteile dieser Gesellschaftstheorie, nämlich System-, Kommunikationsmedien- und Evolutionstheorie? Welche analytische Aussage über die Besonderheit der modernen Gesellschaft trifft die Systemtheorie, und wie geht Luhmann dabei vor? An welche Position schließt diese soziologische Theorie an, und welche wehrt sie mit welchen Argumenten ab?

2.8 Feminismus und Postkolonialismus als Gesellschaftstheorien

Den verschiedenen, gleichermaßen kritischen *studies* – den *gender, subaltern,* und *postcolonial studies* – gemeinsam ist eine poststrukturalistische Theoriegrundlage. Zwei der wesentlichen Theoriegrundlagen sind, einerseits, das Werk von Jacques Derrida: Mit ihm wird das dekonstruiert, was bislang, nicht zuletzt aufgrund der Macht der Sprache, als evident und wahr gehalten wurde und damit tiefgreifende Herrschaftseffekte ausübte – die Natürlichkeit der beiden Geschlechter und deren Asymmetrie etwa (in der feministischen Theorie respektive den *gender studies*). Zum anderen ist es das Werk von Michel Foucault, das den *studies* als Denk- und Begriffsbasis dien – die kritische Analyse der Formierung und Normalisierung von Subjekten in Diskursen und Dispositiven; und generell die These von der Untrennbarkeit von Wissen und Macht, Begehren und Unterwerfung (vgl. zum Anschluss an beide in der feministischen Theorie v. a. Butler 1991). So lässt sich mit Foucault zeigen, wie in kontingenten historischen Prozessen bestimmte „Standpunkte die Relevanz des Allgemeingültigen erworben" haben (Reuter und Villa 2010: 24), während andere partikular bleiben – die der Frauen, Homosexuellen, Angehörigen anderer Sprachen und Religionen usw. Und ebenso lässt sich mit Foucault zeigen und denken, dass die „europäische Kultur" in besonderem Maße „erstarkte und zu sich fand, indem sie sich vom Orient als einer Art Behelfs- und sogar Schattenidentität abgrenzte" (Said 2010: 12): Mit Foucault muss man den ‚Orientalismus' als Diskurs analysieren, mit dem es der „europäischen Kultur [...] gelang, den Orient gesellschaftlich, politisch, militärisch, ideologisch, wissenschaftlich und künstlerisch zu vereinnahmen – ja, sogar erst zu schaffen" (ebd.: 11 f.). Für die feministische Theorie wie für die *subaltern* und *postcolonial studies* gilt also gleichermaßen, dass sie diese beiden Theorieunternehmen voraussetzen:

> „Zum einen die Machtanalytik Michel Foucaults, die einen Zusammenhang zwischen Macht und Wissen unterstellt [...] und damit vielfältige Projekte im Bereich postkolonialer Diskursanalysen angeregt hat. Zum anderen die Methode der Dekonstruktion von Jacques Derrida, die Arbeiten inspiriert hat, welche [...] Texte auf Momente epistemischer Gewalt und auf implizite Hierarchisierungen überprüfen" (Kerner 2012: 34).

Hinzuzufügen wäre noch die Kategorie des Werdens von Gilles Deleuze (s. u.) – wenn die feministische Theorie beispielsweise von der Möglichkeit eines Anders-Werdens ausgeht, von einer Vielfalt von möglichen Identitäten statt der Identität, ‚Frau' zu sein. Es geht in den *gender studies,* in den *postcolonial studies* und *sub-*

altern studies mit diesen Theoriegrundlagen um mehrere Dezentrierungen des eurozentrischen und ebenso des männlich dominierten Weltbildes – um die Kritik von Herrschaft gerade dort, wo sie unerkannt bleibt: in den Semantiken und den Strukturen der Sprache. Dabei gibt es zahlreiche Konvergenzen. Zwar haben sich die feministische Theorie und die *gender studies* zunächst auf die Frage der Geschlechter konzentriert. Seit den 1980ern bemüht sich die feministische Theorie aber um eine zunehmend engere „Verbindung mit den Kämpfen gegen die rassistische und kolonialistische Unterdrückung" (Butler 1991: 63; vgl. Villa 2012, 2020). Und ebenso vollziehen die *postcolonial studies* einschließlich der *subaltern studies* ihrerseits die „Dezentrierung der Kategorie Geschlecht", indem sie aufzeigen, wie verstrickt diese mit weiteren Verungleichungen der Individuen ist (Reuter und Villa 2010: 38). In dieser Konvergenzbewegung gibt es verschiedene Herkünfte und Kontexte: Die *gender studies* sind eine zentral in Europa (Frankreich, Großbritannien) entfaltete Perspektive der 1980er und 1990er; die *postcolonial* einschließlich der *subaltern studies* haben ihre Theoriezentren hingegen bereits in den 1970ern, in Indien (Bhaba, Spivak) und Palästina (Said); und beide werden ergänzt durch die kritischen (auch Rassismus-kritischen) *cultural studies,* die im Birmingham der 1980er entstanden sind (um Stuart Hall). Wir konzentrieren uns nun auf die beiden Bewegungen, die sich theoretisch und praktisch, politisch ergänzen: *Gender* und *postcolonial studies* haben dasselbe Ziel und dieselbe Prämisse – die der identifizierenden und unterwerfenden Macht von Sprache und Praktiken, in denen Individuen kategorisiert und diskriminiert, identifiziert und hierarchisiert werden. Dabei konzentrieren sie sich je auf andere Aspekte dieser Unterdrückung: auf die Andere des Mannes; und auf den Anderen des Westens. Der Begriff der ‚Gesellschaft' ist auch hier eher nicht der zentrale Grundbegriff. Es ist aber das Objekt der Analysen, mit der charakteristischen Hinzufügung, dass man es nie mit ‚einer' Gesellschaft zu tun hat, sondern mit komplexen Verschränkungen diverser Praktiken. Diese haben kulturell, regional und historisch verschiedene Herkünfte, weswegen ‚Gesellschaft' erneut als hybrid, heterogen, uneinheitlich und unbegrenzt zu verstehen ist.

2.8.1 Gender studies

„Die Geschlechtszugehörigkeit ist [...] eine Konstruktion, die regelmäßig ihre Genese verschleiert." (Butler 1991: 205)

In *Das Unbehagen der Geschlechter* hat Judith Butler die feministische Theoriebildung (im Blick auf Autorinnen wie Simone de Beauvoir, Luce Irigaray,

Nancy Fraser, Julia Kristeva, Monique Wittig; zu erwähnen wären zudem Donna Haraway und Seyla Benhabib) auf die entscheidende, konstruktivistische Pointe gebracht: Statt wie de Beauvoir – die mit *Das andere Geschlecht* von 1949 gleichwohl eine Vordenkerin der feministischen Bewegung bleibt – zwar die männliche Dominanz zu kritisieren, aber weiter von zwei ‚natürlich' gegeben, biologisch definierten Geschlechtern auszugehen, muss untersucht werden, wie diese *Binarität der Geschlechter* (und ihre Asymmetrie) eigentlich erzeugt wird: Wie werden geschlechtliche Identitäten zugeschrieben, warum sind es genau zwei, und wie kommt die Unterordnung des Weiblichen, Femininen unter das Männliche, Maskuline zustande? Wie kommt es, dass die Trennung in genau zwei – und nicht drei oder mehr – Geschlechter so evident scheint? Wie entstehen immer erneut jene Herrschaftsstrukturen, die sich mit der Geschlechtsidentität verbinden, und die in die Körper tief einwandern? *Doing Gender,* die permanente Konstruktion von Geschlechteridentitäten ist also das Untersuchungsthema der *gender studies*. Und Gesellschaftskritik, Herrschaftskritik – Kritik namentlich der ‚Zwangs-Heterosexualität' und der Zuweisung von geschlechtlichen Identitäten – ist das Ziel. Die Norm der Heterosexualität, die die beiden getrennten Geschlechter von Mann und Frau (und keine anderen) voraussetzt, wird hier sichtbar als erfolgreicher, äußerst effektiver, naturalisierender oder ontologisierender Diskurs. In sprachlichen wie institutionellen Praktiken (z. B. von Verwaltung, Schule, Medizin) ereignet sich permanent die Zuweisung jedes Individuums zu *einem* der beiden Geschlechter. Die erste These der Geschlechtertheorie ist also bekanntlich (bekanntlich, weil diese Kritik in zahlreiche politische und zivilgesellschaftliche Debatten Eingang gefunden und die Sprache ebenso wie Erziehungspraktiken verändert hat): ‚Frau zu sein' ist keine ‚natürliche', angeborene Identität. Sie ist anerzogen. Sie wird sprachlich und in zahlreichen weiteren (oder allen?) täglichen Praktiken (in Kleidung, Bewegung, Essen usw.) permanent erzeugt. Weiblich-Sein – und Männlich-Sein – ist ein Produkt ‚kultureller Performanz'. Zu erforschen ist, wie (in Aktivitäten und Diskursen) Körper „in den Kategorien des Geschlechts" klassifiziert werden, wie jene Geschlechtsidentität produziert wird, die gerade den massiven Anschein des Natürlichen und Unvermeidlichen besitzt. Dabei ist es – und das ist die zweite These – stets die weibliche Identität, die sekundär, negativ erscheint, da sie als das bestimmt wird, das von der männlichen, universellen Norm abweicht, dessen ‚Anderes' ist. Die „Kategorien des Geschlechts, der Geschlechtsidentität und des Begehrens" sind „als Effekte einer Machtformation zu enthüllen" (Butler 1991: 9), die auf doppelte Weise eine Machtformation ist, weil sie zum einen Geschlechtsidentitäten zuweist, und zum anderen die der Frau unterordnet. Die Vertreterinnen der *gender studies* wollen daher nicht nur die Frau dem Mann gleichstellen. Weit darüber hinaus ist zu vermeiden, überhaupt von einer geschlechtlichen Identität, einem Frau- oder Mann-Sein zu sprechen. Statt „nach den Ursprüngen der Geschlechtsidentität, der Wahrheit des Geschlechts" oder einer „authentischen Sexualität" zu suchen, seien die „politischen Einsätze" zu analysieren, die mit diesen Vorstellungen verbunden sind: Zu untersuchen sind Institutionen, Verfahrensweisen, Diskurse, in denen ein Verhalten als männlich oder weiblich und eine Person als Mann oder Frau klassifiziert wird. Mit anderen Worten (Butlers) gilt es, die Vorstellung eines „Täters hinter der Tat" abzulegen – es gibt nichts, das den „Äußerungen der Geschlechtsidentität" zugrunde liegt (Butler 1991: 49), nicht einmal die körperlichen Geschlechtsmerkmale. Zugleich ist für eine ‚Verwirrung' der Zweigeschlechtlichkeit zu sorgen, für ein Spiel mit den Identitäten, ein Anders-Werden – welches als Potential in den Subjektivierungen selbst enthalten ist: Jede Subjektformierung enthalte auch einen „Überschuss" (Butler 2006: 139), die Möglichkeit der Verschiebung der Norm, ihrer Aufweichung oder Subversion. Auch wenn es unmöglich scheint, sich den Machtwirkungen der (Geschlechter-)Diskurse völlig zu entziehen, so könnten gleichwohl zudem die Grenzziehungen zwischen dem, was als ‚normal' gilt, und dem, was als ‚pervers' oder ‚unnatürlich' gilt, immer erneut thematisiert werden (Butler 2001b). Es wären beides „Störpraktiken" (Butler 1991: 39), die zu einer ‚Geschlechter-Unordnung' beitragen würden. In der feministischen Theorie erscheint ‚Gesellschaft' als Geflecht von Machtdiskursen, von Unterwerfungen, die letztlich auf die Herrschaft eines Geschlechts und die Spaltung der Gesellschaft hinauslaufen.

2.8.2 Postcolonial studies

Dabei darf nun nicht der Eindruck erzeugt werden, es handele sich um eine *universelle* patriarchale Ordnung, ebenso wenig wie ‚die Frau' als homogenes Kollektiv gedacht werden darf. Beides wäre eurozentrisch, und beides wäre erneut „zwanghaft" (Butler 1991: 20). Die Formen des Frau-Werdens unterscheiden sich nach den kulturellen und geschichtlichen Kontexten und überschneiden sich dabei mit weiteren Modi der Klassifikation von Menschen – mit „rassischen, ethnischen, [...] regionalen und klassenspezifischen" Einteilungen (ebd.: 18). Die Kritik der ‚epistemischen Gewalt' des europäischen Diskurses – des universellen Anspruchs der europäischen Begriffe und Konzepte (von Gesellschaft, Macht, Identität) und der Konstruktion des Fremden als Anderem – sind das Thema der *postcolonial studies*. In den *subaltern studies* wird beides verknüpft – geht es ebenso um die Dekonstruktion der kolonialen Diskurse, wie auch um die Kritik der patriarchalischen Herrschaft.

„Dieses Buch hätte ich gerne in der Art eines Stroms mit zahlreichen Zuflüssen geschrieben" – eines Stroms nämlich, in welchem „Europa nicht mehr das Gravitationszentrum der Welt bildet": So beginnt Achille Mbembe die *Kritik der schwarzen Vernunft* (2016: 13). Die These ist: Es ist der (respektive die oder das) ‚Schwarze', das ab dem 18. Jh. das Schrecken erregende, *konstitutive Außen* bildete, von dem her sich nicht weniger als das erhabene europäische Projekt des *Humanismus* gebildet habe. Rassismus und Humanismus bilden gemeinsam den „Kern, von dem aus das moderne Projekt der Erkenntnis" und das des modernen Regierens sich entfaltet hat (ebd.). Und Edward Said schrieb bereits 1978, der Orientalismus – also jene „Denkweise, die sich auf eine ontologische und epistemologische Unterscheidung zwischen ‚dem Orient' und [...] ‚dem Okzident' stützt" – sei nicht nur eine Weise, ‚den' „Orient zu beherrschen, zu gestalten und zu unterdrücken" (2010: 11), sondern zugleich das konstitutive Außen, in dem sich ‚der Westen' oder die westliche Kultur entfaltet hat – in der Differenzierung, und zugleich in der Herabstufung des ‚Ostens' (von Asien) kam und kommt Europa zu ‚sich'.

> „Der Orient grenzt nicht nur an Europa. Er barg auch seine größten, reichsten und ältesten Kolonien, ist die Quelle seiner Zivilisationen und Sprachen, sein kulturelles Gegenüber und eines seiner ausgeprägtesten und meistvariierten Bilder ‚des Anderen'. Überdies hat der Orient dazu beigetragen, Europa (oder den Westen) als sein Gegenbild, seine Gegenidee, Gegenpersönlichkeit und Gegenerfahrung zu definieren." (ebd.; 9 f.)

Said spricht dabei von einer „Strategie" der Überlegenheit und Souveränität, die es „dem Westler erlaubt, in allen möglichen Beziehungen zum Orient stets die Oberhand zu behalten" – in wissenschaftlicher, politischer, religiöser, militärischer und ökonomischer Hinsicht wurde das ‚Europäische' als dem ‚Orientalischen' überlegen verstanden und imaginiert – wobei zugleich die Identität dessen, „wer oder was als orientalisch zu gelten hatte", fixiert wurde (ebd.: 16). Unweigerlich wird man an die berühmte „Vorbemerkung" zur *Protestantischen Ethik* denken, in der Max Weber die Universalität und Überlegenheit der „okzidentalen" Kultur und deren Singularität auf allen Kulturgebieten festlegt (auch wenn er diese subjektiviert oder relativiert):

> „Universalgeschichtliche Probleme wird der Sohn der modernen europäischen Kulturwelt unvermeidlicher und berechtigterweise unter der Fragestellung behandeln: welche Verkettung von Umständen hat dazu geführt, daß gerade auf dem Boden des Okzidents, und nur hier, Kulturerscheinungen auftraten, welche doch – wie wenigstens wir uns gern vorstellen – in einer Entwicklungsrichtung von universeller Bedeutung und Gültigkeit lagen?" (Weber 1991 [1920]: 9)

2.8 Feminismus und Postkolonialismus als Gesellschaftstheorien

In diesem Kontext einer kritischen Historie und einer epistemischen Kritik stellen die *postcolonial studies* Fragen von grundlegender Bedeutung für eine allgemeine Gesellschaftstheorie und die Bestimmung von ‚Gesellschaft' und ‚Kultur', wie z. B.: „Wie *stellt* man andere Kulturen *dar?* Was sind *andere* Kulturen? Ist der Begriff einer einzelnen Kultur (oder Volk, Religion, Zivilisation) überhaupt nützlich, oder nährt er nur Selbstlob (in Bezug auf die eigene) oder Feindseligkeit und Aggression (in Bezug auf die ‚andere' Kultur)?" (Said 2010: 373). Dabei sind die Antworten klar: kulturelle Einheiten und Differenzen sind diskursiv und praktisch erzeugte, und sie dienen den hegemonialen Interessen des Westens. Es waren in der Tat vor allem die postkolonialen Perspektiven, welche die Kritik an den Begriffen der kulturellen Identität, von Gesellschaft und Kultur insbesondere in der Anthropologie motivierten – etwa in der Writing-Culture-Debatte (Clifford und Marcus 1986). Die Behauptung kultureller Differenzen basiere auf ökonomischen und politischen Gründen; so gesehen, sind auch diejenigen Diskurse, die ‚den Orient' erzeugen und zugleich zur Naturalisierung seiner Andersheit, zu dessen ‚*Othering*' führen, „legitimierende" Diskurse (Said 2010: 3737). Welche Abgrenzung und Unterwerfung im Einzelnen im Fokus steht – die von ‚Afrika', ‚dem ‚Orient' oder ‚Indien': es ist die epistemologische, ontologische, normative Absetzung des ‚Westens' „vom Rest" der Welt (Hall 1994), die in den *postcolonial studies* und in den (damit eng verbundenen) *subaltern studies* kritisch reflektiert wird. Der ‚Westen' als das, was dem ‚Osten' gegenübersteht und diesen übertrumpft; die weiße angloeuropäische Kultur als die, die das höherwertige Gegenteil des ‚schwarzen' Afrika verkörpert: Postkoloniale Perspektiven rücken gezielt also das ins Zentrum, was die europäischen Gesellschaften und deren Wissenschaften stets als unterentwickelt, vormodern, primitiv, magisch oder traditionell markiert haben – und was sie derart politisch und auch gesellschaftstheoretisch beherrschten, indem die eigenen Werte als universell, als entwickelt, als ‚menschliche' Errungenschaft galten, und indem die eigene Form der Gesellschaft den Maßstab bildete. ‚Afrika', ‚Indien' oder der ‚Orient' rückt dagegen jetzt ins Zentrum – und von ihm aus wird ‚Europa' nicht nur als „Provinz" sichtbar (Chakrabarty 2010), sondern auch als das, was auf zahlreichen (oft rassistischen) Ausschließungen und Unterwerfungen beruht. Das derart Unterworfene und Abgegrenzte, (Afrika, Asien, oder auch „der Rest", Hall 1994) als konstitutiv für ‚Europa' oder 'den Westen': In diesem Sinne hatte Foucault bereits in *Wahnsinn und Gesellschaft* eine ‚Grenzforschung' angeregt, die die europäische Kultur auf das hin befragt, von dem sie sich abgrenzt. Auch Foucault hatte den ‚Orient' als eine dieser wesentlichen Grenzen benannt:

> „Eine Kultur über ihre Grenzerfahrungen zu befragen, heißt, sie an den Grenzen der Geschichte über eine Absplitterung, die wie die Geburt ihrer Geschichte ist, zu befragen. […] In der Universalität der abendländischen Ratio gibt es den

Trennungsstrich, den der Orient darstellt [...]. Der Orient ist für das Abendland all das, was es selbst nicht ist, obwohl es im Orient das suchen muss, was seine ursprüngliche Wahrheit darstellt. Die Geschichte dieser großen Trennung während der Entwicklung des Abendlandes müssen wir schreiben". (Foucault 1973: 9)

Die soziologische Gesellschaftstheorie – gerade diejenige, die sich auf moderne Gesellschaften konzentriert, diese von ‚traditionalen' abgrenzt und beide in einer evolutionären Linie denkt – wird durch diese Kritik radikal herausgefordert: Tatsächlich liegt die Rede von ‚archaischen' oder ‚vormodernen' Gesellschaften noch immer auf der soziologischen Zunge, noch immer kommen Moderne-Analysen ohne Thematisierung des Kolonialismus aus, nur langsam kommt eine postkoloniale *soziologische* Theorie in Gang. Eher erscheinen postkoloniale Theorie und soziologische Theorie als Gegensätze (Reuter und Villa 2010: 14 f.; Go 2013, 2016; Go und Lawson 2017). So interessiert sich die deutsche Soziologie nach wie vor eher am Rande für Kolonialgeschichte oder gar für jene Gesellschaften, die die Ethnologie erforscht – die extramodernen, extraeuropäischen Gesellschaften (die nun auch in der postkolonialen Debatte marginal sind). Eine postkoloniale Perspektive bedeutet die Dezentrierung der europäischen Gesellschaften und daher auch ihrer Theorie – die Kritik an soziologischen Evolutionismen und Eurozentrismen. Europas Geschichte bleibt ohne die außereuropäischen Geschichten unverstanden, da die europäische Moderne zutiefst als kolonialistisches Projekt offenbart – es ist eine Verflechtungsgeschichte, die hier der klassischen soziologischen Theorie entgegengehalten wird, und die nicht zuletzt auch den Blick auf die eigene Gesellschaft verändert:

„Dass Europa im Zuge des Kolonialismus außerhalb seiner geografischen Grenzen beträchtliche kulturelle, politische, ökonomische und soziale Spuren hinterlassen hat, ist im Umfeld der postkolonialen Studien Grundkonsens. Dort wird jedoch zudem nachvollzogen, wie sich der Kolonialismus auch in Europa selbst niederschlug [z. B.], inwiefern ‚rassische' Differenzierungen für die Herausbildung der englischen nationalen Identität zentral waren – einer Identität, die gleichwohl darauf basierte, die eigenen Ursprunge als autonom und rein von ‚externen' Einflüssen zu repräsentieren" (Kerner 2012: 80).

2.8.3 Subaltern studies

Die *subaltern studies* sind jener Teil der *postcolonial studies,* der sich auf ‚subalterne' Bevölkerungsgruppen am Rand der globalen Metropolen konzentriert, und der in Indien seinen Ausgangspunkt hat – um die Arbeiten von Dipesh Chakrabarty und Gayatri Spivak. Es geht um jene Bevölkerungsgruppen, die im ‚globalen Süden' von Aufstiegschancen abgeschnitten sind, und die zugleich als

2.8 Feminismus und Postkolonialismus als Gesellschaftstheorien

„konstitutiv heterogene Gruppe" (Kerner 2012: 103) betrachtet werden müssen: Sie sind zugleich zerstreut und unterworfen, so dass sie keine eigene Stimme zu haben scheinen – sich kein Gehör verschaffen können. Thematisiert werden hier auch verborgene „Komplizenschaften" (Spivak 2008, 2010) zwischen den europäischen Intellektuellen und der kolonialen Macht, sowie zwischen den Kolonialmächten und den Kolonialisierten – etwa zwischen der englischen, administrativen Kolonialmacht und der patriarchalischen Tradition in Indien, die dafür verantwortlich sind, dass die subalterne Frau der unteren Kasten „nicht sprechen" kann. In Spivaks Beispiel sind es die indischen Witwen der unteren Schichten, die zwischen dem paternalistischen Diskurs der englischen Kolonialmacht und den hinduistischen Stimmen einer patriarchalischen Tradition keine Möglichkeit finden, um *in ihrer Angelegenheit* – des Witwenselbstmords *(sati)* – zu sprechen: Der Selbstmord einer Hindu-Witwe erscheint dieser Analyse zufolge *entweder* (aus Sicht der Kolonialmacht und in deren Sprache) als männliches Gebot einer ‚rückständigen' Kultur, gegen welche die Frauen zu schützen sind. *Oder* er erscheint (aus Sicht der kulturellen Tradition) als Widerstand gegen die koloniale Beherrschung, zu der die Frau verpflichtet ist. In beiden Fällen ist es je eine männliche Bedeutung, die sich durchsetzt – entweder die der Kolonialmacht oder die der lokalen, patriarchalischen Kastengesellschaft:

> „Die Hindu-Witwe steigt auf den Scheiterhaufen des toten Ehemannes und opfert sich selbst auf diesem. [...] Der Ritus wurde nicht durchgängig praktiziert, und er ist kasten- oder klassenspezifisch festgeschrieben. Die Abschaffung des Ritus durch die Briten wurde weithin als ein Fall von ‚weißen Männern, die braune Frauen vor braunen Männern retten', verstanden. [...] Dagegen steht das indische nativistische Argument [...]: ‚Die Frauen wollten tatsächlich sterben.' Die beiden Sätze reichen aus, um einander über weite Strecken [zu] legitimieren. Niemals trifft man auf das Zeugnis eines Stimmbewusstseins der Frauen" (Spivak 2008: 80 f.).

Das Ergebnis ist: „Die Subalterne als Frau kann nicht gehört oder gelesen werden" (ebd.: 105). Sie ist unfähig, eine politische Repräsentation oder Vertretung zu erringen – weil es ihr bereits sprachlich unmöglich ist, sich Gehör zu verschaffen. Sie bleibt radikal unterworfen, verstreut. Unter den bestehenden Machtverhältnissen ist es ihr nicht möglich, ihr von beiden hegemonialen Mächten differentes Interesse wahrnehmbar zu machen. Spivak hat im Kontext der politischen Zielsetzung der *subaltern studies* zwei Strategien (vgl. Kerner 2012: 107 f.) vorgeschlagen, die es politisch bzw. akademisch zu verfolgen gilt, um eine Dezentrierung Europas und eine Dekonstruktion des *Othering* zu erreichen: Für den Kampf subalterner, verstreuter Bevölkerungsgruppen kann es notwendig sein, einen „strategischen Essentialismus" (Spivak 1990: 11) zu verfolgen, z. B. die Frauen als homogene Gruppe zu verstehen, die ein Anliegen teilen – womit diese Gruppe überhaupt erst erzeugt wird. Zum anderen ist die Strategie Pluralisierung oder Differenzierung – die Erforschung der vielen Asiens, Orients, usw.

2.8.4 Soziologie als Herrschaftspraxis

Die feministischen und die postkolonialen Perspektiven haben nicht nur die wissenschaftliche (soziologische) Schreibweise, sie haben auch die gesellschaftlichen Sensibilitäten verändert. Die Kritik am methodologischen Nationalismus, an Kollektivbegriffen (wie Gruppe, Ethnie, Klasse, auch Gesellschaft), am Begriff der Identität ist auch den *gender studies, cultural studies* und *postcolonial studies* zu verdanken. Dasselbe gilt für die Hinwendung zu den Themen transnationaler Geschichte oder zur Überschneidung verschiedener Dimensionen von Ungleichheit (Intersektionalität). Insofern es den *postcolonial studies* um die Dekonstruktion von Differenz und Identität, um die Komplexität und Prozessualität von Gesellschaft, um die Verflüssigung von Identitäten geht, fügt diese Perspektive der soziologischen Analyse also wichtige Aspekte hinzu. Dabei geht es nicht einfach darum, innergesellschaftliche nun durch zwischengesellschaftliche Ungleichheiten oder die Untersuchung ‚der Moderne' durch die von *multiple modernities* oder von *entangled modernities* zu ersetzen. Postkoloniale Theorie versteht sich vielmehr mindestens ebenso als kritisches Unternehmen – und zwar als *Kritik* nicht zuletzt des *soziologischen* Wissens. Postkoloniale Theorie kann als Kritik der Soziologie als Ganzer verstanden werden: Ihr „zentralste[r] Kritikpunkt" ist der Eurozentrismus vor allem der „soziologischen Modernisierungstheorie" (Reuter und Villa 2010: 24 f.). Die Soziologie erscheint hier als jene Disziplin, die aus der „imperialen Trennung zwischen einer europäischen Welt der Moderne" einerseits, und der „Welt ‚vormoderner' Kulturen" andererseits entstanden ist (ebd.: 26) – und die seither ebenso fälschlich universalistisch wie blind gegenüber dem eigenen, modernen Kolonialismus argumentiert. So lässt sich argumentieren, dass eine „postkoloniale Soziologie unmöglich" ist (Go 2013: 16, dt. HD). Nicht nur Marx, Weber oder Durkheim haben nicht-westliche Gesellschaften als ‚generalisierte Andere' der eigenen Gesellschaft verstanden, und jene als statisch und zudem als archaisch gezeichnet; dabei kulturelle Differenz auf historische Unterschiede reduzierend. Zugleich gibt es keine soziologische Theorie der Moderne, die die koloniale Geschichte (und z. B. die Haitianische Revolution ab 1791) ebenso ernst nimmt wie etwa die Französische Revolution (Go 2013, Boatcâ und Costa 2010).

2.8 Feminismus und Postkolonialismus als Gesellschaftstheorien

Kritisiert wird zudem insbesondere die positivistische Soziologie, die die soziale Welt als empirisch, objektiv und neutral erkennbar versteht. Schließlich ziehen die ‚analytischen Spaltungen' (oder die methodischen Nationalismen) die Kritik der postkolonialen Theorie auf sich, in denen Gesellschaften voneinander isoliert werden, anstatt ihre Relationen und Verflechtungen im Blick zu halten.

> „What gets lost are interactive relations. In short, sociology's Orientalism, Eurocentrism and suppression of imperial history are problematic not just in themselves but also because they lead us to analytically bifurcate connections and thus overlook the real social relations by which sociologists' main object – 'modern society' and its boundaries – has been constituted". (Go 2013: 24)

Die postkoloniale Perspektive fordert dabei auf, noch die eigene Tätigkeit als SoziologIn – noch das Schreiben und auch das Lesen dieses Studienbriefes – als *Herrschaftspraxis* zu sehen. Anerkannt werden müsse nicht nur, dass z. B. „‚Deutschland' Teil kolonialer Konstellationen" war; und dass auch Deutsche „ethnisch konstituiert sind" sowie auch Männer „ein Geschlecht haben" (Reuter und Villa 2010: 13) – sondern erkannt werden müsse auch, dass *selbst kritische SoziologInnen Herrschaft ausüben:* Sobald sie unmarkiert lassen, aus welcher (privilegierten) Position sie sprechen und diese universalisieren, stellen sie sich über andere. Insgesamt wird die Soziologie nun als genuin europäische Disziplin kritisiert – als *Macht-Wissen-Komplex, der extra-europäisches Wissen strukturell entwertet.*

Literaturempfehlungen

- **BECKER,** Ruth und Beate Korthendieck, hrsg. 2004. *Handbuch Frauen- und Geschlechterforschung. Theorien, Methoden, Empirie.* Wiesbaden: Springer VS.
- **REUTER,** Julia und Paula-Irene Villa, hrsg. 2010. *Postkoloniale Soziologie. Empirische Befunde, theoretische Anschlüsse, politische Intervention.* Bielefeld: Transcript.
- **REUTER,** Julia und Alexandra Karentzos, hrsg. 2012. *Schlüsselwerke der Postcolonial Studies.* Wiesbaden: Springer VS.
- **VILLA,** Paula-Irene. 2012. Gender Studies. In *Kultur. Von den Cultural Studies bis zu den Visual Studies. Eine Einführung,* hrsg. Stephan Moebius, 48–62. Bielefeld: Transcript.
- **VILLA,** Paula-Irene. 2022 (i. E.). *Soziologie des Geschlechts.* Bielefeld: Transcript.

▶ Skizzieren Sie die gesellschaftstheoretische und die -kritische Perspektive der *gender studies* oder/und *postcolonial studies:* Mit welchem Ziel wird hier die gesellschaftstheoretische Arbeit betrieben und was sind Hauptaussagen? Inwiefern gehören *postcolonial studies* und *gender studies* zu ‚Soziologien mit Gesellschaft' oder zu Soziologien des konstituierten Subjekts?

2.9 Kurzer Rückblick auf die ‚Soziologien mit Gesellschaft' – auf Soziologien des konstituierten Subjekts

Auch die postkolonialen und die feministischen Theorien lassen sich den ‚Soziologien mit Gesellschaft' zuordnen: Sie teilen das Interesse für das konstituierte Subjekt. Auch hier geht es – im engen Anschluss an die Diskurs-, Macht- und Subjekttheorie von Michel Foucault – um die Weisen, in denen Verhaltensweisen, Körper, Denkweisen, Affekte historisch und gesellschaftsspezifisch geformt sind, und in denen Subjekte klassifiziert und hierarchisiert sind, Machteffekten unterworfen (zu denen sie selbst beitragen). Zugleich weiten sie den Blick der poststrukturalistischen Soziologie auf je gleichermaßen bedeutsame Weise: auf die Formierung von Geschlechtsidentitäten; und auf die weltweiten Herrschaftsverhältnisse, die nicht zuletzt durch die soziologische Theorie selbst legitimiert wurden. Dabei lassen sich innerhalb dieser Soziologien des konstituierten Subjekts einige wenige Abstammungslinien soziologischer Theorie erkennen: Von Durkheim und Mauss über Lévi-Strauss führt eine Linie über Derrida zu Foucault, eine andere zu Castoriadis und Lefort, via Althusser zu Laclau und Mouffe, oder auch zu Bourdieu. Dabei werden zugleich (vom Marxismus) herrschafts- und konflikttheoretische Perspektiven aufgenommen. Ebenso wird – sowohl gegenüber Durkheim als auch und vor allem gegenüber dem orthodoxen Marxismus – die symboltheoretische, kulturtheoretische Wendung der soziologischen Theorie vollzogen. Die These ist nun die der Konstitution von Gesellschaft und Subjekt in Bedeutungssystemen, statt in diesen die bloße Manifestation von ‚eigentlichen' sozialen Strukturen zu sehen, statt im Denkmodell von Basis und Überbau respektive in dem von einer bereits gegebenen Gesellschaft zu bleiben. Unter den Bedeutungssystemen wird mit Lévi-Strauss und in dessen Orientierung der Gesellschaftstheorie an der Linguistik nicht zuletzt die sprachliche, die diskursive Erzeugung von sozialer Wirklichkeit, von Subjekten und deren Verungleichung zum Thema dieser Gesellschaftstheorien. Von Durkheim führt aber auch eine weitere Linie soziologischer Theorie bis zur Gegenwart, über Parsons und vor allem Luhmann. Beide nehmen den funktionalen Blick Durkheims ebenso auf, wie sie dessen Orientierung der Gesellschaftstheorie an biologischen Theorien – in der Analogie von Gesellschaft und Organismus – weiter entfalten. Dasselbe gilt daher auch für die Theorie der modernen als funktional differenzierter Gesellschaft. Auch in der Systemtheorie wie bei Durkheim erscheinen die Subjekte als gesellschaftlich geformt: in ihren Gefühlen, in den Semantiken, die dafür zur Verfügung stehen, in ihren letzten Werten und Begehren (dem nach Individualität z. B.) entsprechen sie hier der je dominanten Form der gesellschaftlichen Differenzierung. Im Blick auf die eingangs erwähnten Kritiken an ‚dem' Gesellschaftsbegriff (und weiteren Kollektivbegriffen) ist festzuhalten, dass die Kritik für jeden Gesellschaftsbegriff im Einzelnen zu erörtern wäre. Die Tendenz, das Kollektiv als Subjekt vorzustellen, als Ganzheit und als real; die Tendenz, zu einem methodischen Nationalismus zu tendieren und zu einem Anthropozentrismus, stellt sich für jede der dargestellten Theorien sehr verschieden dar. Bereits bei Durkheim haben wir eine Lektüre vorgeschlagen, die dessen Begriff der Vorstellung ins Zentrum stellt – bereits Durkheim bietet einen dezidiert nichtessentialistischen Begriff von Gesellschaft, auch wenn die Durkheim-Schule gerade keine Konflikttheorie ins Zentrum stellt. Zunehmend lassen sich dann postfundamentalistische Theorien der Gesellschaft erkennen – ebenso wie postmarxistische Theorien. Im Vorblick auf die ‚Soziologien ohne Gesellschaft' wird der entscheidende Unterschied dann in folgender Frage liegen: Wovon gehen die Soziologien der konstituierenden Subjektivität gegenüber den bisher sichtbar gemachten Theorietraditionen aus – und zu welchem Gesellschaftsbegriff kommen sie dabei (implizit oder explizit und auch wenn sie diesen Begriff gerade verabschieden wollen)?

Soziologien des konstituierenden Subjekts 3

Das Rätsel der soziologischen Theoriegeschichte ist (wie bereits erwähnt) die Inexistenz von Debatten zwischen Durkheim und Weber – den beiden Großautoren mit ihren konträren Ansätzen soziologischer Theorie, die sich in jeder Begriffsbestimmung und jeder Gegenstandsbeschreibung der zu schaffenden Wissenschaft widersprechen. Dabei weisen ihre Analysen der eigenen, modernen Gesellschaft – vom Frankreich der III. Republik und dem wilhelminischen Deutschland – durchaus Konvergenzen auf, oder besser, sie ergänzen sich, da Weber und Durkheim differente Aspekte dieser Gesellschaften beschreiben: Weber legt den Schwerpunkt auf zunehmende Rationalisierung des Verhaltens und der Motive des Handelns, etwa in der freiwilligen Unterwerfung unter eine Herrschaft und in deren Institutionalisierung. Durkheim hingegen blickt auf die Produktion dieses modernen Individuums als einem, das sich als individuell und autonom versteht. Beide Gründungsautoren teilen etwas, insofern beide im Grunde Entzauberungsprozesse beschreiben – daher auch ist die Religionssoziologie bei beiden ein wesentlicher Teil der Soziologie. Bei Durkheim kommt die Betonung der Spezialisierung hinzu, die Analyse der funktional differenzierten Gesellschaftsform als einer, die die segmentäre Differenzierung der ‚vormodernen' Gesellschaften ablöst. Und schließlich sind sich Weber und Durkheim auch theoretisch durchaus nahe: Denn auch Durkheim weiß natürlich (wie gezeigt), dass Kollektive, dass kollektives Leben oder Gesellschaft von Individuen getragen wird. Und umgekehrt ist es auch für Max Weber die Autorität der Institutionen, die durch die soziologische Theorie aufzuklären ist. – Gleichwohl bleiben es differente Ansätze mit differentem Vokabular: die Autorität der Institutionen ist für Durkheim eine, die in der kollektiven Praxis und den dabei erzeugten Vorstellungen besteht. Für Weber erklärt sie sich aus den je dominanten (historisch veränderlichen und kulturspezifischen) Handlungsmotiven der Individuen. Von hier aus wird die gesamte Art, Soziologie zu betreiben, eine gegensätzliche – die Grundbegriffe sind andere, und auch die Orientierung an den bestehenden Wissenschaftskulturen unterscheidet sich. Dabei fallen aber auch hier durchaus Berührungspunkte auf: Weber wie Durkheim haben auch gemeinsam, dass sie die Soziologie als vergleichende Wissenschaft entwerfen. Aussagen über die eigene Gesellschaft sind nur möglich im Vergleich mit anderen (zeitgenössischen oder vorhergehenden). Und zunehmend ist es auch Durkheim wichtig, neben quantitativen Daten Texte zu interpretieren – ebenso wie Weber auch Statistiken nutzt.

In den von beiden begründeten Traditionslinien soziologischer Theorie, in denen der Theorieansatz reformuliert und radikaler ausformuliert wird, werden die Differenzen dann zunehmend sichtbar und auch betont – denkt man etwa an die Divergenz, die zwischen einer poststrukturalistischen Soziologie gegenüber einer phänomenologischen besteht, oder zwischen einer strukturalistischen und einer positivistischen, mit Rational-Choice-Modellen arbeitenden. Sowohl die Fragen, als auch die Daten und Aussagen sind nun zunehmend explizit andere. Nicht-durkheimianisch (und zuweilen auch anti-durkheimianisch) kann man dabei all jene Ansätze nennen, die am Akteur, am Individuum, am Subjekt und an Interaktionen ansetzen. Oft kommt es dabei auch ganz explizit zu einer Lösung vom Begriff der ‚Gesellschaft'. Obgleich dabei zwischen einer methodologisch individualistischen (Weber), einer interaktionistischen und relationistischen Soziologie (Simmel, Akteur-Netzwerk-Theorien) Unterschiede bestehen, so erscheinen all diese Ansätze letztlich doch als das Gegenteil jene Theoriefamilie, die sich für die ‚Produktion' (Durkheim), für die Formung oder Konstitution des Subjekts (Foucault) interessiert. Sie stellen diese Frage gerade nicht ins Zentrum, sondern gegen im Gegensatz vom Subjekt oder Akteur und seinen Relationen aus. Was die internen Unterschiede betrifft, so dreht sich der Streit zwischen Simmel und Weber beispielsweise darum, ob Handlungsmotive oder allein Dynamiken und Formen sozialer Beziehungen ‚das Soziale' sind. Auch diese Positionen (von Weber und Simmel) lassen sich dabei als Klassiker neben Durkheim stellen – auch sie bleiben permanent aktuell, werden ständig weitergeführt, und fungieren als Autoritäten, wenn es um die Bestimmung der ‚richtigen', recht verstandenen Soziologie geht. Dasselbe gilt für die Gesellschaftsanalysen, die hier vorgelegt werden: auch sie werden weitergeführt und ergänzt oder modifiziert, aber nicht verworfen. Auch hier muss es darum gehen, zunächst die beiden Klassiker darzustellen, um dann von ihnen aus Theorie- und Begriffslinien bis in die Gegenwart hinein zu verfolgen, in denen z. B. Webers ‚Paradigma' immer weiter ausgebaut wird (in der Analyse der *multiple modernities* bei Shmuel Eisenstadt und Bernhard Giesen, oder Thomas Schwinn;

vgl. dazu Preyer 2011); oder wenn Simmel (in relationalen Soziologien, z. B. Seyfert 2019) und nun auch Gabriel Tarde (in der Akteur-Netzwerk-Theorie) auf neue Weise als Autoritäten fungieren, die gegenüber Durkheim die ‚richtigen' Grundbegriffe gewählt haben.

3.1 Max Weber und das Weber-Paradigma

3.1.1 Gegen den ‚Spuk mit den Kollektivbegriffen' (Version Weber)

„Soziologie […] soll heißen: eine Wissenschaft, welche soziales Handeln deutend verstehen und dadurch in seinem Ablauf und seinen Wirkungen ursächlich erklären will" (Weber 1980: 1).

Es ist letztlich tatsächlich vor allem Durkheims Gesellschaftstheorie, die aus den Augen von heutigen HandlungstheoretikerInnen zutiefst verfehlt scheint, auch wenn gerade Max Weber zeitgenössisch noch durchaus andere Ansätze im Blick hat (während Simmel nach anfänglicher Kooperation einen deutlichen Disput mit Durkheim ausficht). Zum einen tendiere eine solche Soziologie dazu, das, was die soziologische Analyse doch erst erklären soll, bereits vorauszusetzen – die Gesellschaft. Zudem mache sie wie bereits oft erwähnt die Gesellschaft, das Kollektiv zu einer Substanz, zum Akteur oder Subjekt. Auch werde Gesellschaft als Totalität oder Ganzheit gedacht und damit harmonisiert, der Konflikte entledigt. Und schließlich werde sie von zwischengesellschaftlichen Kontakten gereinigt. Eine solche Soziologie ist für HandlungstheoretikerInnen letztlich Ideologie: Der Ausgang von ‚Gesellschaft' entspreche dem politischen „Bedürfnis" nach einer stabilen sozialen Ordnung, so schreibt der Weberianer Friedrich Tenbruck in einer selten ausdrücklichen Kritik an Durkheims Soziologie 1981. Die zentrale, alles Folgende bestimmende Kritik ist dabei immer diese, bereits von Weber und Simmel geteilte: Gesellschaft gibt es nicht – nicht als ‚Wesen', als Realität *sui generis,* als die Durkheim sie bestimmt. Dabei wird also (z. B. von Schwinn 2001, 2011) unterstellt, dass alle Gesellschaftsbegriffe (1) eine Emergenzaussage treffen und (2) eine kausal-logische Aussage – dass Gesellschaft (1) eine eigene Realität besitzt und (2) den Individuen vorhergeht. Ein solcher Gesellschaftsbegriff wäre in der Tat hoch problematisch, während Max Webers Theorieansatz es unnötig mache, „zu einer umfassenden Einheit durchzustoßen" – die „Summe aller Beziehungen" ist für ihn nämlich „nicht selbst eine soziale Beziehung" und sie kommt daher als „Bezugspunkt von Handlungen nicht in Frage" (Schwinn 2001: 41). Zu fragen ist natürlich – vor dem Hintergrund dessen, was wir über Durkheim und seine Fortführungen kennengelernt haben – inwiefern hier eine interessierte Karikatur seines Ansatzes und jeder Soziologie mit Gesellschaft vorliegt. In jedem Fall stimmt aber, dass „Webers Weg" nicht „über den Gesellschaftsbegriff" führt, und dass sein Ziel so gesehen „keine Gesellschaftstheorie" ist (ebd.: 45). Es ist indes gleichwohl *auch* eine Gesellschaftstheorie – im Sinn einer Antwort auf die Frage, was ‚Gesellschaft' eigentlich ist. Gegen eine häufig anzutreffende „Lehrbuchmeinung" (Müller 2015: 102 f.) ist daher festzuhalten, dass es sich nicht im engeren Sinne um einen ‚mikrosoziologischen' Ansatz handelt – der bei Interaktionen stehen bliebe. Ebenso ist es eine Gesellschaftstheorie, wenn man darunter eine Antwort auf die Frage der Spezifik der Moderne versteht. Allerdings ist es eben keine ‚Soziologie mit Gesellschaft'. Neben der Auflösung dieses und anderer Kollektivbegriffe, die Weber mit Simmel teilt, sprechen beide – im Sinn einer Prozessontologie, des Denkens von Veränderung oder Werden – im Übrigen zudem weiter zumindest von ‚*Vergesellschaftung*' – und Simmel durchaus auch weiter von ‚Gesellschaft', nämlich in der Frage, wie „Gesellschaft möglich" ist, wie sie sich im individuellen Bewusstsein – in der Subjektivität – konstituiert (Simmel 1995a; s. u.).[1] ‚Vergesellschaftung' meint bei ihm dabei permanente Interaktionen verschiedenster Form und Reichweite. Und Max Weber benutzt den Gesellschaftsbegriff (Vergesellschaftung) als Gegensatz zu dem der Gemeinschaft (Vergemeinschaftung), die Unterscheidung zweier Sozialformen von Ferdinand Tönnies übernehmend – als solche, in denen sich die *Motive* des Subjekts, in soziale Beziehungen einzugehen, unterscheiden. Es ist dies der Ausgang vom Akteur, den Weber dann auch im Blick auf andere Institutionen und Kollektive – Unternehmen, Ethnien, religiöse Gemeinschaften, Herrschaftsverhältnisse, Nationalstaaten – richtet: Sie erklären sich für ihn (allein) dadurch, durch welche Motive sie getragen, erzeugt und stabilisiert werden. In *diesem* Sinn – als Erklärendes – verliert (so Schwinn 2001: 42) der Gesellschaftsbegriff „seine Existenzberechtigung". Und in diesem Sinn wird von WeberianerInnen nicht die Voraussetzung geteilt, der Gegenstand der Soziologie seien ‚Gesellschaften'.

---

[1] Zur Kritik Webers an Simmel vgl. Schwinn 2001: 31–42. Webers Kritik am Gesellschaftsbegriff bezieht sich explizit auf die deutschsprachigen ‚organizistischen' Theorien seiner Gegenwart (Menger, Schmoller).

3.1.2 Auflösung von Kollektivbegriffen, Rückgang auf Handeln

Gesellschaft ‚gibt' es nicht, sofern man darunter eine erklärende Ganzheit versteht. Insofern also will Weber dem ‚Spuk mit den Kollektivbegriffen ein Ende machen'. Die soziologische Perspektive muss gerade dieses ‚Spukhafte' erklären, das Kollektive an sich haben – es scheint nur so, dass sie handeln, dass sie (die Geschichte, das Volk, die Nation) die Subjekte zwingen, motivieren, formen. Es sind immer die Subjekte selbst. Daher muss jegliches Soziale *allein* durch das Handeln, durch das Zusammenhandeln von Individuen erklärt werden: Warum ist man bereit, sich einer Herrschaft oder dem Staatsapparat zu unterwerfen; warum folgt man der Kirche oder dient ‚dem Staat'? Der Grundbegriff ist dabei nun „soziale" (d. h. einfach: an Anderen orientierte) *Handlung*. Ein Staat oder das Gefüge feudalistischer Institutionen sind nichts anderes als *Zusammenhänge von Handlungen* sowie in sie eingehender *Vorstellungen*. Sie bestehen aus der „Vorstellung von etwas teils Seiendem, teils Geltensollendem in den Köpfen realer Menschen" (Weber 2013: 161). Vorstellungen erklären die Stabilität bürokratischer Verwaltungen: durch sie ist der Beamte motiviert, jeden Tag pünktlich ins Büro zu gehen und dort Akten zu bearbeiten. Ebenso sind ‚der Feudalismus' oder ‚der Kapitalismus' auf Handlungsmotive und auf in sie eingehende ‚Vorstellungen' von Werten, von etwas Verpflichtenden zurückzuführen. Gerade dem dient die Untersuchung zur *Protestantischen Ethik:* Wie kommt das gewinnorientierte, rationale Handeln zustande, das ‚den Kapitalismus' ebenso kennzeichnet, wie ein freier Arbeitsmarkt und die doppelte Buchführung oder die Auffassung der Natur als auszubeutende Ressource? Kurz, der Clou dieser *Gesellschaftstheorie* liegt darin, Gesellschaften, Kollektive, Institutionen als „Arten menschlichen Zusammenhandelns" sichtbar zu machen und sie auf die Vorstellungen und das an ihnen orientierte „Handeln der beteiligten Einzelmenschen" zurückzuführen (ebd.: 161).

Es ist dies der *methodische Individualismus,* der auch in der Vorgabe steckt, Soziologie müsse in erster Linie das (historische, kulturell spezifische) Handeln „verstehen" und gerade dadurch Institutionen oder Dynamiken „erklären" (ebd.: 149). Es ist ein *methodischer* Individualismus im Sinne des Zurückgangs auf Motive. Zugleich geht es um das *soziale* Handeln oder um das ‚Zusammenhandeln', weswegen man bei Weber auch „interaktionistischen" Zug sehen kann (Bourdieu 2011: 9). Zwar geht Weber empirisch davon aus, dass in modernen Gesellschaften Individuen zunehmend rationalistisch handeln, statt religiös oder traditional motiviert. Das definiert die ‚Moderne'. Aber methodisch geht es ihm darum, dass dieses Motiv am besten verstehbar sei – es dient als *heuristische Fiktion,* um die Wirklichkeit zu erkennen, indem der Abstand des tatsächlichen Handelns von einem allein rational motivierten Verlauf erfasst wird (Weber 2013: 150 ff.). Zudem wird das rationale Motiv – anders als im Rational-Choice-Ansatz – nicht als universell und ahistorisch gültig angenommen: Motive sind kulturspezifisch, sie sind gesellschaftlich geprägt, und die rationale Motivation ist gerade das aufzuklärende. Wie kommt es, dass gerade im Okzident diese Orientierung des Handelns entstand, die ‚wir' uns als universell gültige vorstellen – genau dies ist die Frage in der „Vorbemerkung" zur *Protestantischen Ethik.* Weber unterscheidet dazu vier „idealtypische", differente Handlungsmotive (ebd.: 170), die er nach ihrer Nachvollziehbarkeit ordnet: Soziales Handeln kann – idealtypisch gesehen – rein *zweckrational* (Ziel-orientiert), *wertrational* (in der Überzeugung vom „Eigenwert eines bestimmten Sichverhaltens"), *affektuell* oder aber *traditional* (gewohnheitsgemäß) motiviert sein (ebd.: 175).

3.1.3 Gesellschaftsanalyse der Moderne

In der Frage der modernen Gesellschaft wählt Weber erneut ein kontrastiv vergleichendes Vorgehen: In der soziologischen Analyse gibt es (da Experimente mit Institutionen ausgeschlossen sind), nur

> „die Möglichkeit der Vergleichung möglichst vieler Vorgänge des historischen oder Alltagslebens, welche [...] in dem entscheidenden einen Punkt: dem jeweils auf seine praktische Bedeutsamkeit hin untersuchten ‚Motiv' [...] verschieden geartet sind." (ebd.: 157)

Was ist eine spezifisch moderne Gesellschaft, und wie ist sie entstanden? Das ist Webers Frage in der Gesellschaftsanalyse, die er also vergleichend und zugleich im Blick auf weit zurückliegende Zeiten zu beantworten sucht – solche, in denen die spezifisch modernen, rationalistisch orientierten Haltungen entstanden sind, während zuvor ganz andere Motive das Handeln dominierten. In den rechts-, herrschafts- und religionssoziologischen Studien (über die „illegitime Herrschaft" der freien Städte oder über die Entfaltung bürokratischer Rechtsordnungen) geht es um diese Frage. Was ist eine moderne Gesellschaft (Wirtschaftsordnung, Herrschaftsordnung, Form des Wissens und der Lebensführung)? Aus welchen historischen Gründen ist es dazu gekommen? Vor allem die religionssoziologischen Studien *(Gesammelte religionssoziologische Aufsätze; Wirtschaftsethik*

3.1 Max Weber und das Weber-Paradigma

der Weltreligionen) sind dabei zentral, weil Weber voraussetzt, dass die spezifisch rationale Welthaltung und Lebensorientierung aus einer religiösen heraus entstanden ist – die vorher überall die führende war. Die Frage ist also:

„Welche Verkettung von Umständen hat dazu geführt, daß gerade auf dem Boden des Okzidents, und nur hier, Kulturerscheinungen auftraten, welche doch – wie […] wir uns gern vorstellen – in einer Entwicklungsrichtung von universeller Bedeutung […] lagen?" (Weber 2016a: 101)

Die modernen Verhältnisse sind solche der Rationalisierung, das heißt der „Entzauberung" – in der Natur gibt es keine magischen Mächte mehr, die Selbsthaltung richtet sich nicht darauf, vor allem ohne Sünde zu sein; das Wissen dreht sich nicht mehr um die Schöpfung. Weber setzt dabei voraus, dass die Entstehung dieser modernen Welt- und Selbsthaltung eine singuläre, *nur* in Europa entstandene ist: „Nur im Okzident" gibt es exakte Wissenschaften im Sinne der Beweisführung (ebd.: 101 f.). Dasselbe gilt für die Musik oder Architektur. Eine „rationale Verwendung des gotischen Gewölbes" sei nur hier erfunden (ebd.: 103). Ebenso ist nun der moderne Kapitalismus europäischen Ursprungs. Weber interessiert sich auf der Suche nach den Gründen insbesondere vergleichend für China: Warum entstand dort zwar auch eine rationale Welthaltung; führte aber zu ganz anderen ökonomischen Handlungsorientierungen? Und weiter, darüber hinaus: Warum setzt sich offenbar auch nirgendwo anders eine ebenso rationalisierte Form des wirtschaftlichen Handelns durch? Warum ist der moderne Kapitalismus *allein* westlichen Ursprungs? Es liegt – so Webers Antwort – an einer spezifischen, und spezifisch europäisch-angloamerikanischen religiösen Dogmatik und ihren Handlungsempfehlungen. Zwar war das chinesische Weltbild ebenso ‚rationalistisch', vom Glauben an magische Mächte weitgehend entleert (so Weber); aber die dominante chinesische ‚Religion' (der Konfuzianismus) verlangte von den Einzelnen in erster Linie Passivität, eine *Anpassung* an Gesellschaft und Welt und allenfalls eine ‚außerweltliche Askese', den Rückzug von der Welt bzw. den sozialen Beziehungen, als religiös vorbildliches Verhalten. Dagegen zielt die Glaubenslehre im protestantischen Christentum auf *Aktivität,* auf die aktive Bearbeitung der Welt und auf eine ‚innerweltliche Askese' – die Versagung von allen Genüssen in der (allein wertvollen) Orientierung an Arbeit und Beruf. Und während in China Familien- und Klientelbeziehungen das wirtschaftliche Handeln bestimmen, hat sich in den protestantisch geformten Beziehungen eine „rational-kapitalistische Organisation der Arbeit" etabliert – ein freier Arbeitsmarkt, die Trennung von Haushalt und Betrieb, eine auf Gewinne zielende Buchführung (ebd.: 109 ff.). Nur hier entstand daher der prototypische moderne Unternehmer, der allein orientiert am Geldgewinn ist – um diesen dann immer erneut zu reinvestieren.

Die Frage ist, warum. Um diese ‚irrationale' Orientierung des gesamten Lebens an Arbeit und Gewinn zu erklären, muss man – so Webers Einfall – über die rein ökonomischen Theorien hinaus blicken. Man muss nach jenen Motiven und Lebensvorstellungen suchen, die der reinen Gewinnorientierung vorausgehen. Und da jede vormoderne Lebensführung letztlich durch „magische und religiöse Mächte" bestimmt war (ebd.: 117), muss die Erklärung in ihnen liegen. Die Frage ist also, welche Pflichtvorstellung (ungewollt) zur Förderung einer rationalistischen Wirtschaftsweise geführt hat. *Welche Vorstellung des ethisch gesollten, des richtigen oder guten Lebens führt ausgerechnet zum rücksichtslosen, alleinigen Gewinnstreben – und macht dieses zum ethisch richtigen Lebensinhalt?* Der historische Ursprung des modernen Kapitalismus ist – so Weber weiter – nun gerade dort zu finden, wo zunächst eine kapitalfeindliche Wirtschaftsauffassung herrschte: Wenn in vormodernen Gesellschaften das Leben überall religiös bestimmt war, so stand die Religion dem Streben nach weltlichem Gewinn zugleich auch *überall* kritisch gegenüber. Darin machen die protestantischen, asketischen Sekten des 17. Jhs. keine Ausnahme – auf die Weber sich aus zwei Gründen konzentriert: zum einen zeigen Statistiken, dass diese Kollektive in der Frühzeit des modernen Kapitalismus besonders erfolgreiche Unternehmer aufwiesen. Zum anderen findet Weber in den Diskursen dieser Sekten den ‚Geist' des modernen Kapitalismus, die Denkweise eines typischen kapitalistischen Unternehmers – die Feier des Geldes: „Bedenke, daß die *Zeit Geld* ist"; bedenke, dass „Geld von einer *zeugungskräftigen und fruchtbaren Natur* ist", schreibt der Calvinist, Unternehmer und Politiker Benjamin Franklin in seinen *Ratschlägen für einen jungen Kaufmann* 1784 (Weber 2016b: 39 f.). Frappierend ist am Calvinismus tatsächlich der „Zusammenhang religiöser Lebensreglementierung mit intensivster Entwicklung des geschäftlichen Sinnes" – und zwar gerade bei jenen protestantische oder puritanischen Sekten, deren „Lebensfremdheit ebenso sprichwörtlich geworden ist, wie ihr Reichtum" (ebd.: 37). Gerade diese welt-, körper-, genuss- und konsumfeindlichen Sekten – Quäker, Mennoniten, Calvinisten – *sind die wirtschaftlich erfolgreichen*. Da alles religiös motiviert war, muss ihr Glauben die Ursache des Erfolges sein. Diese Glaubenslehre, die Dogmatik ist in der *Westminster Confession* 1647 des Calvinismus in Extremform formuliert (vgl. ebd.: 82f.):

> Es gibt einen absoluten Gott, der die Welt erschaffen hat und regiert, den aber der Mensch mit seinem Verstand nicht erfassen kann. Dieser Gott hat jeden zum Heil oder zur Verdammnis vorherbestimmt, ohne dass wir den göttlichen

Ratschluss ändern können. Gott hat die Welt zu seiner eigenen Verherrlichung geschaffen. Der erlöste und der verworfene Mensch haben die Pflicht zu arbeiten und das Reich Gottes auf Erden zu errichten.

In *dieser* Vorstellung des guten Lebens und den Pflichten und Handlungsweisen, die dem entsprechen, erkennt Weber eine mehrfache „Wahlverwandtschaft" mit dem rein unternehmerischen Handeln (ebd.: 75): Die Orientierung am monetären Erfolg, die asketische und rastlose, aktive Lebensführung, die Vermeidung all dessen, was als „kreaturvergötternd" gelten kann (ebd.: 86). Die CalvinistInnen sind absichtlich gefühlskalt selbst gegenüber ihren Nächsten, denn ihnen ist aufgetragen, allein Gott zu verehren. In der Frage der Wahlverwandtschaft dieser Glaubenslehre und diesem Ethos mit dem des Unternehmers ist nun vor allem entscheidend, wie diese extreme Lehre „ertragen" wurde. In einer Zeit, in der das jenseitige Leben „unendlich wichtiger" war, als das diesseitige, musste diese erbarmungslose Dogmatik gemildert werden. (Zudem müsste man fragen, aus welchen Gründen die Dogmatik der Prädestination überhaupt Anhänger fand. Die Antwort ist wohl: Gerade weil diese Glaubenslehre so extrem war, weil man sich mit ihr als Elite, als ‚wirklich' gläubig, als wirkliche Diener Gottes sehen konnte, war das attraktiv.) Die Wahlverwandtschaft zeigt sich, wenn man also die „seelsorgerischen Ratschläge" zur Kenntnis nimmt (ebd.: 94). Sie lauten, sich entweder schlicht für erwählt zu halten (alles andere wäre bereits Abfall von Gott); oder aber im Beruf zu streben, um an den Früchten der Arbeit die eigene Erwähltheit zu erkennen. Die Seelsorge empfiehlt also „innerweltliche Askese" (ebd.: 77 ff.), Orientierung am Gewinn, um ihn zu reinvestieren: Geld interessiert die Gläubigen nur als Zeichen ihrer gottgefälligen Lebensweise – sie sehen es sogar als Prüfung an. Im weiteren Verlauf der okzidentalen Geschichte hat sich dann das Motiv des Gelderwerbs verselbständigt:

> „Indem die Askese die Welt umzubauen [...] unternahm, gewannen die äußeren Güter dieser Welt [...] unentrinnbare Macht über den Menschen. Heute ist ihr Geist aus diesem Gehäuse entwichen. Der siegreiche Kapitalismus jedenfalls bedarf dieser Stütze nicht mehr". (ebd.: 203)

Im Kulturvergleich mit China wird also beantwortbar, warum dieser Kapitalismus (diese Organisations- und Handlungsweise, diese Motivation) nur in Europa resp. den USA entstanden ist – und nicht in China, das doch (so Weber) eine ähnlich rationalisierte Weltauffassung hatte. Im Vergleich des puritanischen mit dem konfuzianischen Glauben zeigt sich, dass zwar beide zu einer rationalen Handlungsweise führen, dass indes nur die protestantische Kultur eine „aktive"

Bewältigung der Welt vorschreibt (Weber 1989: 107), während asiatische Religionen wie erwähnt Passivität nahelegen – Kontemplation. Auch kennen sie keine ‚Sünde' gegen einen überweltlichen Gott (sondern nur den Verstoß gegen Tradition und Autorität). Aus diesen Gründen weist der Konfuzianismus keine einheitliche Lebensführung auf, so Weber – die Handlungen werden nicht von *einem* Motiv und Ziel angetrieben, sondern von außen verlangt (vgl. ebd.: 460). Und schließlich sind geschäftliche Beziehungen hier bestimmt durch die „auf dem Geisterglauben ruhende Familienpietät" (ebd.: 461); das unternehmerische Handeln ist letztlich dieser verpflichtet.

Analysen der modernen Gesellschaft liegen auch in Webers politischer Soziologie vor, in seiner ‚Herrschaftssoziologie'. Weber unterscheidet hier drei Typen der legitimen (mitgetragenen, nicht rein gewaltvollen) Herrschaft, je nach ihrem „Legitimitätsglauben": dieser kann sich entweder auf „Tradition" berufen; er kann durch die Anziehungskraft, die Affektivität des Personals respektive durch die „Geltung des als absolut gültig Erschlossenen"; oder schließlich durch die Legalität des Verfahrens getragen sein (Weber 1980: 19 f.). Rein zweckrationale Motive – die eine vierte Form der legitimen Herrschaft sein könnten (z. B. Beuteinteressen) – ergeben dagegen nur eine labile Herrschaft. Die reinen Typen der Herrschaft sind daher *traditionale, charismatische* und *legale* oder bürokratische Herrschaft. Hier geht es um die Situation des *Vorgesetzten,* der sich durch *Regeln* legitimiert, durch den Vertrag, oder auch durch sein (zugeschriebenes) Wissen, seine Kompetenz. Diese moderne Form der Herrschaft ist die rationale oder bürokratische Herrschaft; mit ihr wird der moderne *Staat* als ‚Anstalt' sichtbar (ebd.: 815 f.), in der traditionale Motive der Folgsamkeit (Gewohnheit, Brauch, Erbmonarchie) und affektive Motive (Charisma) zurücktreten. Gerade weil die moderne, anstaltsmäßige oder bürokratische Herrschaftsform nicht willkürlich ist, wird sie mitgetragen. (Daneben interessiert sich Weber für Fälle ‚illegitimer' Herrschaft, die Eidverbrüderung der sich als frei erklärenden mittelalterlichen Stadtbürger, die ein wichtiger Schritt zur Rationalisierung der Politik waren.) Der Staat als Herrschaft durch „aktenmäßige Verwaltung" ist die an Präzision, Disziplin, Verlässlichkeit und Intensität der Leistung kaum überbietbare Form von Herrschaft: Dieses Herrschaftsprinzip untersucht Weber nicht allein im politischen Bereich, sondern ebenso im wirtschaftlichen Handeln – in dem sich die Arbeiter dem Unternehmer fügen. Legale Herrschaft ist dabei ebenso in Demokratien, wie in totalitären Gesellschaften zu finden: auch diese wird von vielen mitgetragen, und namentlich die Bürokratie, so betont Weber, kann sich mit jeder Ideologie verbinden. Sie beruht nur auf Infrastrukturen – auf „Eisenbahn, Telegramm, Telephon" (ebd.: 129). Es sind dies einige der Einsichten, die sich mit Weber zur modernen Gesellschaftsform formulieren lassen.

3.1.4 Trotz allem: ‚gesellschaftlich geformte Subjekte' und ‚imaginierte Kollektive'

Eine weitere wäre die *Frage des Subjekts. Denn genau besehen, lässt sich auch mit Weber sehr wohl die Frage nach Subjektformungen stellen* – und Weber stellt sie auch, wenn es (wie gesehen) um die calvinistisch geprägten Unternehmer und Arbeiter geht, oder um die Beamten als „Fachmenschen" (ebd.: 675). An dieser Stelle – der der historischen Forschungen Webers und nicht seiner Grundbegriffe – erweisen sich die Unterschiede zwischen den beiden Soziologien als graduell. So lässt sich für Weber auch von einem ‚holistischen Individualismus' sprechen (Albert 2005). Zugleich finden sich in Webers politischer Soziologie auch Bestimmungen von Kollektiven: *Was sind Nation und Volk, und was sind ethnische Gemeinschaften?* Was die *Nation* betrifft, so hält Weber fest, dass sie sich nicht auf „empirische gemeinsame Qualitäten" stützt. Eine Nation beruht auf einem den Mitgliedern zugemuteten Solidaritätsgefühl. Weder ist sie wirklich eine „Abstammungsgemeinschaft", noch setzt sie eine „Wesensähnlichkeit" der Individuen voraus: Die Nation kann „nicht nach empirischen gemeinsamen Qualitäten der ihr Zugerechneten definiert werden". Der Begriff besage nur, dass ein „Solidaritätsempfinden anderen gegenüber zuzumuten sei [...]. Weder darüber aber, wie jene Gruppen abzugrenzen seien, noch darüber, welches Gemeinschaftshandeln [...] zu resultieren habe, herrscht Übereinstimmung" (Weber 1980: 627). Eine Nation besteht vor allem im *Gemeinsamkeitsgefühl,* im *Gemeinsamkeitsglauben.* Dafür können kleinste äußerliche Merkmale Anhaltspunkte bieten. Dasselbe gilt für ethnische Kollektive. Das ‚Volk' teilt mit der Nation die

> „vage Vorstellung, daß dem als ‚gemeinsam' Empfundenen eine Abstammungsgemeinschaft zugrunde liegen müsse, obwohl [...] Menschen, welche sich als Nationalitätsgenossen betrachten, sich [...] häufig der Abstammung nach weit ferner stehen, als solche, die verschiedenen und feindlichen Nationalitäten sich zurechnen." (ebd.: 224)

Letztlich ist es ein politisches Interesse, das Weber als Grund des Glaubens an Volk, Ethnie, Nation ausmacht: Es ist das der Abhebung von Anderen, um die eigene Gruppe höher zu stellen (ebd.: 221). Ebenso kann ein Gelegenheitshandeln zum Glauben an die Nation oder das Volk führen. Das „Aufflammen des Willens zum politischen Handeln" stecke oft hinter derart vagen Begriffen wie „‚Stamm' und ‚Volk'" (ebd.: 223).

3.1.5 Weiterführungen Webers

Max Weber hat zahlreiche, sehr divergente Soziologien orientiert. Sie berufen sich auf ihn. Es gibt dabei zum einen AutorInnen, die sich explizit in das (theoriegeschichtlich orientierte) „Weber-Paradigma" einordnen (Albert et al. 2003). Zum anderen ist Weber in (fast) jedem Ansatz die historische Autorität, in dem Institutionen oder soziale Ordnungen aus dem ‚Handeln' und/oder den Individuen ‚erklärt' werden. Dasselbe gilt für alle, die Soziologie als Handlungswissenschaft sehen. Sie können sich alle auf den ersten Satz in *Wirtschaft und Gesellschaft* stützen: „Soziologie […] soll heißen: Eine Wissenschaft, welche soziales Handeln deutend verstehen und dadurch in seinem Ablauf und seinen Wirkungen ursächlich erklären will" (Weber 1980: 1). Die Einlösung dieses Satzes durch Weber selbst wird bis heute kontrovers diskutiert. Neben dem methodischen Individualismus (Weber) sieht man z. B. einen „reduktiven Individualismus" (Greve 2015), einen „holistischen Individualismus" oder einen „moderaten methodologischen Holismus" (Albert 2005, vgl. Schützeichel 2008).

Als in der Weber-Linie stehend sind zunächst jene Handlungstheorien zu nennen, die buchstäblich eine kausale Erklärung sozialer Phänomene aus dem Handeln als Aufgabe verstehen – das *Modell der soziologischen Erklärung* von Esser und vorher James Colemans „Badewanne", das *Mikro-Makro-Modell* der Erklärung von Institutionen oder sozialen Bewegungen (Coleman 1990). In diese „erklärende" Soziologie (vgl. dazu z. B. Maurer 2019) gehen zugleich wissenschaftstheoretische Positionen ein, die Weber fremd sind: (neo-)positivistische Verständnisse von Wissenschaft, die von soziologischer Theorie „Wahrheitsfähigkeit" erwarten, Beweisbarkeit oder doch Falsifizierbarkeit. In der Annahme des *rational* motivierten Handelns ist ebenso ein großer Unterschied zu Weber zu sehen, der eben nicht allein vom rational motivierten Handeln ausging, sondern vier typische Motivationen unterschied. Ebenso wenig ging es Weber um die Annahme, Handeln erfolge auf den größten individuellen Nutzen hin – egoistisch (s. u.). US-amerikanische Ansätze haben eine solche „rationalistische" und ökonomistische sowie psychologistische Soziologie nach 1945 etabliert; auch französische AutorInnen argumentieren mit Weber auf diese Weise (v. a. Raymond Boudon). Spätestens seit den 1980ern und bis heute erheben die „erklärenden" Ansätze dabei einen Überlegenheits-Anspruch: Es sei dies die einzige Soziologie, die wirklich Soziales „erkläre"; die einzige wirkliche, wissenschaftliche Soziologie; und auch darin überlegen, dass nun eine einheitliche Theorie verfügbar sei.

Auch phänomenologische Soziologien und damit die ‚Neue Wissenssoziologie' stützen sich – indirekt, vermittelt durch Alfred Schütz – auf Weber. Hier geht es kaum um eine Erklärung des Sozialen durch individuelle Handlungsentscheidungen, als vielmehr um die Rekonstruktion von ‚Verstehen'. Wiederum andere Fortführungen hat Webers kultur*vergleichendes* und zugleich *historisches* Vorgehen motiviert. In seiner Forschung (nicht in den Grundbegriffen und der Theorie) nimmt Weber wie gesehen im Grunde gesellschaftlich geformte Subjekte an – wenn die Frage ist, wie ein Calvinist motiviert wird, zu welcher Handlungsweise aufgrund welcher. Die Erforschung der Vielfalt moderner Gesellschaft (Eisenstadt 2003, Schwinn 2006) liegt in dieser kultursoziologischen Weber-Tradition (vgl. zu dieser Linie z. B. Tenbruck 1999, Schluchter 1988, 2000). „Wie es eine „Vielfalt der Achsenkulturen" gibt, so gibt es auch eine „Vielfalt der Moderne", schreibt Eisenstadt (2006: 273 f.). In zwei großen, international verfolgten Forschungsprogrammen haben Eisenstadt und KollegInnen die differenten Wege moderner – rationalisierter, nichtmagischer Kulturen und ihrer Gesellschaftsstrukturen sichtbar gemacht.[2] Eisenstadt schließt dicht an Webers religionssoziologische Studien an, wenn er von der – je anders gelagerten – *religiösen Ingangsetzung* der Modernisierung in der ‚Achsenzeit' von ca. 800–200 v. Chr. ausgeht. Rationalisierung des Handelns, Entzauberung der Welt wird hier sichtbar als nicht allein europäische Entwicklung. Vergleichbare Bewegungen – mit eigenen Formen von Modernität – hat es in allen Weltreligionen gegeben, zurückzuführen auf Spannungen zwischen orthodoxen und heterodoxen Weltsichten, Eliten und Neuerern. Es gibt daher viele Wege der so definierten Moderne – es gibt *Multiple Modernities,* neben der europäischen Moderne und immer auch in Reaktion auf deren Expansion. Dabei geht es dieser Soziologie durchaus um Kollektivbegriffe. Abhängig ist die je spezifische Modernität nämlich nicht zuletzt davon, wie die *kollektive Identität* vorgestellt wird, ob und wie (im Rekurs auf welche „Codes" der Konstruktion kollektiver Identität, Eisenstadt und Giesen 1995) andere ausgegrenzt oder einbezogen werden, welche zentralen Narrative und Rituale die alten und neuen Eliten in einer Gesellschaft erfinden, um diese zu stabilisieren. Traditional erzeugte Kollektive erzeugen demnach andere Wege der Moderne, als primordial oder universalistisch konstruierte. So basiert die totalitäre moderne Gesellschaft des Nationalsozialismus z. B. auf primordialen Codes (des gemeinsamen „Blutes"), während die sowjetische Moderne ihre Identität universalistisch erzeugt, in einer Emanzipationserzählung der weltweiten Verbrüderung. Japan und Südkorea oder Indien erfinden wiederum andere ‚moderne

---

[2]Vgl. v. a. *The Origins and Diversity of Axial Age Civilizations* (Eisenstadt 1986) und *Comparative Civilizations and Multiple Modernities* (Eisenstadt 2003; vgl. Preyer 2011).

Gesellschaften'. An Weber und Eisenstadt anschließend, untersucht der Leipziger Forschungsschwerpunkt *Multiple Secularities* die differenten Typen der Relation zwischen Säkularität und Religiosität – differente Verhältnisbestimmungen des Religiösen und des Politischen, Kulturellen, der Wissenschaft und des Sports (usw.). Diese ergeben differente moderne Gesellschaften. Aufgrund der kulturellen Traditionen gibt es eigene Formen der Grenzziehung des Politischen, von Wissenschaft, Bildung, Medizin, Familienleben usw. vom Religiösen. Versteht man als Kriterium der modernen Gesellschaft Entzauberung, und „Säkularität", hat die Moderne dann eine je andere Gestalt. So lässt sich z. B. für Indien zeigen, dass weder einfach die hinduistische Tradition erhalten bleibt noch Indien die westliche (z. B. englische) Säkularität schlicht übernimmt. Es gibt vielmehr eine eigene, eine „indische Spielart der Grenzziehung gegenüber dem Religiösen" (Burchardt und Wohlrab-Sahr 2013: 355) und damit eine *indische* Form moderner Gesellschaft (vgl. auch Burchardt, Wohlrab-Sahr und Middell 2015).

Literaturempfehlungen (Auswahl)

- ALBERT, Gert. 2009. Das Weber-Paradigma. In *Handbuch Soziologische Theorien,* hrsg. Georg Kneer und Markus Schroer, 517–554. Wiesbaden: Springer VS
- ALBERT, Gert, Agathe Bienfait, Steffen Sigmund und Claus Wendt, hrsg. 2003. *Das Weber-Paradigma. Studien zur Weiterentwicklung von Max Webers Forschungsprogramm.* Tübingen: Mohr Siebeck.
- GERHARDT, Uta, hrsg. 2001. *Idealtypus – Zur methodologischen Begründung der modernen Soziologie.* Frankfurt/M.: Suhrkamp.
- KALBERG, Stephen. 2015. *Max Weber lesen.* Bielefeld: Transcript.
- KRON, Thomas und Lars Winter 2009. Aktuelle soziologische Akteurtheorien. In *Handbuch Soziologische Theorien,* hrsg. Georg Kneer und Markus Schroer, 41–66. Wiesbaden: Springer VS.
- MÜLLER, Hans-Peter und Steffen Sigmund, hrsg. 2014. *Max Weber-Handbuch. Leben – Werk – Wirkung.* Stuttgart: J.B. Metzler.

▷ Welche Kritik übt Max Weber am Gesellschaftsbegriff – und inwiefern stellt auch seine soziologische Theorie gleichwohl eine Gesellschaftstheorie dar, auch wenn sie eine ‚Soziologie ohne Gesellschaft' ist? Was wird hier wodurch erklärt? Und welche Gesellschaftsanalysen hat Max Weber vorgelegt?

3.2 Georg Simmel: Relationale Soziologie (Formen von Wechselwirkungen)

3.2.1 Gegen den ‚Spuk mit den Kollektivbegriffen' 2 (Simmels Version)

Simmel ist in der deutschsprachigen Soziologie der erste, der das neue Fach aus einer interaktionistischen Perspektive begründet. Hier ist – ausdrücklich in Kritik am Gesellschaftsbegriff – von ständigen Prozessen der *Vergesellschaftung* die Rede. Was es gibt, sind soziale Prozesse, nicht soziale ‚Dinge'. Auch Simmel wehrt sich zudem dagegen, Begriffen wie Gesellschaft, Recht, Staat oder Kultur Realität zuzusprechen: ‚Real' ist allein Individuelles. Jede darüber hinausgehende Rede von Gesellschaft ist daher eine Abstraktion – ‚Gesellschaft' ist nur der Name für die Summe der Interaktionen. „Es gibt niemals schlechthin Gesellschaft", schreibt Simmel (1968: 24). Wenn „man sich alle Beziehungsformen wegdenkt, *so bleibt keine Gesellschaft mehr übrig*" (ebd., Herv. HD). In Gesellschaft zu sein, heißt eben einfach, sich permanent zu *vergesellschaften*. Dabei gehen Individuen zudem nie vollständig in Vergesellschaftungsprozessen auf. Sie bleiben immer auch eigene Persönlichkeiten. Sie gehen der Vergesellschaftung schließlich auch vorher – ‚Gesellschaft' findet für den Kantianer Simmel nämlich wesentlich ‚in den Köpfen' statt, sie ist Produkt des Subjekts, seiner Vorstellung. Hinzu erzählen muss man andererseits auch, dass Simmel unter dem Begriff der Interaktion nicht nur an Individuen denkt. Auch Nationen oder Unternehmen können interagieren – Kollektive oder Gesellschaften teilen dieselben ‚Formen der Wechselwirkung', die auch Individuen in ihren Interaktionen erzeugen: In beiden Fällen gibt es zum Beispiel *Kooperation oder Konflikt, Geheimnisse, Intrigen, Über- oder Unterordnung*. Simmel bestimmt daher als die Aufgabe der (theoretischen) Soziologie, nur diese *Formen* des Zusammenseins von Menschen zu beschreiben. – Max Weber hat das damit einhergehende Desinteresse für Motive und die Rede von ‚reinen' Formen der Wechselwirkung nicht teilen können. Durkheim sprach angesichts dieser Eingrenzung der Soziologie auf die ‚reine Form' von einer inakzeptablen Metaphysik (Durkheim 2009). Ähnlich ging es weiteren ZeitgenossInnen: Bei NationalökonomInnen erlebe man „Wutausbrüche" angesichts von Simmel, so berichtet Max Weber (zitiert nach Tyrell et al. 2011: 30, Fn.). Anders als dieser wurde Simmel in der deutschen Soziologiegeschichte lange unterschätzt. Er wurde hierzulande „immer weniger gelesen" (Tyrell 2011: 7 f.), während dies in den USA anders aussah (vgl. Frisby 1985) und es auch in Frankreich SimmelianerInnen gibt (z. B. Michel Maffesoli). Simmel selbst war sich über seine geringe Resonanz im

Klaren. „Ich weiß", schrieb er, „daß ich ohne geistigen Erben sterben werde (und es ist gut so)" (zitiert in Tyrell 2011: 11). Dies liegt mindestens an drei Dingen: an seinem eher unsystematischen, oft als ‚ästhetisch' bezeichneten Schreibstil; am Außenseiterstatus als Jude im wilhelminischen Kaiserreich; und an seiner ausdrücklich „bescheidenen Soziologie" (ebd.: 28 f.). Diese Soziologie enthält sich der Geschichtsspekulation ebenso wie anmaßenden Ansprüchen gegenüber anderen Disziplinen. Sie ist schließlich vor allem auch inhaltlich bescheiden: Sie will eben nur die ‚Formen' von Interaktionen zum Gegenstand machen. Neben dieser formalen, allgemeinen oder theoretischen Soziologie hat Simmel auch eine Gesellschaftsanalyse der Moderne vorgelegt – verdichtet in *Philosophie des Geldes* von 1900 (Simmel 1989) sowie in zahlreichen kleinen Aufsätzen, z. B. in *Die Großstädte und das Geistesleben* von 1903 (Simmel 1995b). Sie läuft auf die Befunde einer zunehmenden Differenzierung und Individualisierung hinaus, sowie einer Rationalisierung und Beschleunigung des sozialen Lebens.

3.2.2 Formale Soziologie (Formen von Wechselwirkungen)

Dieselben Interaktionsformen kommen wie erwähnt ebenso zwischen Individuen wie zwischen Kollektiven vor, und man findet dieselben zudem in verschiedenen Bereichen des Lebens: Getauscht wird nicht nur in der Wirtschaft, sondern auch in der Politik, in Paarbeziehungen etc. Die Wirtschaft besteht auch keineswegs nur aus Tauschakten, sondern ebenso aus Akten der Geheimhaltung, der Nachahmung, der Kooperation, der Erfindung. Eine solche Soziologie unterteilt Gesellschaft also nicht in Großgebiete (Wirtschaft, Recht, Religion, Politik), denen Subdisziplinen entsprechen. Soziologie wird auch nicht (wie bei Durkheim) vorgestellt als etwas, das einen eigenen Gegenstand hat (das Soziale, die Gesellschaft). Simmel bestimmt die neue Disziplin vielmehr als neue *Perspektive* auf jene Phänomene, die ebenso der Gegenstand anderer Wissenschaften sind (der Geschichte, Psychologie, Ethnologie, Philosophie): Während diese sich auf Inhalte konzentrieren, legt Simmel die Soziologie als jene Disziplin fest, die sich allein für die *Formen der Wechselwirkung* interessiert. Dabei geht es also streng um eine interaktionistische Soziologie – gerade *nicht um eine Handlungstheorie* im Sinn des Rückgangs auf Individuen und ihre Motive. Zum einen werden Motive von Simmel (1968: 18) gerade als veränderliche „Inhalte" aus der formalen Soziologie ausgeklammert. Zum anderen schreibt er, der Einzelne sei wesentlich „dadurch bestimmt, daß er in Wechselwirkung mit andern Menschen lebt" (ebd.: 2). Er bestimmt sich durch die „Kreuzung mannigfaltiger sozialer Kreise" (ebd.: 11), seine Individualität ist nichts anderes als der Punkt, an dem sich die Kreise berühren. Es ist schließlich auch deshalb keine Handlungstheorie, weil eben die Akteure, die in Wechselwirkung stehen, auch *Kollektive* sein können. Ob man es mit einer Allianz von Staaten oder einer Konstellation von Individuen zu tun hat: Konflikte zu dritt laufen z. B. nach denselben Regeln ab. Diese zu zeigen, ist Simmels Ziel. Er bestimmt dabei die Soziologie „als Lehre von dem Gesellschaft-Sein der Menschheit" (ebd.: 25), die – wie erwähnt – nur die *Formen* der Interaktionen und nicht deren ‚Inhalte' und Motive zum Gegenstand hat. Solche Formen sind für Simmel neben Tausch, Konflikt, Kampf, Unterordnung usw. etwa auch die Tatsache, dass jede Interaktion durch die Zahl der Interagierenden bestimmt ist. Es gibt eine „quantitative Bestimmtheit der Gruppe" (ebd. 32):

> „So läßt sich z. B. feststellen, daß [...] sozialistische Ordnungen bisher nur in ganz kleinen Kreisen durchführbar waren, in großen aber stets gescheitert sind. Die innere Tendenz solcher nämlich: die Gerechtigkeit in der Verteilung des Leistens und des Genießens – kann wohl in einer kleinen Gruppe realisiert und [...] von den Einzelnen überblickt und kontrolliert werden. Was jeder für die Gesamtheit leistet und womit die Gesamtheit es ihm vergilt, das liegt hier ganz nahe beieinander, so daß sich Vergleichung und Ausgleichung leicht ergibt. In einem großen Kreise hindert dies insbesondere die in ihm unvermeidliche Differenzierung der Personen, ihrer Funktionen und ihrer Ansprüche. Eine sehr große Zahl von Menschen kann eine Einheit nur bei entschiedener Arbeitsteilung bilden" (ebd.).

Oder es gibt eine typische Konstellation (Form der Interaktion), die den oder die ‚Fremde' erzeugt – als eine spezifische Form der Abhängigkeit sozialer Interaktionen von ‚räumlichen Bestimmungen' wie Nähe und Distanz oder auch der „Ausschließlichkeit" des Raumes, den eine Gruppe beansprucht (ebd.: 462). Der Fremde nun ist „der, der heute kommt und morgen bleibt – sozusagen der potenziell Wandernde, der [...] die Gelöstheit des Kommens und Gehens nicht ganz überwunden hat" (ebd.: 509). Kurz, die Soziologie bildet ihren Gegenstand dadurch, dass sie „eine neue Linie" durch die historischen und sozialen Tatsachen zieht – oder dadurch, dass sie den „Begriff der Gesellschaft" einer „neuen Abstraktion" unterzieht, indem sie diesen Begriff aufspaltet (ebd.: 4):

> „‚Gesellschaft' existiert, wo mehrere Individuen in Wechselwirkung treten. [...] Ich bezeichne nun alles das, was in den Individuen [...] als Trieb, Interesse, Zweck, Neigung [...] vorhanden ist, [...] als den Inhalt, gleichsam die Materie der Vergesellschaftung [...]. Die Vergesellschaftung ist [dagegen die] sich verwirklichende Form, in der die Individuen [...] zu einer Einheit zusammenwachsen" (ebd.).

Dabei bezieht Simmel die Wissenschaftlichkeit dieser Betrachtungsweise nicht vom Modell der Biologie – wie Durkheim, wenn er vom Leben als einer Realität sui generis spricht, ebenso wie Institutionen eine Realität sui generis bilden, die sich nicht auf die Elemente reduzieren lässt. Simmel orientiert sich an der ‚reinen' Wissenschaft, der Mathematik und vor allem der Geometrie: Diese ist wirklich Wissenschaft, da sie sich gerade nicht für die Materie interessiert, aus der z. B. eine Kugel besteht – sondern nur für deren Form (ebd.: 9).

3.2.3 Gesellschaft als Einheit, Vergesellschaftung & Gesellschaftsbewusstsein

Der Begriff der Gesellschaft taucht dabei genauer in mindestens drei Hinsichten auf: (1) als *Summe* der Wechselwirkungen. Hier nun nimmt Simmel die Biologie als Vorbild: Wechselwirkungen führen dazu, dass „aus den individuellen Trägern" der Wechselwirkung „eine Einheit, eben eine ‚Gesellschaft' wird". Oder, jegliche Einheit basiere auf einer „Wechselwirkung von Elementen", wie der Organismus eben auf einer Zusammenarbeit von Organen, Geweben, Zellen usw. basiert (ebd.: 4). Dabei umfasst dieser Begriff der ‚Gesellschaft' zunächst *alle* sozialen Formationen, egal wie flüchtig sie sind: von einem gemeinsamen Spaziergang über die Bindung der Familie bis zur instituierten Zugehörigkeit zu einem Staat; vom flüchtigen Zusammen einer Hochzeits-‚Gesellschaft' bis zur affektiven Verbundenheit einer „mittelalterlichen Gilde" (ebd.) spricht Simmel von ‚Gesellschaften'. Soziologie müsse dabei *mikroskopisch* arbeiten: das, woraus Gesellschaft besteht, beschreiben – und dieses sind nicht die Elemente (Individuen) an sich, sondern es sind die *Relationen* zwischen ihnen, oder eben die Wechselwirkungen. An die Stelle von ‚Gesellschaft' tritt (2) wie bereits erwähnt eine Prozesskategorie: Vergesellschaftung. Simmel fasst diesen Begriff in einem spezifischen Sinn: Es geht um die vielen, „*minimalen* Beziehungen", die in ihrer „Wiederholung all jene großen, objektiv gewordenen Gebilde" erzeugen, die das erzeugen, was andere ‚Gesellschaft' nennen. „Was fortwährend" z. B. „an Gesprächen und Schweigen" vor sich geht – das genau ist „Gesellschaft" (ebd.: 16). Kurz, es geht dieser Soziologie um die „ganz primären Prozesse", die „Gesellschaft bilden" – die ebenso neben den „komplizierteren Vorgängen und Gebilden" nach ihren Formen befragt werden (ebd.: 17). Diese Bestimmung von Gesellschaft umfasst vieles, was andere Soziologien ausblenden, nämlich die kleinen, alltäglichen Interaktionen – allerdings eben allein im Blick auf ihre ‚Form', in der Individuen (z. B. aufgrund religiöser, ökonomischer, politischer oder familiärer Interessen) eine „Einheit" „verwirklichen" (ebd.: 5).

3.2 Georg Simmel: Relationale Soziologie ...

„Soll es also eine Wissenschaft geben, deren Gegenstand die Gesellschaft [...] ist, so kann sie nur diese Wechselwirkungen, diese Arten und Formen der Vergesellschaftung untersuchen wollen" (ebd.: 5 f.).

Schließlich (3) benutzt Simmel den Begriff der Gesellschaft nach dem Vorbild der kantischen Transzendentalphilosophie und deren Frage nach den Bedingungen von Erkenntnis: Unterschieden werden drei „Apriori" *des Bewusstseins, in Gesellschaft zu leben.* Oder, es geht um die Frage, wie ‚wir' das machen, mit anderen zusammen zu handeln – da wir doch „Atome" (ebd.: 15) sind, die sich gegenseitig nicht in die Köpfe schauen können. Im Grunde ist es das Problem doppelter Kontingenz Luhmanns, das Simmel hier auf seine Weise stellt: Wie entstehen dennoch Wechselwirkungen, obgleich jeder in sich kreist? Die Antwort sind drei ‚Apriori' von Gesellschaft – des Bewusstseins, in Gesellschaft zu leben und sich entsprechend zu verhalten (vgl. ebd.: 24–30): Wir nehmen andere (1) stets in *Rollen* wahr, als TrägerInnen sozialer Funktionen. Wir sehen und behandeln sie als Vater, Freund, Lehrerin, Bäcker in usw. – und die Interaktionen haben damit immer schon eine bestimmte Form. (2) erfahren wir immer auch, dass Einzelne ihre Rolle nicht nur einfach erfüllen, sondern sie vielmehr aktiv gestalten. Und (3) wissen wir immer auch, dass die Anderen ebenso wenig wie man selbst in der Rolle aufgehen – wir und die anderen wissen uns immer auch als Individuen. In diesen drei Apriori sieht Simmel also die Möglichkeitsbedingungen von ‚Gesellschaft' – diese entsteht demnach erneut ‚im Kopf'. Diese Bestimmung der Antwort auf die Frage, wie ‚Gesellschaft möglich ist', ist also eng an Kant orientiert – und ebenso bereits die Fragestellung. Die Kantische Frage, die sich auf die Naturwissenschaften richtet („wie ist Natur möglich? — d. h. welches sind die Bedingungen, die vorliegen müssen, damit es eine Natur gebe", ebd.: 22) überträgt Simmel auf die Soziologie, und ebenso die Antwort (die „Formen, die das Wesen unsres Intellekts ausmachen und damit die Natur als solche zustande bringen", ebd.): Es liege nahe,

> „die Frage nach den apriorischen Bedingungen, auf Grund deren Gesellschaft möglich ist, in analoger Weise zu behandeln. Denn auch hier sind individuelle Elemente gegeben, die in gewissem Sinne auch immer in ihrem Auseinander bestehen bleiben, [...] und ihre Synthese zu der Einheit einer Gesellschaft [können sie] nur durch einen Bewusstseinsprozess erfahren, der das individuelle Sein des einzelnen Elementes mit dem des andern in bestimmten Formen nach bestimmten Regeln in Beziehung setzt." (ebd.)

Dabei gäbe es eine „entscheidende Differenz" (ebd.): Die Natureinheit kommt allein im konstituierenden Subjekt zustande, im außenstehenden Beobachter.

Dagegen wird die „gesellschaftliche Einheit von ihren Elementen" selbst „realisiert" (ebd.). Dabei denkt Simmel (in den ‚soziologischen Aprioris') genauer paradoxe Prozesse: So ist der Einzelne zwar konstitutiver Teil der Gesellschaft, die er bildet, aber er steht zugleich immer auch außerhalb von ihr; und weiter: Aus den „nebeneinander" und auch gegen oder „außer einander" existierenden Einzelnen wird „dennoch die soziale Einheit"; so schreibt er (Simmel 1995a: 559), oder auch: Die „Trennung, die der Raum zwischen die Menschen setzt", wird „dennoch durch die geistige Verbindung zwischen ihnen überwunden"; und „die zeitliche Trennung der Individuen und Generationen" ergibt dennoch für die „Vorstellung ein [...] Ganzes" (ebd.). In diesen drei Aspekten: *Gesellschaft als Einheit* und zugleich als *Form von Wechselwirkungen (1)*, als *Vergesellschaftung (2)*, und *Gesellschaft als Vorstellung* (3) von Akteuren – in diesen drei Bestimmungen lässt sich Simmels soziologische Theoriearbeit fassen.

3.2.4 Gesellschaftsanalyse der Moderne

Die Analysen, die dem entsprechen, sind äußerst vielfältig. So ist Simmel wie erwähnt vor allem ein Analytiker der *Formen der Wechselwirkung* (des Konflikts z. B., von Dreierkonstellationen, wie dem Geheimnis und der Koalition oder der Familie). Er ist zum anderen aber ebenso auch ein Kultursoziologe. Er schreibt über die scheinbar kleinen Tatsachen des modernen Lebens oder des sozialen Lebens schlechthin: über Mode, Goethe und Schmuck, über Türen und Brücken, über Henkel; er betreibt Musik- und Religionssoziologie. Er entfaltet auch eine Lebenssoziologie, eine These über das Verhältnis zwischen individuellem und kollektivem Leben und des Neuen als dem, wohin das Leben tendiert (Simmel 1918). Auch schreibt er über die Gesellschaftseffekte der Sinneswahrnehmungen, z. B. der visuellen Wahrnehmung (Simmel 1968: 483 ff., Fischer 2002), die im Zuge der Modernisierung des Lebens immer wichtiger und eigentümlicher sowie problematischer werde:

> „Vor der Ausbildung der Omnibusse, Eisenbahnen und Straßenbahnen im 19. Jahrhundert waren Menschen überhaupt nicht in der Lage, sich minuten- bis stundenlang gegenseitig anblicken zu können oder zu müssen, ohne mit einander zu sprechen. Der moderne Verkehr gibt, was den weit überwiegenden Teil aller sinnlichen Relationen zwischen Mensch und Mensch betrifft, diese [...] dem bloßen Gesichtssinne anheim [...]. Die eben erwähnte größere Rätselhaftigkeit des nur gesehenen gegenüber dem gehörten Menschen trägt [...] sicher zu der Problematik des modernen Lebensgefühles bei, zu dem Gefühl der Unorientiertheit in dem Gesamtleben, der Vereinsamung" (Simmel 1995a: 727).

3.2 Georg Simmel: Relationale Soziologie ...

Und er ist nicht zuletzt ein Moderneanalytiker, der der Soziologie des 20. Jhs. die Themen Differenzierung, Rationalisierung, Beschleunigung und Individualisierung vorgibt und sich zudem insbesondere für die Effekte des Mediums Geld interessiert. In all dem ist Simmel (neben Tönnies und Durkheim) einer der ersten „Soziologen der Moderne" (so der Titel von Frisby 1985). In diesen Analysen der modernen Gesellschaft dreht Simmel die von ihm auch verfolgte kantianische Perspektive nun auch um: Es geht jetzt mindestens auch um die Frage, wie *die modernen Subjekte, wie deren Mentalität geformt wird*, bedingt durch die kulturellen und sozialen Veränderungen im späten 19. Jh. – die ‚Explosion' der Großstädte mit ihrer Vermehrung von Artefakten und ihren neuen Infrastrukturen, und die Durchsetzung der Geldwirtschaft. Das Kennzeichnende der modernen Gesellschaft oder Kultur ist für Simmel zum einen (unter dem Stichwort ‚Differenzierung der socialen Kreise'), dass sich die Gruppen, in denen man verkehrt, immer weiter ausdifferenzieren, die Subjekte damit im Schnittpunkt mehrerer Kollektive stehen und so individueller oder verschiedener werden. Zum anderen interessiert er sich für die Effekte der Tatsache, dass sich das Geld als Mittler zwischen die Menschen schiebt. Das Geld führt dazu, dass das soziale Leben sich zunehmend beschleunigt, dass es oberflächlich, blasiert und rationalisiert, berechnend wird: „Die Geldwirtschaft bringt die Nothwendigkeit fortwährender mathematischer Operationen im täglichen Verkehre mit sich", das Leben wird bestimmt vom „Abwägen, Rechnen, Reduciren qualitativer Werthe auf quantitative"; auch komme „eine viel größere Genauigkeit und Grenzbestimmtheit in die Lebensinhalte" hinein (Simmel 1992: 192, sic!). Ganz ähnlich wie Weber die moderne Gesellschaft insgesamt pessimistisch einschätzt – vor allem, weil sie keine Persönlichkeiten, sondern nur ‚Fachmenschen' fördert –, ist Simmel skeptisch. Die Skepsis stütz sich vor allem auf die kulturellen und sozialpsychologischen Folgen des Geldes: In „einer auf Geld gestellten Cultur" kommt es zum einen – „dadurch, daß immer mehr Dinge mit Geld bezahlt [...] werden" –, zu einer Berechnenbarkeit von allem und damit einer Beliebigkeit, einer Entwertung (ebd.: 186). Es werden all jene Seiten der Dinge, die „nicht in Geld ausdrückbar sind", übersehen.

> „Hier liegt sicher ein tiefer Grund für den problematischen Charakter, für die Unruhe und Unbefriedigtheit in unserer Zeit. Die qualitative Seite der Objecte büßt durch die Geldwirtschaft an psychologischer Betonung ein, die fortwährend erforderliche Abschätzung nach dem Geldwerthe läßt diesen schließlich als den einzig giltigen erscheinen, immer rascher lebt man an der spezifischen [...] Bedeutung der Dinge vorüber, die sich nur durch jene dumpfen, so sehr modernen Gefühle gleichsam rächt: daß [...] das ganze Mühen und Treiben doch eigentlich nicht lohne" (ebd.).

Zudem wird in der modernen Kultur das Geld vom Mittel zum Zweck. Die Ersetzung der Zwecke durch das Mittel führe dazu, dass die direkten sozialen Beziehungen zunehmend „komplizierte, weitabliegende" sind (ebd.: 189), mit der Folge, dass Anspannung und Stress herrschen, das Leben insgesamt beschleunigt wird, und immer neue „Begehrlichkeiten" (ebd.: 190) entstehen.

> „Durch die moderne Zeit [...] geht ein Gefühl von Spannung, Erwartung, ungelöstem Drängen – als sollte die Hauptsache [immer] erst kommen, das Definitive, der eigentliche Sinn und Centralpunkt des Lebens und der Dinge" (ebd. 189).

Nicht zuletzt ist Simmel skeptisch im Blick auf die bloße Menge an kulturellem Wissen und Artefakten, die von den Einzelnen (als den TrägerInnen der Kultur) nicht mehr inkorporiert werden können – die wachsende Kluft zwischen subjektiver und objektiver Kultur ist Simmels Fazit zur modernen Gesellschaft. Die kulturellen Artefakte und Wissensinhalte werden immer mehr und zunehmend differenziert. Sie sind „zwar von Subjekten geschaffen und für Subjekte bestimmt", „aber sie folgen in der Form der Objektivität [...] einer immanenten Entwicklungslogik" und „entfremden" sich dabei zunehmend „ihrem Ursprung wie ihrem Zweck" (Simmel 1996 [1919]: 408). Diesem Wachstum der „objektiven Kultur ist das Individuum", ist die subjektive Kultur immer „weniger gewachsen". Das Subjekt wird in der modernen Gesellschaft, in ihren zunehmend abstrakten und anonymen Institutionen sowie in ihren zahlreichen Artefakten (auch denen des Ersten Weltkrieges) „zu einer *quantité négligeable*", zu „einem Staubkorn" (Simmel 1995b: 129). Das gilt namentlich für das Leben in der modernen Großstadt:

> „Hier bietet sich in Bauten und Lehranstalten, in den Wundern und Komforts der raumüberwindenden Technik, in den Formungen des Gemeinschaftslebens und in den sichtbaren Institutionen des Staates eine so überwältigende Fülle kristallinierten, unpersönlich gewordenen Geistes, dass die Persönlichkeit sich sozusagen dagegen nicht halten kann" (ebd.).

3.2.5 Weiterführungen von Georg Simmel

Vor allem seit den 1980er Jahren gibt es regelmäßige Simmel-Relektüren, die sich dabei auf verschiedene Aspekte dieses reichhaltigen Werkes konzentrieren: Im Zuge der erwähnten Kritik an Kollektivbegriffen hat Simmels mikrologische, den Gesellschaftsbegriff verabschiedende Soziologie erneut Resonanz erfahren. Attraktiv ist gegenwärtig tatsächlich insbesondere Simmels Begründung einer relationalen Soziologie (vgl. Z. B. Seyfert 2019) oder einer Interaktionstheorie (Ziemann 2000). Aufgegriffen wird Simmel auch wegen seiner „Lebenssoziologie", also der Thematisierung des ‚Lebens' in der Soziologie (Lash 2018).[3] Attraktiv ist zudem Simmels paradoxe Denkweise (vgl. Müller und Reitz 2018: 173 ff.), z. B., wenn er menschliches Leben als ‚Mehr-Leben' und als ‚Mehr-als-Leben' definiert (Simmel 1918), oder wenn er den Fremden als den versteht, der zwischen Bleiben und Gehen schwankt. Auch die Themen der Beschleunigung und der Entfremdung werden immer erneut aufgegriffen (z. B. bei Hartmut Rosa unter den Titeln der ‚Beschleunigung' respektive der ‚Resonanz'). Erving Goffman hat sich auf Simmel berufen (vgl. Müller und Reitz 2018: 165 f.). Mit Blick auf die Betonung des Alltags, der vielen kleinen Interaktionen als ‚Stoff' der Gesellschaft versteht sich auch Michel Maffesoli als Simmelianer (vgl. Maffesoli 1986, vgl. auch Maffesoli 1987). *Soziopolis* erinnerte im Juni 2019 an Simmel, mit diesem die aktuelle Medialisierung, Globalisierung und Digitalisierung als erneute kulturelle *Überforderung des Selbst* sehend:

> „Seit der Mitte des 20. Jahrhunderts hat die zunehmende Entwicklung, Verbreitung und Ausdifferenzierung von Medienkanälen die Zirkulation, Verfügbarkeit und Speicherbarkeit audiovisueller Inhalte tiefgreifend verändert [...]. Die Globalisierung hat aber nicht nur die Reichweite dieser medialen Inhalte vergrößert, sie hat auch das kulturelle Repertoire erweitert, indem sie den Kontakt zwischen unterschiedlichen Kulturen intensiviert hat [...]. Schließlich ist es die [...] Digitalisierung, die die Effekte von Medialisierung und Globalisierung intensiviert und die Dynamik der objektiven Kultur weiter verstärkt." (Schäfer 2019, o. S.)

Wieso kommt es dennoch nicht zum Zusammenbruch von Kultur und Gesellschaft, den Simmel befürchtete? Mit den neuen Problemen haben sich auch neue Lösungen etabliert – die Techniken der Aneignung von Kultur wurden andere, sie wurden „komplexer" und „haben sich ausgeweitet" (ebd.). Weiter diente Simmels Konzept von Tauschbeziehungen als *der* „Referenzpunkt für Theorien praktizierter Reziprozität", insbesondere in den USA (Adloff 2019, o. S.). Das sind nur einige Fortführungen Simmels. Da in seinen Texten ein derartig reiches Anregungspotential steckt, ist er nahezu überall zu finden – und auch nirgends, denn ein Simmel-Paradigma gibt es im Gegensatz zu Weber nicht, jedenfalls nicht im Sinne einer Kanonisierung seiner formalen Soziologie, der Untersuchung der ‚Formen der Wechselwirkung'.

---

[3]Vgl. zur Rezeption z. B. die Tagungsbände von Dahme und Rammstedt 1984, Rol und Papilloud 2009, Tyrell, Rammstedt und Meyer 2011.

Literaturempfehlungen

- DAHME, Heinz-Jürgen und Otthein Rammstedt. 1984. *Georg Simmel und die Moderne – Neue Interpretationen und Materialien.* Frankfurt/M.: Suhrkamp.
- JUNGE, Matthias. 2009. *Georg Simmel kompakt.* Bielefeld: Transcript.
- KEMPLE, Thomas und Olli Pyyhtinen, hrsg. 2016. *The Anthem Companion to Georg Simmel.* London: Anthem.
- LICHTBLAU, Klaus. 2019. *Zur Aktualität von Georg Simmel.* Wiesbaden: Springer VS.
- MÜLLER, Hans-Peter und Tilman Reitz, hrsg. 2018. *Simmel-Handbuch. Begriffe, Hauptwerke, Aktualität.* Berlin: Suhrkamp
- ROL, Cécile und Christian Papilloud, hrsg. 2009. *Soziologie als Möglichkeit. 100 Jahre Georg Simmels Untersuchungen über die Formen der Vergesellschaftung.* Wiesbaden: Springer VS.
- TYRELL, Hartmann, Otthein Rammstedt und Ingo Meyer, hrsg. 2011. *Georg Simmels große „Soziologie". Eine kritische Sichtung nach hundert Jahren.* Bielefeld: Transcript.

▶ Welche Kritik am Gesellschaftsbegriff äußert Simmel, inwiefern taucht ‚Gesellschaft' bei ihm dennoch auf? Wie begründet er das Interesse einer Soziologie, die ‚Formen der Wechselwirkung' untersucht – und um welche Formen geht es dabei? Welche Analyse speziell der modernen Gesellschaft folgt aus dieser Theorieperspektive?

3.3 Gabriel Tarde: Eine neue Mikrosoziologie

„Durkheims bevorzugter Gegenstand waren die großen kollektiven Vorstellungen, die im allgemeinen binär, resonant, übercodiert sind. Tarde wandte ein, daß kollektive Vorstellungen genau das voraussetzen, was erklärt werden soll, nämlich ‚die Ähnlichkeit von Millionen Menschen'. Deshalb interessierte Tarde sich mehr für die Welt im Detail oder für das unendlich Kleine: die kleinen Nachahmungen, Gegensätze und Erfindungen, die eine Materie unterhalb der Vorstellung bilden" (Deleuze und Guattari 1992: 298).

3.3 Gabriel Tarde: Eine neue Mikrosoziologie

Gabriel Tarde gilt vielen als Verheißung, wenn es darum geht, über ‚alte' Debatten der soziologischen Theorie hinauszukommen. Diese haben noch oft folgenden Zuschnitt: Sie unterstellen, dass die Soziologien von Durkheim (Parsons, Luhmann usw.) und Weber darin konträr seien, dass sie einander ausschließende Erklärungsrichtungen vorschlagen; dass beide aber *kausale* Erklärungen anstreben, also eines von beiden als primär setzen – und als ontologisch real. Die ‚gängige Lehrbuchmeinung' ist: Entweder wird die Gesellschaft aus den bestehenden Individuen abgeleitet (Weber), oder es verhält sich umgekehrt (Durkheim). Diese übliche Darstellung eines Gegensatzes von Individuum und Gesellschaft übersieht alle Theorien, die beides als gleichzeitig konstituiert denken. Die übliche Darstellung lautet zudem, dass Durkheim ein Emergenztheoretiker sei, dass er starke Emergenz – die Entstehung einer eigenen *Realität* von Gesellschaft – annehme: Er mache Gesellschaft zum Wesen, substantialisiere oder reifiziere sie. In dieser – Durkheim zum „Pappkamerad" machenden (Müller 2015: 106) – Perspektive (die namentlich Bruno Latour teilt und verurteilt), ist es nun Durkheims Kontrahent Gabriel Tarde, der die ‚richtige Soziologie' entworfen hat.

Drei Entscheidungen sind für dessen Gesellschaftsbegriff zentral: (1) werden die *Trennungen von Natur und Gesellschaft, von Gesellschaft und Technik und von Natur und Technik* aufgehoben. Wenn die zeitgenössische Biologie „Organismen mit den Mechanismen vergleicht", und wenn sie dabei die „Barrieren zwischen der organischen und der anorganischen Welt" zunehmend aufhebt, so ist das Molekül umgekehrt „ebenso gut eine Gesellschaft", wie Pflanzen oder Tiere Gesellschaften bilden, schreibt Gabriel Tarde in *Monadologie und Soziologie* 1893 (Tarde 2009a: 52) – also exakt zeitgleich zu Durkheims Buch über die *Arbeitsteilung* und das ‚kollektive Bewusstsein'. Jedes einzelne Tier wiederum ist seinerseits eine „Gesellschaft" von Mikroorganismen (ebd.). Und wenn Lebewesen derart ihrerseits Gesellschaften sind – so ist auch ein „rein mechanisches Wesen erst recht eine Gesellschaft", zumal sich die menschlichen Gesellschaften zunehmend „mechanisieren" (ebd.: 53). Zugleich (2) werden die sozialen Prozesse radikal mikrologisch aufgefasst: soziale Prozesse sind Prozesse der Nachahmung bzw. der Erfindung und der ‚Gegennachahmung', die sich ‚innerhalb' der Individuen abspielen, nicht notwendig bewusst, intra-psychisch. *Gesellschaft* insgesamt wird als ein permanentes Nachahmen verstehbar – sie „*ist* Nachahmung" (Tarde 2009a: 98, Hervorh. HD). So heißt es in *Die Gesetze der Nachahmung* 1890: Eine Gesellschaft ist nichts weiter als eine Gruppe von Menschen,

„die untereinander viele durch Nachahmung oder durch Gegen-Nachahmung [...] hervorgebrachte Ähnlichkeiten aufweisen. [D]urch diese Gegen-Nachahmung [...] gleichen sich die Menschen einander immer stärker an. Nach der Übereinstimmung in den Gepflogenheiten bei Beerdigungen, Hochzeiten, Zeremonien, Besuchen und Höflichkeitsbezeugungen gibt es nichts, was eine stärkere Nachahmung wäre, als seine eigene Neigung, diesem Strom zu folgen, zu bekämpfen und gegen ihn anzuschwimmen." (Tarde 2003: 13)

Andernorts (in Monadologie und Soziologie) schreibt Tarde auch, Gesellschaft sei der „in mannigfaltigen Formen auftretende gegenseitige Besitz von allen durch jeden einzelnen" (Tarde 2009a: 87). In diesen ‚Besitz von allen durch jeden' gehen einerseits *Überzeugungen* und andererseits *Begehren* ein: Statt von Identitäten, nämlich von Individuen einerseits und von Kollektiven andererseits zu sprechen, sind diese beiden Aktivitäten die „Grundlage jeder Gesellschaft", deren „Strömungen" (Deleuze und Guattari 1992: 298). Diese Strömungen des Begehrens und der Überzeugung gehen in Parteien, Konfessionen, in Klassen ein, in denen sie sich einander gegenüberstellen. Das Soziale definiert sich derart durch nichts weiter als durch die ständigen gegenseitigen „Kontaminationen" (Latour 2009: 9) von differenten Begehren und Ideen; und das „Beständige" (das Kollektiv, das Individuum oder Subjekt) ist dann stets nur eine „partielle und vorläufige Konsolidierung" (ebd.: 12) von grundlegenden Werdensprozessen, von permanenten Veränderungen. Mit der flachen Ontologie verknüpft ist also gleichzeitig eine Prozessperspektive. Eng mit der flachen Ontologie oder der Ontologie der Immanenz verbunden, besteht zugleich die (3) Theorieentscheidung in dem, was als eine spezifische *Differenztheorie* zu bezeichnen ist: Tarde geht von gesellschaftlichen Differenzen aus, d.i. von ständiger Veränderung oder Differenzierung, wobei diese gerade keine festgelegte Richtung aufweist – anders als in der evolutionistischen Differenzierungstheorie von Durkheim oder Luhmann. Es geht nicht darum, Gesellschaft als eine Bewegung zu immer komplexeren, in sich differenzierten Zuständen zu denken. Gesellschaft ist vielmehr stetiges Übergehen zu anderen Zuständen, die ihrerseits stets nur vorübergehend und fragil sind. „Existieren heißt differieren", schreibt Tarde (2009a: 72). Aus dieser Perspektive ist der Unterschied „die Regel", und Identität ist immer „nur eine partielle und vorläufige Ausnahme" (Latour 2009: 12). Erklärt werden muss daher diese Identität, die Ähnlichkeit – z. B., wenn Gläubige alle dieselbe Geste vollziehen (vgl. Müller 2015: 121 ff.). Tarde zufolge ist das Entscheidende dabei eben die Aktivität der (unbewussten) Nachahmung.

„Wenn wir einmal die soziale Welt betrachten [...], so sehen wir Akteure, Menschen, die viel differenzierter, viel individueller charakterisiert, viel reicher an beständiger Veränderung sind als der Regierungsapparat, die Glaubens- oder

Rechtssysteme […]. Ein historisches Ereignis ist viel einfacher, viel klarer, als der Geisteszustand ihrer Handlungsträger es je gewesen ist" (Tarde 2009a: 67 f.).

Eine solche Soziologie und eine solche Bestimmung von ‚Gesellschaft' geht also über das hinaus, was Simmel und Weber machen: Gesellschaft beschränkt sich hier nicht auf den Bereich der Menschen. Auch werden die Handlungen nicht ‚von' (mit sich identischen, stabilen) Akteuren vollzogen. Sie vollziehen sich eher ‚in' ihnen – in Bezug aufeinander, relational. Zudem geht es mindestens ebenso um Affekte, Passivitäten, wie um Handlungen. An diese soziologische Theorie, die eine flache Ontologie hat, die also auch Techniken oder Artefakte und weitere Nichtmenschen als Objekt der Soziologie versteht, wird 100 Jahre später Bruno Latour anschließen – den Akteur-Netzwerk-Begriff an die Stelle von (Durkheims) Gesellschaftsbegriff setzend.

3.3.1 Zur ‚Gesellschaftsanalyse' bei Gabriel Tarde

Nachdem wir diesen Gesellschaftsbegriff einer „reinen" Soziologie (Tarde 2009a: 21) ansatzweise kennengelernt haben: Was ist nach Tarde die moderne Gesellschaft? Auch hier ist dieser Autor unkonventionell. Er beschreibt das zeitgenössische China etwa, wegen der niedrigen Bauten und Körpergrößen, als eine ‚flache' Gesellschaft: China „misst in Länge und Breite 3000 km bei einer durchschnittlichen Höhe von nur ein oder zwei Metern" (ebd.: 55). Moderne Gesellschaften zeichnen sich zwar durch Hochbauten aus; aber für beide gelten doch ganz andere Proportionen als für „tierische oder pflanzliche Zellaggregate" (ebd.), so dass es auf diesen Unterschied nicht ankommt. Die *horizontale* Vergesellschaftung des Menschen steht grundlegend der vertikalen Gesellschaft der anderen Lebensformen gegenüber. Auch könnte man Geschwindigkeit von Erfindung und Nachahmung sowie die Art und Zahl der Vermittler als Kriterium der Gesellschaftsanalyse nehmen – Tarde ist hier ein früher Globalisierungstheoretiker, der über die Angleichung von Kulturen (mindestens seit der Kolonialzeit) ebenso nachdenkt wie über ständig neue kulturelle Differenzierungen (ebd.: 16). Ebenso beschreibt er (wie nach ihm Bourdieu) innergesellschaftliche Nachahmungs- und Distinktionsbegehren (ebd.: 87). Es sind dies bei ihm aber stets beiläufige Bemerkungen. Es handelt sich hier nicht um eine systematische Beobachtung der Moderne, wie zeitgleich bei Durkheim in *Über die Teilung der sozialen Arbeit,* oder bei Weber in den religionssoziologischen Schriften. Mit anderen Worten, nirgendwo ist Tarde (soweit wir sehen können) allein auf die eigene Gegenwartsgesellschaft konzentriert.

3.3.2 Lobpreisungen von Gabriel Tarde

An diesen Tarde, der also auch Techniken oder Artefakte ebenso wie weitere Nichtmenschen als Objekt der Soziologie versteht, und der dabei eine ‚flache' Ontologie denkt – alles auf einer Ebene verortet – wird 100 Jahre später Bruno Latour anschließen. Latour wendet sich dabei zudem ebenso gegen die scheinbar unhinterfragten Dogmen der Soziologie, wie Tarde: die Erklärung von Phänomenen durch etwas anderes, durch ‚das Soziale' (die soziale Struktur, das soziale Milieu). Ebenso schließt Latour also an Tardes Aufhebung der herkömmlichen, ontologischen Trennungen an. Und schließlich geht esum neue Methoden, um die vielen kleinen Interaktionen in ihren Makroeffekten zu erfassen. Aus dieser Sicht ist Tarde, auch wenn es in der Lektüre etwa der *Monadologie* manchem so scheinen mag, ganz und gar kein „vorwissenschaftliche[r] Geist", sondern es habe ihm einfach an geeigneten „Methoden der Quantifizierung" gefehlt – solchen, die „seinem Forschungsgegenstand entsprachen" (Latour 2009: 14). Sie sind heute verfügbar: Big Data ist das, wonach diese Soziologie verlangt, die etwa Einflussbereiche von Meinungen in den Social Media erforscht – Nachahmungsstrahlen, wie Tarde gesagt hätte. Aber auch dank der oben zitierten Hommage von Gilles Deleuzes und Félix Guattari ist Tarde *en vogue,* den sie für die Erfindung einer wirklichen „Mikro-Soziologie" loben (Deleuze und Guattari 1992: 298): nicht einer Soziologie, die sich auf Interaktionen oder Familienleben usw. beschränkt, sondern einer, die noch Handlungen und Akteure als etwas versteht, das stets aus verschiedenen Elementen oder ‚Akteuren' besteht – und diese sind das das eigentlich Interessante und zu Erforschende (Deleuze und Guattari haben dafür das Konzept des ‚Gefüges' vorgeschlagen, in dem sich Affekte, Körper und Diskurse je auf konkrete Weise verbinden, s. u.). Tarde ist allgemein gesprochen ein Vorreiter jener Gesellschaftstheorien, die für sich beanspruchen, „das Kleine" nicht „durch das Große" und das Einzelne nicht „durch das Ganze" zu erklären. Jegliche gesellschaftliche Tatsachen werden hier als Anhäufungen „kleiner elementarer Tatsachen" sichtbar, die *elementar bleiben* (Tarde 2009b: 24, Fn. 2). Oder, die sozialen Ordnungen werden verstanden als etwas, das „von unten" passiert – und *dort verbleibt* (Müller 2015: 123).

> **Literaturempfehlungen**
>
> - **Borch,** Christian und Urs Stäheli, hrsg. 2008. *Soziologie der Nachahmung und des Begehrens.* Frankfurt/M.: Suhrkamp.

- **CANDEA**, Matei, hrsg. 2016. *The Social After Gabriel Tarde. Debates and Assessments.* London: Routledge.
- **LEROUX**, Robert, hrsg. 2018. *The Anthem Companion to Gabriel Tarde.* Cambridge: Anthem.

▷ Vergleichen Sie die Gesellschaftsbegriffe und soziologischen Theorien von Gabriel Tarde und Émile Durkheim: Was ist je der Grundbegriff, und was soll wodurch erklärt werden? Überlegen Sie an *einem* konkreten Beispiel, wie die divergenten Perspektiven von Durkheim und von Tarde argumentieren – etwa am Fall des ‚Selbstmordes', über den Durkheim 1897 übrigens ein Anti-Tarde-Buch geschrieben hat.

3.4 Phänomenologie: Alfred Schütz und Folgende

Die phänomenologische Soziologie schließt dagegen an Max Weber an, indes vermittelt über Alfred Schütz. Damit wird eine doch erhebliche Verschiebung der weberschen Soziologie vorgenommen: Allgemeine soziologische Theorie wird hier ‚Soziologie des Wissens', desjenigen Wissens, das den Alltag strukturiert und das Handeln anleitet – Wissenssoziologie des Alltagswissens (im Unterschied zur klassischen, von Karl Mannheim, Max Scheler und Helmuth Plessner begründeten Wissenssoziologie, die sich für politische Überzeugungen, Begriffe, für differente Weltauffassungen und deren soziale Standorte interessiert). Das Leben des Alltags, in dem das Handeln stattfindet, wird – so die Voraussetzung der phänomenologischen Soziologie – von bestimmten Annahmen geleitet: Annahmen, die als evident gelten, als objektiv, als wahr. Dabei sind sie Kultur- und Epochen-, oder kurz: Gesellschafts-spezifisch. Zudem gibt es je bestimmte Sonderformen des Wissens – Wissensbestände bestimmter Schichten, Berufe, Generationen oder Alter. Rekonstruiert wird nun – als *Aufgabe* soziologischer Theorie und Forschung –, wie die Handelnden die Welt konstruieren, wie sie ihrer Welt Sinn, eine Struktur geben. Es geht um die Rekonstruktion der Konstruktion der sozialen Welt. Im Unterschied zu Weber wird zudem auch jenes Handeln berücksichtigt, das unmotiviert, nämlich unbewusst abläuft – so sind etwa auch Körperroutinen Gegenstand dieser Wissenssoziologie: das Körperwissen. Rekonstruiert wird also, wie sich die Welt aufbaut, wie sie strukturiert ist: welche *räumlichen, zeitlichen* und *sozialen* Strukturen weist das ‚Alltagswissen' auf? Die Voraussetzung dafür ist also, was Alfred Schütz im kritischen Anschluss an

Max Weber ausformuliert hat: dass soziale Wirklichkeit als vielfach geschichtet und geordnet erlebt oder ‚konstruiert' wird. *Will man das Handeln wirklich ‚verstehen', so ist diese Ordnung der sozialen Wirklichkeit zu rekonstruieren.* Es gibt z. B. die Unterscheidung zwischen einer unpersönlichen Weltzeit und der eigenen Lebenszeit, es gibt Zeitstrukturen. Es gibt je spezifische Einteilungen der Lebensalter, gegliedert durch die Rituale der Taufe, des Schulanfangs, der Konfirmation usw., mit denen Einzelne zu Kindern, Jugendlichen, Erwachsenen werden und mit denen ihnen je Rechte und Pflichten zukommen. Die Alltagswelt weist ebenso eine soziale Differenzierung auf: die Wissenschaft erscheint etwa als ‚Wissensprovinz', als realitätsferner ‚Elfenbeinturm' neben dem ‚wirklichen' sozialen Leben (während sie tatsächlich natürlich ebenso real und wirklich ist). Dasselbe gilt für ‚die Politik'. Auch gibt es räumliche Strukturierungen der sozialen Welt. Was den Gesellschaftsbegriff anbetrifft, so ist ‚Gesellschaft' hier nichts anderes als diese Konstruktion sozialer Wirklichkeit im Alltagswissen. Dabei ist es das Selbstverständnis dieser Soziologie, *nicht* anzunehmen, als wüsste man gegenüber den Akteuren, was ‚wirklich' gesellschaftlich vor sich geht. Vielmehr ist die Struktur der Alltagswelt so genau wie möglich zu erfassen. Dazu werden Interviews geführt, und werden insbesondere qualitative (‚interpretative' oder ‚rekonstruktive') Methoden der Sozialforschung erfunden und verwendet. In diesem Sinne ist hier so etwas wie eine symmetrische Soziologie erfunden: Eine Soziologie, die sich gerade nicht für objektiver und wissenschaftlicher hält als diejenige ‚Soziologie', die die Handelnden selbst bereits entwerfen.

3.4.1 Alfred Schütz: Strukturen des Alltags

> „[Die] Welt der sozialen Tatsachen selbst unvoreingenommen zu erfassen, [...] zu ordnen und das so gewonnene Material mit den Mitteln exakter Analyse zu verarbeiten, muß [...] vornehmste Aufgabe jeder Betrachtung der Sozialwelt bleiben" (Schütz 1981: 12).

Welche Verschiebung nimmt also Alfred Schütz bei Weber vor, was ist eine ‚phänomenologische' Soziologie? Max Weber, so Schütz, gibt der Soziologie zwar die Aufgabe, den subjektiv gemeinten Sinn der Handlungen zu *verstehen*. Aber was Weber stattdessen vorgelegt habe, sei es, den Handlungen dominante Handlungsmotive zu *unterstellen*. Es geht nicht um Verständnis, sondern um Modellierung. In diesem Sinn entfaltet sich unter dem (von der Philosophie Edmund Husserls übernommenen) Titel der *Phänomenologie* eine wirklich andere Soziologie: Weber breche seine „Analyse der sozialen Welt" in einer

3.4 Phänomenologie: Alfred Schütz und Folgende

„Schicht ab, die nur scheinbar die Elemente des sozialen Geschehens in nicht weiter reduzierbarer [...] Gestalt sichtbar macht" (Schütz 1981: 51). Er

> „macht zwischen Handeln als Ablauf und vollzogener Handlung, zwischen dem Sinn des Erzeugens und dem Sinn des Erzeugnisses, zwischen dem Sinn eigenen und fremden Handelns bzw. eigener und fremder Erlebnisse, zwischen Selbstverstehen und Fremdverstehen keinen Unterschied" (ebd.).

Auch frage Max Weber nicht nach der „Konstitutionsweise des Sinnes für den Handelnden", ebenso wenig wie er sich für den unterschiedlichen Sinn interessiere, den das Handeln „für den Partner in der Sozialwelt" und für den „Beobachter" (ebd.) haben kann. Dabei müsse doch der „*Hauptgegenstand* der sogenannten Sozialwissenschaften" (Schütz 2003: 232, Hervorh. HD) die Frage sein, wie (Fremd-)Verstehen möglich ist – *wie ist eine geteilte Welt möglich?* Genau dazu dienen die Sinnstrukturen, die das alltägliche Handeln orientieren. Aus Webers Interesse für die ,*Handlung*' wird bei Schütz daher das Interesse für die ,*Handelnden*' und deren Sinn (so Endreß 2011: 73). In dieser Auseinandersetzung verweist Schütz also permanent auf Max Weber, den er im selben Zug – bereits 1932 – zum Klassiker macht. Dabei entsteht offenbar zunächst eine *radikal subjektzentrierte* – ,subjektive' – Soziologie:

> „Nur das Handeln des Einzelnen und dessen gemeinter Sinngehalt ist verstehbar, und nur in der Deutung des individuellen Handelns gewinnt die Sozialwissenschaft Zugang zur Deutung jener sozialen Beziehungen und Gebilde, die sich in dem Handeln der einzelnen Akteure [...] konstituieren" (Schütz 1981.: 13 f., Hervorh. HD).

Diese Soziologie beharrt (wie erwähnt) darauf, dass die Soziologie keine neue, andere, höhere Form des Wissens über das Soziale ist, denn bereits die Handelnden selbst deuten die Sozialwelt. Aus dieser Prämisse resultieren eigene Methoden (die klassisch qualitativen, zentriert um das biografische oder narrative Interview) und Forschungsethiken. Es gehen aber auch weitere Kontexte in die Konstruktionen und daher auch in die Rekonstruktionen ein – weit entfernt, beim ,Subjekt' oder beim ,Einzelnen' allein stehenzubleiben. Um die Handlungsmotive etwa eines Holzfällers zu verstehen, müsse man ebenso dessen „Vergangenheit und Zukunft" kennen (ebd.: 37), und viele weitere Kontexte: Steht er z. B. in einem Lohnverhältnis – erfolgt die Handlung des Holzhackens aus einem *zukunftsorientierten* „Um-zu-Motiv" (um Lohn zu erhalten)? Oder erfolgt das Holzhacken als Folge aus einem *vorherigen* Handeln, aus einem „echten Weil-Motiv", etwa, weil man durch Freunde „angestiftet" wurde (ebd.: 122)? Oder ist das Motiv, Wut abzureagieren, seinen Körper zu stählen, die Geliebte / den Geliebten zu beeindrucken? Schütz setzt nun in dieser Rekonstruktion voraus, dass ein Verstehen des Anderen nur dann möglich wird – und damit eine geteilte (soziale) Welt entsteht –, *wenn die ‚Um-zu-Motive' von Ego zu ‚Weil-Motiven' von Alter werden* (vgl. Schütz 1971: 26): *Indem die Handelnden ihre Handlungen gegenseitig auf Motive und Zwecke zurechnen, und diese daher verstehen, entsteht eine gemeinsame Welt.* Dabei sind die erwähnten Sinnstrukturen handlungsleitend. Man unterscheidet das eigene Verhalten von dem anderer; man unterscheidet das, was man selbst erlebt hat, von dem, was man nur gehört hat; man differenziert zwischen Mit- und Vorwelt, zwischen Beteiligten und Beobachtenden, zwischen Nahestehenden und Unbekannten (Schütz 1981: 16 f.). Es sind diese Strukturen, die diese ‚Konstitutionsanalyse' herausarbeiten will.

3.4.2 Die Neue Wissenssoziologie: Berger und Luckmann

Von Peter L. Berger und Thomas Luckmann wird diese Perspektive in *Die gesellschaftliche Konstruktion der Wirklichkeit* von 1966 (dt. 1969) ausgeweitet. Bei Schütz sehen sie dabei folgende Bestimmung der Soziologie angelegt: Wie wird „Wissen wird *durch die Gesellschaft* verteilt" – diese Frage sei der „Hauptinhalt" der Soziologie (Berger und Luckmann 1969: 17, Herv. HD). Die von Berger und Luckmann im Anschluss an Schütz, aber auch an Weber, Mead, Gehlen, Plessner, sowie Durkheim und Mauss entfaltete Gesellschaftstheorie war und ist sehr erfolgreich. Seither ist ‚Wissenssoziologie' hierzulande oft diese ‚Neue Wissenssoziologie', die hier entfaltet ist. Ähnlich wie bei Parsons, Elias und Bourdieu ist dabei der Anspruch auch von Berger und Luckmann, eine einheitliche Theorie der Soziologie zu schaffen – und dazu nun insbesondere die divergenten Soziologien von Émile Durkheim und Max Weber zu integrieren. Berger und Luckmann sprechen daher – mit Weber und Durkheim – von Gesellschaft sowohl als ‚subjektiver', als auch als ‚objektiver' Wirklichkeit. Sie verbinden mit anderen Worten den Ausgang vom *konstituierten Subjekt* mit dem vom *konstituierenden Subjekt* – und zwar, indem sie analytisch gesehen nacheinander ablaufende, aufeinander basierende Prozesse untersuchen – oder vom Subjekt aus blicken, wie auch von den Institutionen aus. Rekonstruiert werden sollen ebenso *Externalisierungen* von Sinn oder Deutungen (eine Aussage oder Handlung wird getätigt); wie die Prozesse ihrer *Legitimierung* oder Objektivierung oder Institutionalisierung (die Aussage oder Handlung wird als verbindlich instituiert); und schließlich ebenso die Prozesse ihrer *Internalisierung* (die Aussage oder Handlung wird übernommen).

3.4 Phänomenologie: Alfred Schütz und Folgende

Die Grundidee lässt sich auch so zusammenfassen: Wir – die Subjekte – konstruieren die Welt; aber wir tun dies stets gemeinsam (sozial oder ‚gesellschaftlich'), als eine, die damit unverfügbar, evident, objektiv scheint, und in die wir uns daher einfügen. Die Subjekte übernehmen (in vielfältigen primären und sekundären Sozialisationsprozessen) bereits geltende Wahrnehmungen, sind aber grundlegend und ‚vorher' auch deren Urheber. Die *gesellschaftliche Konstruktion der Wirklichkeit* beruht dazu als auf jenem Zirkel, in dem die drei analytisch trennbaren Prozesse unterschieden werden: (1) Externalisierung von Sinn und vor allem dessen Objektivation oder Institutionalisierung; (2) Legitimierung dieser Institutionen in umfassenden Weltsichten, und (3) Internalisierung via Sozialisation. Zunächst wird ein Wissen, eine Vorstellung über die Wirklichkeit, eine Handlungsweise ausgedrückt; dann konventionalisiert und Dritten gegenüber institutionalisiert, dann wird dies durch ‚symbolische Sinnwelten' (wie die einer Religion oder Wissenschaft) legitimiert; und schließlich in Sozialisationsprozessen internalisiert. Damit will der Ansatz sowohl die zwingende Kraft der Institutionen anerkennen; als auch die Tatsache, dass diese von Einzelnen getragen sind. Oder noch anders formuliert: Weder soll ein voraussetzungsloses, ahistorisches Subjekt vorausgesetzt sein, um von ihm aus Institutionen zu erklären, noch soll das Subjekt als ganz und gar gesellschaftlich konstituiert verstanden werden. Vorausgesetzt ist nur die spezifische *Natur des Menschen,* im Anschluss an Helmuth Plessner und Arnold Gehlen: Diese Natur, die sich von der anderer Lebewesen durch künstliche Fixierungen – durch Institutionen anstelle der Instinkte – auszeichnet, ist Grundlage und Ursache aller Institutionen und Subjektformierungen.

Hauptgegenstand der Analyse ist nun im engen Anschluss an Schütz und in der Pflege seines Werkes die *Alltagswelt* als einer, die eigene *Wissens- oder Sinnstrukturen* aufweist. Es ist diese Welt, die immer schon „gedeutet wird" (Berger und Luckmann 1969: 21); und es ist diese Welt, die als selbstverständlich *geteilte, objektiv geltende* Weltsicht erscheint, als unhinterfragbares ‚Wissen'. Nur „am Rande" interessiert man sich daneben noch für speziellere Inhalte oder Wissensformen – für Ideologien, die bisher Gegenstand der Wissenssoziologie waren, oder für religiöse und politische Weltdeutungen: „Weltanschauungen" seien „so wichtig nicht in der Gesellschaft", heißt es bei Berger und Luckmann (ebd.: 16). Helmuth Plessner – auf den sich die Autoren also stützen und der 1935 selbst eine wissenssoziologische Studie verfasst hatte (*Verspätete Nation*), spricht daher von einer „Wissenssoziologie des guten Gewissens" (Plessner 1969: XVII). In ihr werden Fragen wie diese nicht mehr gestellt: „Wie kommt es, daß eine Gesellschaft eine [...] Vorstellung von ‚Freiheit' hat und eine andere nicht"? (ebd.: XVIII) Die ‚neue', an Schütz anschließende Wissenssoziologie will eben die Wirklichkeit im Kopf des „Normalverbrauchers" untersuchen (Berger und Luckmann 1969: 20) – um diese zu ‚*entverdinglichen*' (vgl. ebd.: 98). Wie werden Handlungen und Vorstellungen zu Institutionen mit zwingendem Charakter? In der Entfaltung und Konkretisierung der Grundidee – des Dreischritts von Externalisierung, Objektivierung und Internalisierung – sind im Buch bereits viele Themen angeschnitten, die in wissenssoziologischen Untersuchungen seither thematisch sind: So lassen sich Ansätze einer Soziologie des Körperwissens finden; auch des religiösen Wissens; oder es entfaltet sich von hier aus eine Soziologie des Wissens vom Tod (vgl. ebd.: 108 f.), ebenso wie eine Sprach- und Symbolsoziologie. Auch wird eine Theorie personaler Identität angedeutet, in der diese als „Phänomen" verstanden wird, „das durch die *Dialektik von Individuum und Gesellschaft* entsteht" (ebd.: 186, Hervorh. HD). Man findet aber durchaus auch eine an Marx und Mannheim angelehnte Erörterung von „Trägergruppen" von Ideologien und Wissen (ebd.: 136).

Zu diskutieren bleibt, welche Gesellschaftstheorie letztlich entfaltet ist: Die ‚Dialektik' von Individuum und Gesellschaft lässt gerade offen, was genau zu erforschen ist und woran anzusetzen ist – *das Individuum oder die Gesellschaft? Oder beide?* Man könnte es sicher so sehen: Im Ziel, alle Selbstverständlichkeiten, alles scheinbar Objektive und Unveränderliche aufzulösen, zu dekonstruieren, *muss* es letztlich ein handlungstheoretischer Ansatz sein: Gezeigt wird, dass Institutionen auf Routinen, Wiederholungen, auf Serien von Handlungen beruhen (vgl. ebd.: 56 f.). Dabei soll aber mitgedacht bleiben, dass die Handlungen nicht voraussetzungslos sind und Einzelne je geformte Subjekte ihrer Gesellschaft und Schicht sind. Die dabei angesprochene ‚Dialektik von Individuum und Gesellschaft' (s. o.) ist im strengen Sinn gar keine: Sie kennt keine Auflösung in etwas Drittem – die beiden Schritte der Objektivierung und Subjektivierung bleiben einander konträr und sie werden als nacheinander stattfindende gedacht (oder jedenfalls so dargestellt). So gesehen, bleibt die Spannung zwischen den beiden Ansätzen, zwischen der Soziologie des konstituierten Subjekts und der des konstituierenden Subjekts durchaus bestehen, nur dass hier beide von denselben Autoren aus und mit demselben Theorie- und Begriffsapparat verfolgt werden sollen. Das klingt dann etwa so: „Gesellschaft hat Geschichte, in deren Verlauf eine spezifische Identität entsteht. Diese Geschichte jedoch machen Menschen mit spezifischer Identität" (ebd.: 185). In dieser zirkulären Anlage will diese Theorie also nicht mehr von einem ahistorischen Individuum (dem Individuum „sub specie aeternitatis", ebd.) ausgehen. Sie will aber auch nicht von den als gegeben gedachten Strukturen oder Institutionen ausgehen. Diese sollen vielmehr als im Handeln erzeugte sichtbar werden. Wenn man nun erneut fragt, was für eine Gesellschaftstheorie dies *letztlich* ist, so scheint mit dem Ansatz am *Sinn der Alltagswelt* alles in allem doch ein subjektzentrierter (eben: *phänomenologischer*) Ansatz vorzuherrschen; indes einer, der wie erwähnt die Veränderlichkeit und kulturelle Varianz der – in den Kommunikationen der Subjekte konstituierten – Sinnstrukturen sowie ihre zwingende Kraft einrechnen kann. Plessners Vorwort in den Band von Berger und Luckmann ist dagegen deutlich struktur- und gesellschaftstheoretischer: „Wer konstruiert hier?" fragt Plessner mit Blick auf den Titel *Die gesellschaftliche Konstruktion der Wirklichkeit* – und antwortet eher für sich: „natürlich" die „gesellschaftliche Realität" (Plessner 1969: XV f.). Dagegen hat die Neue Wissenssoziologie eine deutlich Handlungs-theoretische Schlagseite: der Akteur, das Subjekt ist nicht wirklich das zu erklärende – vielmehr sind es die Institutionen, die Normen und Konventionen. Der Titel lautet zudem, andererseits: *Die gesellschaftliche Konstruktion der Wirklichkeit* – und nicht *Die Konstruktion der gesellschaftlichen Wirklichkeit*. Es geht um die Ent-Selbstverständlich-Machung von allem, was als ‚wirklich' gilt. Alles, was scheinbar evident und felsenfest ist, ist als sozial erzeugt zu verstehen – als Institution. Insofern handelt es sich ebenso um einen ‚sozialkonstruktivistischen' Ansatz. Es kann dabei zwar auch um die Konstruktion von ‚Gesellschaft' oder kollektiver Identität gehen. Aber darauf liegt nicht der Schwerpunkt, da der Ansatz gerade in Abkehr von der Wissenssoziologie (Mannheim 1984, Plessner 1974) wie bereits mehrfach erwähnt das ‚Alltagswissen' ins Zentrum stellt. Dieses dreht sich zwar auch (z. B. in der Migrationsfrage) um ‚Gesellschaft'; aber im Alltagswissen geht es eben auch um vieles anderes – etwa um den Tod. Ein Teil dieser Wissenssoziologie ist die ‚Thanato-Soziologie', die das Wissen um den Tod und die Auseinandersetzung mit ihm erforscht – und deren Moderne-Analyse dann etwa thematisiert, dass sich die moderne Gesellschaft durch eine Verdrängung und Unsichtbarmachung des Todes auszeichne. Zudem geht es Berger und Luckmann gerade an dieser bereits zitierten Stelle – an der Stelle kollektiver Identität oder Gesellschaft (vgl. Zifonun 2018) – v. a. um Dekonstruktion:

> „Gesellschaft hat Geschichte, in deren Verlauf eine spezifische Identität entsteht. Diese Geschichte jedoch machen Menschen mit spezifischer Identität. Hat man diese Dialektik vor Augen, so kann man die irreführende Vorstellung einer ‚kollektiven Identität' fallen lassen" (Berger und Luckmann 1969: 185).

3.4.3 Die aktuelle Wissenssoziologie (Kommunikativer Konstruktivismus)

Orientiert an der Phänomenologie als einer *Subjektphilosophie* (die im Unterschied zu anderen Subjektphilosophien dabei aber den Körper und Gefühle berücksichtigt) und in der Aufnahme der Frage nach Verstehensbedingungen, werden in der Neuen Wissenssoziologie z. B. also Fragen des Körperwissens und auch der Erfahrung des eigenen Körpers untersucht. Oder es geht um interkulturelle Verstehensprozesse (vgl. Fischer 2012), um die Bedeutung der Medien oder Symbolsysteme für die soziale Konstruktion von Wirklichkeit (schlechthin); um die sprachliche und nichtsprachliche Konstruktion von Realität. Dagegen fehlt – aufgrund der gerade beschriebenen dekonstruktiven Haltung – eine ähnlich ausführlich konzipierte Theorie und Analyse von ‚Gesellschaft'. Mit *Kommunikativer Konstruktivismus* hat Hubert Knoblauch 2017 eine Erneuerung dieser sozialkonstruktivistischen Soziologie von Berger und Luckmann vorgeschlagen. Im Grunde handelt es sich bei dem Buch erneut um eine Synthese oder Kompilation verschiedenster soziologischer und kulturwissenschaftlicher Ansätze, in einem Konzept, das nun wie eine erneute Fassung des Erfolgsbuches von Berger und Luckmann erscheint. Es ist jedenfalls ebenso materialreich und zudem angelehnt an deren Grundbegriffe. Erweitert werden diese nun z. B. um die medienvermittelte Erzeugung von Wirklichkeit. Unter „Gesellschaftstheorie" (gegenüber der im kommunikativen Handeln zentrierten „Sozialtheorie") treten dabei zunächst Überlegungen dazu auf, wie die Gesellschaft von den „Beteiligten selbst […] gedeutet und gerechtfertigt oder kritisiert" wird (Knoblauch 2017: VI). Sobald es an die Bestimmung von ‚Gesellschaftstheorie' geht, wird diese auch hier als *Analyse* von Gesellschaften verstanden:

> „So kann man etwa die soziologischen Analysen der modernen Gesellschaft als Gesellschaftstheorie verstehen, wenn sie […] die Ausbildung rationaler Herrschaftsorganisationen oder die Ausdifferenzierung der Arbeitsteilung behandelt" (ebd.: 16).

Es heißt aber auch, Gesellschaftstheorie beschreibe die „Aspekte von Gesellschaft, die über verschiedene empirisch zu bestimmende Kollektive hinweg die *Gesellschaft als Ganze* charakterisieren" (ebd., Herv. HD). Dieses Schwanken ist auffällig. Es lässt sich wohl nur dadurch erklären, dass die vom Handeln ausgehende Soziologie *Gesellschaft eigentlich auflösen will, aber doch zunehmend auf Gegenwartsanalysen zielt.* Vor dem Hintergrund einer soziologischen Perspektive, die Realität als kommunikativ erzeugt versteht, tritt ‚Gesellschaftstheorie' nun als Titel für jene Prozesse auf, die Berger und Luckmann als Routinisierung, Habitualisierung, Institutionalisierung, Legitimierung behandelt hatten und in der nun die Frage des Anschlusses als zentral erscheint: ‚Gesellschaft' ist dann eine kommunikativ erzeugte soziale Welt, die auf Anschlüssen ebenso wie aus Abgrenzungen – auf „Grenzarbeiten" (ebd.: 247) – basiert. In „Ermangelung einer „Einheit" erfordere die Gesellschaft eine permanente

3.4 Phänomenologie: Alfred Schütz und Folgende

„Grenzarbeit nach außen" ebenso wie eine Differenzierung „der sozialen Welt nach innen"" (ebd.: 248).

„Die kommunikativen Formen müssen erworben werden, die Handelnden müssen in spezifischen Rollen und Identitäten sozialisiert werden, bestimmte Institutionen müssen fortgeführt werden. Die Aufrechterhaltung der Grenzen, die Durchführung der Grenzarbeit, aber auch die Durchsetzung von Legitimationen erfordert eine besondere Form der Macht, die wir soziale Kontrolle nennen können." (ebd.)

Diese Grenzarbeiten und die Imaginationen der Einheit von Gesellschaft verlaufen über Kodifizierungen von Handlungen; über Klassifikationen von Individuen; und über „Kollektivsymbole" (ebd.: 284). Klassifikationen sind dabei die Weisen, in der die Gesellschaft oder das Kollektiv durch Abgrenzung definiert wird – durch die erwähnte ‚Grenzarbeit'. Sie beziehen sich „auf Subjekte, [...] auf sequenzielle Strukturen und Institutionen und [...] auf alle möglichen anderen sozialen Einheiten, wie etwa Gruppen (Familien) oder Kollektive (Nachbarschaften, Städte, Stämme, Nationen)" (ebd.: 273). In ihnen werden Individuen auf- und zugeteilt, und voneinander abgegrenzt, inkludiert und exkludiert. Worauf es Knoblauch nun ankommt, ist die *Zurückführbarkeit* dieser Prozesse von Inklusion und Exklusion, von Grenzbestimmungen des Kollektivs *auf Subjekte und Kommunikationsakte*. Weil alles Ergebnis des kommunikativem Handelns von Akteuren ist, „können [auch] die jeweils ausgeschlossenen Seiten [...] Träger finden: selbsterklärte Hexen, Satanisten, die das Böse für sich reklamieren, die Machtlosen, die sich zusammentun" (ebd.: 291). In der *Analyse* der gegenwärtigen ‚Konstruktion der gesellschaftlichen Wirklichkeit' wird eine „Kommunikationsgesellschaft" konstatiert (ebd.: 329 f.), in der sich der Status von (medialer) Kommunikation verändert habe: Statt nur als ‚Kulturelles', als nebensächlich gegenüber den sozialen Strukturen und Interaktionen zu gelten, sei Kommunikation zum „zentralen gesellschaftlichen Prozess" (ebd.: 328) avanciert, da sie nämlich nun selbst „zur materialen Produktion beiträgt" und damit „gesellschaftliche Strukturen schafft" (ebd.: 330). Das medienvermittelte kommunikative Handeln ist der „zentrale Produktions- und Konsumptionsfaktor" (ebd.: 339), der alle „Sektoren der Gesellschaft" erfasst habe (ebd.: 340) und neue Unterschiede und Zugehörigkeiten erzeuge. Zugleich würden mit den neuen Kommunikationsmedien „die klassischen soziologischen Größendimensionen von ‚mikro-', ‚meso-' und ‚makrosozialen' Strukturen in Frage gestellt" (ebd.: 372). In der Frage des Theorieansatzes – ist es eine *Soziologie mit oder ohne Gesellschaft? Wird das konstituierte, oder aber das konstituierende Subjekt vorausgesetzt?* –, ist auch hier zunächst der phänomenologische, handlungs- und kommunikationstheoretische Ansatz festzuhalten. Es soll aber nur ein „dünnes" Subjekt vorausgesetzt werden – nicht mehr als ein Körper, der Zeigegesten ausführt, und Erwartungen erwartet. Gefragt werden soll ausdrücklich auch nach „Formen der Subjektivierung" (ebd.: 377) – etwa durch neue Arbeitswelten, neue Politiken, oder neue Formen des „Gemeinschaftlichen, Affektiven und Sinnlichen" (ebd.: 382). Neben diesem Buch (das wir hervorgehoben haben, weil es viele Phänomene anspricht und weil es innerhalb der Wissenssoziologie weit rezipiert wird) gibt es natürlich vielfältige weitere Arbeiten der Neuen Wissenssoziologie, die hier nicht im Einzelnen gewürdigt und auch bei weitem nicht alle genannt werden können. Es gibt mit diesem Vokabular und in dieser Grundidee der gesellschaftlichen Konstruktion von Wirklichkeit z. B. Analysen der Architektur (als visuelle, sinnhafte „Ordnung von Gesellschaft", Steets 2015). Es gibt wie erwähnt phänomenologische Analysen des Körperwissens und von religiösen Weltsichten; oder Arbeiten zu Fremdheitserfahrung und Migration. Es werden Alltagsrituale (Soeffner 1989; 1992) ebenso thematisiert, wie nun auch Konstruktionen von Kollektiven, nämlich von „Volk" und „Nation" (Soeffner 2003). Zu erwähnen wären dabei ebenso weitere Arbeiten von Berger wie Luckmann sowie diejenigen weiterer Autor*innen, wie z. B. von Ronald Hitzler, Michaela Pfadenhauer, Martin Endreß, Bernd Schnettler, Jürgen Raab.

Literaturempfehlungen

- ENDREß, Martin. 2006. *Alfred Schütz.* Konstanz: UVK
- ENDREß, Martin und Alois Hahn, hrsg. 2018. *Lebensweltheorie und Gesellschaftsanalyse: Studien zum Werk von Thomas Luckmann.* Köln: Halem.
- FISCHER, Peter. 2012. *Phänomenologische Soziologie.* Bielefeld: Transcript
- KELLER, Reiner. 2012. *Das interpretative Paradigma. Eine Einführung.* Wiesbaden: Springer VS.
- SCHNETTLER, Bernt. 2006. *Thomas Luckmann.* Konstanz: UVK.
- RAAB, Jürgen et al., hrsg. 2008. *Phänomenologie und Soziologie: Theoretische Positionen, aktuelle Problemfelder und empirische Umsetzungen.* Wiesbaden: Springer VS.
- KNOBLAUCH, Hubert. 2009. Phänomenologische Soziologie. In *Handbuch Soziologische Theorien,* hrsg. Georg Kneer und Markus Schroer, 299–323. Wiesbaden: Springer VS.

▶ Was meint die „gesellschaftliche Konstruktion von Wirklichkeit"; inwiefern geht es um „Gesellschaft" und welche Stellung hat der Ansatz phänomenologischer Soziologie im Spektrum der Soziologien? Stellen Sie das Erkenntnisinteresse dieser „Neuen Wissenssoziologie" dar (z. B. im Unterschied zu Marx). Inwiefern und welches Wissen interessiert hier?

3.5 Rational-Choice-Theorien, ‚erklärende' Soziologien

Das im Folgenden darzustellende, ebenso erfolgreiche, internationale soziologische Forschungsprogramm umfasst neben der ‚orthodoxen' oder klassischen oder strengen Rational-Choice-Theorie auch weitere Ansätze: Sie nennen sich z. B. ‚individualistische Erklärung', ‚methodologischer' oder auch ‚struktureller Individualismus', oder ‚strukturell-individualistischer Ansatz' oder auch ‚analytische' oder ‚erklärende Soziologie'. Die zentralen Autoren sind im Angloamerikanischen Gary S. Becker, James Coleman, Jon Elster oder George C. Homans; Raymond Boudon in Frankreich; und hierzulande Hans-Dieter Opp, Hartmut Esser, oder Peter Voss. Die Theorie des Sozialen setzt hier voraus, dass die Aufgabe der Soziologie die *Erklärung* kollektiver Tatsachen sei, und das meint an dieser Stelle: diese sind aufzulösen in die Handlungen von Einzelnen. Insofern stehen diese Ansätze in der Linie Webers – es sind Handlungstheorien, oder es handelt sich um ‚Soziologien ohne Gesellschaft'. Gesellschaftliche Tatsachen – wie ein Rechtssystem oder eine Revolution – sind aus dieser Sicht allein Ergebnis individuellen Handelns. Sie müssen – und dies ist nun das Spezifikum z. B. gegenüber den rekonstruktiven Ansätzen – *durch das Individuum erklärt* werden, kausal, ursächlich. In diesem Sinne verstehen sich diese Soziologien als die ‚eigentlich' wissenschaftliche Soziologie oder als die *eigentliche Soziologie,* weil sie im Unterschied zu allen anderen Ansätzen das Soziale ‚wirklich' erklären, statt es vorauszusetzen. Dabei ist das Individuum nun der Ausgangspunkt – dem in der strengen Variante unterstellt wird, dass es *immer* nutzenmaximierend, zweckrational motiviert handele: in einer *rationalen Wahl* zwischen Handlungsalternativen. Erklärt wird dadurch das Zustandekommen einer Institution, und zwar gerade auch dann, wenn die Individuen dabei andere Ziele hatten – wenn etwas anderes zustande kommt, als ihre Kalkulationen und Handlungsziele waren. So hat auch bereits Max Weber in der *Protestantischen Ethik* gezeigt, wie *jenseits* der Absichten der Puritaner und Puritanerinnen (deren Ziel es war, das Seelenheil zu erlangen) die neue kapitalistische

Wirtschaftsorganisation und Lebensführung entstand. Im selben Sinne gibt es innerhalb der Rational-Choice-Theorien etwa Studien zu Kriminalität, zur 1989er Revolution, zu politischen Wahlen, oder zu Terrorismus. Ein Themenfeld ist etwa die Frage, wie Normen des Handelns entstehen und warum sie befolgt werden: Mit Durkheim darin übereinstimmend, dass Normen für Gesellschaften zentral sind, ist deren Wirkung oder Autorität zu erklären, indem diese nun allein auf individuelle Erwägungen reduziert wird. Diese ‚Gesellschaftstheorie ohne Gesellschaft' setzt dabei voraus, dass die Normen deshalb befolgt werden (und existieren), weil sie entweder „effizienz- oder wohlfahrtssteigernde Wirkungen" für die meisten ihrer „Nutznießer" haben. Und von den Akteuren wird also „angenommen, dass sie rational und vorrangig eigeninteressiert handeln" (Diekmann und Voss 2008: 96) – dass sie ihren ‚Nutzen' maximieren wollen.

Um diesen Ansatz als den richtigen Ansatz der Soziologie darzustellen, wird auch hier also auf Max Weber als Autorität zurückgegriffen. Er erfährt dabei eine bestimmte Lektüre: Weber habe nach *nomothetischen* (also gesetzesartigen) Aussagen gesucht, die empirisch überprüfbar sind. Ihm ging es ja ausdrücklich darum, soziales Verhalten aus [je dominanten] Motiven „ursächlich zu erklären". Ihm sei dabei „klar" gewesen, dass dies eine Orientierung an den *„Naturwissenschaften"* bedeute (Albert 2008: 15, Hervorh. HD): *„Im Gegensatz zur historistischen Auffassung"* habe Weber auf die „kausale Erklärung historischer Zusammenhänge" gezielt. Er sei sich „weiter darüber klar" gewesen, dass die *„Erklärung singulärer kausaler Zusammenhänge die Annahme von Gesetzmäßigkeiten"* voraussetzt (ebd., Hervorh. HD). Weber sei allerdings in dieser Zielsetzung noch nicht „erfolgreich" gewesen, er konnte die Rationalität des Handelns nur *heuristisch* oder fiktiv annehmen. Ihm fehlte eine allgemeine, Gesetzesaussagen machende Handlungstheorie (ebd.: 18) – die Rational Choice Theorie. Verbunden mit einer solchen Lektüre Max Webers ist die Überzeugung, dass die Soziologie nach dem Vorbild der Naturwissenschaften verfahren müsse – der *hard sciences,* will sie eine Wissenschaft sein. Es muss um Modellbildung und um deren empirische Prüfung gehen. Theorien müssen sich ‚bewähren'. Die Voraussetzung dazu ist wiederum, dass soziales Verhalten Gesetzen folgt. In dieser Denkweise handelt es sich um eine Wissenschaft nur, wenn Verhaltensweisen und ihnen zugrundeliegende Präferenzen möglichst *exakt und überprüfbar gemessen* werden (mittels Umfragen, Statistiken, Experimenten); und dann kausale Relationen nachgewiesen werden. So wird etwa untersucht, wie Versuchspersonen regelmäßig monetäre Beträge verteilen – je nachdem, ob sie von den betreffenden Empfänger*innen zuvor fair behandelt wurden oder nicht. So gehen (sozial-)psychologische Studien typischer Weise vor. Es gibt zudem

,Methodenexperimente' (z. B.: wie lässt sich die Rücklaufquote bei Befragungen verbessern?). Zudem werden faktische Faktoren eruiert, die eine Verhaltensänderung erklären können (z. B. ein verändertes Fahrverhalten).

3.5.1 Kernannahmen & Zusatzannahmen, enge & weite Rational Choice Theorien

Die „Kernannahmen" der RCT, wie sie in den 1960ern und 1970ern entfaltet wurden und wie sie z. B. James S. Coleman in *Foundations of Social Theory* (1990) festhält, sind genauer: (1) nicht nur soziale Tatsachen wie Tauschsysteme, Macht- und Autoritätsstrukturen, Korporationen, Gesellschaften sind aus individuellem Handeln zu erklären. Letztlich muss auch noch das Handeln der Akteure selbst erklärt werden: Warum handeln sie, wie sie handeln, und was folgt daraus? Es ist also nicht allein (aber dies letztlich vor allem) die Bildung von Institutionen erklärungsbedürftig. „Erklärt", d.i. auf kausale Gründe zurückgeführt werden, soll auch das soziale Handeln selbst. Dabei wird von (2) einer *Theorie der rationalen Wahl aus Handlungsalternativen* ausgegangen. Denn angenommen wird (3), dass es immer individuelle Präferenzen sind, die eine Handlungsweise oder Handlungswahl entscheiden. Und diese Handlungsentscheidung ist (4) orientiert am größtmöglichen *Nutzen,* die die gewählte Handlung für den Akteur *erwartungsgemäß* haben wird. Das Individuum wird also vorgestellt als kalkulierender Nutzenmaximierer, als homo oeconomicus. Diese Handlungstheorie versteht sich als „allgemeine Handlungstheorie", die auf einer „gesetzartigen" Basis steht. Diese muss nicht ihrerseits noch erklärt werden: dass Individuen rational, im Blick auf ihren Nutzen, handeln, ist das Axiom. Zugleich wird eingerechnet, dass das tatsächliche Handeln (5) durch *Handlungsrestriktionen* und *-möglichkeiten* beeinflusst ist (Opp 2018: 65).

Es gibt nun orthodoxe und weniger orthodoxe, oder rigorose und weniger rigorose Theorien. Entweder werden nur die ‚Kernannahmen' beibehalten, oder es werden ‚Zusatzannahmen' eingeführt, um die Modelle und Erklärungen zu verbessern. Zu den erst genannten gehören die streng ökonomistischen Theorien (Spieltheorie, neo-klassische Ökonomie), zu den zweiten die soziologisch beeindruckten Theorien (Opp, Esser, Voss u. a.). Oder, die erste ist die „enge", die zweite die „weite" Version von RCT. Die *rigorose* RCT setzt voraus, es gäbe *objektiv* erkennbare Handlungsoptionen, der Akteur nähme diese *korrekt* wahr, habe nur das *eigene* Wohl vor Augen, sei *objektiv* durch Restriktionen beeinflusst und es gäbe einen *objektiv* größten Nutzen. Für die weiten Versionen ist eher die *Wahrnehmung* der Handlungsalternativen entscheidend; anerkannt werden auch altruistische Ziele und Normerfüllung als Ziel; einbezogen werden nicht-objektive Restriktionen (z. B. Verlust von Ansehen) und die Veränderlichkeit von Präferenzen. Eine Zusatzannahme oder Modifikation stellt auch die „Wert-Erwartungs-Theorie" (Esser 1999) dar: Erwartete (z. B. negative) Folgen der Handlung sind ebenso zentral für die Wahl der Handlung, wie die individuellen Präferenzen. Es ist die Abwägung zwischen beiden, die die Wahl entscheidet, oder die These ist, dass immer die Handlung gewählt wird, die den größten ‚Nettonutzen' verspricht. Zur Familie der RC-Theorien gehören auch *Lerntheorie, kognitive Gleichgewichtstheorie,* oder die sozialpsychologische *Austauschtheorie* (unter letzterer ist v. a. der Ansatz von G. H. Homans gemeint). Ungeachtet aller Differenzen ist jedenfalls die *Handlungswahl das zu Erklärende*. Es ist ein entscheidungstheoretischer Ansatz. Will man etwa eine Revolution (Opp, Voos, Gern 1993) erklären, so muss man wissen, warum Individuen ihr Leben riskierten – welche *Entscheidungen* sie aus welchen Gründen trafen. Ebenso legen die Autor Innen ungeachtet aller Differenzen immer Wert auf die Darstellung der *Einheit* des Paradigmas. Die Theorieentwicklung wird nicht als Korrektur, vielmehr wird die enge Version als „Spezialfall der weiten Version" dargestellt (Opp 2018: 66), z. B. auch im Fall des „Modells der Frame-Selection" (MFS) und des „Modells der soziologischen Erklärung" (MSE) von Hartmut Esser. Die Annahme ist hier nicht mehr die, dass immer rational im Blick auf den größten Nutzen gehandelt wird, vielmehr:

> „Unter bestimmten Bedingungen [...] kann es auch zu ‚rationalen' Reaktionen kommen [...]. Insofern ist das MFS eben nicht ein Spezialfall der RC-Theorie. Vielmehr gilt umgekehrt: Das ‚rationale Handeln' ist ein Spezialfall [...] des MSE insgesamt, und zwar als einer der verschiedenen ‚Handlungstypen' [...] der möglichen Reaktionen". (Esser 2006: 358)

Die Einheit einer kausal erklärenden, handlungstheoretischen Soziologie wird also trotz aller Differenzen und Anreicherungen verteidigt. In der Auseinandersetzung mit anderen Soziologien wird dabei ein absichtlich mathematischer, formaler und absichtlich „rigoroser Argumentationsstil" eingeschlagen. Gegen den „narrativen" Ton (etwa Luhmanns) seien inhaltlich beschränkte, dafür aber „klare" und „prüfbare Hypothesen" zu formulieren, schreibt Karl-Dieter Opp noch 2018 (Opp 2018: 65): Genau dies mache die RCT allen anderen Soziologien „überlegen" (ebd.: 71). Der rigorose Stil ist derart ein polemischer Stil, der sich gegen jede „metaphysische" Soziologie wendet, die nämlich *nicht* analytisch oder erklärend in diesem Sinn ist, und gegen jede, die keine quantitativen Methoden einsetzt. Immer erneut muss die Theorie dabei gegen Verkürzungen kämpfen.

So behaupte sie „*nicht*, dass Menschen kalkulieren", sondern nur, dass sie „auf Anreize reagieren" (ebd.: 67, Hervorh. i.O.). Immer erneut werden zudem eben Zusatzannahmen hineingenommen, weil sich zeigt, dass viele soziale Phänomene mit der engen Version nicht zu erklären sind.

3.5.2 Zum Beispiel (1): Die Erklärung der Revolution von 1989 durch Opp, Voss und Gern

Solche Zusatzannahmen erfordert etwa die ‚Erklärung' der Revolution in der DDR 1989. Hierfür haben Karl-Dieter Opp, Peter Voss und Christiane Gern 1991 eine Umfrage unter 200 an den Demonstrationen beteiligten Leipziger BürgerInnen durchgeführt, um deren Motive zu erfahren. So zeigte sich, dass zwar die ökonomische Unzufriedenheit hoch, aber die politische Unzufriedenheit ausschlaggebend war (Opp, Voss und Gern 1993: 93 f.). Zudem wurden als Grund die Ausreisewelle von 1989 genannt (53 % der Befragten) und die Reformen in den anderen osteuropäischen Ländern und der UdSSR. Wie erklärt sich nun das riskante Verhalten – aus welchen Gründen gingen die Einzelnen auf die Straße, im Angesicht von Armee und Staatssicherheit? Die Kalkulation war, dass der eigene Beitrag einen Unterschied mache – über 80 % der Befragten meinten, dass *jede* Stimme wichtig sei, damit das Ziel erreicht werden kann (ebd.: 112). Es ist das „Gemeinsamkeits-Prinzip", der *Glaube,* dass alle zum Gruppenerfolg beitragen können und dies daher auch müssen (ebd.: 362 f.), der diese Handlungswahl erklärt: Dieses Vorgehen ist gerade nicht das einer orthodoxen RCT. Denn aus deren Sicht sind die Risiken des revolutionären Handelns viel zu hoch, um egoistisch kalkuliert zu sein, zumal die erwarteten Nutzen nicht die eigenen, sondern gemeinsame, öffentliche Nutzen sind (zivilbürgerliche Freiheiten). So lassen sich Mancur Olson (*Logik kollektiven Handelns,* 1965, dt. 1968) zufolge „öffentliche Güter" (an denen alle partizipieren) gerade nicht durch die individuelle Handlungswahl erklären: Die erwarteten Nutzen sind kollektiver Natur und der individuelle Beitrag ist zu gering, um als deren Erklärung dienen zu können. Um doch eine RC-Erklärung zu versuchen, könnte man (so nun die Überlegung von Opp et al.) auf politische Meinungsführer*innen blicken – die sich Machtzuwachs versprechen. Auch dann aber bleibe die Frage, welche Gründe dazu führen, *mitzumachen.* Zudem war es eine spontane Revolution, in der die OppositionsführerInnen unbekannt, ihr Beitrag zudem minimal, und es ihnen gar nicht um ‚die Macht' gegangen sei. Wie lässt sich also das Paradigma ‚sichern' und eine Erklärung der Revolution finden? Dazu werden nun zwei Kernannahmen verändert: (1) Konträr zur klassischen Annahme, dass der individuelle Beitrag zu einer kollektiven Handlung gering scheint und damit entscheidungstheoretisch irrelevant, glaubten die Ostdeutschen, dass *ihre* individuelle Handlung wichtig sei. (2) *Normen* und altruistische Motive werden in die Nützlichkeitserwägung einbezogen, statt nur am eigenen Nutzen orientiert zu sein. Aus diesem Blick erweist sich die klassische RCT-Theorie in diesem Fall als unzutreffend – sie hat sich nicht ‚bewährt'. Gleichwohl lässt sich weiter eine entscheidungstheoretische Erklärung suchen: Handeln kann eben auch motiviert sein durch die Orientierung an Normen an sich. Die Erklärung lautet dann, die ostdeutschen Demonstrant*innen seien einer „Protestnorm" gefolgt, deren Erfüllung für sie selbst einen „Nutzen" (nämlich gutes Gewissen) versprach, und deren Nicht-Erfüllung Kosten erzeuge (etwa die potentielle Frage der Kinder nach dem eigenen Beitrag zur Revolution, ebd.: 120 ff.).

3.5.3 Zum Beispiel (2): Essers ‚Modell Soziologischer Erklärung' (kollektive Akteure)

Ausgangspunkt dieser soziologischen Theorie, die letztlich den „allgemeinsten Gegenstand" des Faches, nämlich die „Gesellschaft der Menschen" (Esser 1993: X) erklären will – ist

> „die Annahme, dass alle sozialen Prozesse das [...] meist unbeabsichtigte Ergebnis des problemlösenden, situationsorientierten, mit guten subjektiven Gründen, mit Sinn also, versehenen [und] von Knappheiten begrenzten Handelns der menschlichen Akteure sind, die ihrerseits von den Folgen ihres Tuns geprägt und so in ihren Erwartungen und Bewertungen immer wieder neu konstituiert werden". (ebd.)

In diesem Sinn – sowohl von den Akteuren ausgehend als auch deren Prägung einbeziehend – will auch Esser eine Einheitstheorie der Soziologie erreichen. Alle „dauerhaften Ansätze" betonen nämlich einen wichtigen, weil „unhintergehbaren Gesichtspunkt" (ebd.: XI), verabsolutieren ihn aber. Daher muss erneut (nach Elias, Parsons und Berger und Luckmann) eine „integrative" und in diesem Sinn „nicht-reduktionistische" Gesellschaftstheorie versucht werden – eine aber, die dem „erklärenden" Paradigma angehört (Esser 1999: 259). Dabei werden notwendig viele Theorien ausgeblendet, etwa die strukturalistischen und poststrukturalistischen Ansätze. Und ähnlich wie bei Parsons wird die Geschichte der Gesellschaftstheorie als Fortschrittsgeschichte dargestellt: Sie habe sich „von der Vorstellung der Gesellschaft als einem eigenen Wesen" bei Durkheim zu der Auffassung fortentwickelt, „daß das, was

3.5 Rational-Choice-Theorien, ‚erklärende' Soziologien

‚Gesellschaft' genannt wird, nur ein Name für die ungeplanten Interdependenzen des Handelns der Menschen ist" (Esser 1993: 543). Dabei war natürlich Max Weber ausschlaggebend. Der auf diesen sich berufende (und deutlich differente) Ansatz heißt nun *Modell der soziologischen Erklärung* (MSE). Erklärung heißt hier: *Phänomene auf kausale Ursachen zurückzuführen, nämlich auf Handlungen, also methodologisch individualistisch*. Wesentlich interessieren dabei nun auch die *nichtintendierten* Folgen des Handelns. Und anders als andere (‚psychologistische') Handlungstheorien spricht Esser mit Coleman auch von *kollektiven Akteuren* (z. B. Organisationen). Es ist ein ‚strukturtheoretischer methodologischer Individualismus'. Dieser nimmt an,

> „dass es makrosoziale Entitäten, wie soziale Systeme oder Institutionen, real in der Tat gibt und dass sie auf die Akteure, die damit (irgendwie) zu tun haben, einen eigenständigen, das heißt: von ihnen selbst durch Beschluss nicht einfach zu übergehenden, Einfluss ausüben können. Insofern gibt es [...] eine Makrodetermination, nämlich eine der Akteure durch real existierende soziale Strukturen, die sie [...] geschaffen haben und aktuell tragen" (Esser 2006: 355 f.).

Aber diese scheinbar ontologische Aussage ist nur eine vorläufige. Esser bezeichnet sich als ontologischen Agnostiker – ob es emergente Phänomene ‚gibt' oder sie sich nicht doch auf Handeln zurückführen lassen, sei offen. Davon trennbar sei die erwähnte Tatsache, dass es eine ‚Makrodetermination der Akteure durch soziale Strukturen oder Institutionen' gibt. Zu trennen sei also die empirische *Beobachtung* solcher „‚Wirkungen' [...] auf die beteiligten Mikroeinheiten" von der Theoriefrage der Ontologie (ebd.: 355). Letztlich geht es hier aber doch darum, Emergenzen aufzulösen – denn dies bedeute ‚mehr' Wissen. Was die Soziologie erreichen müsse, sei die zunehmende und sukzessive Auflösung der „black box, die hinter jeder Emergenzbehauptung steht" (ebd.). An anderer Stelle schreibt Esser auch mit Ludwig Wittgenstein, Aufgabe der Soziologie sei der „Kampf gegen die Verhexungen, die die Sprache mit unserem Verstand anzurichten vermag" (Esser 1993: 542). In diesem Sinne also bleibt Weber die unbezweifelbare Autorität – trotz des Ausgangs von einer ‚Makro'-Situation: Letztlich sind alle Strukturen oder Institutionen, ist Gesellschaft als *Produkt des „Handelns von Menschen"* aufzudecken (Esser 2006: 363, Hervorh. HD). Diese Aufdeckung verläuft in drei Schritten: Es muss (1) die ‚Logik der Situation' aus Sicht der Akteure rekonstruiert werden, die in einer Situation doppelter Kontingenz stehen und versuchen, die Ziele der anderen einzubeziehen. (2) ist die ‚Logik der Selektion' unter Anwendung der ‚Theorie der Werterwartung' zu verstehen. (3) kann daraus die ‚Logik der Aggregation' erklärt werden – die

Folgen des Handelns auf die Strukturen der erst genannten sozialen Situation (z. B. die Bestätigung oder Veränderung einer Rechtsnorm). Von ‚Makro' bewegt man sich zu ‚Mikro' und von dort zu ‚Makro' – das ist die colemansche ‚*Badewanne*' der soziologischen Erklärung. Was dieses Modell besagt, ist: dass die Entstehung sozialer Systeme *nicht* aus dem Handeln isolierter Akteure ableitbar ist. Anders als in einer zu einfachen (zu einfach verstandenen) RC-Theorie bildet der isolierte Akteur *nicht* den Ausgangspunkt. Der Ausgangspunkt ist die Situation, die ihrerseits eine Vorgeschichte, vorhergehende Situationen besitzt. Anders als in einer (zu) einfachen RCT gehen in die Selektion der Handlung auch nicht allein Nutzenkalkulationen ein. Korrigiert wird hier also sowohl das „Fehlen einer Handlungstheorie, die auch spontane und symbolisch ausgelöste, von Programmen und Emotionen gesteuerte Reaktionen kennt", wie auch das Fehlen „dessen, was man sonst in der Soziologie als Kultur, Wert, Sinn oder Identität bezeichnet" (Esser 2006: 352). Kurz, das ‚Modell der soziologischen Erklärung' folgt nicht einer zu ‚„eindimensionalen' RC-Theorie"', sondern es ist eine „Handlungstheorie mit einer ganz anderen inhaltlichen Selektionslogik" (ebd.: 357 f.). Die Erklärung ist nicht isoliert-individualistisch, sondern *strukturindividualistisch*. Um ein Beispiel zu geben: der Bestand einer ‚Freundschaft' z. B. wird als „über Symbole, Handlungen und Deutungen stabilisierte Konstruktion einer zwar immer nur vorgestellten, aber in ihren Wirkungen dann höchst realen gesellschaftlichen Wirklichkeit" verstanden (Esser 1999: 169, vgl. Greshoff und Schimank o. J.). Dasselbe gilt für ‚Staat' und ‚Gesellschaft' – es sind effektive, handlungswirksame *Vorstellungen von Akteuren*. Dies ist gar nicht so weit von Durkheim entfernt (kollektive Repräsentationen) – wäre da nicht der allerdings entscheidende Unterschied, dass Durkheim die historische Subjektform (das individualistische, kalkulierende Subjekt) als *das zu Erklärende* versteht. Ähnlich hat Luhmann dieses Subjekt als eine historische Semantik analysiert; und hat Foucault Machttechniken und Wissensformen einer Epoche auf deren Erzeugung eines Wissens über das Subjekt hin beobachtet. Das ist weit entfernt von dem, was hier vorgestellt wird.

3.5.4 Die Suche nach einer Einheitstheorie – und (das Fehlen der) Gesellschaftsanalyse

Wie erwähnt geht es um eine ‚integrative', einheitliche Soziologie – notwendig. In der Orientierung an den Naturwissenschaften, einem positivistischen Wahrheitsbegriff kann eine solche Soziologie den Eigenwert anderer Ansätze nicht

3.5 Rational-Choice-Theorien, ‚erklärende' Soziologien

anerkennen und muss deren Kategorien und Konzepte umwandeln.[4] Von ihnen aus erscheint die Pluralität der Gesellschaftstheorien als Manko, als Unreife: „Nach wie vor existiert kein mitteilbarer Bestand an empirisch geprüften und theoretisch fundierten Aussagen über soziales Handeln, soziale Strukturen und soziale Ordnungen in modernen Gesellschaften", heißt es etwa bei Braun und Voss (2014: 142). Aus dieser Sicht ist unbegreiflich, dass die Soziologie noch immer nicht nur dem „methodologischen Individualismus, einem Mehrebenenschema der Erklärung und einer handlungstheoretischen Mikrofundierung [...] verpflichtet" ist (ebd.: 143). Letztlich ist es eine Handlungstheorie: Auch wenn (wie bei Esser) von Kollektiven die Rede ist, geht es um deren Erklärung oder ‚Reduktion' auf das Handeln, ebenso wie im Fall institutioneller Regeln, Gewohnheiten, Normen. Es handelt sich deutlich um eine *Soziologie ohne Gesellschaft* (um *die* Soziologie ohne Gesellschaft). Es finden sich daher auch kaum etwa derjenigen von Luhmann oder Foucault vergleichbare *Gesellschaftsanalysen*. Und dies muss so sein: Die individualistische, an Kalkülen ansetzende Erklärung kann sich nicht auf eine Gesamtheit von Institutionen, Kultur, Normen und Werten beziehen – ihr geht es immer um „theoriegeleitete Analysen ganz konkreter Handlungsbereiche" (Maurer 2010: 188). So schreibt Esser in einer bezeichnenden Darstellung anderer Ansätze: *Jeder* Frage nach der Gegenwartsgesellschaft stehe die

> „erklärende Soziologie skeptisch gegenüber. Denn letztlich handelt es sich bei der Frage nach dem ‚Wesen' der Gesellschaft um eine unbeantwortbare – und auch eigentlich unwissenschaftliche – Frage. Der Wissenschaft geht es, wie wir wissen, nicht um ‚was ist denn das Wesen von?'-Fragen [...]. Sondern es geht um [...] warum-Fragen" (Esser 2002: 533).

Nicht „Gesellschaftsphilosophie", sondern Wissenschaft sei Aufgabe der Soziologie. Diese sieht er aber durchaus in der „vergleichenden Gesellschaftsanalyse" von Weber und Shmuel Eisenstadt (da beide „empirischer" vorgehen als etwa Jürgen Habermas oder Ulrich Beck, vgl. ebd.). – Der Mitbegründer der Rational Choice Theorien James Coleman bietet dagegen durchaus auch eine Analyse der Moderne: Dessen These (Coleman 1986) ist, dass die moderne (zeitgenössische US-amerikanische) Gesellschaft eine *asymmetrische* Gesellschaft ist, eine Gesellschaft zunehmend *unpersönlicher* Systeme oder eine bürokratische Gesellschaft.

---

[4]Das gilt auch für Publikationen, die nach einem neutralen Vergleich z. B. von Luhmann – Weber klingen: z. B. Greshoff 2006, Greshoff und Schimank 2007.

Im Alltag seien an die Stelle handelnder, selbstverantwortlicher Personen Körperschaften getreten, die weiter von Individuen ‚bedient', aber nicht mehr von ihnen bestimmt und verantwortet werden – die Körperschaften haben ein Übergewicht erlangt, was Coleman etwa im Blick auf das Aufwachsen von Kindern und Jugendlichen analysiert.

> **Literaturempfehlungen**
>
> - BRAUN, Norman und Thomas Voss. 2014. *Zur Aktualität von James Coleman. Einleitung in sein Werk.* Wiesbaden: Springer VS.
> - GRESHOFF, Rainer und Uwe Schimank, hrsg. 2007. *Integrative Sozialtheorie? Esser – Luhmann – Weber.* Wiesbaden: Springer VS.
> - GREVE, Jens, Annette Schnabel und Rainer Schützeichel, hrsg. 2009. *Das Mikro-Makro-Modell der soziologischen Erklärung: Zur Ontologie, Methodologie und Metatheorie eines Forschungsprogramms.* Wiesbaden: Springer VS.

▶ Wie ‚erklärt' die *Erklärende Soziologie* das Soziale, welchen Stellenwert und welchen ‚Inhalt' haben hier Gesellschaft, Handeln und Akteur? Inwiefern steht diese Soziologie in der Tradition der weberschen Kritik an Kollektivbegriffen und vor allem am Gesellschaftsbegriff? Gehen Sie exemplarisch auf eine solche Erklärung sozialer Phänomene ein.

3.6 Pragmatismus und Symbolischer Interaktionismus

„Soziale Ordnung ist [...] keine autonome – die Grenzen des Handelns bestimmende – normative Struktur, sondern ein Prozess der symbolischen Aushandlung [von] Bedeutungen" (Schubert et al. 2019: 10).

Der *US-amerikanische Pragmatismus* und, mehr noch, der diesem folgende *Symbolische Interaktionismus* war dagegen äußerst skeptisch gegenüber dem Etikett der (soziologischen) ‚Theorie'. Gleichwohl handelt es sich um eine soziologische Theorie – um eine, die nun weder vom Individuum mit seinen Entscheidungen, noch von Klassen oder von sozialen (Kommunikations-)Systemen

3.6 Pragmatismus und Symbolischer Interaktionismus

ausgeht. Kommunikation im Sinne *symbolisch vermittelter oder kürzer, im Sinne symbolischer Interaktion* ist hier vielmehr der erste zentrale Begriff: Akteure erhalten in kommunikativen Akten, in Fremdzuschreibungen und deren Übernahme ihre Identität, aufgrund der sie handeln und soziale Ordnungen erzeugen. Eine ‚symbolische Interaktion' umfasst dabei mehr als nur sprachliche Handlungen (auch wenn diese im Zentrum stehen, da sie die Grundlage für Denkprozesse, für Bewusstsein, für personale Identität sind). Aber auch Gesten oder Artefakte können eine symbolische Bedeutung haben, etwas kommunizieren. Im selben Zug mit den symbolischen Interaktionen bilden sich Institutionen oder soziale Ordnungen, die nun als permanent veränderliche zu verstehen sind, denn sie werden – in Konflikten und Kooperationen – permanent ‚ausgehandelt'. Die Theorie denkt Institutionen – und Gesellschaft als deren Komplex – als *negotiated orders*. Mit anderen Worten, es gibt weder Kollektive, noch Strukturen, Normen, noch Personen, sofern dies bedeutet, fixe, mit sich identische Einheiten, Zustände zu denken. Es sind dies vielmehr handlungsleitende Vorstellungen, die in Interaktionsprozessen erzeugt werden und die kontingent und veränderlich sind – als etwas, zu dem alle beitragen und das alle verändern, nämlich verbessern können (und sollen). ‚Gesellschaft' wird damit zweitens von *kreativen* Interaktionen aus beschrieben – soziale Ordnungen oder Institutionen sind weder funktional (im Blick auf ihre Funktion für anderes) noch individualistisch (aus den Motiven Einzelner) erklärbar, sondern sie ‚sind' kreative Problemlösungen. Die zweite zentrale Kategorie, der zweite Grundbegriff ist daher das *kreative Handeln* (als kreative Interaktion, als Zusammenhandeln), neben dem erwähnten *kommunikativen* Handeln, der *symbolischen Interaktion*. Auch wenn hier vieles an Webers Kritik am Gesellschaftsbegriff und an eine Handlungstheorie erinnert, unterscheidet sich also der Ansatz darin, dass letztlich gerade nicht die Motive interessieren (oder diese nicht vorausgesetzt werden): Vorausgesetzt ist vielmehr eine kommunikative Situation, eine sprachliche Handlung in ihrer Wirkung auf ego; und vorausgesetzt ist weiter, dass es sich beim Menschen um ein *Lebewesen* handelt, das an der Stelle der Instinkte auf kreative Lösungen seiner praktischen Probleme angewiesen ist. Das Handeln wird nicht vorgestellt als geplant oder kalkuliert; auch nicht als ein solches, das Gesetzen folgt. Das Handeln interessiert vielmehr als Instinkt-Äquivalent, und es interessiert in seiner Eigentümlichkeit, durch symbolische Kommunikation (die etwas anwesend macht oder auch erzeugt) und nicht allein (wie bei den Tieren) durch Gesten abzulaufen.

Mit diesem – deutlich lebenssoziologischen – Ansatz verfolgen die entscheidenden Autoren, nämlich George Herbert Mead (für die allgemeine Theorie des Sozialen) und vor allem John Dewey (für die Fassung von ‚Gesellschaft') letztlich ein politisches Projekt. Es geht ihnen nicht um eine werturteilsfreie, analytische Beobachtung, sondern es geht ihnen um die Betonung der *Veränderlichkeit von Gesellschaft* – um diese tatsächlich zu verändern, um Veränderungen zu motivieren. Beide schreiben Anfang des 20. Jhs., und mit Blick auf die US-amerikanische Gesellschaft für eine ideale, integrativere, kreativere und experimentellere politische Ordnung – da es nur dieser ‚experimentellen' Form von Gesellschaft und Herrschaft gelingt, die Erstarrung zu vermeiden und so den immer neu sich stellenden praktischen Problemen am besten zu entsprechen. Die Soziologie erhält bei Dewey (auch wenn dieser anders als Mead „keine explizite Sozial- oder Gesellschaftstheorie entwickelt") die Aufgabe eines „Experimentalismus", der Mitgestaltung „gesellschaftlicher Transformationsprozesse" (Bogusz 2018: 43 f., 21). Dabei erhält die demokratische Öffentlichkeit eine Hauptrolle – die Theorie der modernen Gesellschaft *ist* hier Theorie der Demokratie, und ‚Theorie' ist gleichzeitig (und letztlich) Praxis, Politik. Voraussetzung eines solchen Verständnisses von Sozialwissenschaft, in dem es nicht um eine analytische, distanzierte Beschreibung oder Erklärung geht, ist eine Auffassung von Wahrheit und Erkenntnis, die dem Positivismus der ‚Erklärenden Soziologie' genau entgegengesetzt ist: ‚Wahrheit' und Erkenntnis ist für die pragmatistische Soziologie etwas, das stets vorläufig ist und letztlich – wie alle Institutionen – *dem Leben des Menschen und daher seinem Handeln dient.* So nennt Mead als das „hervorstechendste Merkmal des Pragmatismus", dass dieser die je konkrete „Erfahrung" als den Ausgangspunkt anerkennt, von dem aus Vergangenheit und Zukunft immer erneut gedacht werden. Dies schließe jede Vorstellung einer „absolute[n] Ordnung" aus (Mead 1983: 210) – wie sie unter dem Begriff der ‚Gesetze' in positivistischen Wahrheitsvorstellungen gedacht wird.

Neben den erwähnten Hauptautoren Mead und Dewey und im Anschluss an diese sind Herbert Blumer als Vertreter einer pragmatistischen Soziologie zu nennen. Von ihm stammt der Titel *Symbolischer Interaktionismus*. Zudem, in seiner Linie, stehen Howard Becker, Erving Goffman, Anselm Strauss oder auch Harold Garfinkel für diesen Ansatz – für eine Theorie, die eine Verflüssigung des Sozialen, die Kritik an Kollektivbegriffen und auch an Vorstellungen fester Akteure anstrebt. Es bleibt auch dort, wo es um Makrophänomene (Demokratie) geht, eine Handlungstheorie (des kommunikativen und des kreativen Handelns). Auch ‚Staat' oder ‚Markt' sind aus diesem Blick nämlich letztlich Ordnungen von *Handlungen;* sie sind immer nur scheinbar stabil und verändern sich permanent. Dagegen tendiere die ‚Gesellschaftstheorie' dazu, Gesellschaft essentialistisch zu fassen, sie zum Objekt zu machen und dieses als Ursache des Handelns zu verstehen. Zugleich gibt es wie erwähnt eine starke Skepsis gegenüber soziologischer *Theorie* generell, zugunsten nämlich der ethnografischen Sozialforschung. Diese Tradition der Soziologie ist auf mikrosoziale Prozesse konzentriert, sie abstrahiert bewusst von gesellschaftlichen Phänomenen und Prozessen, v. a. von „Macht und Herrschaft" (Joas 1996: 26). Das gilt namentlich für Blumer, Becker, und für Glaser und Strauss (die beide eine *grounded theory* statt einer *grand theory* als angemessen verstehen), und die Kritik richtet sich auf den im US-amerikanischen Kontext dominanten Theorieansatz von Talcott Parsons. Jenseits seiner Dominanz ist die Theorieskepsis nicht unproblematisch: Hans Joas spricht angesichts der gewollten, übertriebenen Theorieferne von einer „Selbstisolation" (1992a: 25), deren Grund auch die „Hilflosigkeit" gewesen sein wird, der Theorie von Parsons etwas entgegenzusetzen.

3.6.1 Mead: Gesellschaft als der generalisierte Andere

George Herbert Mead, dessen Hauptwerk *Mind, Self and Society* (*Geist, Identität und Gesellschaft*, Mead 1986) 1934 von seinen Schülern aus Vorlesungen posthum publiziert wurde, will weder Institutionen noch soziale Ordnungen oder Kollektive durch das daran orientierte individuelle Handeln ‚erklären'. Erklärt werden soll vielmehr die *Formung von Ich-Identität* – eines Selbstbewusstseins. Das Bewusstsein, eine personale Identität zu haben, ein ‚Ich' zu sein, wird als etwas beschrieben, die sich *gleichzeitig mit der Konstitution* der Gruppe ereignet, und von dieser *Gruppe* abhängt. Mead beschreibt dazu zunächst die besondere kommunikative Struktur des menschlichen Organismus: Dieser Organismus, dieses Lebewesen kommuniziert im Unterschied zu den anderen Tieren nicht nur in signifikanten Gesten (die auf etwas Anwesendes zeigen), sondern auch in *symbolischen* Gesten (die Abwesendes anwesend machen oder etwas erzeugen). Er geht dabei aus von einem weiteren Merkmal dieser sprachlichen Gesten: Sie werden im selben Moment auch selbst gehört, wie sie der andere, der Adressat hört. Die Struktur der sprachlichen Kommunikation ist, dass man daher die Reaktionen des Anderen auf die eigenen Worte antizipieren kann, dass sich eine Perspektivenübernahme etabliert. „[E]ntscheidend ist, daß die Geste auf das Individuum selbst ebenso wirkt wie auf andere", schreibt Mead (1973: 376). In Analogien mit zwei differenten Formen des Spiels beschreibt Mead weiter, wie dieser Tausch von Perspektiven sich in der Sozialisation sukzessive ausweitet, so dass zunehmend mehr Perspektiven in das eigene Verhalten hineingenommen werden können: vom Spiel *(play)* mit Rollen, in dem je eine andere Funktion erfüllt wird, geht er zum Wettbewerbsspiel *(game)* über, in dem viele Rollen oder Perspektiven gleichzeitig antizipiert werden, und indem schließlich ein ‚generalisierter Anderer' entsteht – der in das eigene Verhalten und Selbstbild insofern eingeht, weil man diesen permanent berücksichtigt. Eine persönliche Identität, ein stabiles Selbstbild ist eines, von dem ich glaube, dass es die *Anderen* von mir haben: (1) Im ungeregelten Spielen zum Beispiel mit Puppen sagt das Kind „etwas in einer Eigenschaft und reagiert in einer anderen, worauf dann seine Reaktion in der zweiten Eigenschaft ein Reiz für es selbst in der ersten Rolle ist". So entwickelt sich in ihm eine „organisierte Struktur" (ebd.: 192). (2) Im Wettkampfspiel muss man „bereit sein, die Haltung aller in das Spiel eingeschalteten Personen zu übernehmen", wobei diese „eine definitive Beziehung zueinander haben" (ebd.). Es ist der „Übergang von der spielerischen Übernahme der Rolle anderer zur organisierten Rolle, *die das Identitätsbewußtsein ist*" (ebd.: 193, Hervorh. HD). Dieses Identitätsbewusstsein ist nun nichts anderes als die „organisierte Gemeinschaft" oder die „*gesellschaftliche* Gruppe" – die Perspektive vieler anderer. Und zugleich stimmt auch: Gesellschaft ist „der verallgemeinerte Andere" (ebd.: 195). Worauf Mead den Akzent legt, ist aber weniger diese Klärung des Gesellschaftsbegriffes. Ihn interessiert, was ‚Denken' ist und wie es zustande kommt: Die Gruppe ermöglicht ebenso wie jedes Selbstbewusstsein auch jedes Denken. Das „logische Universum" ist nicht im Verstand vorgegeben, sondern es ist ein System „*gesellschaftlicher* Bedeutungen" (ebd.: 198, Hervorh. HD). Meads Konzept kreist dabei letztlich – wie erwähnt – aber auch nicht um das Denken. Es ist vor allem ein Konzept *individueller Identität*, von Persönlichkeit, die als sozial erzeugt sichtbar wird. Das ist nicht einfach die Umdrehung des Verhältnisses von Individuum und Kollektivität in dem Sinne, dass das Kollektiv nun vorausgesetzt wäre. Vielmehr verändert Mead die soziologische Perspektive ziemlich: Im Tausch „signifikanter Symbole", im logischen Universum wird ebenso das *Ich* wie *Gesellschaft* erzeugt (vgl. Joas 1992a: 34).

Noch einmal ausführlicher: Was ist hier ‚Gesellschaft'? Zunächst muss man erneut betonen, dass der symbolische Interaktionismus (wie der von Blumer für Mead erfundene Titel sagt) *Interaktionsanalysen* vornimmt. Er teilt wie erwähnt eine tiefe Skepsis gegenüber soziologischer Theorie und v. a. gegenüber Gesellschaftstheorie. Auch ist richtig, dass Mead – in den 1920ern und ebenso wie Dewey – vor allem eine normative Gesellschaftsvorstellung entfaltet. Es geht beiden um eine „ideale Vorstellung von der Struktur sozialer Ordnung", nämlich um das Ideal *demokratischer Selbstverwaltung*, das zu Lasten einer „soziologisch brauchbaren" Gesellschaftsanalyse (Joas 1996: 35) entfaltet wird. Beides macht es nicht einfach, die *Gesellschaftstheorie* zu skizzieren – die es gleichwohl, wenn auch nicht ausgearbeitet, gibt. So heißt es bei Mead einmal, in Form einer Definition:

> „A society is a systematic order of individuals in which each has a more or less differentiated activity [...]. It is due to the structural organization of society that the individual, in successively taking the roles of others in some organized activity,

finds himself selecting what is common in their interrelated acts, and so assumes [...] the role of the generalized other. [...] It may be that of a mere human being, that of the citizen of a definite community, that of the members of a club, or that of a logician in his ‚universe of discourse'" (Mead 1932: 86 f.).

Mindestens fünf Aspekte oder Konzepte kann man dabei unterscheiden: (1) Zunächst geht es um ‚Gesellschaft' im Sinne ihrer Auflösung in Handlungen. Ähnlich wie Weber geht es Mead um die Verflüssigung solcher Begriffe und um deren Zurückführung auf menschliche Aktionen. Gesellschaft ist etwas, das permanent erzeugt und ‚ausgehandelt' wird, veränderlich und nirgend existent ist als in *gemeinsam definierten Bedeutungen*. Im Zentrum steht dabei nicht allein das *kommunikative* Handeln (das Bedeutungen erzeugt), sondern dieses interessiert als etwas, das Neues erzeugt: als *kreatives* Handeln, das praktische Probleme löst. Sodann (2) ist ‚Gesellschaft' bei Mead unter dem Begriff des *generalisierten Anderen* gefasst – als Vorstellung einer geteilten Perspektive, die die eines Kollektivs, einer Gruppe ist. Identität setzt derart auf der einen Seite einen gesellschaftlichen Prozess voraus, d.i. die Identifikation mit einer Gruppe. Nicht nur handelt es sich um eine Theorie personaler als sozial erzeugter Identität, sondern damit verbunden ist auch ein *Konzept kollektiver Identität,* kollektiver Existenz – der Gebundenheit der Identität an Gruppen, die sich gegen andere abgrenzen. „Any self is a social self, but it is restricted to the group whose roles it assumes" (Mead 1932: 194). Oder, es geht Mead ebenso um die *Identität der Person* wie um *die der ‚Gesellschaft'* (vgl. ders. 1973: 273–385). Dabei ist weder das eine noch das andere vorauszusetzen. Die Organisation einer Gesellschaft ist auf das Individuum, auf dessen Deutungen des Gemeinsamen angewiesen. Weil „der Einzelne das von ihm Gesagte hören kann" und „neigt, ebenso wie die andere Person zu reagieren", entsteht eine gemeinsame Welt von Bedeutungen (ebd.: 108 f.), oder *Gesellschaft.* Diese Welt von Bedeutungen ist (3) zugleich und daher nie fix. Institutionen und Kollektive haben weder stabile Strukturen noch fixe Ziele oder Normen. Auch Personen sind nichts Festes. Diese Theorie des Sozialen ist eine *Theorie sozialer Bewegungen:* In solchen Bewegungen definieren Akteure neue gesellschaftliche Probleme, erzeugen Motive und Gefühle, formen Beziehungen und können zu tiefen Identitätsveränderungen führen (Konversionen oder ‚Radikalisierungen'). Zwar mag es so scheinen, als „würde der Einzelne" gesellschaftlich „geformt, *doch verändert sich die Gesellschaft" ihrerseits durch das individuelle Handeln*. Sobald man sich zum „Teil der Gemeinschaft macht", hat man einen Effekt (ebd.: 259), und sei dieser noch so klein. Ebenso gilt, dass man sich selbst durch die Identifikationen der Anderen ändert. Man „hat das Ich nie völlig im Griff" (ebd.: 246 f.). Ausgehend von der

Differenz zwischen tierischen und menschlichen Gesellschaften wird dann eine *analytische* wie auch, und untrennbar damit verbunden, *normative* Gesellschaftstheorie entfaltet, der es um eine Ausweitung des Generalisierten Anderen geht, um die Vermeidung von Grenzen: Was (4) die *analytische* Perspektive anbetrifft, so besteht die Geschichte der Moderne hier nicht in einer linearen Tendenz (zu Differenzierung, Rationalisierung, Individualisierung). Der Pragmatismus nimmt Gegenbewegungen ernst (Joas 1992b: 288 f.) und betont ihren „offene[n] Ausgang" (Joas 1992a: 33). Gesellschaften sind kontingente Zusammenhänge kontingenter Institutionen. Als solche erzeugen sie aber immer auch *Imaginationen* ihrer Entwicklung: Bedeutungen wie die „,Revolution' und die ,Nation', die ,Souveränität' und die ,Demokratie'" entstehen in der permanenten „Deutung und Selbstdeutung des Handelns" (Joas 1992c: 345) selbst. Mead unterscheidet zudem zwei Typen von Kollektiven: *konkrete* „Klassen oder Untergruppen" wie Klassen, Parteien, Klubs, in denen Individuen „direkt miteinander verbunden sind", und *abstrakte* Gruppen. Nur diese öffnen „unbegrenzte Möglichkeiten" der Erweiterung der sozialen Beziehungen, hin zu Gesellschaft als „organisierte[s] und einheitliche[s] Ganze[s]" (Mead 1973: 198 f.). Die Betonung der Veränderung und Kontingenz der gemeinsamen Bedeutungen und Institutionen ist (5) auch eine *Aufforderung* – ein politisches Projekt: „Wir können die Dinge verändern; wir können darauf bestehen, die Normen der Gemeinschaft zu verbessern", schreibt Mead (ebd.: 210). Insbesondere die Demokratie erscheint dabei als anzustrebende Lebensweise, weil sie die personale Identität nämlich nicht in einer nationalistischen Ausgrenzung, sondern vielmehr in einer „Beziehung der Brüderlichkeit" oder auch der (christlichen) „Liebe" verankert (ebd.: 334–338). Eine ideale Gesellschaft würde das Kommunikationssystem so weit entwickeln, dass alle Menschen (weltweit!) mit allen anderen verbunden wären und alle derart die Haltung der von ihnen Beeinflussten übernehmen könnten – die der Menschheit (vgl. ebd.: 376 f.). Und dies käme der „Stimme der Vernunft" gleich, da diese die Stimme „der größeren Gemeinschaft der Vergangenheit und Zukunft" ist (ebd.: 210).

Die Vermischung von Theorie und normativer Zielsetzung im Pragmatismus hat zeitgenössische Gründe: Es geht in den 1920ern in den USA den Pragmatisten darum, nationalistische Politiken durch internationale Kollektivbildungen zu ersetzen, und letztlich durch die *Menschheit* – die ,universelle Kommunikationsgemeinschaft'. Die Bildung möglichst universalistischer Ziele und Normen ist das Motivationszentrum dieser Gesellschaftstheorie. Auch John Dewey sieht zeitgenössisch, 1927 in *Die Öffentlichkeit und ihre Probleme* (dt. 1996), die Politik der USA in einer Krise, in einer Repräsentationskrise: Diese habe sich immer mehr von der Idee der Demokratie der Gründer entfernt, der liberalen Demokratie des 19. Jhs., der direkten Selbstverwaltung und Selbstorganisation von Gemeinden. Dagegen dominieren jetzt Interessengruppen und parteipolitische Kalküle. Auch die große räumliche Ausdehnung der Vereinigten Staaten und die steigende Komplexität der zu entscheidenden Sachverhalte verhindern, dass sich eine öffentliche Meinung in freier Debatte entfalte. Wie Mead beschreibt Dewey das politische Handeln als eines, das aber zu nichts anderem da ist, als gemeinsame Probleme gemeinsam zu lösen – worauf neue Handlungsfolgen entstehen, die ihrerseits gemeinsam zu bearbeiten sind, usw.: Leben ist Problemlösen, und es geht in der Politik (idealer Weise) gerade nicht um Machtzuwachs oder dergleichen. Die zu etablierende politische Öffentlichkeit ist daher das Zentrum der Demokratie, und zwar als lokale Kommunikationsgemeinschaft all jener, die von einer Entscheidung oder einem Problem *direkt* betroffen sind. Demokratie ist idealerweise eine integrative und eine „kreative" Demokratie (Dewey 1940) – ein erfindungsreiches und kooperatives Aushandlungsprojekt (vgl. Bogusz 2018: 98–113). Oder, Demokratie wird als Form der Selbstregierung verstanden. Die *Betroffenen* entscheiden über ihre Angelegenheiten – nicht spezialisierte und evtl. besonders geeignete Politiker. „Der Glaube an den gewöhnlichen Menschen ist ein Grundsatz demokratischer Kultur", schreibt Dewey (1940: 226, dt. HD): Führerschaft, Entscheidungsfähigkeit, Kompetenz wird *jedem und jeder* zugetraut – vorausgesetzt, dass diese „freundschaftlich" kooperieren und sich weiter bilden. Demokratie ist so gesehen „der Glaube, dass der Erfahrungsprozess wichtiger ist als jedes spezielle erreichte Resultat" (ebd.: 229, dt. HD) – und ihre Aufgabe die Erzeugung einer immer „freieren […] Erfahrung, an der alle teilhaben und zu der alle beitragen" (ebd.: 228). Kurz, *Demokratie wird vorgestellt als kollektives Experiment zur Lebensverbesserung.* Dabei verändert der Begriff des kreativen Handelns auch die Perspektive auf gesellschaftliche Krisen: Sie erscheinen als Chance zur Reorganisation (Joas 1992a: 44), und Gesellschaft insgesamt als Quelle der Inspiration, der Steigerung „persönlicher Energien" (ebd.: 47).

3.6.2 Weiterführungen (Blumer, Goffman, Becker, Strauss, Garfinkel)

Herbert Blumer hat wie erwähnt den Titel *symbolischer Interaktionismus* erfunden, in dem der prozesshafte Charakter allen Handelns betont ist. Blumer gilt als *der* Schüler Meads, in dessen Tradition er sich allerdings ungern stellte – er wolle weder über falsche oder richtige Interpretationen streiten noch Theorie betreiben. Er hatte ihr gegenüber „eine feindselige Einstellung"

(Bude und Dwelling 2013: 15). Daher ist die Einschätzung, dass es sich beim symbolischen Interaktionismus *nicht* um Gesellschaftstheorie handelt, nicht falsch. Das gilt auch inhaltlich: Gegenüber einer z. B. global ungleich verteilten Macht, historisch sich verändernden Subjektformen, oder all jenen Themen, die *gender* und *postcolonial studies* auf den Weg gebracht haben, ist diese Soziologie eher blind. Ihr wird jedenfalls vorgeworfen, dass sie „ahistorisch" sei und insbesondere „ökonomische Aspekte und gesellschaftliche Machtbeziehungen völlig ignoriere" (Joas und Knöbl 2004: 138 f.). Dabei muss man erneut im Blick haben, wogegen sich der Ansatz richtet: Der symbolische Interaktionismus oder die „Ethnomethodologie" musste erfunden werden, um die ‚wahre' Forschung in der Sozialwissenschaft zu retten – gegen eine hoch abstrakte, ‚methodenfetischistische' quantitative Sozialforschung (die aus einem Unterlegenheitsgefühl gegenüber den Naturwissenschaften resultiere); und gegen eine hoch abstrakte soziologische Theorie (die aus einem Unterlegenheitsgefühl gegenüber Philosophie und Geschichte resultiere, vgl. Bude und Dellwing 2013: 12). Larzarsfeld und Parsons sind aus der Sicht Blumers die Gegner, da sie keine erfahrungswissenschaftliche oder empirische Soziologie haben. Die Soziologie des symbolischen Interaktionismus/Pragmatismus ist daher so entworfen, dass sie Begriffe wie ‚Organisation' oder eben ‚Gesellschaft' durch das konkrete Leben der Gruppen und Individuen ersetzt. Alles, was im Sozialen geschieht, ist abhängig von Situationen und den in ihnen ‚ausgehandelten' Bedeutungen.

> „[M]an kann einen Reiz oder eine kulturelle Norm nicht wirklich sehen, aber man kann sich Dinge sagen hören wie: ‚Nun ja, ich weiß, ich sollte tun, was der Chef sagt, aber ...'. Das zeigte uns, dass diese Dinge, die man Normen nennen könnte, zwar von anderen manchmal angerufen werden, dass sie aber nicht so bestimmend sind, wie Kulturtheoretiker sich das vorgestellt haben, schon gar keine Objekte, die automatische Reaktionen hervorrufen, wie die Behavioristen das glaubten" (Becker 1988: 16).

Für Blumer gibt es zwar durchaus „Rollen, Statuspositionen, Rangordnungen, bürokratische Organisationen", Machtregime, Normen. Aber sie determinieren das Handeln nicht und bilden keine eigenen Systeme. Sie sind nur von Bedeutung, wenn „sie in den Prozess der Interpretation und Definition eintreten", aus dem eine Handlung entspringt (Blumer zitiert nach Bude und Dellwing 2013: 11). Und der ‚Stoff' der Gesellschaft sind nichts anderes als die laufenden Handlungen (ebd.: 10) und Bedeutungskonstruktionen, die Akteure vornehmen. Soziologie wird hier Ethnografie, „Wissenschaft der Interpretation", und dies, um „die Geister hinter der Welt, die unterstellten abstrakten Antriebe hinter dem Vorhang der konkreten menschlichen Interaktion" aus der Sozialwissenschaft „auszutreiben" (Bude und Dellwing 2013: 10).

3.6 Pragmatismus und Symbolischer Interaktionismus

Ebenso kann man bei E. Hughes daher einen Begriff von Gesellschaft vermissen (Joas 1992a: 52) oder im *negotiated order approach* von Anselm Strauss (ebd.: 55). Dasselbe gilt für die *Ethnomethologie* von *Harold Garfinkel* sowie von Harvey Sacks. Auch diese startet mit der Kritik an Parsons, der die Akteure zu „kulturellen Deppen", nämlich zu Marionetten vorgegebener Regeln und Werte mache (Keller 2012: 241). Dagegen ist es hier Programm, die ‚Ethnomethoden', d. i. die alltäglichen Methoden zur Erzeugung sozialer Ordnungen zu erforschen, welche die Gesellschaftsmitglieder selbst nutzen. Oder es geht – mit Schütz – darum, die Methoden, das ‚doing' der Konstruktion sozialer Wirklichkeiten zu rekonstruieren. Diese Methoden (z. B. von RichterInnen in der Urteilsfindung) seien genau dieselben, die auch SoziologInnen haben: Reden, Fragen, Argumentieren, Diskutieren. Die Gesellschaftsmitglieder selbst betreiben je in ihren Kontexten Gesellschaftstheorie, genauso wie die SoziologInnen es in ihrem (akademischen) Kontext tun. *Doing society* und *doing sociology* sind die Stichworte – und auch diese Soziologie versteht sich als eine, die derjenigen der Gesellschaftsmitglieder symmetrisch ist:

> „[A] concern for the nature, production, and recognition of reasonable, realistic, and analyzable actions is not the monopoly of [...] sociologists. Members of a society are concerned as a matter of course and necessarily with these matters both as features and for the socially managed production of their everyday affairs. The study of common sense knowledge and common sense activities consists of treating as problematic phenomena the actual methods whereby members of a society, doing sociology, lay or professional, make the social structures of everyday activities observable." (Garfinkel 1967: 75, vgl. ders. 2019)

Ebenso gilt für *Howard Becker*, dass er – und dies ist im US-amerikanischen Kontext wie erwähnt erneut bezogen auf Parsons – Theorieskeptiker ist. Auch er macht es zur Pflicht der SoziologInnen, die „Kontextualität, Aushandlungsoffenheit und lokale Fluidität von Bedeutungen" zu erforschen (Bude und Dellwing 2013: 12). So gilt auch für ihn, dass Gesellschaft aus nichts anderem besteht als aus den Interaktionen für-, gegen- und miteinander, aus der Arbeit an „einer Situation, einem Projekt, einer Sache" (Danko 2015: 8). Obgleich es sich also um mikrosoziologische Ansätze und um Enthaltungen von Gesellschaftstheorie handelt, wird gleichwohl das ‚große Ganze' nicht ignoriert. Nur ist es allein in den Situationen, in Phänomenen und Gegebenheiten zu erfassen, die das soziale Leben ausmachen. In ihrer Summe ergeben sie je „ein Bild von ‚der' Gesellschaft" (Joas 1992a: 55). Im Übrigen hat Becker auch differente Möglichkeiten analysiert, die Gesellschaft zum Objekt zu machen – Selbstbeschreibungen von Gesellschaft in Gestalt ihrer Akteure rekonstruiert (*Telling About Society* 2007).

Auch *Erving Goffman* steht auf dieser Seite der Soziologie – der Skepsis gegenüber einer Soziologie mit Gesellschaft. Obgleich Blumer ihn zu sich holte, macht Goffman sich zum Einzelgänger, betont seine Distanz zum symbolischen Interaktionismus (vgl. Keller 2012: 84). Blumer lobt ihn gleichwohl dafür, dass er „beständig bereit [sei], in neuen Umfeldern herumzustochern", die empirische Welt „entwirren" will, statt (wie Parsons) einem selbst erzeugten, „geheiligten Schema [...] zu huldigen" (zitiert nach Bude und Dellwing 2013: 18 f.). Daher findet man auch hier keine explizite Gesellschaftstheorie: wegen der Kritik an Verdinglichungen oder Essentialismen. Goffmans Interesse liegt auf der Anwendung von Schemata der Erfahrung, von angelernten ‚Rahmen' und ‚Interaktionsordnungen', die permanent verändert werden. Auch wenn von Regeln und Interaktions*ordnungen* die Rede ist, geht es gerade nicht um derart *festes* (vgl. Dellwing 2014: 41). Eine jede Ordnung ist nur scheinbar fest, sie ist ein „rituelles" oder „zeremonielles Idiom" (Goffman 1986: 98), das stets scheitern kann (Dellwing 2014: 175). Anders formuliert, ist zum Beispiel ein Verhalten für Goffmann nie in Bezug zu einer abstrakten Gesellschaftsordnung oder Norm unangemessen – unangemessen oder abweichend ist ein Verhalten allein, wenn es als solches *markiert* wird. Das Interesse liegt dann auf der Beschreibung jener Situationen, in denen Individuen einen (vorläufigen) Konsens über die Wirklichkeit erzeugen – auf den „Rahmen" der Alltagserfahrung (Goffman 1980). „Soziale Begegnungen unterscheiden sich stark nach der Bedeutung, die die Teilnehmer ihnen beimessen", heißt es zudem in *Interaktionsrituale* (Goffman 1986: 148). Ziel ist hier die „Aufdeckung der normativen Ordnung [...] die es überall gibt, wo Leute sind"; oder Ziel ist eine „Soziologie der Gelegenheiten". Diese stellt Goffman auch als Organisationssoziologie vor. Sie untersucht kleinere und größere „Interaktionseinheiten" – vom Grüßen zwischen Arzt und Patient über „Jagdveranstaltungen, Bankette, Prozesse" oder „Stadtbummel" bis zu solchen „Interaktionsmonstren" wie „wochenlangen Konferenzen" (ebd.: 8, 7) – im Blick auf die Organisation, die sich dabei etabliert. Sie besteht allein im zeitlich begrenzten „Zusammenkommen von Personen" und besitzt keine „normative stabilisierte Struktur" darüber hinaus (ebd.: 8). Es geht dabei nicht so sehr um die Akteure, als um die Interaktion; oder es geht „um Situationen und ihre Menschen" (ebd.: 9). Goffman beschreibt und klassifiziert z. B. Techniken der Imagepflege; er schließt an Durkheim an, um dessen Theorie der Selbst-Heiligung von Gesellschaft und der Heiligung des Individuums in modernen Gesellschaften mikrosoziologisch zu wenden – in der Frage, wie Sanktionen von Normverletzungen etwas über die amerikanische Gegenwartsgesellschaft aussagen, etwa über die ‚Ehrerbietung', die gegenüber den Einzelnen verlangt wird – auch in psychiatrischen Anstalten.

3.6 Pragmatismus und Symbolischer Interaktionismus

Was ist in diesem Konzept eine ‚Gesellschaft', und worin unterscheiden sich Gesellschaften? „Jede Gesellschaft" wäre also etwa als „System von Vereinbarungen über ehrerbietige Distanz" analysierbar, schreibt Goffman (ebd.: 71). Man muss ihre spezifischen „Vermeidungs"- und „Zuvorkommenheitsrituale" analysieren (ebd.: 70), z. B. mit Blick auf ein distanzwahrendes Verhalten, das eine *Klassengesellschaft* konstituiert. Oder, im Fall der psychiatrischen PatientInnen, wird die normale Ordnung der Gesellschaft – die *Heiligung des Individuums* – gebrochen: In Praktiken der Entweihung des Selbst oder der Anderen wird ex negativo deutlich, dass die „Verhaltensregeln", die die Würde des Menschen zum Inhalt haben, die „Bindungen der Gesellschaft" sind (ebd.: 100). Insgesamt besteht hier Gesellschaft aus wiederholten Praktiken – aus „Wiederholungen von Wiederholungen" (Müller 2015: 137). Oder, sie besteht aus Interaktionen, die durch Rahmungen eine wiedererkennbare Statur erhalten – wenn jemand eine Rolle übernimmt, etwas darstellt, sich kostümiert, wie auch immer (Goffman 2003). Kurz, Gesellschaft ist nicht vorausgesetzt, sondern wird als permanenter, ritueller Aufbau in Interaktionen sichtbar. Das Theaterstück ist *die Gesellschaft* – und das Ich, *das Subjekt* wird sichtbar als System von sich überlagernden Funktionen oder Rollen. Man ist z. B. strenger Vater, gutes Kind, engagierter Gestalter, fleißig Lernender, und eine sympathische Person (vgl. Goffman 1980: 619). Gesellschaft wird zudem als basierend auf Kommunikation definiert („sprachliche Interaktion ist [...] notwendig, wenn es Gesellschaft geben soll", Goffman 1986: 149). *Gesellschaftsanalysen* der ‚Moderne insgesamt' gibt es auch bei diesen Nachfolgenden Meads allenfalls implizit. Es wird auch nicht mehr dessen normatives Gesellschaftsideal geteilt und nicht die Auffassung vertreten, dass Soziologie die Gesellschaft verändern könne und solle. Im erwähnt kritischen Verhältnis zur Gesellschaftstheorie und -analyse von Parsons ist jeder Begriff von Gesellschaft verdächtig, genauso wie jede Vorstellung davon, dass die Soziologie eine privilegierte Beobachter- oder Konstruktionsposition habe. Sie ‚macht' einfach soziale Ordnungen wie alle anderen auch. Worauf das Interesse sich richtet, ist daher tatsächlich das ‚Mikrosoziale' – einzelne, konkrete Situationsdeutungen, einzelne, konkrete Interaktionsordnungen, einzelne Institutionen.

Literaturempfehlungen

- **DANKO**, Dagmar. 2015. *Zur Aktualität von Howard S. Becker. Einleitung in sein Werk.* Wiesbaden: Springer VS.
- **DELLWING**, Michael. 2014. *Zur Aktualität von Erving Goffman.* Wiesbaden: Springer VS.

- **JOAS**, Hans., hrsg. 1985. *Das Problem der Intersubjektivität – Neuere Beiträge zum Werk George Herbert Meads*, Frankfurt/M.: Suhrkamp
- **JOAS**, Hans, hrsg. 1992. *Pragmatismus und Gesellschaftstheorie.* Frankfurt/M.: Suhrkamp.
- **JOAS**, Hans, Hans-Joachim Schubert und Harald Wenzel. 2010. *Pragmatismus zur Einführung*. Hamburg: Junius.
- **KELLER**, Reiner. 2012. *Das interpretative Paradigma. Eine Einführung.* Wiesbaden: Springer VS.
- **SCHUBERT**, Hans-Joachim. 2009. Pragmatismus und Symbolischer Interaktionismus. In *Handbuch Soziologische Theorien*, hrsg. Georg Kneer und Markus Schroer, 345–367. Wiesbaden: Springer VS.
- **STRÜBING**, Jörg. 2007. *Anselm Strauss*. Konstanz: UVK.
- **STRÜBING**, Jörg. 2019. *Grounded Theory: Zur sozialtheoretischen und epistemologischen Fundierung eines pragmatistischen Forschungsstils.* Wiesbaden: Springer VS.

▶ Was bedeutet ‚symbolischer Interaktionismus' respektive ‚Ethnomethodologie' – und welcher Begriff von Gesellschaft wird hier entworfen? Worauf liegt das Interesse dieser soziologischen Forschung? Inwiefern geht es dabei (nicht) um eine Gesellschaftsanalyse und auch nicht um soziologische Theorie?

3.7 Figurationsprozesse (Norbert Elias)

Die Figurationssoziologie von Norbert Elias lässt sich ihrerseits als am Akteur ansetzende Theorie, oder besser, als Soziologie ohne Gesellschaft verstehen, wenn man hinzufügt: Sie setzt an *Relationen zwischen Akteuren* an. Nun würde indes Elias diese Darstellung strikt zurückweisen: Er will sowohl den Ansatz von Weber als auch den von Parsons verabschieden – denn der erste (Weber) setze ein geschlossenes Individuum voraus, der andere (Parsons) ein ebenso geschlossenes System. Dabei bestehen doch Systeme aus Menschen, und diese sind ohne jene nicht lebensfähig. Zudem und vor allem verändern sich beide permanent – man hat es mit Prozessen und nicht Zuständen zu tun, wie auch Elias wichtig ist zu betonen. Über Weber und Parsons hinaus stellt sich Elias die zeitgenössische Soziologie der 1930er so dar: (1) übernehme die Soziologie einfach

3.7 Figurationsprozesse (Norbert Elias)

die herrschenden Ideologien ihrer Zeit (das freie Individuum und den souveränen Staat); und (2) hätten alle ein statisches Bild, als ebenso ideologische Anti-Reaktion auf die vorherigen Fortschrittsvorstellungen. Elias beansprucht daher, die *erste nicht ideologische Soziologie* zu liefern. So steht es im Vorwort in Band 2 von *Über den Prozess der Zivilisation* von 1939. Das ist ein starker Anspruch. Er erklärt sich aus der zeitgenössischen Lage; ist aber in der Verzerrung der vorherigen Soziologien – v. a. Max Webers – nicht wirklich berechtigt. Kann Elias gleichwohl positiv einlösen, was er verspricht: eine empirisch vorgehende Theorie von Gesellschaft und Individuum – die im Material zeigen kann, wie sich Figurationen und damit sowohl Gesellschaft als auch Individuen verändern?

Elias hat ein breites Werk hinterlassen, das Arbeiten zu Zeit, Sport, Musik ebenso umfasst wie zu Etablierten und AußenseiterInnen, oder zum Holocaust. Entscheidend für diese Frage – und insgesamt für die Frage nach seiner Fassung von ‚Gesellschaft' – sind dabei folgende drei Bände: die bereits erwähnte Monografie *Über den Prozeß der Zivilisation. Soziogenetische und psychogenetische Untersuchungen* – deren erster Band mithilfe von Etikettenbüchern die ‚Psychogenese' oder die Herausbildung der Affektstruktur des modernen Menschen untersucht – die *Wandlungen des Verhaltens in den weltlichen Oberschichten* in der Zeit der Renaissance und der der höfischen Gesellschaft. Der zweite Band untersucht die ‚Soziogenese' des modernen Staates: die *Wandlungen der Gesellschaftsstruktur*. Auch findet sich hier die Verallgemeinerung dieser zunächst auf eine bestimmte Region und Zeit beschränkten Untersuchung: eine „Theorie der Zivilisation". Diesen beiden Büchern vorher geht 1933 die Habilitationsschrift *Der höfische Mensch*, die 1969 als *Die höfische Gesellschaft* erscheint: die Analyse der Verhaltens- und Sozialstruktur, der Zeremonien und Architektur, der Bediensteten, Geschlechterbeziehungen und Machtbalancen am Hof von Versailles sowie dem Provinzadel im absolutistischen Frankreich, die viele der Themen bereits vorgeben, die dann auf breiterer Basis 1939 analysiert werden. Um kurz bei dem ersten Buch zu bleiben: in *Die höfische Gesellschaft* geht es unter anderem um die Architektur von Versailles sowie der Palais des höfischen Adels in Paris; Elias beschreibt detailliert die Erzeugung einer höfischen, ‚guten' Gesellschaft und ihrer Dienerschaft in der Raumstruktur von Schloss und Palais; ebenso wie der Geschlechterbeziehungen; die Rolle des Paradeschlafzimmers des Königs für die tägliche Verwandlung der Krieger in Höflinge; und die vorgeschriebene Ordnung der Architektur, deren Ornamente und Säulen erkennbar machen, welchem Stand der Inhaber angehört. Oder, Elis beschreibt das höfische Leben, dessen Arbeit darin bestand, den eigenen Stand zu repräsentieren, und nicht etwas zu produzieren (‚wer nicht wohnt wie ein Herzog, ist schon kein Herzog mehr', vgl. Elias 1969: 99).

3.7.1 Figuration statt ‚Gesellschaft' oder aber ‚Individuum'

Was seine Gesellschaftstheorie betrifft, so setzt Elias zum einen alles daran, eine *historische Soziologie* zu entfalten, die Gesellschaft historisch, in ihrem Gewordensein beschreibt (als Prozess). Zum anderen geht es ihm um eine ‚dritte' Soziologie neben den oben erwähnten: um einen Ansatz, der sowohl Handlungen als auch Strukturen beschreibt. Der zentrale Begriff dafür ist die „Verflechtung" oder die „Figuration": die Konstellation, die mehrere miteinander Handelnden in einer Gesellschaft bilden, wobei sie voneinander abhängen, gegeneinander konkurrieren oder kämpfen. Familien, Dörfer, Städte, Unternehmen, Stämme, Feudalreiche, Nationalstaaten oder nationale Gesellschaften – sie alle lassen sich als *Figurationen von Menschen* beschreiben. Eine solche Gesellschaftstheorie mag „banal" erscheinen – würden nicht so viele an dieser einfachen Tatsache vorbei denken (so Albert 2013: 186). Elias geht es tatsächlich ganz *absichtlich* um Banales: Er war gewissermaßen allergisch gegen „leeres Begriffsgeklingel" (Kuzmics und Mörth 1991: 11).

Elias ist neben und auch gegen Parsons (1937) also zeitgenössisch der Autor, der die Mitte zwischen dem Ansatz am handelnden Individuum und dem es prägenden Kollektiv avisiert. Statt Individuum und Gesellschaft als „zwei getrennt existierende Körper" zu denken (Elias 1980a: XVIII), brauche es dazu eine „radikale Veränderung des ganzen soziologischen Denkstils" (ebd.: XXIV). Nur so lasse sich das „vertrackte Problem des Zusammenhangs von individuellen" oder „psychologischen Strukturen" einerseits, und „Sozialstrukturen" andererseits lösen (ebd.). Der Begriff des Akteurs sei ebenso abstrakt wie der der Gesellschaft; auch handele es sich dabei doch offensichtlich um zwei Aspekte derselben Phänomene – nämlich der Figurationen oder der Interdependenzgeflechte oder Gefüge voneinander abhängiger Individuen. Weber wird wie erwähnt vorgehalten, er denke ein geschlossenes, bereits vorhandenes und ahistorisches Individuum – den *„homo clausus"* (Elias 1980a: VL f.), und sei damit blind für Strukturen, Typen und Regelmäßigkeiten. Zudem lasse er unter dem Begriff der sozialen Handlung nur Handlungen zwischen Subjekten gelten (während auch ein heiliger Felsen z. B. Bedeutung für Handlungen haben kann); er klammere Affekte aus, bevorzuge also rationales Handeln; und betone nur Aktivitäten und nicht auch Passivitäten (Elias 1980b; ders. 1986). Parsons wiederum denke gesellschaftliche Prozesse durch Strukturen oder Systeme determiniert, während doch Menschen die Gesellschaft ‚machen' – und zwar so, dass etwas entsteht, das niemand anzielt hat, auch wenn er oder sie Teil davon ist.

3.7 Figurationsprozesse (Norbert Elias)

„Pläne und Handlungen, emotionale und rationale Regungen der einzelnen Menschen greifen beständig [...] ineinander. Diese fundamentale Verflechtung [...] kann Wandlungen und Gestaltungen herbeiführen, die kein einzelner Mensch geplant [...] hat". (Elias 1980b: 324 f.)

Diese emergenten Ordnungen des Handelns, Denkens und Verhaltens sind zwar zwingender als die Motive der Einzelnen. Aber sie liegen ihnen nicht voraus. An die Stelle des homo clausus, der „geschlossenen Persönlichkeit" tritt nun die „offene" Person, die nicht unabhängig von anderen zu denken ist (Elias 1980a: LXVII). Und an die Stelle von Gesellschaft (System, Ganzheit) tritt das „Interdependenzgeflecht" von Menschen (ebd.: LXVIII f.). Elias stellt sich diese wie (veränderliche und doch strukturierte) *Tanzfigurationen* vor. Und um dies deutlich zu machen, dass er weder von Individuum noch Gesellschaft ausgeht, spricht er nicht von Handlungs- oder Sozial- oder auch Gesellschaftswissenschaft – sondern von *Menschenwissenschaft*. Diese kann Elias wie erwähnt auch deshalb als *radikale Veränderung soziologischen Denkens* darstellen, weil er im Ausgang vom Subjekt oder von Gesellschaft *Ideologien* am Werk sieht – Ideologien, die verhindern, dass die Soziologie eine Wirklichkeitswissenschaft wird, die deren wirkliche, permanente Veränderung untersucht. Die Systemtheorie einerseits basiere auf dem „nationale[n] Gedanke[n]"; das „System" sei nichts anderes als der „demokratisch gedachte Nationalstaat" (ebd.: XL), der als unveränderlich gedacht werde. Und die Handlungstheorie andererseits basiere auf der ebenso statischen Ideologie der autonomen Einzelnen (ebd.: XLV). Beide seien ideologisch und auch *geschichtsblind*. Individuum wie Gesellschaft würden als Zustand vorgestellt (vgl. ebd.: XIV); gerade Parsons sehe es als die Aufgabe der Theorie an, die veränderliche Realität auf „Unwandelbares zu reduzieren" (ebd.: XVII). Und selbst wenn Parsons sozialen Wandel denke, dann immer als Wandel von „etwas" (ebd.: XII). Mit anderen Worten: Sowohl der Begriff des Kollektivs als auch des Individuums tendieren dazu, etwas festzustellen. Dagegen ist der Wandel *permanent*. Wovon Elias dagegen ausgeht, ist neben der Figuration – und diese erklärend – die anthropologisch notwendige Form des Lebens in Gruppen: Es gibt eine „ontologische Soziabilität" (Elias 1987: 254). Der Mensch ist, da er weder Flucht- noch Angriffstier ist, auf Gruppenbildungen angewiesen. Zugleich geht Elias von einer grundlegend historischen Natur des Menschen aus: Mit der Gruppenform, genauer der Struktur der Verflechtungszusammenhänge, ändern sich Motive und Subjektformen. Nicht nur ist jeder sozialisiert, die „Gesetze" menschlichen Erlebens, Verhaltens und Handelns verändern sich in Folge des nicht festgestellten, auf Lernen eingerichteten menschlichen Organismus (Elias 1986: 116). Was universell ist, ist allein die „Wandelbarkeit" des Menschen (ebd.: 118).

3.7.2 Gesellschaftsanalyse: Staatenbildung und Zivilisation des Verhaltens vom 15. bis 18. Jh.

Das Zentrum des Werkes bildet die dem entsprechende, empirisch vorgehende historische Soziologie, wie sie in Gestalt der „Theorie des Prozesses der Zivilisation" vorliegt. Untersucht werden die Veränderungen der Herrschaftsstrukturen und Abhängigkeiten; sowie Mentalitäten oder Affektstrukturierungen ab dem 13. bis ins 18. Jh. vor allem auf französischem Gebiet (dem des Absolutismus und der höfischen Gesellschaft). Ähnlich wie Foucault geht es Elias darum, zu eruieren, *wie wir zu dem geworden sind, was wir sind*. Die Frage ist: Wie wird aus dem mittelalterlichen Menschen das moderne Subjekt – und zugleich: Wie wird aus der

> „dezentralisierten Gesellschaft des frühen Mittelalters, in der viele, größere und kleinere, Krieger die wahren Herren der abendländischen Gebiete sind, eine jener im Inneren mehr oder weniger befriedeten, nach außen gerüsteten Gesellschaften, die wir ‚Staat' nennen?" (Elias 1980a: LXXVI f.)

Die Unterstellung ist dabei, dass es – empirisch beobachtbar – eine Ordnung oder eine *Struktur der Veränderung gibt*. Der Beginn des Prozesses war kontingent, aber die einmal eingeschlagene Richtung hat eine Beharrungstendenz. Elias beobachtet eine gerichtete Veränderung des Verhaltens, der Körperkontrolle, der Äußerungsweisen – eine Veränderung hin zu einer fortschreitenden *Zivilisierung des Verhaltens*, die den Veränderungen der Figurationen entspricht. Zunehmend etabliert sich eine Selbst-Kontrolle von Affekten, Verhalten, Äußerungen, und zwar, weil es eine *zunehmende Monopolbildung von Macht* gibt – größere, befriedete Territorien entstehen, die mehr Menschen umfassen (Monarchien und Staaten). Elias bezeichnet dabei diese Veränderung – die „Soziogenese" des modernen Staates – als grundlegend: als Prägungsapparat, Motor oder Antrieb der Veränderungen in Denkweisen, Affekten, Verhalten (vgl. Albert 2013: 207 f.). Die Frage, warum sich die „Struktur aller menschlichen Äußerungen" in Richtung einer *civilité* (Elias 1980b: VII f.) bewegt, erklärt sich also durch die Änderung der Sozialstruktur.

Die Sozialstruktur verändert sich, insofern sich in Europa seit dem frühen Mittelalter „aus der Burgenlandschaft zugleich mit einer Reihe von freien, städtischen Handwerker- und Händlersiedlungen auch eine Reihe größerer und reicherer Feudalhofe herausheben" (Elias 1980a: LXXV). Es bildet sich eine Elite unter den Kriegern, deren Wohnstätte die Höfe sind: Sie sind die Zentren des „Minnesangs" und der „courtoisen" Umgangs- und „Verhaltensformen" (ebd.).

3.7 Figurationsprozesse (Norbert Elias)

Man liest zudem unter dem Titel der Soziogenese über die entstehende Geldwirtschaft mit ihren neuen Möglichkeiten für eine zentrale Verwaltung; über die Veränderung der Kriegstechnik (vgl. Elias 1980b: 8 ff.); über die Karolinger, Normannen, Kapetinger, Karl den Großen, Ludwig VI., Wilhelm den Eroberer, über Pferde und andere Zugtiere, den Überlandtransport, Maschinen, über Leibeigenschaft, Vasallen, Krieger und Beamte, über Burg und Hof, Königskrone und Schwert, über Konkurrenzkämpfe und den „Monopolmechanismus" (ebd.: 142–159): Kurz, es ist wirklich eine historische Soziologie, anstelle einer pauschalen Annahme über ‚traditionale' Gesellschaften. Man sieht zum anderen – unter dem Titel der „Psychogenese" und mittels historischer Texte –, wie sich historisch und räumlich konkret die Standards des (höfischen) Verhaltens zunehmend verändern: „Man erblickt die Menschen bei Tisch; man sieht sie schlafen gehen oder […] im Kampf", und dabei sieht man Veränderungen in den „elementaren Verrichtungen", im Verhalten und Empfinden insbesondere von Scham und Peinlichkeit, in Bezug auf den Körper. Das Geforderte und Verbotene verändert sich, und ebenso die „Schwelle der […] Unlust und Angst" (Elias 1980a: LXXII).

Soziogenese oder die Entstehung der Zentralmacht (1): Ausgangspunkt der Untersuchung ist also der *Staatsbildungsprozeß* (der allerdings in Bd. 2 behandelt wird). Aufgrund einer den Machtkämpfen im Politischen wie auch Ökonomischen immanenten Tendenz zur Monopolbildung hat sich historisch, im Europa des 15. bis 18. Jhs., zunehmend eine einzige Position ausgebildet – der König des absolutistischen Frankreich hat letztlich alle „Machtchancen" versammelt. Sein Potential der Gewalt war letztlich so „groß", dass „kein Inhaber einer anderen sozialen Position" mit ihm noch konkurrieren konnte (ebd.: LXVII). Was ist der *Monopolmechanismus,* d. h. welche Ordnung weist die (europäische) Geschichte in Bezug auf die Sozialstrukturen auf, und welche „Mechanismen" haben zu dieser Änderung geführt (ebd.)? Die zunehmende Stärkung der Institution des Königs oder des Fürsten gegenüber den mittelalterlichen Institutionen ist Ergebnis eines Konkurrenzkampfs, dessen Logik Elias so darstellt, dass zunächst von zwei Konkurrenten immer einer gewinnt; er dadurch mehr Machtchancen erhält, so dass er gegen weitere Konkurrenz gewinnt – sich die Zahl der Konkurrenten immer weiter reduziert. Aus einer Figuration vieler kleiner „Gesellschaftseinheiten" haben sich derart einige wenige größere Figurationen gebildet, an deren Ende der Zentralstaat steht – die Verflechtung oder Figuration aller Menschen des Territorialstaats. Diese zunehmend ausgedehnte Figuration (Versailles war für 10 000 Höflinge gebaut) verband zunehmend mehr Individuen und machte diese vom König ebenso abhängig, wie er von ihnen abhing. Die längere „Interdependenzkette" erzwang nun die Umstellung des Verhaltens: Da es zunehmend mehr Absichten und Menschen einzurechnen galt, zwang dies zur Entwicklung von Plänen, von Vorausschau und „Langsicht" – gegenüber dem, was Elias als typisches Verhalten und Denken des Mittelalters vorstellt: Dieses Leben war eines seelischer „Extreme", von Unsicherheit und Unvorhersehbarkeit, der Schocks – ein Leben, in dem Sieg oder Niederlage, Tod oder Befreiung jederzeit möglich waren. Hier war der Einzelne permanent „zwischen Lust und Unlust hin- und hergeworfen" (Elias 1980b: 324). Der neuzeitliche Alltag hingegen wurde zunehmend „frei" von solchen Wendungen; körperliche Gewalt war „kaserniert" und brach nur noch selten „in das Leben des Einzelnen ein" (ebd.: 325). Es ist das Monopol *legitimer Gewaltsamkeit*, das die Änderung des Verhaltens erklärt. *Zuerst* kommt die Gesellschaftsveränderung, sie ist „Antrieb"; dann kommt die Verhaltensveränderung (Elias 1980a: LXIX) – und diese wird ggf. hinterher durch neues medizinisches und sonstiges Wissen gerechtfertigt.

Psychogenese oder die Zivilisierung des Verhaltens (2): Ähnliches gilt für die Veränderung des Verhaltens: Es basiert auf den veränderten (größeren) Figurationen, oder auf der Veränderung „der Gesellschaft" (ebd.: 155). Zunächst rückt infolge der nun erforderlichen Beherrschtheit des Körpers und der Affekte die ‚Peinlichkeitsschwelle' vor; die affektiven Äußerungen (von Zorn und Wut oder Angst oder Freude) werden zunehmend zurückgenommen, kontrolliert, die Sensibilität steigt. *Dann* wird dieses Verhalten gerechtfertigt und zur Norm erhoben – etwa „als ‚hygienisch richtig' erkannt" (ebd.). Der Zivilisationsprozess des Verhaltens verläuft also ebenfalls in einer *Richtung* – „Festigung und Differenzierung" der Affektbeherrschung, Differenzierung des Erlebens des Körpers, „Vorrücken der Scham- und Peinlichkeitsschwelle", Kontrolle des eigenen wie fremden Verhaltens. Als konkrete Anzeichen einer solchen Veränderung beobachtet Elias z. B. die „Differenzierung der Tafelgerichte" (ebd.: XI); den Einzug von Servietten, Gabeln, Tellern, Taschentüchern, Waschschüsseln in das Alltagsleben. Diesen Übergang vom mittelalterlichen zum Renaissance-Menschen untersucht Elias dabei an historischen Texten: an den (anonymen) „Tischzuchten" (Gedichte, in denen es darum geht, dass man sich die ‚Zähne nicht mit dem Tischtuch putzt', oder am Tisch ‚nicht einschlafen solle' usw.); an klerikalen Belehrungsschriften und an den „Courtoisieschriften" – wie der umfassenden ‚Anstandsschrift' für junge Höflinge von Erasmus von Rotterdam. Ihr ist auch der Begriff der ‚Zivilisierung' entlehnt: *De civilitate morum puerilium* (1530, in der dt. Übersetzung lautet der Titel: *Züchtiger Sitten/zierlichen Wandels/und hoefflicher Geberden der Jugent*). „Wenn du etwas nicht herunterbekommst, dreh dich unauffällig um und wirf es irgendwohin", heißt es hier für das Verhalten zu Tisch, oder: „Entblöße dich nicht ohne Notwendigkeit"

(Elias 1980a: 72). Elias zufolge erlauben diese Schriften, eine tatsächliche Verhaltensänderung zu erkennen, denn ‚uns' Modernen ist dieses Verhalten, das den mittelalterlichen Menschen erst eingeprägt werden musste, selbstverständlich. *Monopolmechanismus und Zivilisierung des Verhaltens* beantworten derart gemeinsam die Frage, wie aus der „dezentralisierten Gesellschaft des frühen Mittelalters" die zentralisierte, befriedete, „nach außen gerüstete" Gesellschaft entstanden ist, die „wir ‚Staat' nennen" (ebd.: IXXVI f.). Erklärt wird zugleich, wie das moderne Subjekt entstand. Es ist eines, das eine „intensive und stabile Regulierung des psychischen Apparats", eine intensive Selbstkontrolle aufweist. Daher nehme die Erziehung hier viel mehr „Zeit" und Ressourcen in Anspruch als in Gesellschaften, die weniger lange Verflechtungen aufweisen (Elias 1980b: 335 f.). Die Selbstzwänge, Funktionen der Rück- und Voraussicht, die in den Einzelnen entsprechend ihrer Verflechtung in weitreichende Handlungsketten von klein auf herangebildet werden, operieren teils als bewusste Selbstbeherrschung, teils als Gewohnheit. Sie wirken „auf eine gleichmäßigere Dämpfung" aller „Trieb- und Affektäußerungen" (ebd.: 331). Selbstbeherrschung ist keineswegs unproblematisch. Wenn es weniger gewalttätig zugeht, entsteht ein immenser „innerer Druck" (ebd.: 332). In dessen Folge entstehen neue Probleme – und lockert sich das Verhalten, wenn die Gesellschaftsstrukturen oder die Machtfigurationen andere werden (s. u.).

Aus seiner historischen Studie leitet Elias weitreichende Annahmen ab – *Gesetze des Sozialen* (vgl. Albert 2013: 208): *Immer* führe gesellschaftliche Differenzierung zur Aufspaltung des psychischen Apparats („Habitus"), wie es Freud beschrieben hat (in Es, Ich und Über-Ich). *Immer* führt ein Gewaltmonopol zur stabilen Selbstzwang-Apparatur (Über-Ich) und zur Verlegung des Drucks nach innen. Längere Handlungsketten oder größere Figurationen verlängern immer die ‚Denkketten', führen zu Voraussicht und Kalkulation. Mit Verringerung der sozialen Grenzen erhöhe sich immer das Schamempfinden. Differenzierung der Gesellschaft führe *immer* zu einer längeren Sozialisationsphase usw. Und ähnlich wie Weber oder Luhmann, beschreibt Elias den abendländischen Zivilisationsprozess als singuläre, als „einzigartige Erscheinung". Die „Funktionsteilung" ist so intensiv, die „Gewalt- und Steuermonopole [sind] von solcher Stabilität", „Interdependenzen und Konkurrenzen" erstrecken sich so weit, wie „noch nie in der Erdgeschichte" (Elias 1980b: 335). Auch sei die Ausdehnung von Verhaltensstandards global geworden. Europa ist zu einer Art „Oberschicht und Zentrum eines Verflechtungsnetzes" geworden, das auf den gesamten Globus ausstrahlt. Es ist dies ein erster Aspekt einer *Globalisierungstheorie,* die bei Elias angelegt ist.

3.7.3 Elias: Fortführungen und Kritiken

Für das 20. Jh. wird von Elias-SchülerInnen – und auch von Elias selbst – im Sinn einer Lockerung von einer zunehmenden ‚Informalisierung' des Verhaltens gesprochen – es wird in vielen Lebensbereichen weniger formal, informeller. Die Leute gehen nun – im Gegensatz zu dem, was namentlich für die bürgerliche Gesellschaft des 19. Jh. gilt, in der nicht zufällig die Psychoanalyse und Psychotherapie Freuds entstanden – wieder „lockerer miteinander um" (Wouters 1999: 9). Man spricht auch zunehmend über Gefühle und lässt diese zu. Dafür sprechen viele Entwicklungen: In der erwähnten Psychoanalyse (und bereits in der Romantik) werden die Individuen ermutigt, Gefühle zu zeigen, sich für Gefühle zu interessieren, das Korsett der Anstandsnormen aufzubrechen – das der höfischen Gesellschaft entsprach, da es in ihr darauf ankam, affektiv aufbrausende Krieger (den Schwertadel) in Höflinge, in dienende Untertanen des Königs zu verwandeln. Elias selbst also hat die zunehmende Lockerung angesprochen – als *neuen Verhaltensstandard:* Im Aufstieg schon des Bürgertums verlor der „höfisch-aristokratische Verhaltenscode" seine verbindliche Kraft (Elias 1980b: 442), auch wenn viele der Etiketten und Verhaltensstandards – gerade infolge von Erasmus von Rotterdam, der Humanisten – von den Bürgerlichen auch übernommen wurden, in ihrem Begehren, zur ‚feinen Gesellschaft' zu gehören, sich abzusetzen. Das gilt namentlich für die Fragen des Körpers, der Scham; natürlich auch für die Langsicht. Zugleich setzen sich im 19. Jh. ‚kleinbürgerliche' Standards des Verhaltens durch, solche, die nicht dem Adel entstammten – und die nun Geld und Sexualität betreffen: der Bürgerliche verabscheut den verschwenderischen Prunk des Hofes ebenso wie dessen Affären. Was nun das informellere (‚informalisierte') Verhalten betrifft, so geht es um das 20. Jh.: Die Lockerung der Verhaltensstandards insbesondere in den 1960er Jahren, in Reaktion auf die Ereignisse von 1933–1945. Diese Lockerung erklären sich die Elias-Schüler daraus, dass die Ausdehnung von Verhaltensstandards nicht nur in eine Richtung verlaufen – sie verbreiteten sich zwar zunächst von ‚oben', vom Hof aus in die unteren Schichten. Es gehöre aber auch „zu den Eigentümlichkeiten der abendländischen Gesellschaft", dass sich die Kontraste der Verhaltensweisen auch wieder reduzieren, dass sich „Unterschichtcharaktere" ausbreiten – etwa weil die Gesellschaft seit dem 19. Jh. zunehmend eine „reguliert arbeitende" wurde (ebd.: 343), die Repräsentationspflichten mit ihren strengen Codes zunehmend entfielen. Auch informelles Verhalten erzeugt indes psychischen Druck: So habe z. B. die „institutionalisierte Trauer während des 20. Jahrhunderts viel von ihrer Bindekraft verloren, die Trauer wurde privatisiert" (Wouters 1999: 45 f.; vgl. Elias 2002). Daraus sei eine steigende Unfähigkeit gefolgt, mit Trauerfällen umzugehen.

Sind dies Fortführungen der Theorie und Analyse von Elias, so sind ebenso die Kritiken zu berichten. Sie richten sich vor allem auf die zumindest missverständlichen Bemerkungen zur Gerichtetheit der ‚Zivilisierung'. Hier kann man nicht umhin, den soziologischen Evolutionismus (Landwehr 2015) zu kritisieren, der unterstellt, dass andere, extraeuropäische Kulturen nicht ‚zivilisiert' seien, nicht schamhaft, keine Peinlichkeit kennen. H. P. Duerr hat jedenfalls im fünfbändigen (!) *Der Mythos vom Zivilisationsprozeß* (1988–2002)[5] gegen Elias deutlich gemacht, dass es weder historisch noch ethnologisch eine Gesellschaft ohne Schamgefühle gibt und diese ebenso wenig in Zusammenhang mit der Sozialstruktur steht, wie Gewalttätigkeit. Elias unterstelle weit über das von ihm Untersuchte hinaus eine auf Affektkontrolle, Schamhaftigkeit und Gewaltlosigkeit zulaufende Evolution, in der einmal mehr die europäischen Gesellschaften als Spitze der Entwicklung erscheinen – und alle anderen als primitiv. Elias' Werk sei der Fall einer Wissenschaft, die Kolonialisierung rechtfertige. Gegen diese Kritik ist Elias – dort, wo er diese Verallgemeinerung vornimmt – nur schwer zu verteidigen (vgl. aber Hinz 2013; Imbusch 2005). Er macht sich eher angreifbarer: Die Vorstellung der außereuropäischen Kulturen als „einfacher" (Elias 1980b: LXXIV); deren Bezeichnung als „primitiv" sei keine Erfindung von ihm. Die Distanz in Verhalten und Psyche „der Kinder" zu den Erwachsenen habe sich im europäischen Raum vergrößert und dazu geführt, andere Gesellschaften als „‚jünger' oder kindlicher" zu verstehen. Dabei handele es sich um „Unterschiede in der Art und der Stufe des Zivilisationsprozesses" (ebd.).

Auch spricht Elias (im Blick auf das 20. Jh. mit seiner massiven Gewalt, vor allem im Nationalsozialismus) erstaunlich wenig von „Krisen" der „Zivilisationsbewegung" (Elias 1980b: 341). Es sind für ihn eher „Wellenbewegungen", die immer auch Rückschritte beinhalten, aber keinen Bruch (ebd.). Kriege und die Gewalt in den Kolonien werden dagegen kaum erwähnt. Gegen den Vorwurf, die Barbarei des Nationalsozialismus ebenso wenig wie die Gewalterfahrungen nach dem Zusammenbruch von UdSSR und Jugoslawien einordnen zu können, haben auch die Elias-SchülerInnen von einer nur „vorübergehende[n] Welle der Entzivilisierung" gesprochen, welche die hauptsächliche gesellschaftliche „Richtung nicht oder kaum berührt" habe (Wouters 1999: 46). So erscheint der Zweite Weltkrieg etwa als kurze „gewalttätige Phase des Integrationsprozesses von Deutschland innerhalb Europas": als überwundenes Hindernis in der „Fortsetzung" jenes „Integrationsprozesses",

---

[5]Die Titel/Themen bei Duerr: ‚Nacktheit und Scham' (1988), ‚Intimität' (1990), ‚Obszönität und Gewalt' (1993), ‚Der erotische Leib' (1997); ‚Die Tatsachen des Lebens' (2002).

den Elias für die Fürstentümer ab dem 13. Jh. beschrieben hatte. Nun werden eben statt der Fürstentümer die Nationalstaaten in ein Monopol aufgelöst – sei es auf Ebene der EU oder der Weltorganisationen (ebd.: 27). Das erledigt die Frage nach dem Nationalsozialismus nicht wirklich. Merkwürdig bleibt: Trotz der persönlichen Betroffenheit – Elias musste emigrieren – enthält *Über den Prozeß der Zivilisation* keinerlei Bemerkung dazu. Sein Biograf erklärt sich dies so: Es sei Elias darum gegangen, „sich von einer ichzentrierten Perspektive zu distanzieren", um wirklich Sozialwissenschaft betreiben zu können (Korte 1993: 54). Allerdings hat es ja nicht nur ihn getroffen – eine merkwürdige Erklärung! Ist der Holocaust die Widerlegung der Theorie, ist er das Ende eines von Elias beschriebenen Prozesses oder gehört er in den Zusammenhang der permanent erhöhten Selbstkontrolle und des Drucks? Und handelt es sich nur um vorübergehende „Dezivilisierungsschübe" (Treibel 2008: 65), wie auch Wouters annimmt – das Ausmaß der Verbrechen damit erheblich relativierend? 1961/62 denkt Elias unter dem Titel „Zusammenbruch der Zivilisation" über genau diese Frage nach. Die Antwort lautet: Der Nationalsozialismus hat sichtbar gemacht, dass gerade auch zivilisierte Subjekte eine „dunklere Seite" haben (Elias 1990b: 396), die nur zumeist kontrolliert bleibe. Zwar sei diese Entwicklung vorher weder absehbar noch vorstellbar (Treibel 2008: 16 f.); doch ließe sie sich erklären: durch die „Struktureigentümlichkeiten" des Zusammenlebens in zivilisierten (Gewalt monopolisierenden) Gesellschaften und den dadurch erzeugten inneren Druck. Dieser führe dazu, dass Antisemitismus zu einem „pathologischen Handlungsmuster" werde (Treibel 2008: 23). Auch gehe das Töten durchaus mit einer hohen Selbstkontrolle einher. Zivilisierung bedeute nicht friedliches Verhalten. Das Töten war sehr kontrolliert, wie der Eichmann-Prozess deutlich machte; es passt in die Beschreibung von ‚Zivilisation' als Verminderung individueller Willkür (die eben nicht die Willkür des Staates betrifft). Vor allem aber muss man spezifischer werden. Die deutsche ist nicht die französische Geschichte der Zivilisation, auf die sich das Buch von 1939 konzentriert hatte. Letztlich sieht Elias den Ursprung der spezifisch *deutschen* Entwicklung im Dreißigjährigen Krieg angelegt: Dieser hatte für die Deutschen den „Charakter einer Katastrophe"; er hinterließ „Spuren im Habitus". „Für Deutschland war dieses Jahrhundert eine Zeit der […] kulturellen Verarmung, und einer zunehmenden Verrohung der Menschen" (Elias 1990a: 12).

Die Rezeption lässt sich in vier Sätzen zusammenfassen: Elias ist 1. ein lange Zeit vergessener, lange unsichtbarer Autor, der keine vergleichbare Rezeption wie das Werk Durkheims, Foucaults, Luhmanns oder Webers ausgelöst hat. Zugleich hat Elias 2. eine loyale SchülerInnenschaft, die mit seinem Konzept Wandlungsprozesse von Verhalten und Empfinden in verschiedenen gesellschaftlichen Feldern untersucht. Er hat 3. sehr scharfe Kritik auf sich gezogen: die der Teleologie und des Eurozentrismus und der Abwertung anderer Gesellschaften. Hier muss man sicher die Entstehungszeit des Buches einrechnen. Tatsache ist jedenfalls 4., dass Elias dennoch zum Klassiker wurde. Seine Konzepte werden (z. B. im Vergleich mit Bourdieu) weiter verfolgt – etwa, was den Begriff des *Habitus* betrifft, oder insgesamt das Interesse für Fragen des Körpers und der ‚Scham'. Nimmt nun Elias eine neue Theorieposition ein, verändert er das soziologische Denken radikal – statt entweder vom Individuum oder der (national vorgestellten) Gesellschaft auszugehen? Ja, wenn es diese beiden Positionen je so gegeben hat; und in jedem Fall ja, was die Gefahr des methodischen Nationalismus betrifft. Letztlich ist das Konzept der Figuration und der Beobachtung sich verändernder Sozialstrukturen eine *Interaktionssoziologie;* zugleich bietet Elias aber auch eine Theorie des konstituierten Subjekts.

Literaturempfehlungen

- EICHENER, Volker und Ralf Baumgart. 2017. *Norbert Elias zur Einführung.* Hamburg: Junius
- GLEICHMANN Peter, Johan Goudsblom und Hermann Korte, hrsg. 1979. *„Materialien zu Norbert Elias" Zivilisationstheorie.* Frankfurt/M.: Suhrkamp
- KUZMICS, Helmut und Ingo Mörth. 1991 *Der unendliche Prozess der Zivilisation. Zur Kultursoziologie der Moderne nach Norbert Elias.* Frankfurt/M.: Campus.
- REHBERG, Karl-Siegbert, hrsg. 2001. *Norbert Elias und die Menschenwissenschaften – Studien zur Entstehung und Wirkungsgeschichte seines Werkes.* Frankfurt/M.: Suhrkamp.
- TREIBEL, Annette. 2008. *Die Soziologie von Norbert Elias. Eine Einführung in ihre Geschichte, Systematik und Perspektiven.* Wiesbaden: Springer VS.
- TREIBEL, Annette, Helmut Kuzmics und Reinhard Blomert, hrsg. 2000. *Zivilisationstheorie in der Bilanz: Beiträge zum 100. Geburtstag von Norbert Elias (1897–1990).* Opladen: Springer VS.

▶ Wozu dient das Konzept der ‚Figuration' – wie ersetzt es den Gesellschaftsbegriff oder inwiefern ist dies eine Gesellschaftstheorie? Wie verknüpft Elias den Wandel der Sozialstruktur mit dem Persönlichkeitswandel? Und was ist seine Antwort auf die Frage, was eine ‚moderne' Gesellschaft ist? Wie geht Elias empirisch vor – und worauf richtet sich die Kritik an ihm?

Jenseits von Individuum und Gesellschaft: Natur und Kultur

4

Die Möglichkeiten, Ansätze jenseits des methodischen Individualismus sowie des methodischen Holismus, von Subjektivismus und Objektivismus, Gesellschaft und Akteur zu wählen, sind auf den ersten Blick vielfältig. Auch Berger und Luckmann wären bereits hinzuzuzählen – allerdings mit einer charakteristischen Schlagseite hin zum Subjekt. Neben diesem Versuch, zwischen beiden Polen *in der Mitte* anzusetzen, wurde auch Elias' Konzept der Figuration diskutiert als eines, das einen goldenen Mittelweg soziologischer Theorie beansprucht. Ähnlich verhält es sich im Übrigen auch mit weiteren Ansätzen der Gesellschaftstheorie – etwa mit Anthony Giddens' *Theorie der Strukturierung:* Auch diese will die Trennung von Gesellschaft und Individuum durch ein neues Konzept ersetzen, nämlich durch das Konzept der „Dualität von Handeln und Struktur" (Giddens 1988: 215). Vorausgesetzt wird dabei zum einen, dass Soziologien mit ‚Gesellschaft' diese letztlich als Zwangsveranstaltung denken, also das Individuum als passiv und ohnmächtig darstellen. Zudem würden hier Gesellschaften tendenziell ‚innenpolitisch' konzipiert, als isolierte. Dagegen kommen Gesellschaften nur in „zwischengesellschaftlichen Systemen" vor, in denen sich jede konkrete Gesellschaft durch ihr je spezifisches „institutionelles Gefüge" hervorhebt (ebd.: 217). Im Ziel, die gesellschaftliche Prägung der Einzelnen wie auch deren Anteil an der Gesellschaft anzuerkennen, hat diese Theorie nun eine ‚subjektivistische' Schlagseite – da Giddens letztlich von einem ‚Urteil' oder einer Entscheidung der Handelnden ausgeht, die, auch wenn sie strukturell begrenzt ist, das Handeln aktiv orientiert. Selbst in einer Gesellschaft, in der keine Wahlmöglichkeiten zu existieren scheinen, *entscheide* sich der Akteur für etwas – und sei es dafür, sich zu unterwerfen (vgl. ebd.: 365): „Strukturelle Zwänge entfalten ihre Wirkung immer durch die Motive und Gründe der Handelnden hindurch" (ebd.: 366). Eine ähnlich subjektivistische Schlagseite – zu einer Soziologie der konstituierenden

Subjektivität – hatten wir in der phänomenologischen Soziologie bemerkt. Und was beispielsweise den Ansatz von Pierre Bourdieu betrifft, so ist zwar dessen Suche nach einer Mitte zwischen ‚Subjektivismus' und ‚Objektivismus' etwas anders motiviert (ihn stört weniger die mangelnde Einheit der soziologischen Theorie als ihre mangelnde Reflexion auf die – eigene – Praxis). Aber auch hier lässt sich eine Schlagseite erkennen, das Neigen nun zu einer ‚Soziologie mit Gesellschaft' respektive zu einer Soziologie des konstituierten Subjekts. Die von Bourdieu beschriebenen Praktiken der Distinktion erweisen sich letztlich als gesellschaftlich determiniert, die Individuen haben erkennbar wenig Spielräume – da die soziale Herkunft in den Körper, in den Habitus einwandert; und es sich insgesamt um eine Theorie der ‚Klassengesellschaft' handelt. Diese Frage haben wir in allen bisher behandelten Ansätzen immer mit im Blick gehalten: festgestellt, wohin sie letztlich tendieren – einschließlich der Beobachtung zu Elias, der womöglich tatsächlich beides erlaubt. Indes liegt hier eine ausgesprochen schlanke Theorie vor, die den Gesellschaftsbegriff nicht klar bestimmt; und letztlich ist es ein Konzept, das Interaktionen als grundlegend versteht.

Die These, dass letztlich alle der bisher beobachteten Theorien der Soziologie – des Sozialen oder von Gesellschaft – entweder zu einer Soziologie des konstituierten, geformten Subjekts, oder der konstituierenden Subjektivität tendieren (nicht beides gleichzeitig möglich ist), lässt sich nun ergänzen durch die Beobachtung, dass es Ansätze gibt, die etwas *Drittes* einführen – und sich damit jenseits dieser Alternative stellen: etwa ‚Gefüge' von Körpern und Diskursen denken; oder ‚Netzwerke' von Artefakten und Akteuren. Solche Konzepte lassen sich mit Julian Müller (2015) in den Netzwerktheorien finden, mit Andreas Reckwitz, Hilmar Schäfer (2013) oder Frank Hillebrandt (2015) in den Praxistheorien, zudem in solchen Ansätzen, die vom vital und vom affective turn der Kulturtheorie affiziert sind (in der Linie von Gilles Deleuze stehen). Entscheidend ist dabei, dass in solchen Ansäten die Unterscheidung von Mikro- und Makrosoziologie gegenstandslos wird – wobei diese Unterscheidung als eine Unterscheidung soziologischer Theorien insgesamt schief ist, weil diese Bereiche eher Subdisziplinen bezeichnen, Konzentrationen der Forschung. Bei den nun zu besprechenden Ansätzen handelt es sich dagegen – gegen die Vorstellung von mikrosozialen und makrosozialen Bereichen – um eine andere, neue Ontologie des Sozialen: In ihr werden Körper, Artefakte, Bedeutungen oder Diskurse und Akteure auf derselben ontologischen Ebene angesiedelt. Nichts ist hier ‚Ausdruck von etwas', nichts ‚emergiert' auf einer höheren Ebene, die Körper und Materien sind ebenso grundlegend wie die Diskurse und Bedeutungen. Worum es diesen Ansätzen also geht, ist die anthropozentrische Theorietendenz zu ersetzen – die Bestimmung des Sozialen und von Gesellschaft als etwas, das nur aus Menschen

4 Jenseits von Individuum und Gesellschaft: Natur und Kultur

(oder deren Kultur) besteht. Es werden nun systematisch weitere Elemente als ‚sozial' berücksichtigt – Menschen und Nichtmenschen (in den Anthropologien bei Bruno Latour und Philippe Descola); Körper, Affekte, Materien (in der Konzeption der ‚Gefüge' bei Gilles Deleuze); die Spezifik des menschlichen Organismus (in der Philosophischen Anthropologie). Gesellschaftsbegriffe, die an etwas Drittem ansetzen, um *gleichzeitig* Subjekt und Gesellschaft zu denken, ohne eines von beiden vorauszusetzen, haben wir zudem bereits besprochen – nämlich solche, die den *cultural turn* vollziehen, die Kultur oder Bedeutungssysteme als das *Dritte* denken (Lévi-Strauss, Bourdieu, Althusser z. B.). Dabei stellen sie eindeutig die Frage nach dem konstituierten Subjekt und können daher diesem Pol der Theorien zugeordnet werden (und wurden diesem Pol zugeordnet). – Die hier vorgeschlagene Ordnung der soziologischen Theorien wird nun dadurch zunächst etwas unscharf oder erklärungsbedürftig, weil die erwähnten und die noch darzustellenden Theorien auch anders geordnet werden können – und anders geordnet werden: Namentlich was den Ansatz von Bruno Latour betrifft, so wird er oft in der Familie der ‚Praxistheorien' (Schäfer 2013) verortet – einer sehr heterogenen Familie, die ebenso die Ansätze von Bourdieu, Butler und Foucault umfasst. Diese können aber eben auch zu den Soziologien des konstituierten Subjekts gezählt werden – eine Frage, die wiederum Latour kaum verfolgt, der *Akteure,* und genauer: Aktanten (Menschen und Nichtmenschen) *voraussetzt.* Auch wenn also unter einem gewissen Blickwinkel Praxistheorien als Versuche verstanden werden können, die „Differenz zwischen Struktur und Handlung" und zwischen „Gesellschaft und Individuum" aufzulösen (Schäfer 2016: 11) – weil sie nämlich an etwas Drittem (den Praktiken) ansetzen – so lassen sie sich unter anderem Blickwinkel auch aufteilen: in der Frage, *was sie letztlich für aufklärungsbedürftig halten.* Bei Latour ist dies der ‚Glaube' an die Gesellschaft. Auch und vor allem er teilt die Kritik an Kollektivbegriffen und entwirft eine ‚Soziologie ohne Gesellschaft'. Zugleich ist diese etwas wirklich Neues: da sie neben den Menschen systematisch Nichtmenschen (Artefakte, Lebewesen) einbezieht; und da sie letztlich eine neue Ontologie vorlegt – eine neue Überlegung zu den Bereichen von Natur und Kultur. Diese werden nun nicht mehr als getrennt verstanden, sondern als untrennbar. Ähnliches gilt für die anderen nun noch vorzustellenden Theorien des Sozialen: für die Philosophische Anthropologie, und für den poststrukturalistischen und neo-materialistischen und neo-vitalistischen Ansatz von Gilles Deleuze, sowie für den Neostrukturalisten Philippe Descola. In diesen (in sich sehr differenten Ansätzen) wird nicht zuletzt auch die Natur des Menschen, die Natur der Kultur in die soziologische Konzeption und in die soziologischen Grundbegriffe einbezogen. Entfaltet werden Ontologien der Immanenz, in der Artefakte und Körper neben den Diskursen oder Motiven entscheidend sind; und entfaltet werden Lebenssoziologien, in denen es das menschliche Leben ist, das als *Subjekt und Objekt des Sozialen* sichtbar wird (vgl. Delitz, Nungesser und Seyfert 2018).

4.1 Netzwerke aus Menschen und Nichtmenschen (Bruno Latour)

„Sind die Soziologen nicht auf dem Holzweg, wenn sie das Soziale durch das Soziale konstruieren oder ihre Lücken mit dem Symbolischen zukleistern, während doch die Dinge in allen Situationen, deren Sinn sie suchen, omnipräsent sind?" (Latour 2001: 245)

Der Autor, der innerhalb des soziologischen Diskurses eine Neufassung des Verhältnisses von Natur und Kultur am prominentesten vertritt, ist sicherlich Bruno Latour. Soziologische Theorie tritt hier zugleich in Form einer ‚Netzwerktheorie' auf, nämlich der ‚Akteur-Netzwerk-Theorie' (ANT). Der Anspruch ist dabei, sowohl die Handlungstheorien als auch namentlich den Ansatz von Durkheim abzulösen: Anstelle einer generell anthropozentrischen, nämlich nur Menschen einbeziehenden „Soziologie des Sozialen" geht es nun um eine „Soziologie der Assoziationen" (so z. B. Latour 2007: 108). Diese versteht als den Gegenstand einer wirklichen Soziologie – einer *Neuen Soziologie für eine neue Gesellschaft* – zeitlich und räumlich ausgreifende Handlungsketten, in die menschliche wie auch und vor allem vielfältige nichtmenschliche Akteure (‚Aktanten') involviert sind. Zugleich geht es um eine Neufassung des Gesellschaftsbegriffes – um eine ‚neue Gesellschaft' in diesem Sinn (eines neuen Gesellschafts-Begriffs). ‚Gesellschaft' ist gerade nicht zum Ausgangspunkt der soziologischen Erklärung zu machen, wie Latour der Soziologie insgesamt vorwirft (vor allem Durkheim): Der ‚neuen Soziologie' geht es vielmehr gerade um die Auflösung des „Glaubens an die Idee der Gesellschaft" als Ursache von etwas (z. B. von Ungleichheit, Latour 2011: 115). Zugleich geht es darum, die ontologischen Trennungen aufzulösen – die ‚Gesellschaft' bisher dadurch definieren, dass sie diese einem anderen Wirklichkeitsbereich gegenüberstellen (der Natur; der Technik). Im neuen Gesellschaftsbegriff geht es darum, Naturverhältnisse im Blick zu haben; im Blick zu haben, dass menschliche Gesellschaften stets viele Naturdinge beinhalten; und ebenso im Blick zu halten, dass menschliche Kollektive oder Gesellschaften stets zahlreiche Artefakte umfassen. Es geht schließlich auch um eine ‚neue Gesellschaft' im Sinne einer Aussage über moderne und gegenwärtige Vergesellschaftungsmodi: Diese sind insofern etwas Neues, als sich die Natur-

4.1 Netzwerke aus Menschen und Nichtmenschen (Bruno Latour)

Kultur-Verschränkung vertiefe; die Netzwerke, die Menschen und Nichtmenschen verknüpfen, immer komplexer und ausgreifender werden – und sich die Gesellschaft konträr dazu als eine versteht, in der Natur und Kultur (Soziales) ganz verschiedene Dinge sind. Die „Liste der am Handeln beteiligten nicht-menschlichen Wesen" werde immer größer, ebenso wie die Liste der „an ihrer Aufnahme beteiligten Menschen" (Latour 2010: 115).

Um zu diesem Blick zu kommen, hält Latour – und halten weitere AutorInnen der *Actor-Network-Theory* und der damit verbundenen *Science and Technology Studies* (STS), wie Michel Callon und John Law – eine grundlegende Neuorientierung der soziologischen Theorie und ihrer Grundbegriffe nötig. Ausgangspunkt ist ein wirklicher Widerwille angesichts des Gesellschaftsbegriffs, den Latour (wie eingangs erwähnt) als verwesendes „Monster" versteht, das endlich „aufzulösen" sei (Latour 2007: 283).

> „Was ist eine Gesellschaft? Was bedeutet das Wort ‚sozial'? Wieso spricht man manchen Aktivitäten eine ‚soziale Dimension' zu? Und weiter, was sind ‚soziale Faktoren'?" (ebd.: 12)

In diesen Fragen steckt also ein kritischer Blick auf die *ganze* Soziologie: Sie habe eine eigene Realität, ‚das Soziale' geschaffen, das sie dann zum Erklärungsgrund mache. *Es* erzeuge Ungleichheit, sei machtvoll, determiniere das Handeln. Dabei sind es stets nur einzelne Akteure in einzelnen Aktionen, die z. B. mit Hilfe bestimmter Artefakte (einer Waffe, einer Radarfalle) Macht erzeugen. Auch Institutionen (z. B. das Rechtssystem) bestehen aus nichts anderem als Aktenordnern, Büroräumen, Angestellten usw. In der ihm eigenen Radikalität stellt Latour also viele Selbstverständlichkeiten soziologischer Theorie und Forschung in Frage, und vor allem den Gebrauch des Gesellschaftsbegriffs. Im Gegensatz „zur gesamten Soziologie" (Latour 2007: 15) behauptet er, dass

> „es nichts Spezifisches gibt, was die Gesellschaftsordnung auszeichnet; daß es keine ‚soziale Dimension' irgendeiner Art gibt, keinen ‚sozialen Kontext', keinen eigenen Bereich der Wirklichkeit, dem das Etikett ‚sozial' oder ‚Gesellschaft' angeheftet werden könnte; daß keine ‚sozialen Kräfte' zur Verfügung stehen, um die residualen Eigenschaften anderer Bereiche zu ‚erklären' [und] daß Akteure niemals in einen sozialen Kontext eingebettet sind" (ebd.).

Und weit entfernt, den Rahmen zu bilden, ‚in' dem sich das soziale Geschehen ereignet, sei Gesellschaft zudem eher als „verknüpfende[s] Element" (ebd.: 15 f.) oder als „zirkulierende Entität" (ebd.: 282) zu verstehen, als ein Aktant in bestimmten Netzwerken, in denen sich weitere Begriffe, und ebenso Artefakte,

Menschen, Tiere und Pflanzen usw. befinden. Diese Kritik am Gesellschaftsbegriff folgt zunächst ähnlichen Erwägungen wie die Kritik bei Max Weber oder Georg Simmel: *Gesellschaft gibt es nicht* – nicht als eigene Realität, als ‚Wesen', und als etwas, das sich von den anderen sozialen Bereichen (Ökonomie, Geographie, Biologie, Psychologie, Recht, Wissenschaft und Politik) unterscheidet (vgl. ebd.: 13). Sie ist kein Gegenstand und es gibt „nichts Spezifisches", was sie „auszeichnet" (ebd.: 16). *Gesellschaft gibt es nicht – jedenfalls also nicht eine z. B. auch von der Natur getrennte, als eigene Realität vorgestellte.* Der Begriff der ‚Gesellschaft' bezeichne allenfalls einen Aspekt der real existierenden Kollektive, von je spezifischen Versammlungen von Menschen und Nichtmenschen – und zwar jenen Aspekt, den die Sozialwissenschaften erfunden oder selektiert haben (vgl. Latour 2008: 11). An dessen Stelle – als Grundbegriff und als das, was zu untersuchen ist – treten nun die Begriffe der Akteur-Netzwerke und der Kollektive aus Menschen und Nichtmenschen.

4.1.1 Akteur-Netzwerke und Kollektive statt ‚Gesellschaft'

Die ‚Soziologie der Assoziationen' untersucht weder ‚Subjekte', noch gar ‚Gesellschaft'. Untersucht werden vielmehr Akteur-Netzwerke. Dieser Begriff betont ebenso die Vielfalt der möglichen Akteure (es können ebenso Menschen wie nichtmenschliche Akteure sein); wie deren Relationen (Netzwerke). Die These dahinter lautet, dass menschliche Handlungen stets durch viele andere, räumlich und zeitlich entfernte Handlungen vorbereitet sind; und durch nichtmenschliche Akteure übersetzt, vermittelt und stabilisiert werden. Institutionen können „nur mit Hilfe jener Macht dauern, die durch Entitäten ausgeübt wird, die nicht schlafen", schreibt Latour (2007: 121) etwa. Er interessiert sich daher vor allem für *technische* Dinge oder Artefakte in diesem harten Sinn, für all jene Werkzeuge, Gebäude, Infrastrukturen, „mit denen die Menschen ihre kollektive Existenz teilen" – und dies „jeden Tag mehr" (Latour 2010: 112). Damit ist bereits die Antwort auf die Frage angesprochen, was eine ‚moderne' Gesellschaft für Latour ist.

Insofern nun auch in diesem Konzept offenbar der Begriff der Handlung oder der Akteure zentral ist, liegt durchaus eine Handlungstheorie vor. Es geht um Akteure und es geht um Interaktionen. Allerdings werden dabei die menschlichen Akteure dezentriert: Die Gesellschaft (wenn man darunter Machtverhältnisse oder Institutionen versteht) setzt Artefakte im erwähnten harten Sinn konstitutiv voraus. Dasselbe gilt für die Frage des Subjekts: religiöse oder moralische

4.1 Netzwerke aus Menschen und Nichtmenschen (Bruno Latour)

Subjekte zum Beispiel beruhen auf Praktiken, in die vielfältige ‚harte' Dinge eingehen – Kirchen, Kreuze, Rosenkränze im ersten Fall zum Beispiel. Diese Handlungstheorie, die also viele Nichtmenschen einbezieht, lässt sich als eine „symmetrische", und auch als eine „konsequentialistische" Handlungstheorie (Laux 2014, Gertenbach und Laux 2019: 123 f.) bezeichnen: Ihr zufolge handeln *auch Artefakte;* und es wird gerade nicht nach Motiven oder Kalkulationen gefahndet, die ein Handeln anleiten, sondern es interessieren die Effekte: Jedes „Ding, das eine gegebene Situation verändert", ist Akteur oder Aktant (Latour 2007: 123). Zudem handelt es sich um eine relationale Soziologie. Jede Handlung ist stets über mehrere Entitäten verteilt – sie ist die eines Netzes oder Netzwerks (vgl. ebd.: 126). Oder, Akteure sind stets Hybrid-Akteure (z. B. eine „Bürger-Waffe" oder ein „Waffen-Bürger", Latour 1994: 487; vgl. ders. 1996). Im Blick auf diese Netzwerke aus Menschen und Nichtmenschen, die nur zusammen handeln, richtet sich die Aufmerksamkeit nun auf die materiellen oder technischen Elemente: Sie binden Personen viel haltbarer als jede „rein humane" Interaktion aneinander. Die ‚rein humane' Interaktion (eine ohne Waffen oder Bücher oder Akten oder Gebäude) ergäbe eher eine Gesellschaft der Affen:

> „Die soziale Interaktion der Menschen scheint im Gegensatz zur sozialen Interaktion der Affen stärker delokalisiert zu sein, denn man kann bei ihr weder Simultanität noch Kontinuität noch Homogenität ausmachen. Weit davon entfernt, sich allein auf Körper zu beschränken, die durch ihre Aufmerksamkeit [...] füreinander präsent sind, muss man bei den Menschen immer an andere Elemente, an andere Zeiten, an andere Orte, an andere Akteure erinnern". (Latour 2001: 239)

‚Netzwerk' ist der neue Grundbegriff: Er sei „[g]eschmeidiger" sei als der des Systems, „historischer" als der der Struktur, „empirischer" als der der Komplexität (Latour 2008: 10). Auch liegt er jenseits der Trennung von Natur und Kultur, und Technik und Sozialem. Er lässt ebenso an Lebewesen wie an Artefakte als Teile des Netzwerkes denken. Das Netzwerk erzeuge zudem eine ‚flache' Vorstellung des Sozialen (so flach wie eine Rhizom-Wurzel im Kontrast zur Baumwurzel, wie Latour mit Blick auf Gilles Deleuze schreibt, vgl. Latour 2006: 564). Im Begriff der Akteur-Netzwerke soll also weder die ‚Handlung' durch den ‚Akteur' einfach ersetzt werden, noch ‚Gesellschaft' durch das ‚Netzwerk' (vgl. ebd.: 565) – es gibt nur eine Ebene, die der Interaktionen. Dabei sei keine Interaktion „isotopisch", keine lässt sich als isoliert verstehen. Jede verweist auf andere, vorhergehende. Jede Interaktion sei zudem unüberschaubar, komplex; inhomogen (sie besteht wie erwähnt nie nur aus Menschen). In jeder gäbe es unterschiedliche Intensitäten von Zwang oder Hierarchie. Die Interaktionen (die Netzwerke) haben zudem keine „Grenzlinie" (Latour 2017: 83) – sie werden vielmehr vom Beobachter abgegrenzt. In jeder ist die Zuschreibung von Handlungsträgerschaft flexibel und situationsabhängig: als (erklärender, verursachender) ‚Akteur' kann eine Person, eine Struktur (die Ökonomie) oder auch eine Organisation gelten und adressiert werden (vgl. Latour 2007: 94 ff., Gertenbach und Laux 2019: 128 f.). Zentral ist in dieser Bestimmung des Sozialen als Akteur-Netzwerk also nicht nur, dass Nichtmenschen einen Platz erhalten. Zentral ist ebenso, dass das Handlungskonzept neu formuliert wird, als relationales und räumlich wie zeitlich ausgeweitetes. Zentral ist ebenso, dass der Gesellschaftsbegriff problematisiert wird – in der immer erneuten Aussage: „[S]ociety does not exist as a *sui generis* entity but as what has to be locally achieved" (Latour, zitiert nach Gertenbach und Laux 2019: 137).

Neben dem Akteur-Netzwerk-Begriff tritt an die Stelle des Gesellschaftsbegriff auch der Begriff der ‚Kollektive aus Menschen und Nichtmenschen', den Latour 1991 in *Wir sind nie modern gewesen* und 2001 in *Das Parlament der Dinge* entfaltet. Dabei geht es nun nicht um eine Beobachter-abhängige Konstruktion, sondern um Kollektive, die sich selbst begrenzen, die eine ‚Versammlungsarbeit' vollziehen – und je nachdem, wie diese aussieht, eine eigene Politik der Natur entfalten, nämlich zum Beispiel Tiere oder Pflanzen in das Kollektiv einbeziehen (wie viele extramoderne Gesellschaften), oder nicht (wie die Modernen). Latour verwendet mithin den Begriff des Kollektivs,

> „um eine politische Philosophie zu kennzeichnen, in der es nicht mehr zwei Attraktoren gibt: einen, der die Einheit in Form der Natur herstellt, und einen anderen, der die Vielheit in Form von Gesellschaften bewahrt. Das Kollektiv bedeutet: alles, aber nicht zwei getrennt" (Latour 2010: 89).

Das Kollektiv soll „die bisher unter der Ägide von Gesellschaft und Natur […] gebündelten *politischen* Institutionen" (ebd.: 16, Herv. HD) ersetzen: Wie Netzwerke, ist es für den Begriff der Kollektive demnach weniger wichtig, dass sie symbolisch erzeugt sind, als dass sie jeweils ein Verhältnis zu Nichtmenschen instituieren. Je verbindet ein Kollektiv Natur und Kultur, es konstruiert „menschliche, göttliche und nicht-menschliche Wesen" (2008: 141). Einige, die extramodernen Kollektive (Kulturen oder Gesellschaften) „mobilisieren" dazu „Ahnen, Löwen" oder „Fixsterne", die modernen Kollektive hingegen ‚mobilisieren' „Genetik, Zoologie, Kosmologie und Hämatologie", um die Relation von Natur und Kultur festzulegen und das Kollektiv – als rein menschliches, in diesem letzten Fall – zu definieren. Die Kollektive unterscheiden sich also „in der Verteilung, die sie mit den Wesen vornehmen", indem sie zum Beispiel

Tiere und Pflanzen dem Bereich der Personen (der socii oder der Akteure) zurechnen, oder nicht. Die „Große Trennung" (Latour 2008: 141 f.) zwischen Natur und Kultur wird zum Gegenstand der Soziologie. Insofern diese Trennung fiktiv ist, kann Latour – einerseits – schreiben, dass wir *nie modern gewesen sind* und ebenso, dass es keine klare Trennlinie zwischen modernen und nichtmodernen Kollektiven gibt: „Abgesehen von ihrer Größenordnung ähneln sich alle" (ebd.: 143). Es gibt nur verschiedene Intensitäten der Versammlung. Ein Kollektiv unterscheidet sich von anderen dann darin, dass es

> „mehr oder weniger artikuliert ist: d. h., daß es mehr ‚spricht', daß es feiner ist, geschickter, daß es mehr Artikel, diskrete Einheiten oder Beteiligte umfaßt, daß es mehr Freiheitsgrade besitzt, diese zu vermischen, […] daß es längere Handlungslisten entfaltet" (ebd.: 121).

Kollektive haben dabei keine fixe Gestalt. Sie sind Prozesse, beruhen auf einer permanenten „Arbeit" (Latour 2010: 88 f.), genauer: einer *Grenzarbeit*. Sie existieren nur dank ständiger „Externalisierungsverfahren" (ebd.: 168) und Grenzdefinitionen – oder dank einer je spezifischen ‚Verfassung', die das *Außen* des Kollektivs festlegt. In dieser Bewegung der Ausgrenzung kommen jene „Entitäten, die durch die ordnende Gewalt nach außen abgestoßen worden sind", immer „wieder, um Berufung einzulegen und die einbeziehende Gewalt erneut zu ‚belästigen'" (ebd.: 159). Als Beispiel für eine solche Grenzarbeit nennt Latour die „Schnelligkeit des Autos", die im Frankreich der 1990er noch „viel mehr wert" gewesen sei als das „Leben 8000 Unschuldiger pro Jahr": In einem solchen Kollektiv sind schnelle Autos inkludiert, Verkehrstote als unbedeutend exkludiert – sie bilden das Außen, eine „Deponie" (ebd.: 165), die das Kollektiv zu jedem Zeitpunkt heimsuchen kann, es „gefährden" (ebd.). Mit anderen Worten: Genauso, wie EthnologInnen „alles unterbringen", was zu einem Kollektiv gehört (die „Machtverteilung zwischen Menschen, Göttern und anderen Wesen; die Verständigungsverfahren; die Verbindungen zwischen Religion und Macht; die Ahnenwelt, die Kosmologie, das Eigentumsrecht und die Taxonomien von Pflanzen und Tieren", Latour 2008: 15), so sollen SoziologInnen die eigene Gesellschaft erforschen. Zu erstellen ist – nun im Blick auf die Gesellschaftsanalyse – eine „Anthropologie der Moderne" (ebd.). Das Vorbild dafür ist Philippe Descolas Monografie zu den Achuar (Descola 1986), der deren ‚Verfassung' beschrieben habe: Bei den südamerikanischen Achuar ist das „kulturelle Feld" sehr „umfangreich", da hier ebenso Tiere, Pflanzen, und Geister zu den Personen zählen (Latour 2008: 23, vgl. ders. 2010: 64). Die Achuar haben einen anderen Begriff, eine andere Verteilung von Natur und Kultur, andere Kollektive. In diesem Sinn kann nun Latour andererseits doch auch schreiben, dass ‚wir' modern sind – war sind *wir nie modern gewesen,* in dem Sinne, dass die Nichtmenschen immer und auch zunehmend zum Kollektiv gehören; zugleich aber sind *wir modern oder glauben, es zu sein,* indem ‚Moderne' definiert ist als die Trennung von Natur und Kultur, als ‚Reinigungsarbeit':

4.1.2 Moderne-Analyse: Trennung & Vermischung von Natur/Kultur oder Natur/Gesellschaft

In *Wir sind nie modern gewesen* (Latour 2008) wird die Trennung von Natur und Kultur als eine konstitutive Selbsttäuschung der Moderne aufgedeckt. ‚Moderne' oder moderne Gesellschaft, das bedeutet Latour (ebd: 8) zufolge ein Denken in Rubriken, in strikten Unterscheidungen gesellschaftlicher – als ontologisch distinkter – Bereiche. Getrennt werden vor allem Natur/Kultur; oder Natur/Gesellschaft. Diese permanente ‚Reinigungsarbeit' definiere also eine moderne Gesellschaft, während gleichzeitig – und auch das definiert das moderne Kollektiv – eine zunehmende Vermischung von Natur und Kultur stattfindet. Moderne bedeutet die Erzeugung von Hybriden (Bakterienkulturen z. B.) und die Vermehrung von Artefakten. Modern bedeutet, „Kreuzungen" aus „Wissenschaft, Politik, Ökonomie, Recht, Religion, Technik und Fiktion" (ebd.) zu erzeugen. ‚Modern' beinhaltet also „zwei [...] Ensembles von Praktiken", von denen die eine „durch ‚Übersetzung' vollkommen neue Mischungen zwischen Wesen" erzeugt, während die andere dagegen „zwei [...] ontologische Zonen" trennt (ebd.: 19). Getrennt werden ‚die Menschen' einerseits von allen Nichtmenschen andererseits. Oder, moderne Kollektive erzeugen immer komplexere Netzwerke und zugleich eine epistemologische oder ontologische Differenzierung („Kritik", ebd.). Nichtmoderne Gesellschaften gruppieren in einem Kollektiv, was ‚wir' trennen – oder, die moderne Gesellschaft lässt sich definieren als jene, die alles in ‚zwei Kammern' ordnet: In der einen befindet sich alles Mögliche unter dem Etikett der ‚Natur' (Organisches und Nichtorganisches), in der anderen alles ‚Kulturelle' oder Gesellschaftliche. Zu dieser Trennung tragen wesentlich die *Wissenschaftskulturen* bei, ebenso aber auch zur Mischung oder Kreuzung, zu den Hybriden. Insofern ist diese Soziologie in ihrer empirischen Forschung *Wissenschaftsforschung (Science and Technology Studies):* Zum einen wird durch die Disziplinen alles danach geordnet, ob es der Natur- oder der Sozialwelt angehört; zum anderen und zugleich nehmen die Hybride (durch die Natur- und Technikwissenschaften, die Lebenswissenschaften) ständig zu. In diesem Sinn also *sind wir nicht nur nie modern gewesen, wir werden es vielmehr immer weniger:*

4.1 Netzwerke aus Menschen und Nichtmenschen (Bruno Latour)

> „Man braucht bloß irgendeine […] Spraydose zu drücken, und schon ist man unterwegs zur Antarktis, von dort zur University of California in Irvine, zu den Fließbändern in Lyon, zur Chemie der Edelgase und dann vielleicht zur UNO" (ebd.: 9).

„Tausende" Naturdinge sind „in den Gesellschaftskörper" eingeströmt (ebd.: 53). Sie sind zu erwähnen, wenn es um die Frage geht, in welcher Gesellschaft wir leben.

Latour macht daraus nun in erster Linie ein *politisches* (und weniger ein distanziert analytisches) Projekt: Es geht ihm um eine andere ökologische Politik oder politische Ökologie, um eine andere Behandlung der ‚Natur' – zunehmend natürlich angesichts der Klimakrise. Die Analyse der Moderne zeigt, dass unter dem Deckmantel der Natur-Kultur-Trennung das Kollektiv unkontrolliert und zunehmend mit *riskanten* Natur-Kultur-Wesen versehen wurde – wie z. B. den Treibhausgasen oder auch den ‚Prionen', die im Fall von BSE eine unbehandelbare Zerstörung des Gehirns (Creutzfeld Jakob Krankheit) verursachen (Latour 2010: 154). Es gälte (um bei diesem Beispiel zu bleiben), die Prionen in das Kollektiv einzubeziehen, es ‚neu zu versammeln', das Außen neu zu definieren – dann werde man nämlich nicht nur die Prionen in Lehrbüchern finden, sondern man wird auch ihre Opfer entschädigen müssen. In einem Kollektiv, das die Prionen als „verantwortlich" einbezieht, wird man die „Herstellung von Tiermehl, die Bedingungen in den Schlachthäusern etc." ändern (ebd.). Es ist der Anthropozentrismus oder die Artefakt-Blindheit, die Latour am soziologischen Konzept der Gesellschaft stört, und zwar aus politischen und bei weitem nicht nur aus epistemologischen Gründen: Die Soziologie habe eine unpassende „Fiktion von Gesellschaft" immer stärker im modernen Denken und Handeln verankert, sie sei sogar der „Motor" der Trennung von Natur und Kultur (Gertenbach und Laux 2019: 104). In „Situationen, wo Innovationen wuchern, Gruppengrenzen unsicher sind und das Spektrum der […] Entitäten fluktuiert", sei sie nicht nur unfähig, die „neuen Assoziationen" zu sehen (ebd.: 103 f.; vgl. Latour 2007: 27), sondern vor allem verhindere die Soziologie damit wirkliche Veränderungen, politisches Handeln. Politisch gesehen also, im Blick auf die ökologische Frage, ist die Soziologie ein Hindernis, das es wegzuräumen gilt – daher die Auflösung des Gesellschaftsbegriffes. Sichtbar zu machen ist endlich, was eine „Forschung im Pariser Labor mit der Versteppung des Urwalds am Amazonas" zu tun hat (Gertenbach und Laux 2019: 136). Die klassische Vorstellung einer emergenten sozialen Welt und vereinzelter Individuen führe dagegen zur Vorstellung ohnmächtiger Einzelner und überwältigender Systemdynamiken: Die Soziologie hemmt politisches Handeln, und erzeugt Fatalismus (vgl. ebd.: 138).

Während in *Wir sind nie modern gewesen* das Außen im Blick steht, das Vermischungen und Differenzen im Inneren verdeckt – um letztlich nicht nur zu einer anderen Soziologie, sondern vor allem zu einer anderen Ökologie oder Politik zu kommen – geht es 2013 in *Existenzweisen. Eine Anthropologie der Modernen* erneut um die Frage, was ‚wir' Modernen sind. Dabei wird das Netzwerk wieder wichtiger, und es wird – statt nur die Zahl der Verbindungen und Elemente zu eruieren – nun unterschieden nach „spezifische[n] Formen von Konnektivität" (Gertenbach und Laux 2019: 160). ‚Moderne Gesellschaft' heißt nun eine, die verschiedene Verknüpfungsweisen unterscheidet oder die differenziert ist: Menschen und Nichtmenschen werden etwa politisch anders verbunden, als religiös, rechtlich, technisch oder fiktional. Die Unterschiede sind *wirklich* (es sind nicht nur solche der Beschreibung). Latour (2017a: 57) spricht von differenten *Existenzweisen,* da hier je andere ‚Wesen' „zur Existenz zugelassen" sind. In diesem Buch, das also jene ‚Anthropologie der Moderne' verspricht, die Latour 1991 noch als Manko gegenüber den ethnologischen Beschreibungen erkannt hatte, wird eine experimentelle Form gewählt. Auch werden zahlreiche neue Begriffe erfunden, um die differenten Netze zu beschreiben (vgl. im Folgenden Gertenbach und Laux 2019): So spricht Latour statt von ‚Verknüpfung' von der je speziellen ‚Trajektorie' einer ‚Existenzweise', die auf einer je spezifischen Unterbrechung basiere: Das juristische Urteil unterscheidet sich von der technischen Erfindung oder politischen Versammlung darin, dass es *dieselben* Entitäten anders verknüpft oder trennt. Latour spricht zudem von Bedingungen des *Gelingens* und *Misslingens,* die eine Verbindung kennzeichnen. Die rechtliche, religiöse oder wissenschaftliche Existenzweise etwa hänge von je anderen „Ausrüstungen, Gruppierungen, Experten, Instrumenten" und nicht zuletzt von je anderen „Urteilen" ab, die je anderes als ‚wahr' aussagen (ebd.: 103). Latour unterscheidet dabei insgesamt 15 Existenzweisen. Sie werden in fünf Gruppen geordnet (vgl. ebd.: 174 ff.): (1) *Reproduktion, Metamorphose* oder Mutation (von Lebewesen) und *Gewohnheit.* Diese Existenzweisen sind nicht modernespezifisch, und vorsprachlich. Es gibt zweitens (2) auf Objekte bezogene oder hybride Objekte erzeugende Existenzweisen: *Wissenschaft, Technik* und *Fiktion.* Sie bieten „virtuelle Positionen für künftige Subjekte" (Latour 2017a: 506) – erkennende, geschickte oder schöpferische Subjekte. Drittens werden (3) *politische, rechtliche* und *religiöse* Existenzweisen zueinander geordnet, da sie auf „Quasi-Subjekte" gerichtet sind, Subjektivitäten erzeugen – politische; verantwortliche, respektive religiöse Subjekte. Auch (4) werden Modi unterschieden, die ‚Handlungsverläufe' entfalten: *Erwartung, Kalkulation, Interesse.* Schließlich (5) nennt Latour Modi, die die eigene Untersuchung betreffen: *Netzwerk, Präposition, Doppelklick.* Die beiden Modi ‚Technik' und ‚Reproduktion' unterscheiden sich voneinander etwa so:

> „Wenn man sich eine technische Geschichte des Baums vorstellen kann – [...] die ‚Erfindung' der Photosynthese –, so nur deshalb, weil man sich vorstellt, der Baum hätte es mehrmals versuchen können [...]. Es ist nun aber gerade diese Möglichkeit der Wiederaufnahme, die den Wesen der Reproduktion vollständig abgeht. [...] Sie werfen sich in den Hiatus der Existenz ohne jeglichen Abstand" (ebd.: 306).

Die Existenzweisen sind nicht als funktional differenzierte vorzustellen. Ohne *Fiktion* wäre *Politik* unmöglich („wie ließe sich die Zugehörigkeit zu irgendeiner Gruppe erklären?"), ebenso *Religion* („welches Gesicht gäbe man Gott, seinen Thronen, seinen Heerscharen, seinen Engeln und Heiligen?", ebd.: 353). Die Unterscheidung der Existenzweisen soll nun erlauben, ‚flüchtige Interaktionen' ebenso wie ‚komplexe Kollektive' zu analysieren, wobei also weniger auf Trennungen, als auf Vermischungen und Überkreuzungen fokussiert wird – die Anthropologie der Moderne verlangt eben, zunehmende Vermischungen zu bestimmen. Und obgleich sicher auch der Systemtheorie zufolge eine Entdifferenzierung moderner Gesellschaft vorkommen kann (als Korruption die Entdifferenzierung von Politik und Ökonomie), so ist die Entdifferenzierung im Blick dieser Moderneanalyse „ungleich wahrscheinlicher" (Gertenbach und Laux 2019: 190). Es kann sogar zu einem „Verschwinden einzelner Existenzweisen" kommen (statt einer permanenten Ausdifferenzierung), etwa von Fiktion, Religion und Politik (ebd.). Das kann als analytischer Vorteil dieser Theorie der Moderne ebenso gelten, wie die geringere Gefahr, Felder oder Systeme zu hypostasieren – die Interaktionen oder Relationen bleiben primär. Auch dieses begriffliche Konzept mündet im *„Verzicht auf den Gesellschaftsbegriff"* (ebd.: 132, Hervorh. HD).

4.1.3 Latour-Effekte

Zunächst ist zu betonen: Bei der ANT handelt es sich nicht um das Werk nur von Latour, sondern auch um das etwa von Michel Callon, Madeleine Akrich, Annemarie Mol, John Law. Die Akteur-Netzwerk-Theorie ist aktuell eine der meist rezipierten soziologischen Theorien – gerade weil sie nicht auf die Disziplin beschränkt sein will, den soziologischen Blick öffnet. Es haben sich STS-Studiengänge und Forschungsbereiche etabliert; der (auch von Harrison White oder Manuell Castells und anderen benutzte) Begriff des Netzwerks ist zum Grundbegriff geworden. Was ist so attraktiv? Zunächst erlaubt die ANT eine „Akzentverlagerung" der Theorie und Forschung, hin zu „konkreten Praktiken" (Gertenbach 2015: 243). Der von der ANT und ebenso anderen Theorien vollzogene *practical turn* wirft etwa der Perspektive Bourdieus einen Determinismus vor, die Ausblendung der Aktivität der Akteure.[1] Sodann gehört die Akteur-Netzwerk-Theorie zu den relationalen Soziologien, in denen „Elemente der Vermittlung, der Verbindung und der Übersetzung gegenüber Konzepten von Substanzialität, Identität und Stabilität" im Zentrum stehen (ebd.: 241). Und sie kann beschreiben, „wie in konkreten Praktiken und mit welchen Techniken" Soziales oder Gesellschaft stabilisiert wird, ohne dass diese Stabilität garantiert wäre (ebd.: 409). Auch vermag sie in der Berücksichtigung des Materiellen, der Artefakte eine „realistischere Beschreibung der stets vielschichtigen, umkämpften und prekären Konstruktionsprozesse" zu erzeugen (ebd.: 410), aus denen Kollektive oder Gesellschaften bestehen. Nicht zuletzt die disziplinäre „Entgrenzung der Soziologie" (Gertenbach 2015, vgl. z. B. auch Laux 2014, Bogusz 2018) in Richtung Natur, Technik, Wissenschaft war und ist *sehr* einflussreich. Und schließlich wird Latour als einer der wesentlichen Vertreter einer konstruktivistischen Sozialtheorie verstanden (Gertenbach 2015). Darüber hinaus gehört zum Erfolg der ANT und der STS ihr *politischer* Drang. Es ist *die* Soziologie oder Anthropologie, die insbesondere Klimaprobleme als zentrales *wissenschaftliches Problem* (und nicht nur als Thema) adressiert. So hat Latour z. B. die Debatte um das „Anthropozän" und um die politische Verantwortung auch der Sozialwissenschaften wesentlich mit befeuert (Latour 2017b). Zudem adressiert und verknüpft Latour weitere zentrale politische Herausforderungen der Gegenwart, etwa die soziale Ungleichheit, den wachsenden politischen Populismus und die globale Migrationskrise. All diese Probleme interpretiert er als drei „Antworten" einer selben Instanz – des Lokalen oder des ‚Bodens' – auf eine Ursache: die Globalisierung (Latour 2018, vgl. Gertenbach 2015: 246 ff.). Die (vor allem ökonomische) Globalisierung führt – einmal ganz abgesehen von den Naturproblemen – zu vielen Verlierern. Diese suchen nun Schutz in der Bevorzugung des Lokalen, der Identität innerhalb nationaler und ethischer Grenzen.

---

[1] Ironischer Weise gilt Bourdieu aber neben Latour auch als Hauptautor der Praxistheorien, so z. B. bei Schäfer 2013.

4.1.4 Exkurs: Kollektive aus Menschen & Nichtmenschen (Philippe Descola)

Da Latour unter anderem zu einer neuen *sozialen Ontologie* führt – einer Konzeption vieler Akteure, neben den Menschen; und da er die *naturalistische Ontologie* zum Gegenstand der soziologischen Theorie macht, also die Trennung von Natur und Kultur, oder auch von ‚einer' Natur und ‚vielen' Kulturen – wollen wir in einem Exkurs auf den bereits erwähnten Philippe Descola eingehen. Auch bei ihm wird ein neuer Begriff des ‚Kollektivs' entfaltet; auch hier geht es um die Ersetzung des Gesellschaftsbegriffs, um die differenten Weisen, Menschen und Nichtmenschen als Personen zu adressieren und zu behandeln, zum Thema zu machen. Neben Eduardo Viveiros de Castro ist es Descola, der die soziologische Theorie von Gesellschaft aktuell ganz erheblich bereichert, da er nun – in der Erbschaft von Lévi-Strauss – sehr verschiedene Weisen sichtbar macht, Kollektive zu bilden. Der Gesellschaftsbegriff wird (auch wenn Descola ebenfalls bemüht ist, diesen abzulösen) dabei deutlich angereichert, empirisch vielfältiger, wesentlich weniger eurozentrisch und wesentlich weniger ‚nationalistisch'. Zugleich wird die Soziologie synchron und kontrastiv vergleichende Gesellschaftswissenschaft, oder strukturale Anthropologie – und dies letztlich im Bemühen, die eigenen Begriffe und Konzepte ihrer Evidenz zu berauben, sie als eine mögliche Variante neben ebenso möglichen, in anderen Kulturen entwickelten Varianten zu sehen. Auch hier geht es mit anderen Worten um eine symmetrische Perspektive – die nun den Akzent (ebenso wie bereits Lévi-Strauss) vor allem auf die anderen ‚Varianten' kollektiver Existenz legt, auf die extramodernen und extraeuropäischen. Auch hier, bei Descola und bei Viveiros de Castro (2019), ist der Ausgangspunkt dabei die Frage der Ontologie: der modernen Trennung von Natur und Kultur (der *einen* Natur und den *vielen*, ausschließlich menschlichen Kulturen) werden andere Ontologien zur Seite gestellt. Die Basis des Vergleichs von Gesellschaften ist also nicht die eigene Ontologie – darin besteht wie oben erwähnt der *ontological turn* der Anthropologie und auch der Soziologie.

Weit entfernt davon, dass man es bei der Ethnologie und ihrer vergleichenden Disziplin, der (strukturalen) Anthropologie mit einer allein ‚Kultur'-vergleichenden Disziplin zu tun hat – für die Tiere allenfalls als Identifikations- und Gruppierungsinstrumente dienen; weit entfernt davon, unsere naturalistische Sicht zu universalisieren (der zufolge nur Menschen Kultur haben), folgt Descola den Blicken indigener Gesellschaften auf die Natur-Kultur-Unterscheidung. In allen anderen Gesellschaften oder Kulturen verläuft sie – so der Befund aus eigener

Feldforschung und aus dem Sekundärstudium der ethnologischen Literatur – anders als in der modernen europäischen Perspektive: der Gewissheit, der Körper des Menschen sei wie der der Tiere, und Kultur und Sprache seien es, die den Menschen und nur den Menschen auszeichnen. Descola unterscheidet von dieser *naturalistischen* Ontologie drei konträre „soziale Ontologien", also der eigenen, westlichen entgegengesetzte Identifikationsweisen von Menschen und Tieren: In der *totemistischen,* in der *animistischen* und in der *analogistischen* Ontologie werden die Körper und Interioritäten von Tieren und Pflanzen sowie Menschen anders angenähert oder getrennt. Dabei ist die Voraussetzung, dass es logisch nur diese vier Möglichkeiten gibt: Die Subjektivität und – davon getrennt – die Körperlichkeit von Nichtmenschen kann als mit der der Menschen getrennt, oder ähnlich aufgefasst werden; den vier Möglichkeiten der Kombination entsprechen die vier großen Ontologien, die sich global finden lassen – totemistische Kollektive etwa in Australien, aber auch in Nordamerika oder in Sibirien. Je etablieren sich mit den Ontologien andere Modi kollektiver Existenz: Es etablieren sich Gesellschaften, die nur Menschen als Mitglieder anerkennen *(Naturalismus);* die bestimmte Tiere und Pflanzen als in eigenen Gesellschaften lebend anerkennen *(Animismus);* die Menschen und Tiere oder Pflanzen aufgrund geteilter körperlicher und kognitiver Eigenschaften als gemeinsam einem Kollektiv zugehörig verstehen *(Totemismus)* – oder schließlich solche, in denen ein System feiner Unterschiede sowohl in körperlicher wie kognitiver Hinsicht Kollektive erzeugt, in denen Identitäten ständig in Gefahr sind, sich aufzulösen *(Analogismus).* Innerhalb dieser vier Identifikationsmodi oder sozialen Ontologien konstituieren sich konkrete Gesellschaften oder „Kollektive" aus Menschen und Nichtmenschen nun durch einen weiten Modus, die bevorzugten ‚Schemata der Praxis'. Oder, in einem geteilten Identifikationsmodus (zum Beispiel dem animistischen in Südamerika) etablieren sich Kollektive durch ein bevorzugtes ‚ethos', durch einen je vorherrschenden ‚Beziehungsmodus', der sich vom Nachbarkollektiv unterscheidet. So kann die „Form des Zusammenlebens und des sozialen Bandes" entweder nach dem Modus des *Raubes, des Tauschs, der Gabe, der Produktion, der Übermittlung,* oder des *Schutzes* (und evtl. weiterer Modi) gelebt und gedacht werden (ebd.: 527) – durch die Wahl jener Relationsweise zu den Mitgliedern der eigenen Gruppe (egal, ob diese Menschen oder Nichtmenschen sind), die dem Nachbarkollektiv gerade *entgegengesetzt* ist. So konstituieren sich z. B. die südamerikanischen Jivaro-Kollektive innerhalb des animistischen Identifikationsmodus, indem sie gegenüber ihren animistischen Nachbar-Kollektiven, den Tukano, den Raub bevorzugen und den Tausch ablehnen. Es sind derart weder die „Sprachgrenzen, der Umfang eines Handelsnetzes", noch ist es die „Homogenität der Lebensweisen" (ebd.), die ein Kollektiv oder eine Gesellschaft konstituieren. Die Karte der Gesellschaften wird neu gezeichnet, sie folgt jetzt den Praktiken, die von menschlichen wie nichtmenschlichen Individuen geteilt werden – Weisen, Wesen zu schematisieren, ihnen eine Persönlichkeit zuzuerkennen, und entsprechend Beziehungen zu ihnen einzugehen. Dabei ist es wie erwähnt auch Descola wichtig, den Begriff der Gesellschaft durch den des Kollektivs zu ersetzen: Der Gesellschaftsbegriff erscheint inadäquat, weil er ein „von vornherein begrenztes Ensemble" vorstellen lässt, „dem man eine abstrakte, transzendente Einheit zuschreibt", während es gälte, den „Bereich aufzufinden, der von bestimmten Schemata geprägt ist" (ebd., vgl. ders. 2014). Das Kollektiv ist ein Ensemble, „in dem sich alle möglichen Entitäten verbinden", aber es konstituiert sich nicht durch den oder die „Analysierende" (wie es im Blick auf Latour heißt), sondern seine Grenzen entsprechen dem „Einflußbereich dieses oder jenes Schemas der Praxis" (Descola 2011: 528). Schließlich erscheint der Gesellschaftsbegriff auch deshalb als inadäquat, weil er eurozentrisch und anthropozentrisch bleibt: Er bezieht sich

> „allein auf die Idee, die wir [EuropäerInnen] uns davon machen: Das Kollektiv der Menschen, die fähig sind, sich zu regieren und Konventionen zu erzeugen, welche die Beziehungen untereinander sowie zum Rest der Welt organisieren." (Descola und Ingold 2014: 32, dt. HD)

Literaturempfehlungen

- **BAUER**, Susanne, Torsten Heinemann und Thomas Lemke, hrsg. 2017. *Science and Technology Studies – Klassische Positionen und aktuelle Perspektiven*. Berlin: Suhrkamp.
- **BELLIGER**, Andréa und David J. Krieger, hrsg. 2006. *ANThology. Ein einführendes Handbuch zur Akteur-Netzwerk-Theorie*. Bielefeld: Transcript.
- **KNEER**, Georg, Markus Schroer und Erhard Schüttpelz, hrsg. 2008. *Bruno Latours Kollektive. Kontroversen zur Entgrenzung des Sozialen*. Frankfurt/M.: Suhrkamp
- **LAUX**, Henning. 2014. *Soziologie im Zeitalter der Komposition. Koordinaten einer integrativen Netzwerktheorie*. Weilerswist: Velbrück.
- **GERTENBACH**, Lars. 2015. *Entgrenzungen der Soziologie. Bruno Latour und der Konstruktivismus*. Weilerswist: Velbrück.
- **GERTENBACH**, Lars und Henning Laux. 2019. *Zur Aktualität von Bruno Latour. Einführung in sein Werk*. Wiesbaden: Springer VS.

> Zu Descola: DELITZ, Heike. 2013. Animistische, totemistische, analogistische oder naturalistische Kollektive. *Sociologia Internationalis* 51 (2/2013), 275–281.
> - MOORE, Jerry D. 2018. *Visions of Culture: An Introduction to Anthropological Theories and Theorists*. Lanham: Rowman & Littlefield.

▷ Welche Rolle haben Artefakte in der klassischen Soziologie (Durkheim, Weber, Simmel) und bei Latour? Was sind in der ANT die Grundbegriffe, und was soll damit – in der Kritik am Begriff der Gesellschaft – für eine Soziologie entworfen werden? Wie funktioniert eine solche Beschreibung des Sozialen, wie sie die Akteur-Netzwerk-Theorie vorschlägt, und wie lautet und worauf zielt diese Analyse der modernen Gesellschaft?

4.2 Leben und Institutionen – Philosophische Anthropologie (Plessner, Gehlen)

Es gibt bereits vor diesen Thematisierungen von Natur und Kultur (seit den 1920er Jahren) ein soziologisches und zugleich philosophisches, interdisziplinäres Projekt, in dem Natur und Kultur als untrennbar thematisiert werden, und in dem ‚Gesellschaft' und ‚Kultur' als etwas erscheinen, das auf der ‚Natur' beruht – und diese zugleich umarbeitet und je verschieden in den Blick nimmt. Dabei handelt es sich nun aber speziell um die Natur des Menschen. Bei Max Scheler, Helmuth Plessner und Arnold Gehlen, in der Philosophischen Anthropologie[2] wird – ähnlich wie im Pragmatismus und im Unterschied zu vielen anderen Konzepten soziologischer Theorie – der Körper des Menschen ernst genommen; als das, was Gesellschaft und Kultur notwendig und möglich macht, in seinem Unterschied namentlich zum Körperbau und zur Ausstattung anderer Säugetiere. Zugleich wird (namentlich bei Helmuth Plessner und Arnold Gehlen) diese ‚Natur' des Menschen ihrer-

---

[2] Zum Denkansatz insgesamt siehe Fischer 2008; zur soziologischen Theorie Rehberg 1981, 2010, Fischer 2013, 2019. Speziell zu Gehlens soziologischer Theorie Rehberg 1986, 2014 sowie Delitz 2011; speziell zu Plessners Theorie von Gesellschaft Fischer 2018, Delitz und Seyfert 2018; zur Sozialtheorie z. B. Lindemann 2002, Fischer 2018.

seits reflektiert als eine, die nicht nur veränderlich ist, sondern auch nur indirekt, in Diskursen (z. B. der Naturwissenschaften) zugänglich. Der Mensch ist Objekt, aber auch *Subjekt* der Natur, so heißt es bei Plessner (1975: 37); und weiter: Er ist ebenso Objekt wie auch Subjekt von Kultur. Aus dem Blick der gerade besprochenen Ansätze mag es sich insofern um einen Anthropozentrismus handeln, da der ‚Mensch' oder menschliches Leben hier im Zentrum steht: Es ist eine Anthropologie im Sinne einer ‚Lehre vom Menschen'. Gleichwohl enthalten die soziologischen Konzepte, die dieser Anthropologie entsprechen, ihrerseits Artefakte und Nichtmenschen als solche, die das soziale Handeln und die Kollektive mit erzeugen. Plessner und Gehlen – auf die wir uns hier wegen der tieferen Ausarbeitung von Gesellschaftstheorie und Analyse konzentrieren – teilen dabei Vieles. Sie teilen insbesondere die Bestimmung menschlichen Lebens in Kontrast und in Nähe zum Tier, wobei Gehlen sehr viel stärker ins (physiologische und morphologische) Detail geht. Zugleich entfalten beide differente Schwerpunkte: Plessner eine politische Theorie und Analyse, verbunden mit einem Konzept von *Gesellschaft* als imaginierter kollektiver Identität; Gehlen eine Theorie der Handlung, von Interaktionen; sowie eine Theorie totemistischer Gesellschaften und ihrer Identitätsbildung – und generell von *Institutionen*. Tatsächlich hat Gehlen – neben der Durkheim-Schule und offenbar unabhängig von ihr – den Begriff der ‚Institution' am deutlichsten zum soziologischen Grundbegriff gemacht. Innerhalb der deutschen Soziologie hat er sich zudem (neben René König) am meisten für die Ergebnisse der Ethnologie und auch der Archäologie interessiert – für andere Modi von Gesellschaft. Beide, Plessner und Gehlen teilen dabei weiter, den Menschen gerade *nicht* zu fixieren (wie es jeder Anthropologie als Theorie menschlichen Lebens gern vorgeworfen wird, vor allem seitens marxistischer Theorien): Gehlen spricht (mit Nietzsche) vom Menschen als einem ‚nicht festgestellten Tier'; Plessner bestimmt das menschliche Leben als ‚exzentrisches' und sich ‚unergründliches', das sich künstlich, artifiziell fixieren muss.

4.2.1 Pflanze, Tier, und „exzentrische Positionalität" (Helmuth Plessner)

Bei Helmuth Plessner verbinden sich zwei auf den ersten Blick unvereinbare Konzepte: eine Lebenstheorie, die universelle Strukturen menschlichen Lebens im Kontrast zu Tier und Pflanze behauptet, und eine historische Anthropologie, welche die grundlegende Wandelbarkeit, die historische und kulturelle Variabilität menschlichen Lebens betont. Das erste ist Thema des ersten Hauptwerks: *Stufen des Organischen und der Mensch* von 1928 (Plessner 1975); das letztere wird

1931 entfaltet, in *Macht und menschliche Natur* (Plessner 1981). Plessner ist es – aus wissenschaftlichen wie politischen Gründen – dabei wichtig, eine Perspektive *jenseits von Naturalismus* und *Kulturalismus* (Fischer 2018: 303–318) zu entfalten: Menschliches Leben ist weder allein biologisch noch allein kulturell. Es ist daher weder allein durch die Natur- und Lebenswissenschaften, noch allein durch die Sozial- und Kulturwissenschaften verstehbar. Es ist beides: Es ist erkennendes *Subjekt* der Natur (als NaturwissenschaftlerIn erkennt es diese, einschließlich der eigenen). Zugleich ist es *Objekt* der Natur – ist den Naturgesetzen ebenso wie Krankheit, Alter, Tod ähnlich unterworfen, wie andere Lebewesen. Der Mensch ist ebenso das Subjekt der Kultur, von kulturellen Perspektiven auf sich selbst – wie Objekt der Kultur, kulturell oder gesellschaftlich geformt. Innerhalb dieser vierfachen Perspektive entfaltet Plessner in *Stufen des Organischen* schwerpunktmäßig die erste Linie, den Blick auf die Natur, während in *Macht und menschliche Natur* schwerpunktmäßig die zweite Linie entfaltet wird – der Mensch als Subjekt und Objekt von Kultur reflektiert wird. Hier entfaltet Plessner nun auch und vor allem eine *historische Anthropologie:* menschliches Leben ist sich selbst ‚unergründlich' (Plessner 1981). Es ist historisch, oder veränderlich. Gerade daher braucht es eine künstliche Fixierung – eine Imagination kollektiver Identität. Diese nimmt notwendig eine politische Form an, da die Bestimmung einer (kollektiven) Identität die Unterscheidung von anderen voraussetzt. Schließlich entfaltet Plessner – im Kontext der Weimarer Republik und ihrer politischen Gefährdungen von links wie rechts – politisch-soziologische Schriften: 1924 eine Kritik an den zeitgenössischen Gemeinschaftsutopien von links und von rechts, in Verteidigung von ‚Gesellschaft' (*Grenzen der Gemeinschaft,* Plessner 2002); und 1935 eine wissenssoziologische Untersuchung der spezifisch deutschen politischen Imaginationen kollektiver Identität (*Verspätete Nation,* Plessner 1974).

Plessner ist studierter Biologe, bevor er Philosophie studiert und dann auch soziologisch arbeitet. 1928, in *Stufen des Organischen und der Mensch,* verortet er menschliches Leben im organischen Leben – er betont ebenso die Gemeinsamkeiten der Lebensformen, wie die Besonderheit menschlichen Lebens darin. Lebewesen sind (so Plessner) als solche darauf angewiesen, ihre ‚Grenze' gegenüber der Umwelt aufrechtzuerhalten, Leben lässt sich in der Relation des Körpers zur Umwelt definieren: Lebewesen müssen ihren Körper ebenso gegen die Umwelt schließen, wie selektiv öffnen. Es ist dann die Art und Weise dieser Grenzrealisierung, die die Lebensformen kennzeichnet. Pflanzen haben (so Plessner) eine ‚offene' Form der Grenzrealisierung, Tiere und Menschen eine ‚geschlossene', und diese unterscheiden sich wiederum durch die Form, in der die Körper-Umwelt-Beziehung gelebt wird. Menschliches Leben ist im Unterschied zur ‚zentrischen' Form der Tiere ‚exzentrisch positioniert'. Während die

4.2 Leben und Institutionen – Philosophische Anthropologie ...

Tiere mit zentralem Nervensystem ‚in' ihrer Mitte oder aus ihr heraus leben, ist menschliches Leben das, das ebenso ein zentrales Nervensystem besitzt, denselben Gesetzen folgt. Es ist Körper – und zugleich ist es ‚aus seinem Körper' herausgerückt: Es hat Distanz zu sich selbst, es macht sich und seinen Körper zum Objekt des Wissens. Institutionen stehen zugleich an Stelle der Instinkte – es ist von Natur aus künstlich, oder es ist auf „Nichts" gestellt (Plessner 1975: 310). In dieser besonderen Struktur der *Grenzrealisierung* menschlichen Lebens sind für Plessner alle kulturellen und gesellschaftlichen Aktivitäten und Diskurse fundiert: „Exzentrische Lebensform und Ergänzungsbedürftigkeit bilden ein und denselben Tatbestand", schreibt er (ebd.: 311), und weiter: „In dieser Bedürftigkeit oder Nacktheit liegt das Movens für alle spezifisch menschliche, d. h. auf Irreales gerichtete und mit künstlichen Mitteln arbeitende Tätigkeit, [...] die Kultur." (ebd.) Genauer, liege beim Menschen ein

> „Dreifaches vor: das Lebendige ist Körper, im Körper [...] und außer dem Körper als Blickpunkt, von dem aus es beides ist. Ein Individuum, welches positional derart dreifach charakterisiert ist, heißt Person. Es ist das Subjekt seines Erlebens, seiner Wahrnehmungen und seiner Aktionen, seiner Initiative. Es weiß und es will. Seine Existenz ist wahrhaft auf Nichts gestellt" (ebd.: 293).

Im gebrochenen Verhältnis zum eigenen Körper liegt die conditio humana: Es ist Voraussetzung auch der Historizität – der Tatsache, dass der Mensch sich unergründlich ist und sich daher künstlich, in Kollektiven und kollektiven Identitäten fixieren muss (wie Plessner 1931 weiter ausführen wird, Plessner 1981):

> „Weil dem Menschen durch seinen Existenztyp aufgezwungen ist, das Leben zu führen, welches er lebt, d. h. zu machen, was er ist – eben weil er nur ist, wenn er vollzieht – braucht er ein Komplement nichtnatürlicher, nichtgewachsener Art. Darum ist er von Natur, aus Gründen seiner Existenzform künstlich. Als exzentrisches Wesen nicht im Gleichgewicht, ortlos, zeitlos im Nichts stehend, konstitutiv heimatlos, muß er ‚etwas werden' und sich das Gleichgewicht – schaffen" (Plessner 1975: 310).

Plessner formuliert in dieser Bestimmung menschlichen Lebens drei „anthropologische Grundgesetze", die erlauben, Soziales oder Kollektives zu adressieren: 1. *das Gesetz der natürlichen Künstlichkeit*. Menschliches Leben ist „von Natur aus" künstlich, es findet sein „Gleichgewicht" nur, wenn es etwas schafft, das sich von ihm ablöst, „mit Hilfe der außernatürlichen Dinge" (ebd.). In *Conditio humana* beschreibt er unter diesem Aspekt stärker die Bedeutung körperlicher Merkmale (Auge-Hand-Feld, Distanz) und Äußerungen: Auch das Handhaben des Körpers ist eine Technik und „Sprechen, Handeln, variables Gestalten schließen die Beherrschung des eigenen Körpers" ein – eine Beherrschung, die „ständige Kontrolle" erfordert (Plessner 1983: 190). Es ist – weiter entlang dieser Betonung der organischen Merkmale menschlichen Lebens – das extra-uterine Frühjahr (Portmann), das Zu-früh-Geborensein, das dazu führt, sich artifiziell im eigenen Körper zurechtfinden zu müssen, „Körpersein" und „Körperhaben" verbinden zu müssen (ebd.). Aus dieser Perspektive ist „Verdinglichung" von sich selbst ein genuiner Aspekt menschlichen Lebens (ebd.: 176). 2. *das Gesetz der vermittelten Unmittelbarkeit* Menschliches Leben erkennt sich nie unmittelbar, nur indirekt hat es sich, die Welt und Andere. In dieser vermittelten Relation schiebt sich das Mittel in den Vordergrund, stets bringt es *etwas* zum Ausdruck – nie alles. „[W]esentlich ist für die technischen Hilfsmittel (und darüber hinaus für alle Werke [...]) ihr inneres Gewicht" (Plessner 1975: 321). Zwar bleiben die Mittel an die UrheberInnen gebunden, doch gewinnen sie eine Eigendynamik, so dass sich der Mensch von ihnen her je anders sieht, und anders wird. Deswegen ist sich dieses Leben selbst „unergründlich" (Plessner 1981). Und 3.: *Das Gesetz des utopischen Standorts*. Einen festen Punkt, ein „Definitivum" (Plessner 1975: 342), absolutes Wissen um den Menschen gibt es nicht, es sei denn im Glauben an einen solchen. Auch die utopischen Technikfantasien – heute z. B. des Transhumanismus – sind eine solche Behauptung des Göttlichen, Religion:

> „Wie die Exzentrizität keine eindeutige Fixierung der eigenen Stellung erlaubt (d. h. sie fordert sie, hebt sie jedoch immer wieder auf [...]) so ist es dem Menschen nicht gegeben, zu wissen, ‚wo' er und die seiner Exzentrizität entsprechende Wirklichkeit steht. Will er die Entscheidung so oder so, – bleibt ihm nur der Sprung in den Glauben" (ebd.).

Diese Konzeption menschlichen Lebens führt bruchlos zu einer Theorie von Gesellschaft oder Sozialität, ebenso wie von Kultur (Weltanschauungen, Religionen, Ideologien). Sie richtet sich – in ihrer Verankerung in einer bestimmten Biologie, nämlich der zeitgenössischen, die sich mit den Namen Uexküll, Köhler, Driesch verbindet – ebenso gegen cartesianische Denkweisen, die (wie so oft in der soziologischen Theorie) den Körper und das Lebewesen Mensch *ignorieren;* wie auch gegen das evolutionsbiologische oder biologistische Denken, in dem der Mensch *nur* Tier ist. Das Plessner derart eine ‚recht verstandene' Lebenstheorie sucht, ist kein Zufall, wie er gleich in den ersten Sätzen von *Stufen des Organischen* deutlich macht: In einer Zeit, in der das ‚Leben' das „erlösende Wort" ist (Plessner 1975: 3), gilt es, eine „Philosophie des Lebens im nüchternen" Sinn zu entfalten (ebd.: 37). Die ZeitgenossInnen haben das Leben zum Subjekt der Geschichte gemacht, es mit Macht ausgestattet (Nietzsche, Darwin); im völkisch-rassistischen Denken wird die Gesellschaft als basierend auf der ‚Rasse' bestimmt gedacht. Dagegen schreibt Plessner an – mit einer nüchternen, an den biologischen Disziplinen orientierten Theorie menschlichen Lebens, die zugleich anerkennt, dass biologisches Wissen und biologische Fakten solche des erkennenden Subjekts sind – Konstruktionen des Menschen.

4.2.2 Soziologische Theorie: Verteidigung des Öffentlichen, Notwendigkeit des Politischen

Plessners soziologische Theorie enthält nun zum einen wie erwähnt eine Gegenwartskritik. In *Grenzen der Gemeinschaft. Eine Kritik des sozialen Radikalismus* versteht Plessner die politischen Ideen der 1920er, die zwischen linken und rechten *Gemeinschaftssehnsüchten* – einer ‚Gemeinschaft der Sache' und einer ‚Gemeinschaft des Blutes' – oszillieren, gleichermaßen als politisch gefährlich. Jede Berufung auf die Gemeinschaft ist ein „Radikalismus", die gefährliche, weil totalitäre Sehnsucht nach der unentfremdeten Gesellschaft. Beide Begehren nach Gemeinschaft bedrohen die individuelle Freiheit – die Freiheit, anders sein und anders denken zu können. Beide delegitimieren die Trennung von Privatem und Politik. (Später hat ähnlich auch die französische politische Philosophie von Gauchet und Lefort benannt, dass die marxistische Gesellschaftsvorstellung notwendig totalitär ist.) Beide Gemeinschaftsbegehren bedeuten eine „Vernichtung der gegebenen Wirklichkeit zuliebe der Idee": einer Einheit der Gesellschaft, einer absoluten „Gemeinschaft" (Plessner 2002: 17). Egal, ob die Einheit der Volksgemeinschaft entspricht oder einer klassenlosen Gesellschaft, beides führt zur „Preisgabe eines Rechts auf Distanz". Dadurch aber wird „der Mensch selbst bedroht" (ebd.: 29). Denn der Mensch ist unergründlich, er kennt sich selbst nicht, kann immer anders werden; er braucht die Masken und Rollen. Es ist allein die Lebensform der „Gesellschaft", der politischen Öffentlichkeit, die das Private respektiert – es ist die Lebensform der Rollen, die dem gerecht wird: „In sich weitmaschig genug, um das Fluktuieren des Lebens in allen Schattierungen zu beherbergen […], ist Öffentlichkeit das offene System des Verkehrs zwischen unverbundenen Menschen" (ebd.: 95). Bereits hier plädiert Plessner daher für ein Verständnis des Politischen, das dem einer modernen Demokratie und des modernen Rechts- und Verfassungsstaates entspricht.

1931 schreibt Plessner mit *Macht und menschliche Natur* eine zweite, ebenso fulminant geschriebene und zeitgenössisch dringliche Schrift zum Politischen. Zentral ist jetzt das Merkmal der Unergründlichkeit menschlichen Lebens für sich selbst – seiner historischen Veränderlichkeit. Diese geht mit der Notwendigkeit einer kollektiven Fixierung, einer Identitätsfiktion einher – mit der Bindung an ein Kollektiv oder ein ‚Volk' (wie Plessner zeitgenössisch sagt). Diese historische Anthropologie Plessners ist also als politische Anthropologie durchgeführt: Es geht, wie Plessner eingangs auch deutlich ausspricht, darum, den „Ernst" (Plessner 1981: 142), die Unerlässlichkeit einer politischen Existenz anzuerkennen – einer kollektiven Identitätsbildung und der Abgrenzung anderer; und dies, um das Feld der politischen Selbstbestimmung zu zähmen (es nun, sieben Jahre später, nicht den Rassentheoretikern zu überlassen). An die Intellektuellen seiner Zeit gerichtet, schreibt Plessner: Wer das Politische – das Begehren nach kollektiver Identität, nach einem Kollektiv, das notwendig die Unterscheidung von anderen voraussetze – nicht ernst nimmt, der darf sich nicht wundern, wenn die Politik das Leben „von unten her anfällt" (ebd.: 234). Dagegen geht es Plessner hier um die Aufrechterhaltung der humanistischen Perspektive Europas – um die Anerkennung *und* um die Zivilisierung der Politik im Sinne der Identifizierung, der Kollektiv-Bildung.

Der Mensch ist, so setzt Plessner in dieser Schrift mit dem Untertitel einer *Anthropologie der historischen Weltansicht* voraus, veränderlich und sich daher unergründlich – er hat keinen fixen oder ‚natürlichen' Grund (etwa, zeitgenössisch, die Rasse oder die Vernunft). Er ist das *Subjekt* seiner Geschichte und verändert sich durch diese zugleich, ist ihr *Objekt:* Er macht sich immer erst zu dem, was er ist. Den Menschen zu erkennen, bedeute daher, sich „aus der Macht vergangener Generationen geworden" zu verstehen (ebd.: 182). Das hat direkte politische Konsequenzen – auf die Plessner den Akzent legt: Nur wenn „wir uns unergründlich nehmen, geben wir die Suprematiestellung gegen andere Kulturen" auf (ebd.: 161); nur dann erkennen wir an, dass Menschsein nicht identisch ist mit der eigenen, der europäischen Form. Der Mensch hat keinen fixen Grund: Die Unergründlichkeit des Menschen für sich selbst ist „verbindlich zu nehmen", schreibt Plessner. Dabei wird nun im selben Zug die europäische, humanistische Voraussetzung relativiert – *und* gestärkt: *Die Relativierung der eigenen Perspektive auf den Menschen (da diese nun als eine unter anderen möglichen, historischen sichtbar wird) bringt es nämlich mit sich, im selben Zug den „Grund, auf dem sie beruht", zu bestätigen* – die „Gleichheit alles dessen, was Menschenantlitz trägt" (ebd.: 149).

4.2 Leben und Institutionen – Philosophische Anthropologie ...

„Das Prinzip der Verbindlichkeit des Unergründlichen ist die [...] Fassung des Menschen als eines historischen und darum politischen Wesens" (ebd.: 184).

Gegenüber der Verachtung des Politischen durch die deutschen Intellektuellen geht es Plessner wie erwähnt um die Notwendigkeit einer kollektiven Identitätskonstruktion, der Bestimmung der eigenen Identität, die immer die Unterscheidung anderer voraussetzt: *Konstitutiv* stehen Menschen – sich unergründlich und daher je sich fixierend – in gegeneinander gestellten Kollektiven. Diese kollektive Bestimmung ist per se relational, bezogen auf andere und deren Unterscheidung, und sie gilt für alle sozialen Beziehungen, nicht allein solche des „Volkes" oder der „Nation". Auch Freundschaften, Nachbarschaften usw. konstituieren sich relational, in Differenz – für alle diese Beziehungen gilt: „Ein vertrauter Kreis setzt sich gegen eine unvertraute Fremde ab" (ebd.: 192). Diese Unterscheidung Anderer ist, so Plessner, dabei im Grunde die Unterscheidung *eigener, anderer* Möglichkeiten – die man gerade nicht ergreift. Und ständig verlagern sich die Bestimmungen des Selbst und der Anderen (vgl. ebd.: 194). Ganz generell gilt also: Es gibt keine „Form des Menschseins", die „nicht schon partikular und parteiisch" wäre, die nicht bereits die „Züge mindestens eines besonderen Volkstums trüge". Menschen leben notwendig – und zwar wegen ihrer Unergründlichkeit, die der exzentrischen Positionalität entspricht (s. o.) – in Kollektiven oder Kulturen, und das heißt, in *gegeneinander* unterschiedenen Gesellschaften, in Imaginationen kollektiver und kultureller Identität und Andersheit. Von dieser Bestimmung des Eigenen in Abgrenzung anderer könne man sich „nicht einmal durch die Humanitätskonzeption" lösen (ebd.: 193): Auch diese nimmt eine Bestimmung anderer als ‚unheimlich' oder fremd vor. Oder noch anders formuliert: Weil der Mensch ein „Abstand von etwas nehmendes Wesen ist" (ebd.: 231), sich unergründlich ist, „offene Frage" bleibt (ebd.: 188), kommt dieses Leben nicht als universale Menschheit, sondern in differenzierten Gesellschaften – kollektiven Identifizierungen – vor. Kollektive Existenz bedeutet Unterscheidung. Diese „Volkhaftigkeit" (Gebundenheit an eine bestimmte, kulturhistorisch gebundene Perspektive) ist schlicht ein „Wesenszug des Menschen" (ebd.: 232), und keine besonders ‚deutsche' Eigenschaft, wie Plessner im Blick auf die zeitgenössischen Diskurse hätte hinzufügen können.

1935 legt Plessner eine dem entsprechende Gesellschaftsanalyse vor: *Die verspätete Nation. Schicksal deutschen Geistes im Ausgang seiner bürgerlichen Epoche.* Das Buch ist berühmt für seine Erklärung des „Verfalls des deutschen Geistes", der in der rassistischen Denkweise vorliegt. Dass die ZeitgenossInnen das ‚erlösende Wort' im (biologisch verstandenen) ‚Leben' finden – dies gilt ja v. a. für die Deutschen. Das Buch nun deckt die historischen, politisch-religiösen

Gründe auf: Statt dem Glauben an die Vernunft, statt des aufklärerischen Humanismus versteht das deutsche Denken – gerade in der Opposition gegen den Westen – das deutsche *Volk* als Subjekt der Geschichte und als Grund des politischen Handelns. Zwar wird es zunächst kulturell definiert, durch die gemeinsame Sprache (Herder, Fichte). Doch eine zunehmende Entlarvungstendenz, die Desillusionierung ehemals geltender Autoritäten führt dazu, das Volk letztlich rassistisch zu definieren. Kollektive Identität wird zunehmend durch eine biologische Fiktion bestimmt. Plessners Erklärung, warum gerade das deutsche Denken ein derart völkisches wird, ist wissenssoziologisch. Plessner nennt zwei Gründe. *(1) Verspätung in der Bildung des Nationalstaats:* „Deutschland ist das einzige Land in Europa, das noch auf dem Wege ist, ein Nationalstaat zu werden, weil die Grenzen deutschen Volkstums mit den Grenzen des neuen Reiches nicht zusammenfallen" (Plessner 1974: 38). In der Nationalstaatsbildung sind Frankreich und England Deutschland weit voraus, das zersplittert bleibt, und dann gespalten – in die deutschsprachigen Reichstraditionen von Berlin und Wien. Das Nationalbewusstsein fand in Deutschland auch nach 1871 „keinen Halt an einer Staatsidee", weil die Nation geteilt blieb: Deutsche gab es in Preußen und in Österreich. Als „Ersatz" übernahm der „Begriff des *Volkes* die Rolle einer politischen Idee" (ebd.: 41). Im selben Zug wird der Humanismus, die Berufung auf die „Menschheit" als Ideologie des Westens „entlarvt". Deutschland wurde ein „Machtstaat ohne humanistisches Rechtfertigungsbedürfnis. Die Wirklichkeit des Volkes sollte genügen" (ebd.: 42). Und (2) *Glaubensspaltung:* Die Dynamik des deutschen Denkens – nämlich die Entlarvung einer historischen Autorität oder eines Subjekts der Geschichte nach der anderen – ist bestimmt durch eine zweite Linie: durch den „religiös-konfessionelle[n] Dualismus zwischen Katholizismus und protestantischer Zwangsstaatskirche". In der Folge dessen werden die – in der „Zwangskirche" nicht heimisch werdenden – „religiösen Energien" in andere Gebiete abgedrängt, wird Deutschland zum Land der „Dichter und Denker", wird Philosophie, Musik, Kultur mit religiösem Eifer verfolgt, heilig. Ausdruck dessen ist die Romantik (ebd.: 41). Sie stellt eine Entzauberung der Vernunft dar, wie diese den Gottesglauben entzaubert hatte. Je „gründlicher das Bewußtsein über seinen bisherigen Glauben aufgeklärt wird, desto tiefer sinkt es" (ebd.: 119). Dies geschah „nirgends radikaler als in Deutschland", weil sowohl der Staat als auch die Kirche gespalten waren und „keinen Halt" boten. Auf der Suche nach einem Halt oder Grund wird die Einheit des „deutschen Volkes" zunächst also kulturell bestimmt (die „Ur-Sprache"), dann aber wird diese kulturelle Einheit zunehmend völkisch und biologisch fundiert – in der Suche nach einem unerschütterlichen Grund rutschen die Autoritäten immer tiefer. Die Heilsordnung, die Vernunft, die Geschichte, die Ökonomie, das Unbewusste, das Blut sind die einander ersetzenden Autoritäten oder imaginären Gründe der kollektiven Identität: Der „Glaube an die Macht des Blutes" (ebd.: 187) ist das „Schicksal" des deutschen politischen Denkens um 1935.

„Nachdem der Krieg die Fiktion einer friedlich zu regelnden Welt illusorisch gemacht hat, die Propaganda der Westmächte gegen Deutschland, Versailles und Völkerbund die natur- und völkerrechtlichen Grundideen der Aufklärung […] verdächtigt haben […], blieb Deutschland in seinem entgötterten Bewußtsein nur der Rückzug in eine machtpolitische Position der bloßen Selbstbehauptung" (ebd.: 147).

Nach 1945 war Plessner in New York und vor allem in Göttingen als Soziologieprofessor tätig. Dabei hat er sowohl seine philosophische Anthropologie weiter entfaltet, als nun auch stärker empirische Gegenwartsforschungen angeleitet (etwa zum Sport, zur Industriearbeit, vgl. Fischer 2013, 2019).

4.2.3 Handeln, symbolische Außenhalte, Institutionen (Arnold Gehlen)

Arnold Gehlen war und ist als Autor wegen seiner konservativen soziologischen Haltung, und vor allem seiner Karriere 1933–1945 hoch umstritten: Seine Karriere profitierte von der Machtergreifung Hitlers, während Plessner wegen seiner ‚jüdischen Herkunft' emigrieren musste. Ähnlich wie Plessner (und in Kenntnis von dessen Werk, in Berufung aber auf Max Scheler[3]), so beginnt seine Theorie der Gesellschaft in einer Philosophischen Anthropologie. Gehlen geht es dabei speziell um den Vergleich der Körper- und Antriebsstruktur von Säugetieren, noch spezieller von Primaten und Menschen. Diese letztere erweist sich als wesentlich unbestimmt, unfixiert – sie wird ist negativ gekennzeichnet: durch das Fehlen spezialisierter Organe zu Angriff oder Flucht, durch das Fehlen instinktiver Handlungsprogramme. Das eröffnet – auf der positiven Seite der Beschreibung – allererst den Raum für Institutionen. An der Stelle der Instinkte stehen beim Menschen Institutionen, so könnte man diese Sozio-

---

[3]Zur komplizierten Geschichte der Referenzen und der Nichtbezüge auf Scheler bzw. Plessner wegen mehrfacher Plagiatsvorwürfe siehe Fischer 2008.

logie und Anthropologie also zusammenfassen. In *Der Mensch. Seine Natur und seine Stellung in der Welt* (1940–1950/1993) wird etwa die Instinkt-Entbundenheit und der damit verbundene innere ‚Antriebsüberschuss', die Zweifüßigkeit und das frontale Sehen, die freie Zunge und die Gegenüberstellung von Daumen und Fingern erwähnt. Es sind die körperlichen Merkmale, die Kultur und Gesellschaft, Sprache und Denken ermöglichen – oder, die ein ‚handelndes Wesen' erfordern und erzeugen. In *Urmensch und Spätkultur* geht es Gehlen 1956 dann um eine These differenter ‚Kulturschwellen', in denen der Mensch, das Subjekt, je ein anderes wurde, und zwar entlang unvorhersehbarer, epochaler Erfindungen wie der Pflanzenkultivierung, der Tierdomestikation und der Industrialisierung.

Zu den „wichtigsten Eigenschaften" des Menschen zählt, „zu sich selbst Stellung nehmen zu müssen", schreibt Gehlen (1993: 3) zu Beginn von *Der Mensch*. Es gibt überhaupt keine „vorkulturell fassbare menschliche Natur"; denn es ist „keine Aussage des Menschen über sich selbst möglich, die unabhängig wäre von einer bestimmten kulturellen Ausprägung". Diese gelingt zudem nie direkt. Sie erfolgt vielmehr stets über anderes, das Nichtmenschliche hinweg – „über das hin, was außer ihm liegt" (Gehlen 2007: 119). Die zweite Grundidee Gehlens lautet: Der Mensch ist biologisch ein ‚Mängelwesen'. Er hat kaum Instinkte, keine körperlichen Spezialisierungen. Beides – die Nichtfixiertheit und die unspezialisierte körperliche Ausstattung – hängt untrennbar zusammen: Nur das nicht instinktiv gesicherte Wesen sieht sich vor die *Aufgabe* gestellt, sein tägliches Leben zu sichern, künstlich, mit kreativen Mitteln aufrechtzuerhalten – und nur es hat die Möglichkeit, Kultur zu entfalten. Gehlens Frage also ist: Was sind die Existenzbedingungen dieses Lebewesens, d. h. welche Aufgaben stellt sein Körper, und wie löst es diese – institutionell, sozial, kollektiv, gesellschaftlich? Wie Plessner geht auch Gehlen mit anderen Worten von der Unergründlichkeit des menschlichen Lebewesens aus (Nichtfestgestelltheit). Und wie Plessner geht es ihm darum, den Körper stets (auch in der soziologischen Theorie) mitzudenken. Gehlen (1993: 7) will Kategorien „finden, die durch Körper und Geist ‚durchlaufen'". Dazu macht er einerseits (1) die negativen Kennzeichen dieses Lebens im Vergleich zum Tier deutlich. Kann man Tieren spezifische Sicherheiten der Bewegungen zuschreiben, ist der Mensch bereits innerlich spezifisch unbestimmt. Er besitzt weder Sinnes-, Angriffs- noch Abwehr-Organe, keine spezifische Umwelt, keinen stabilen Instinkt- und Triebapparat. Damit ergibt sich (2) als zentrales Merkmal menschlichen Lebens, dass es sich um ein „handelndes" Wesen (ebd.: 26) handelt, das sich eigentätig am Leben erhält – und dieses steigert. Die scheinbaren Mängel sind produktiv. Da der Mensch biologisch nicht fixiert ist, kann er sich ändern, seine körperlichen und geistigen

Fähigkeiten sind trainierbar, steigerbar und variabel. Anstelle spezialisierter Organe erfindet er Artefakte, anstelle der Umwelt Gesellschaft, anstelle der Instinkte stehen immer neue Motive und Bewegungen – Rituale, Gewohnheiten, Artefakte. In dieser Beschreibung stützt sich auch Gehlen (der kein Biologe ist) auf die zeitgenössische Biologie, auf die These, der Mensch sei ein ‚Nesthocker' und habe daher eine unvergleichlich lange Lernphase (Portmann); oder, der Körper werde durch Techniken ersetzt (Alsberg). ‚Entlastung' ist dabei neben ‚Handlung' der Schlüsselbegriff Gehlens: Das menschliche Leben entlastet sich selbst von seinen Problemen (‚Mängeln'), von der Komplexität der Umwelt und vom Handlungsdruck, indem sich zwischen die Situation und deren Lösung Instrumente schieben – die nun ihrerseits Ziel des Handelns werden. So wird die „Herstellung eines Werkzeugs" selbst das interessante, und angestrebte (ebd.: 68); so schiebt sich aber vor allem die Sprache zwischen die Dinge: Sie entlastet ‚vom Druck' der Situation, ermöglicht Kooperation, Weltbildung, Perspektivenübernahmen und damit Selbstbewusstsein (Mead). Sie ist – wie bei Durkheim, Lévi-Strauss, Foucault – für Gehlen paradigmatisch für das *Institutionelle*.

„Eine Gesellschaft stabilisieren heißt, sie auf dauernde Institutionen bringen, und das bedeutet eine Selektion der Verhaltensweisen und Situationen", heißt es 1956 in *Urmensch und Spätkultur* (Gehlen 2007: 20). Tatsächlich ist die Institution ein zentraler Begriff; einer, mit dem der Ansatz von Gehlen der durkheimschen Soziologie des konstituierten Subjekts ähnelt. Zugleich beschreibt Gehlen vielleicht deutlicher als zumindest Durkheim selbst unter diesem Titel Praktiken: Praktiken, die durch Wiederholung zu Institutionen werden – also routinisierte Verhaltens-, Denk- und Fühlweisen, Selbstverständnisse und Weltbilder. Sie sind produktiv, sie formen Subjekte: Sie fordern einen „Charakter" (Gehlen 1993: 507 f.) ebenso, wie sie diesen erzeugen. Dabei ist je eine institutionelle *Leitidee* (ein Begriff von Maurice Hauriou) zentral – eine Bedeutung oder Norm, die Gefühle der Verpflichtung der Institution gegenüber begründet. Ebenso wesentlich ist das *Symbolische* – Rituale, Bilder, Artefakte bieten der Institution einen ‚Außenhalt', machen sie dauerhaft. Gehlen legt den Akzent zudem auf die Folgen institutioneller Handlungen: auf nicht intendierte Effekte von Institutionen. So haben die totemistischen Tabus des Tötens und Essens bestimmter Tiere oder Pflanzen die Etablierung von Tier- und Pflanzenhege ermöglicht. Weder lässt sich die Institution daher aus Kalkulationen oder Motiven von Individuen erklären – denn Institutionen zeichnen sich durch ihre produktive Eigendynamik aus, durch ihren „Selbstwert im Dasein" (Gehlen 2007: 15), durch ihre Verpflichtung des Einzelnen. Noch reduziert sich die Institution also darauf – das Interesse liegt auf ihren Effekten der Selbst- und Weltformung. Gehlen betont zudem – als Funktion von Institutionen – die Aufrechterhaltung von Bedürfnissen, von Antriebsspannungen. Verbote sind ein Kern von Institutionen, denn in ihnen werden ‚Spannungen stabilisiert', Begehren aufrechterhalten. Institutionen bestehen dabei nicht allein aus Menschen – ebenso können sie Tiere oder Artefakte beinhalten. So beginnt *Urmensch und Spätkultur* mit dem Werkzeug, an dem sich ein Verhalten stabilisiert. Ähnlich schreibt Gehlen im Blick auf weitere Artefakte (Gebäude, Mobiliar):

> „Wer morgens in seine Werkstatt [...] tritt, erlebt von daher [...] schon über die Entscheidungsschwelle gehoben die Kontinuität seines spezialisierten Verhaltens. Hiervon ist die gesamte Kooperation einer Gesellschaft abhängig" (ebd.: 24 f.).

Was den Begriff der ‚Gesellschaft' betrifft, so besteht ‚Gesellschaft' für Gehlen wesentlich in der Vorstellung kollektiver Identität, eines *Gemeinsamkeitsbewusstseins*. Wie Durkheim, geht es auch Gehlen um die totemistischen Gesellschaften: In ihnen führen die routinisierten Handlungen der Rituale (die Bewegungen, die Maskierungen und Verkleidungen) zur Identifikation mit einem Dritten, dem Totemtier. In dieser Identifikation entsteht eine erste Vorstellung kollektiver Einheit, des Kollektivs oder der Gruppe: Indem alle Gruppenmitglieder sich mit demselben Tier (Nichtmensch) identifizieren, entsteht das Bewusstsein ihrer Einheit – entsteht das Kollektiv oder die *Gesellschaft*. Im rituellen Verkleiden werden die fiktive Einheit und die fiktive Identität der Abstammung „anschaulich vollzogen" (ebd.: 236) – rituell, indem sich alle Einzelnen mit.

> „demselben anderen, einem X, identifizieren und von daher verhalten, so daß ihr Selbstbewußtsein einen gemeinsamen Schnittpunkt hat, der in der Gleichheit des Verhaltens eine objektive Stütze findet. [...] Alle Mitglieder des Bären-Clans mögen symbiotisch schon eine Gruppe sein. Geistig werden sie ein ‚Wir, diese Gruppe' nur insofern, als jeder die Rolle eines anderen übernimmt, und zwar jeder dieselbe" (Gehlen 1993: 375).

Im Totemismus wird zugleich eine erste Teilung von Gesellschaft instituiert: In der Identifizierung mit dem Totem unterscheidet sich eine Gruppe von den anderen Gruppen. Im Totemismus entsteht zudem auch erst das Bewusstsein, Mensch (und nicht Tier) zu sein. Totemistische Gesellschaften sind zentriert um Tabus, weil sie sich mit ihrem Totemwesen identifizieren – die Gruppen identifizieren sich nicht nur mit bestimmten Tieren oder Pflanzen und tragen deren Namen, das Totemtier gilt zugleich auch als Ahn der Gruppe (Gehlen 1993: 395). Zugleich entsteht in der rituellen Identifikation ein Selbstbewusstsein des Menschen als Mensch: Indem er *sich mit dem Tier gleichsetzt, unterscheidet sich der Mensch von ihm,* er fühlt und sieht die Differenz zum Totemtier. Das

Bewusstsein, kein Tier zu sein, entsteht im Kontrast zu dem, was man „verkörpert" (Gehlen 2007: 168). Das „Anlegen von Tierhäuten, das Schmücken mit Federn und Nachahmen von Lauten bringt die gattungsmäßigen Differenzen" in den Blick – Gehlen zeigt, wie die „Gesellschaft als eine menschliche temporär aufblitzt" (Seyfert 2010: 167 f.). Gehlen betont zugleich weitere weitreichende Effekte oder Folgen der totemistischen Kollektive: Der Totemismus ist eine Institution, weil er ein ‚erstes' *Verbotssystem* etabliert – eine ‚Umkehr der Antriebsrichtung' auf Dauer stellt. In der Identifizierung mit dem Tier und entsprechend dem Verbot seiner Tötung versagt sich der Mensch etwas – stabilisiert ein Bedürfnis, schiebt dessen Erfüllung auf. Der Totemismus etabliert – unintendiert – die Kultivierung von Pflanzen und Tieren, eine erste ‚Kulturschwelle' hin zur Etablierung sesshafter Gesellschaften und damit allererst zu kalkulierendem, „auf die Zukunft gerichtete[m]" Handeln (Gehlen 2007: 227, vgl. ebd. 292).

Am Modell des Totemismus werden so von Gehlen nicht nur allgemeine Mechanismen und Elemente von *Institutionen;* und deren Funktion der *Subjektformung* deutlich. Es wird zugleich auch ein *Gesellschaftsbegriff* entfaltet, der unter ‚Gesellschaft' ganz generell Kollektive meint und der sich exemplarisch dabei auf totemistische Kollektive konzentriert (dem also kaum ein methodischer Nationalismus vorzuwerfen ist), und der darunter (unter Gesellschaft, Kollektiv oder Gruppe) vor allem die *Imagination* der kollektiven Einheit und temporalen Identität fasst. Dabei werden ebenso Abgrenzungen zu anderen Kollektiven als *konstitutive Abgrenzungen* sichtbar, wie die *kulturellen* Modi, in denen die Imaginationen oder Fiktionen der Einheit und Identität auf Dauer gestellt und teilbar werden: die Etablierung von Eigenräumen, Eigenzeiten, Eigengeschichten in den institutionalisierten und mit Artefakten und Symbolen gestützten Praktiken (vgl. zu Gehlens soziologischer Theorie z. B. Seyfert 2011, Delitz 2011, Rehberg 2014).

Für die totemistische Gesellschaft interessiert sich Gehlen (wie angedeutet) auch im Blick auf eine historisch weit angelegte (und zumindest in Bezug auf diesen sehr hypothetische) Gesellschaftsanalyse: Diese Gesellschaften (die ebenso ‚alt' oder ‚jung' sind wie die ihm eigene – die der eigenen Gesellschaft zeitgenössisch sind) versteht auch Gehlen – ganz ähnlich wie Durkheim – als elementare oder archaische Formen des kollektiven Lebens. Er projiziert sie also an den Beginn der menschlichen Kulturentwicklung zurück, versteht sie als die erste Institution des menschlichen Lebens, und verfolgt von diesen hypothetisch ersten Gesellschaften und Welt- und Selbstauffassungen die großen historischen Transformationen. Die These ist: Der Mensch habe sich in wenigen großen ‚Kulturschwellen' je in erheblicher Weise transformiert, verbunden mit neuen Auffassungen der Welt und des Subjekts. Vergleichbar der Evolutionstheorie bei

Niklas Luhmann oder der These einer entscheidenden Wende in der menschlichen Geschichte, der ‚Achsenzeit' (Karl Jaspers), spricht Gehlen von drei ‚Kulturschwellen', die sich von den archaischen Gesellschaften bis zur Moderne (vom ‚Urmensch zur Spätkultur' identifizieren lassen: 1. Mit dem Übergang von der nomadisierenden, nicht sesshaften Gesellschaftsform der totemistischen Kollektive zur sesshaften Pflanzen- und Tierkultivierung geht eine erste neue Weltauffassung einher – eine erste Neutralisierung oder Rationalisierung der Natur. 2. Die Transformation von vorwiegend magisch zu religiös dominierten Gesellschafts-, Subjekt- und Weltauffassungen stellt eine weite Kulturschwelle dar: Die Magie behauptet, direkt auf die Natur zu wirken; in der Religion wird die Wirksamkeit auf eine transzendente Macht geschoben, an die sich Gebete nur bittend und nicht zwingend richten können. Auch dies ist eine weitere Rationalisierung der Welt – die Natur, die Außenwelt, aber auch die Innenwelt gilt nun nicht mehr als besetzt von unsichtbaren Mächten. 3. Die dritte Kulturschwelle besetzt die Industrialisierung, die technische Gesellschaft, die von Naturwissenschaft und Technik ebenso wie der Humanwissenschaften. Diese Gesellschafts- und Subjektform werden von Gehlen nun je daraufhin eingeschätzt, wie *stabil* die Institutionalisierung ist: Wie zuverlässig stellt sich der Mensch in den Dienst der Institutionen, d. h. in welchem Maß formt sich dieses Lebewesen noch kulturell, statt den spontanen Bedürfnissen und den Begehren zu folgen (die Sigmund Freud aufgedeckt hat)? Gehlens Blick auf die gesellschaftliche Gegenwart der BRD der 1950er und 1960er ist an dieser Stelle deutlich skeptisch, wie es sich insgesamt um einen konservativen Autor handelt: Die Psyche, das seelische Innenleben wird, so seine Beobachtung (insbesondere nach 1945), zunehmend das, worum sich der Mensch dreht, die moderne Gesellschaft sei eine des selbstbezüglichen Verhaltens – aber auch der überzogenen, unrealistischen Hypermoral (die Gehlen im Ruf nach universalen Menschenrechten sieht, im Humanismus). Die gesamte Kultur und Erziehung laufen auf die Emotionalität des Ich-Erlebens hinaus. Damit „verkleinere" (Gehlen 2007: 122 f.) sich das menschliche Leben selbst, das Subjekt zwingt sich nicht mehr zu jenen Leistungen und Versagungen, die nur starke Institutionen ermöglichen. Was in der modernen Gesellschaft nicht mehr erzeugt werde, sei die sich selbst zwingende, sich selbst formende Persönlichkeit (vgl. Gehlen 2004). Ungeachtet dieser Skepsis gegenüber der modernen Gesellschaftsform und ihrer Subjekte (eine Moderne-Skepsis, die in etwas anderer Form auch Weber oder Simmel teilten) lässt sich festhalten: Diese Gesellschaftsanalyse ist eine historische Soziologie, die einen kulturvergleichenden Blick einsetzt und dazu ethnologische, archäologische und geschichtswissenschaftliche Disziplinen ernst nimmt. Zugleich gehört Gehlen zu jenen AutorInnen, die ‚Gesellschaft' als *imaginierte Institution,* als *vorgestellte* kollektive Identität bestimmen. Oder, es handelt sich auch hier (wie bei Lévi-Strauss, den Gehlen bereits 1955 rezipiert) um eine Theorie der kulturellen *Konstitution sowohl von Gesellschaft als auch von Subjekten*. Und ähnlich wie später Michel Foucault und vor ihm Émile Durkheim, wird das Subjekt dabei als ein ‚unterworfenes' konzipiert – aber als eines, das aus organischen Gründen der ‚Zähmung', der ‚Unterwerfung' oder der Formung bedarf – aus Gründen der fehlenden Instinktsicherheit und der inneren Überschüsse, der permanenten Begehren.

4.2.4 Philosophische Anthropologie: Ein lebenssoziologisches Denken im 20. Jh. und darüber hinaus

Was ist hier der Ansatz der soziologischen Theorie, was soll eigentlich (und wodurch) geklärt werden, und wie wird der Begriff der ‚Gesellschaft' daher bestimmt? Mit Joachim Fischer (2013: 331) lässt sich der Ansatz der Philosophischen Anthropologie – von Scheler, Plessner, Gehlen und weiteren AutorInnen – so zusammenfassen:

> „Im Umweg über die Lebenskategorie werden für den Menschen jeweils Begriffe einer gebrochenen, unterbrochenen Ganzheit gewonnen […]. Dieser Bruch des Lebens im Leben wird […] auf künstliche Überbrückungen, Kompensationen, Ausgleich hin beobachtet [und es] werden alle so genannten menschlichen Monopole als gleichursprüngliche Konstituenten einer sozio-kulturellen Welt rekonstruiert, in denen der Schatten […] der menschlichen Körperlichkeit immer mitläuft".

Philosophische Anthropologie ist eine Lebenssoziologie, die den Körper, das organische Leben im Menschen so ernst nimmt wie kein anderer Ansatz: Dies steht im Zentrum dieser Philosophie oder genauer dieses interdisziplinären Zugangs. Von diesem Zentrum her werden – in Kooperation mit Biologie, Ethnologie, Archäologie, ferner auch mit Kunstgeschichte und Geschichtswissenschaft, *soziologische* Konzepte entfaltet: eine soziologische Theorie und Analyse. Eindeutig ist in dieser weder der individuelle Akteur vorausgesetzt – er ist vielmehr als ein geformtes, institutionell erzeugtes Subjekt zu verstehen. Noch ist die Gesellschaft vorausgesetzt (als bereits vorhandene Einheit, Ganzheit oder Totalität). Vorausgesetzt ist demgegenüber etwas Drittes, das Leben, das ein spezifisch kulturelles Leben ist. Das organische Leben ist Subjekt der sozialen Tatsachen, sie beruhen auf ihm – oder anders formuliert. So macht die mangelnde Instinktausstattung (Gehlen) oder die exzentrische Positionalität und die damit verbundene Unergründlichkeit (Plessner) dieses Lebewesens eine kulturelle oder kollektive Existenz, also: Institutionen ebenso notwendig, wie auch möglich. In dieser Weise sind (bis zu den ‚großen' kollektiven Phänomenen wie Religion oder Wissenschaft) die spezifisch menschlichen Körper stets ebenso mitzudenken, wie die mit ihnen in Verbindung stehenden Artefakte – die ‚künstliche Natur'. Zugleich wird anerkannt, dass dieses menschliche Leben sich nur indirekt zugänglich ist, Gegenstand von Diskursen, die sich verändern. Man kommt dem menschlichen Leben nie direkt nahe – auch die Biowissenschaften sind ihrerseits veränderliche und gesellschaftlich gebundene Diskurse. Das Leben ist auch *Objekt* der Kultur, der Wissensformen – es ist daher auch in diesem Sinne veränderlich, historisch. – Was nun den Begriff der ‚Gesellschaft' betrifft, so wird er bei Plessner – über diese generelle Aussage der Notwendigkeit kollektiver Existenz hinaus – auf mindestens zwei Weisen bestimmt: Zum einen (in *Grenzen der Gemeinschaft*) im Gegensatz zu ‚Gemeinschaft' als jene Form kollektiver Existenz, die auf dem Prinzip der Öffentlichkeit beruht, der institutionalisierten Distanz der Individuen zueinander, oder der unvollständigen Vereinnahmung der Subjekte durch das kollektive Leben, wie es Rollen, Takt, Zeremonien erlauben. Zum anderen (in *Macht und menschliche Natur*) lässt sich mit Plessner unter ‚Gesellschaft' jede Form von Kollektiven denken, und zwar als notwendige *Imagination* einer Einheit der Mitglieder und einer Identität über die Zeit hinweg. Wegen der Unergründlichkeit menschlichen Lebens für sich selbst muss sich dieses, so hatte Plessner argumentiert, künstlich bestimmen, eine Identität geben; und diese beruht immer auf der Abgrenzung anderer, auf Differenz. In dieser Differenztheorie und in dieser Theorie von Gesellschaft als imaginärer Institution konvergiert das Konzept von Plessner in Vielem (z. B. im Bezug auf Carl Schmitts Freund-Feind-Unterscheidung) mit der Theorie der Gesellschaft von Laclau und Mouffe (siehe dazu Delitz und Seyfert 2018). Ebenso liegt auch bei Arnold Gehlen eine Theorie kollektiver Existenz vor, welche die *imaginäre* Einheit und die imaginäre Identität des Kollektivs betont. Dabei geht Gehlen speziell auf totemistische Kollektive ein, die auch bei Durkheim bereits exemplarisch waren, um die Erzeugung von Kollektiven, vom Glauben an die Einheit und Identität in konkreten Praktiken und Symbolen zu zeigen. Beide, Plessner und Gehlen, legen ihren Theoriekonzepten und Begriffen entsprechende Gesellschaftsanalysen vor: bei Plessner ist diese Analyse der Moderne wissenssoziologisch und historisch angelegt, in der Frage, was die je ‚erlösenden Wörter' sind, welcher letzte Grund vorgestellt wird, der die Identität eines Kollektivs verbürgt – im Blick auf die Folgen vor allem einer rassistisch imaginierten kollektiven Identität (Deutschlands im beginnenden 20. Jh.). Gehlens Analyse der Moderne ist ebenfalls historisch angelegt, nun indes die gesamte Geschichte einbegreifend, vom ‚Urmensch' zur ‚Spätkultur' die Veränderung der Welt- und Selbstbilder sowie der Subjektformungen in den jeweiligen dominanten Institutionen analysierend.

Die Philosophische Anthropologie ist einerseits in einigen zentralen soziologischen Konzepten der Bundesrepublik und darüber hinaus aufgenommen worden – insbesondere bei Luhmann sowie bei Berger und Luckmann lassen sich Spuren dieser produktiven Aufnahme finden (Fischer 2019). Zum zweiten haben die SchülerInnen von Plessner und von Gehlen den Ansatz weiter entfaltet und in Forschungsverbünden fruchtbar gemacht, etwa in der historisch und kulturell vergleichenden Frage nach ‚Institutionalität und Geschichtlichkeit' in einem Sonderforschungsbereich der DFG an der TU Dresden. Auch aktuell wird die Philosophische Anthropologie weiter entwickelt – in der allgemeinen soziologischen Theorie (z. B. in einer Theorie der Institutionen, Seyfert 2011 oder einer Theorie der ‚Grenzen des Sozialen', Lindemann 2002) oder spezifisch in der Frage nach den digitalisierten Medien des Welt- und Selbstzugangs; den Folgen und Gründen von Robotik und KI; oder im Blick auf das Anthropozän, die menschlich veränderte Erde. Kurz: Immer dann, wenn der Körper des Menschen oder menschliches Leben – der Mensch als Lebewesen – in den Blick rückt, bietet sich in der Soziologie der Rückgriff auf diesen Ansatz an. Zudem erfährt speziell Plessners Theorie des Politischen seit 1989 eine neue Resonanz, in dessen Gemeinschafts-Kritik (Eßbach et al. 2002); und in der Fassung von Gesellschaft als kontingente, letztlich unbegründbare Imagination kollektiver Identität, die eine Differenz, Konflikte, ‚Politisches' erzeugt und voraussetzt (Delitz und Seyfert 2018).

Literaturempfehlungen

- DELITZ, Heike. 2011. *Arnold Gehlen.* Konstanz: UVK.
- FISCHER, Joachim. 2008. *Philosophische Anthropologie. Eine Denkrichtung des 20. Jahrhunderts.* Freiburg/München: Karl Alber.
- FISCHER, Joachim. 2013. Philosophische Anthropologie. In *Handbuch Soziologische Theorien,* hrsg. Georg Kneer und Markus Schroer, 323–340. Wiesbaden: Springer VS.
- FISCHER, Joachim. 2018. *Exzentrische Positionalität. Studien zu Helmuth Plessner.* Weilerswist: Velbrück.
- FISCHER. Joachim. 2019. Philosophische Anthropologie – Ein wirkungsvoller Denkansatz in der deutschen *Soziologie* nach 1945. In *Soziologische Denkschulen in der Bundesrepublik Deutschland,* hrsg. ders. und Stephan Moebius, 181–248. Wiesbaden: Springer VS.
- REHBERG, Karl-Siegbert. 2010. Der Mensch als Kulturwesen. Perspektiven der Philosophischen Anthropologie. *In Kultursoziologie.*

Paradigmen – Methoden – Fragestellungen, hrsg. Monika Wohlrab-Sahr, 25–51. Wiesbaden: Springer VS.
- REHBERG, Karl-Siegbert (Hans Vorländer, hrsg.) 2014. *Symbolische Ordnungen. Beiträge zu einer soziologischen Theorie der Institutionen*. Baden-Baden: Nomos.
- SEYFERT, Robert. 2011. *Das Leben der Institutionen. Zu einer Allgemeinen Theorie der Institutionalisierung*. Weilerswist: Velbrück.

▷ Was bedeutet ‚Philosophische Anthropologie', in welcher Disziplin ist dieser Denkansatz verortet und was ist dessen besonderer Zug? Was sind die Grundbegriffe der soziologischen Theorie, die in diesem Ansatz – bei Plessner einerseits, bei Gehlen andererseits – entfaltet werden? Welche Analysen der modernen Gesellschaft werden entsprechend vorgelegt? Und wie lässt sich der Ansatz im Blick auf die klassischen Möglichkeiten soziologischen Denkens (etwa von Durkheim einerseits, Weber andererseits) einordnen?

4.3 „Gefüge" aus Körpern, Affekten und Diskursen; Kollektiv- und Subjekt-Werden (Gilles Deleuze)

Gilles Deleuze ist seit Jahrzehnten der unkonventionelle Star der Kulturwissenschaften und der Philosophie; und auch in den Sozialwissenschaften berufen sich viele auf diesen Autor, der noch einmal eine ganz eigene Begrifflichkeit und Denkweise einbringt: eine neue Philosophie und eine neue Gesellschaftstheorie. „Die guten Bücher sind in einer Art Fremdsprache geschrieben", zitiert Deleuze (2000: 7) einmal Proust – das trifft auf seine Bücher zweifellos auch zu. Dafür gibt es eine erhebliche Sekundärliteratur, die die deleuzianischen Begriffe übersetzt. Was hier entfaltet wird, ist zum einen eine *Immanenz-Ontologie*. Ähnlich wie die Philosophische Anthropologie, aber radikaler, löst Deleuze (im Anschluss an klassische Autoren der Philosophie wie Baruch de Spinoza und Henri Bergson) die cartesianischen Trennungen auf, die (nicht nur dort, sondern dann auch in der soziologischen Theorie) nur allzu oft etwa dazu führen, sich nur für Ideen, Motive oder Interessen und nicht für den Körper zu interessieren – oder die dazu führen, das Materielle (Artefakte) allenfalls aus Ausdruck des Immateriellen zu sehen. „Alle Mannigfaltigkeiten sind flach", heißt es bei Deleuze und seinem Koautor Félix Guattari (1992: 19) in *Tausend Plateaus* von 1980 dagegen. Das gilt auch für die eigene Schreib- und Darstellungsweise: „[I]deal für ein Buch wäre, alles [...] auf ein und derselben Fläche auszubreiten: wahre Ereignisse, historische Bedingungen, Ideenentwürfe, Individuen, gesellschaftliche Gruppen und Konstellationen" (ebd.). Das Buch wäre so zu schreiben, weil die Realität als ‚flach' vorzustellen ist, als etwas ohne Hierarchien und ohne Trennungen ontologischer Bereiche. Entfaltet wird in engem Zusammenhang damit eine *Prozessontologie,* die im Anschluss an Bergson ständige und vor allem auch unvorhersehbare Veränderung, *Werden* als Realität aller ontologischen Bereiche annimmt – auch von Individuen und Kollektiven. Deleuze ist schließlich drittens, erneut in engem Zusammenhang damit, ein *Differenzdenker:* ein Denker der Differenzierung oder richtiger der ‚Differentiation', der ständigen Differenzierung oder Veränderung, des *Anders-*Werdens.

Diese drei philosophischen Entscheidungen gehen in das soziologische Konzept bei Deleuze ein – in eine Gesellschaftstheorie und Gesellschaftsanalyse, die vor allem in *Tausend Plateaus* vorliegt. Konzepte des Sozialen – v. a.: der Institution – finden sich zudem in der Interpretation von David Humes Gesellschafts- und Affekttheorie (Deleuze 1997, frz. Original 1956) sowie in der Interpretation von Henri Bergsons Bestimmung von Gesellschaft (Deleuze 1989, frz. Original 1966). Es lassen sich im ‚soziologischen' Denken von Deleuze genauer fünf Aspekte unterscheiden, auf die wir im Folgenden kurz, und dann etwas ausführlicher eingehen: (1) Deleuze entfaltet in den frühen Schriften ein Konzept der *Institution* als sozialer Erfindung sowie von *Gesellschaft* als Ausweitung von Sympathien. Hierzu würdigt er David Hume als Affekttheoretiker und als Gesellschaftsdenker: Humes Leistung sei es, im Gegensatz zu Thomas Hobbes die Institution und damit ‚Gesellschaft' nicht vom Verbot, nicht von der Einschränkung (des Eigennutzes, der Individuen) aus zu konzipieren, sondern als etwas, das auf Sympathien beruht: diese Affekte bedürfen keiner Einschränkung, sondern Ausweitung. Das Problem von Gesellschaft ist nicht der Eigennutz, es ist die beschränkte Sympathie für die Nächsten – die Institution von Gesellschaft besteht darin, diese Sympathie künstlich zu erweitern. Hume bietet, so Deleuze, damit ein positives und nicht lediglich ein negatives Konzept von Gesellschaft. Er kann damit allererst erklären, wie Gesellschaft entsteht. (Auch zu dem anderen klassischen Vorreiter von Deleuze, nämlich zu Spinoza wäre zu sagen, dass er ein positives Konzept, nun der politischen Imagination von Gesellschaft, bietet.) (2) Deleuze entfaltet zweitens – in seinen philosophischen, und gemeinsam mit Guattari, auch in den ‚interdisziplinären', auch gesellschaftstheoretischen Hauptwerken *Anti-Ödipus* (frz. Original 1977) und vor allem in *Tausend Plateaus –* ein *prozess-* und ein *differenzontologisches Denken.* Gesellschaft und Subjekt werden hier als in ständigem Anders-Werden begreifbar, die eine artifizielle Fixierung und Einhegung erfordern – den Versuch etwa staatlicher Gesellschaften, soziale Bewegungen oder „Fluchtlinien" zu kontrollieren; und den Versuch des Subjekts, eine Identität zu bestimmen. (3) Sozialtheoretisch setzt Deleuze dabei weder an Kollektiven noch an isoliert gedachten Subjekten, und auch nicht an menschlichen Handlungen oder Kommunikationen an. Der Grundbegriff ist der des ‚Gefüges' *(agencement)* von Körpern, Affekten, Diskursen. (4) Die Analyse von Gesellschaften erfolgt im Anschluss an Claude Lévi-Strauss und Pierre Clastres kontrastiv und synchron vergleichend, wobei sich Deleuze und Guattari insbesondere für nomadische Kollektive interessieren. (5) Mit Foucault gehört Deleuze zu jenen poststrukturalistischen Denkern, die Modi der Unterwerfung, der Formierung oder Fixierung von Individuen in *Subjektformen* aufzeigen – ebenso wie sich Deleuze für die ‚Territorialisierung' und ‚Reterritorialisierung' weiterer Elemente interessiert (von Artefakten, Ideen, usw.).

4.3.1 Institutionen, Gefüge, Werden; gesellschaftliche Bewegungen – Begriffe des Sozialen bei Deleuze

Zunächst (1956) ist also die Institution ein Leitbegriff dieser soziologischen Theorie. Dabei erinnern die Texte der 1950er einerseits sehr an die Philosophische Anthropologie: Unter dem Titel *Instinkt und Institution* interessiert sich Deleuze für die Gegenüberstellung des „Problem[s] des Instinkts" zu dem der „Institution". Am interessantesten sei (um zu bestimmen, was eine *Institution* ist) der „Punkt", an dem die „*Erfordernisse des Menschen das Tier* betreffen" und an dem die „*Dringlichkeiten des Tieres dem Menschen begegnen*" (Deleuze 2003: 27, Hervorh. HD). Beides, Instinkt und Institution, „bezeichnet […] Mittel der Befriedigung" von Bedürfnissen. Im Falle des Menschen, der Institution schiebe sich dabei eine künstliche Welt zwischen die Begehren oder Neigungen einerseits, und das „äußere Milieu" (ebd.) andererseits: Institutionen sind *künstliche* Mittel der Befriedigung von Begehren. Sie erklären sich daher nicht durch das individuelle Begehren. In ihnen wird die individuelle ‚Neigung' vielmehr durch „Mittel befriedigt, die nicht von ihr abhängen" – und sie wird daher „nie befriedigt", ohne zugleich „sublimiert zu werden" (ebd.: 24 f.). Andererseits verweist der Begriff der *Institution* wie erwähnt auf David Hume, bei dem der Begriff eng an den der Gesellschaft gebunden ist. Was Hume 1740 im zweiten Band von *A Treatise of Human Nature: Being an Attempt to Introduce the Experimental Method of Reasoning into Moral Subjects* – aber ebenso auch Claude Lévi-Strauss – lehrt, ist: dass Gesellschaft auf Gefühlen der *Sympathie* (und weniger auf Zwang) beruht. Das Problem der Gesellschaft, deren Existenz-

4.3 „Gefüge" aus Körpern, Affekten und Diskursen; Kollektiv- und ...

modus ist es, diese Gefühle oder Affekte institutionell zu sichern und über die Familie hinaus auszuweiten: So erscheint das Verwandtschaftssystem, das Lévi-Strauss 1949 zum Fundament seiner strukturalistischen Theorie von Gesellschaft macht, als Ausweitung von Affekten der Solidarität auf *künstliche* Verwandte. Gesellschaft wird nun ebenso bereits bei Hume bestimmt als positive Bewegung der Ausweitung – und nicht als negative Bewegung (der Einengung, des Vertrages, der Selbstbeschränkung): Eine der „bedeutendsten Ideen Humes ist die, daß der Mensch weniger egoistisch als *parteiisch* ist", schreibt Deleuze (1997: 31), und weiter:

> „Hume konstruiert mithin einen sehr starken Begriff von Gesellschaft. [...] Die Grundidee ist, daß sich Gesellschaftlichkeit nicht dem Gesetz, sondern der Institution verdankt [...]. Was außerhalb des Sozialen liegt, ist das Negative, der Mangel, das Bedürfnis. Das Soziale selbst ist schöpferisch, erfinderisch, positiv" (ebd.: 42 f.).

Bei Hume findet Gilles Deleuze also eine Fassung von kollektiver Existenz oder Gesellschaft, die nicht von isoliert handelnden und denkenden Individuen ausgeht.

Von diesen frühen Texten an bestimmt Deleuze den Begriff der Gesellschaft dann zunehmend prozessontologisch. Privilegiert wird ein Denken der Veränderung: statt einem Denken in ‚Zuständen' geht es Deleuze ganz generell um ein Denken von Prozessen. Angewandt auf den Begriff der Institutionen bedeutet dies, dass diese – ebenso wie das Subjekt – als veränderlich gedacht werden müssen, als unvorhersehbares Werden; und zugleich werden sie jetzt (neben der genannten Bestimmung als positive Bewegung der Ausweitung) sichtbar als Versuche, etwas zu fixieren, zu routinisieren, Identität zu erzeugen. Auch hier wird das *Begehren* thematisiert: Institutionen erscheinen als die, die ein Begehren nicht nur eingrenzen, sondern es erzeugen. Begehren sind artifiziell, und gesellschafts- und schichtspezifisch. In vielfacher Weise schließt Deleuze hier an Themen Foucaults an, die er zugleich modifiziert: Wenn bei ‚Michel' Gesellschaft als Geflecht von Techniken und Disziplinen der Subjektformierung erscheint, die jegliche Subversion nur schwer denkbar machen, so bestimmt Deleuze Gesellschaft jetzt als etwas, dessen permanentes Problem es ist, alles zusammenzuhalten. Ständig droht etwas zu „entfliehen", so heißt es in einem Text zu Foucaults *Überwachen und Strafen* 1986:

> „Für mich ist eine Gesellschaft etwas, was unaufhörlich an allen Ecken und Enden entflieht. [...] Es flieht monetär, es flieht ideologisch. Es besteht wirklich aus lauter Fluchtlinien. So dass das Problem einer Gesellschaft das folgende ist: Wie lässt

sich verhindern, dass es flieht? Für mich kommen die Mächte erst danach. Foucault wundert sich eher darüber, dass man es all diesen Mächten […] zum Trotz dennoch schafft, Widerstand zu leisten. Ich dagegen wundere mich über das Gegenteil. Dass es allenthalben flieht und die Regierungen es dennoch schafften, die Lücken zu schließen. […] Sie sagen zu Recht, dass die Gesellschaft eine Flüssigkeit oder, noch schlimmer ein Gas ist. Für Foucault ist sie eine Architektur." (Deleuze 2005: 267)

Wenn für ‚Michel' die Dispositive der Macht weniger unterdrückend als produzierend – normalisierend und disziplinierend – sind, so modifiziert Deleuze: Es sind Dispositive des *Begehrens* und weniger der Disziplin, die Individuen formen (Deleuze 1996: 22). Und wenn ‚Michel' (in Kritik am Marxismus) die Gesellschaft weniger durch globale Widersprüche als durch heterogene Praktiken der Unterwerfung definiert sieht, so modifiziert also Deleuze: Eine Gesellschaft, ein gesellschaftliches Feld sei eher als etwas zu beschreiben, das ständig auseinanderzufallen droht. Gleichwohl bleiben sich beide nah: Wie Foucault in *Überwachen und Strafen,* so beschreibt Deleuze z. B. eine feudale Gesellschaft als bestehend aus vielen gleichzeitigen institutionellen Bewegungen – aus den „letzten Einwanderungen", aus marodierenden „Plünderbanden", dem „Wegzug der Bauern", den Konfessionalisierungen und Dekonfessionalisierungen, der Veränderung des Rittertums, der Städte, des Geldes, der Rolle der Frauen und der Liebe (ebd.: 26, 29).

Neben einem solchen Blick für ‚soziale Bewegungen' entfaltet Deleuze ein sozialtheoretisches Konzept, das der erwähnten Immanenzontologie oder der flachen Ontologie (wie sie auch Bruno Latour nutzt) folgt: Dies bedeutet nun in der Konzeption ‚des Sozialen', die verschiedenen Körper mitzudenken – und zwar bei weitem nicht allein die menschlichen Körper, sondern ebenso weitere organische Körper und ebenso die ‚Körper' der Artefakte. Zugleich sind ebenso Affekte und Begehren, und Diskurse oder Aussagen einzubeziehen – auf *einer* Ebene, untrennbar, alle gleichermaßen relevant. Namentlich der Begriff des ‚Rhizoms' in der eingangs erwähnten Passe von *Tausend Plateaus* steht für ein solches monistisches oder immanenzontologisches Denken. In einem Rhizom (d.i. einer Rhizom-Wurzel) gibt es nichts, was dem anderen übergeordnet, stabiler und zentraler wäre, von dem anderes einseitig abhinge. Ebenso definieren sich nun für Deleuze einerseits *Gesellschaften* nicht durch ein Zentrum oder eine Basis (wie im Marxismus, dem Deleuze ein postmarxistisches Konzept einfügen möchte), sondern nur durch das, was sie abwehren oder aber suchen, einzubehalten: Gesellschaften definieren sich durch ihr „Außen", die Fluchtlinien (Deleuze und Guattari 1992: 18 f.), ebenso wie durch institutionelle Fixierungen. Der Grundbegriff ist dabei nun also nicht Akteur, Subjekt oder Handlung – und auch nicht Institution –, sondern *Gefüge.* Ähnlich dem Akteur-Netzwerk bei Latour oder auch Gehlens

Institution enthält es wie erwähnt verschiedenste Elemente: Körper, Artefakte, Diskurse oder Aussagen, Affekte müssen auf einer Ebene gedacht werden – nichts drückt etwas anderes aus, nichts ist grundlegend, alles gleichermaßen zentral. In konkreten Gefügen (z. B. denen von Reittieren, Waffen, Reitern) verbinden sich spezifische Körper und Diskurse mit bestimmten Affekten, Fähigkeiten, Bewegungen und Geschwindigkeiten. Dominante Gefüge definieren je konkrete Gesellschaftsformen: So ist eine feudale Gesellschaft nicht nur eine ‚soziale' Ordnung (Ritter, Bauern, Kleriker), sondern ein Gefüge, das – im Fall der Ritter z. B. – ein spezifisches Verhältnis zum Körper des Pferdes, zur Erde (des Ritterguts), zu Bewegungen (der Turniere, Kreuzzüge), eine Relation der Geschlechter und entsprechende Diskurse oder „Äußerungsgefüge" und Affekte (der ritterlichen Liebe) beinhaltet (vgl. Deleuze 1996: 19 f.). Die Leibeigenschaft, Vorstellungen von Ehre und Abstammung sind dann ebenso zu erwähnen, die wie Geschwindigkeiten der Stoß- und Wurfwaffen. Gefüge werden weiter bestimmt als Machtverhältnisse – sie zwingen Körper in die Bewegung der „Reterritorialisierung" respektive „Deterritorialisierung". So beruht das Feudalwesen auf der Territorialisierung der Bauern, deren Kräfte vereinnahmt werden. Zugleich wird es – gegenläufig zu dieser Verortung, Verwurzelung von Körpern und der entsprechenden Einteilung des Bodens – von zahlreichen Fluchtlinien durchquert – von Deterritorialisierungen durch Kirche, Bauern, Ritter selbst: Häretiker, Eroberungen, Plünderungen, Machtkämpfe (vgl. ebd.: 20 f.). Ist Gesellschaft als eine Bewegung der Territorialisierung und der Reterritorialisierung von Körpern zu beschreiben, so sind nicht zuletzt spezifische Artefakte als zentral sichtbar zu machen: Infrastrukturen und Artefakte, Mauern und Wege erzeugen im Fall der feudalen (oder auch der modernen urbanen) Gesellschaft einen ‚gekerbten' Raum. Kurz: ‚Gesellschaft' ist im Blick auf in ihr dominanten Gefüge zu beschreiben, sie besteht aus diesen und den mit ihnen einhergehenden Bewegungen. Sie wird also – gerade im Blick auf die Fluchtlinien und Deterritorialisierungen – auch hier keineswegs als Ganzheit, Totalität oder Einheit gefasst.

In *Tausend Plateaus* wird eine solche Gesellschaftsanalyse (der feudalen Gesellschaften, ihrer Gefüge, Affekte, Räume) vergleichend angelegt: es geht, im Anschluss an die strukturale Anthropologie vor allem von Pierre Clastres *(einerseits)* um einander entgegengesetzte Gesellschaftsformen und Gefüge. Verglichen werden – als einander ausschließend (gerade nicht als einander vorhergehend) – nomadische und sesshafte Gefüge und Gesellschaften: Nomaden instituieren Gesellschafts- und Subjektformen, Begehren und Affekte, die jeder sesshaften Form kollektiver Existenz entgegengesetzt sind – und zwar absichtlich entgegengesetzt. Sie etablieren andere Formen der Zuteilung von Einzelnen zu Gruppen, andere Geschichtsvorstellungen und Religionen, und genauer wird die nomadische Gesellschaft als eine sichtbar, die eine Infrastrukturierung des Territoriums (Städte, Mauern, Burgen) *konstitutiv abwehrt.* Sie ist eine Kriegsmaschine, eine Gesellschaft gegen den Staat (wie Clastres schrieb), die ihre Subjekte auf mobile und numerische Weise einordnet, einen glatten gegen den gekerbten Raum erzeugt, also keine festen Gebäude errichtet, alles dem Weg unterordnet. *Andererseits* ist dieser Vergleich nicht absolut zu verstehen. Es geht weniger darum, zwei empirische Gesellschaften oder Kollektive als einander entgegengesetzt sichtbar zu machen, als darum, differente Bewegungen in tendenziell allen Gesellschaften zu bezeichnen und den Blick auf sie zu lenken: So wirkt auch ‚der Staat' deterritorialisierend, er bringt z. B. Migrationsströme hervor; und so erzeugen auch Nomaden sesshafte Subjekte (die Metallurgen: Sie verfügen über eine „technologische Autonomie" und daher über „Klandestinität", Deleuze und Guattari 1992: 560), und haben sehr wohl Städte – auch wenn diese gerade nicht das territoriale, politische Zentrum bilden. Es handelt sich bei der so skizzierten, vergleichenden Gesellschaftsanalyse um einen mindestens dreifachen methodologischen Vorschlag: Um den Vorschlag, (1) alle Elemente als ‚socii' zu berücksichtigen; (2) konträre gesellschaftliche Bewegungen zu beschreiben; und (3) um den Vorschlag, evolutionistische und damit eurozentrische Beschreibungen absolut zu vermeiden.

Wie eingangs erwähnt, sind alle diese Analysen sowohl mit einer Immanenzontologie verknüpft – alle Elemente sind gleichermaßen zentral (daher das Gefüge-Konzept, aber auch der Blick auf Körper-Bewegungen); wie auch mit einer *Prozessontologie* (und innerhalb dieser mit einer Theorie der *Differentiation,* des Anders-Werdens). Diese führt dazu, sowohl ‚Gesellschaft' als auch ‚Subjekt' als ständige Prozesse des Werdens zu bestimmen: als in permanenter und unvorhersehbarer Veränderung bestehend. Es geht also nicht um eine Theorie gesellschaftlichen Wandels, sondern es geht um ständiges Anderswerden. Dabei sind die Prozesse des Subjekt- und des Kollektiv-Werdens zudem erneut als untrennbar voneinander zu denken. ‚Werden' meint dabei (in beiden Fällen) nicht, *etwas* zu werden – eine Identität zu erlangen. Vielmehr gibt es keine Identität – was es gibt, ist *Werden* oder Individuation (hier schließt Deleuze an die Philosophie Bergsons und ebenso an Gilbert Simondon an). Dieses Konzept des Werdens ist im Grunde das Bezugskonzept der feministischen, gendertheoretischen Identitätsdiskurse: In Bezug auf das Subjekt gibt es, so Deleuze, keine Identität ‚Frau'; eine Frau müsse vielmehr *immer erneut Frau werden,* um eine zu ‚sein'. Und weiter, auch Männer können ein (momentanes, affektives) „Frau-Werden" vollziehen – ebenso, wie ein Krieger oder ein Schamane ein „Jaguar-Werden" vollziehen kann (Deleuze und Guattari 1992: 488, vgl. ebd.: 337, vgl. Delitz 2015: 344 ff.), einen Jaguar-Affekt erzeugt. Es geht um die Frage, welche *affektiven* Momente instituiert werden – z. B. das rituelle Tier-Werden der totemistischen Gruppenmitglieder; oder das Tier-Werden speziell des Schamanen (im amerindianischen Perspektivismus, den Eduardo Viveiros de Castro beschreibt, vgl. ders. 1996, 2019). Beide Formen des Werdens sind real – es geht nicht darum, es nachzuahmen. Andererseits werden die Menschen auch nicht ‚wirklich' Tier: Beides ist eine „falsche Alternative", denn real ist nicht das ‚Sein', sondern das Werden: Wirklich, faktisch ist *„das Werden selber"*, das keinen Endzustand kennt, der in diesem Fall

> „das gewordene Tier wäre. Das Tier-Werden des Menschen ist real, ohne daß das Tier, zu dem er wird, real ist: auch das Anders-Werden des Tieres ist real, ohne daß dieses Andere real wäre" (ebd.: 326).

Sowohl Kollektive als auch Subjekte bestehen in Werden. Der analytische Blick richtet sich dann zum Beispiel auf Homogenisierungs- und Stillstellungsprozesse, auf identifizierende und klassifizierende Formen, das Subjekt (das in ständigem Werden besteht) einzuordnen. So beschreibt Deleuze, wie Subjekte klassifiziert, identifiziert, und etwa zu Minderheiten zugeordnet werden: indem sie von einer ebenso identifizierten, fixierten „Majorität" aus definiert werden, von einem normalisierenden „Standardmaß" her. Es lautet z. B.: „*Mensch – weiße Hautfarbe – männlich – erwachsen – vernünftig – heterosexuell – Stadtbewohner – eine Standardsprache sprechend*". Hier hat ‚der Mann' die Majorität, in dieser ‚Äquivalenzkette' miteinander verknüpfter Bedeutungen. Der Mann ist dadurch majoritär, auch wenn er realiter viel weniger zahlreich sein mag als „die Mücken, die Kinder, die Frauen, die Schwarzen, die Bauern, die Homosexuellen" usw. (Deleuze und Guattari 1992: 147) Andererseits ermöglicht das Konzept des Werdens, emanzipative Kollektive zu denken – ein solidarisches Werden. Dazu sei der Status der Minderheit ebenso zu verlassen wie der der Mehrheit:

> „Das Problem besteht nicht darin, die Majorität zu erringen […]. Die Frauen, unabhängig von ihrer Anzahl, sind eine als Zustand oder Untermenge definierbare Minorität; aber schöpferisch sind sie nur, indem sie ein Werden ermöglichen, […] ein Frau-Werden, das den Menschen als Ganzen betrifft, einschließlich der Nicht-Frauen" (Deleuze 1994: 205 f.).

Neben feministischen, postkolonialen und auch ökologischen Bewegungen (vgl. Folkers und Hoppe 2018), die in Deleuze derart einen Vordenker haben, bietet er auch ein Konzept, um das *politische Werden* neuer „Völker" zu denken. Deleuze zufolge ist es z. B. die Kraft der Musik oder der Literatur, die es vermag, ein

"Volk neuer Art ausschwärmen [zu] lassen" (ebd.: 472): *ein Volk zu schaffen.* Die jüdische Minderheit in Prag habe sich etwa in Gestalt der Bücher Franz Kafkas der „großen" deutschen Sprache bedient, um ein neues Kollektiv zu erzeugen – es war diese Literatur, die eine „aktive Solidarität" hervorgebracht, ein solidarisches Kollektiv erst erzeugt habe (Deleuze 1976: 25 f.).

4.3.2 Aktualitäten von Deleuze

Es sind diese (ausgewählten) gesellschaftstheoretischen Konzepte von Deleuze – des Kollektiv- und Subjekt-Werdens, der Gefüge sowie der Ströme oder Fluchtlinien, der glatten und gekerbten Räume – sowie insgesamt das immanenz- und differenztheoretische Denken, die in den internationalen Kultur- und Sozialwissenschaften vielfältig virulent sind. Wie erwähnt: Dort, wo es um Identitätspolitik geht – um die Kritik einengender, fixierender Identitätsvorstellungen –, ist Deleuze präsent. Inspiriert werden von ihm zugleich eigene, emanzipatorische Identitätspolitiken wie die der *subaltern studies* und der *gender studies,* sofern sie darin bestehen, eine ‚falsche' Subjektivierung zurückzuweisen und dagegen selbstgewählte, politische Kollektive zu bilden. Zudem hat die postkoloniale Theorie und Forschung auch in anderer Hinsicht an Deleuze angeschlossen: das ‚nomadische' Subjekt ist in die Konzepte von Diaspora, Exil, Migration, Identität eingegangen; dasselbe gilt für die Begriffe der De- und Reterritorialisierung (vgl. z. B. Angermüller und Bellina 2012: 35 f.). Und schließlich und nicht zuletzt ist Deleuze überall präsent, wo es um die grundlegende Einbeziehung von Artefakten, Körpern und von Affekten in das Denken des Sozialen geht. So beruhen der *New Vitalism* und der *New Materialism* (Massumi 2002, Bennet 2020), oder der *affective turn* tiefgreifend auf den Konzepten von Deleuze. Ähnliches ließe sich für sein Konzept der ‚Kontrollgesellschaft' (eine Weiterführung von Michel Foucaults Disziplinargesellschaft) sagen, oder für die Kritik der Psychoanalyse in *Anti-Ödipus* – ihr erstes gesellschaftstheoretisches und -analytisches Buch, auf das wir sträflicher Weise bisher nicht eingegangen sind. Dieses Buch hat Foucault als Einführung in die Kunst, nicht zum Faschisten (zum totalitären Denker) zu werden, gekennzeichnet: als *„Einführung in das nicht-faschistische Leben"* (Foucault, zitiert nach Gamma 2007: 60). Darin wird eine postmarxistische (antitotalitäre) und zugleich eine postfreudianische (anti-identitäre) Konzeption entfaltet, die einerseits – im Blick auf Marx, als Kapitalismusanalyse – Vereinnahmungen der Erde, Territorialisierungen von

Strömen thematisiert, und andererseits – im Blick auf die Theorie Freuds – den Wunsch, das Begehren zur positiven Grundlage von Gesellschaft macht (das erinnert im Grunde, entfernt, an Hume, s. o.). In dieser Konzeption sind es die Bewegungen des Strömens, Unterbrechens und Formierens von Wünschen das, was Gesellschaften charakterisieren – namentlich die ‚Ödipalisierung' der Gesellschaft oder Subjekte, ihre Einfügung in das sexuelle Begehren der bürgerlichen Triade Mutter-Vater-Kind (daher ‚Anti-Ödipus'). Oder, wie es Tara Gamma formuliert:

> „Mit dem ‚Anti-Ödipus' setzen Deleuze/Guattari einerseits die marxistische und psychoanalytische Theoretisierung des Verhältnisses von Subjekt und Gesellschaft fort, brechen aber mit zentralen Apriois beider Theorietraditionen, indem sie sämtliche herkömmlichen Formulierungen der Relation zwischen ‚Innen' und ‚Außen' negieren, und ihre theoretische Arbeit auf der Basis zweier zentraler Konzepte des freudomarxistischen Gedankenguts neu konstruieren: ‚Es gibt nur den Wunsch und das Gesellschaftliche, nichts sonst'." (Gamma 2007: 63)

Literaturempfehlungen

- BALKE, Friedrich. 1998. *Gilles Deleuze*. Frankfurt/M.: Campus.
- RÖLLI, Marc. 2011. Gilles Deleuze: Kultur und Gegenkultur. In *Kultur. Theorien der Gegenwart*, hrsg. Stephan Moebius und Dirk Quadflieg, 2. Aufl., 34–45. Wiesbaden: Springer VS
- BALKE, Friedrich und Marc Rölli, hrsg. 2011. *Philosophie und Nicht-Philosophie. Gilles Deleuze – Aktuelle Diskussionen*. Bielefeld: Transcript.
- SEYFERT, Robert. 2011. *Das Leben der Institutionen. Zu einer Allgemeinen Theorie der Institutionalisierung*. Weilerswist: Velbrück.
- DELITZ, Heike. 2015. *Bergson-Effekte. Aversionen und Attraktionen im französischen soziologischen Denken*. Weilerswist: Velbrück.

▶ Was ist ein ‚Gefüge' bei Gilles Deleuze und Félix Guattari und gegen welche klassischen Konzepte des Sozialen ist ein solches Konzept gerichtet? Welche drei Vorschläge für die Gesellschaftsanalyse lassen sich bei diesen beiden Autoren finden? Und welche Perspektive auf das Subjekt lässt sich bei diesen Autoren finden?

Rückblick: Kritik, Pluralität und Notwendigkeit von Gesellschaftsbegriffen

Grenzen der Darstellung: Ausgelassenes

An dieser Stelle (des kurzen Rückblicks) ist zunächst zu bekennen: Es sind nicht alle Theorien von Gesellschaft erfasst. Im Gegenteil sind viele ausgelassen, auch solche, die breit rezipiert sind und in Lehrbüchern soziologischer Theorie oft nicht fehlen. Das Vorhaben lautete eben, möglichst unterschiedliche Möglichkeiten der Gesellschaftstheorie darzustellen. Aus Gründen der Konzentration auf die Theoriebildung also; sowie aus Gründen der Vielfalt der soziologischen Theorien und der Begrenztheit der eigenen Ressourcen musste hier vieles ausgelassen werden – und konnte aus Platzgründen insgesamt alles nur kurz besprochen werden. Ausgelassen wurden zum einen jene Autorinnen und Werke, die vordergründig Gesellschaftsanalysen sind, und nicht ebenso schwerpunktmäßig auch je eigene Theoriekonzepte und Grundbegriffe entwerfen. Das betrifft etwa unter den Klassikern Karl Mannheim (mit seiner großen Studie zum konservativen Denken von 1924), und später Autoren wie Jean Baudrillard, Paul Virilio, oder Zygmunt Bauman. Insgesamt wurden zudem nicht die neuesten AutorInnen behandelt – sondern deren VorgängerInnen oder deren Begriffs- und Theoriegrundlagen. Andere Konzepte wurden dagegen vielleicht nur deshalb nicht ausgeführt, weil das eigene Schreib- wie das Aufnahmevermögen begrenzt sind. Das betrifft etwa die ‚Soziologie ohne Gesellschaft' von Alain Touraine; oder die Gesellschaftstheorie von Antony Giddens (*The Constitution of Society. Outline of the theory of structuration* 1984, dt. 1988): Zu dessen antiparsonianischer „Strukturierungstheorie" in der Kombination von Foucault, Schütz, Garfinkel, Goffman und anderen wäre ein eigenes Kapitel absolut sinnvoll. Es geht auch hier um den Versuch, den „Dualismus zwischen äußeren Strukturen und Handeln" zu beheben – und zwar, indem das Handeln einerseits als „Tun auf der Grundlage [...] impliziten Wissens" und soziale Strukturen andererseits „als räumlich-zeitlich verbreitete Regelkriterien sowie als materiale Ressourcen" verstanden werden (Reckwitz 2007: 316). Soziale Strukturen sind praktische Regeln, die immer erneut inkorporiert werden müssen: Giddens ist neben Bourdieu einer der Hauptpole dessen, was heute unter dem Begriff der Praxistheorien Resonanz macht. Auch die neo-pragmatistische Soziologie von Luc Boltanski und Koautorinnen hätte sicher ein eigenes Kapitel verdient: Während Bourdieu die Individuen noch immer zum passiv Reproduzierenden der gesellschaftlichen Ordnung abwertet, versuchen Luc Boltanski, Laurent Thévénot und Eve Chiapello, die Reflexionsfähigkeit der Akteure zu berücksichtigen. Diese bewegen sich in Ordnungen, die sie schließlich immer auch hinterfragen. „Gesellschaft" erscheint hierbei als Vielfalt je spezifischer „Rechtfertigungsordnungen" (z. B. der Arbeit, der Familie: Boltanski und Thevenot 2007, vgl. Bogusz 2010). Ähnliches gilt für die ‚Soziologie der Konvention', die jedenfalls Rainer Diaz-Bone (2011: 11) als die „wichtigste Entwicklung der französischen Sozialwissenschaften nach den Arbeiten von Pierre Bourdieu" versteht. Auch weitere Praxistheorien (vgl. Hillebrandt 2014, Schäfer 2013, 2016) sowie Relationale Soziologien (vgl. Papilloud 2017, Diaz-Bone 2017) wären genauer darzustellen – zumal es auch ihnen darum geht, ‚den' Gesellschaftsbegriff zu ersetzen. Ähnliches gilt für die ‚Netzwerktheorie' von Harrison White: Hier soll der Begriff des Netzwerks zwischen den Extremen soziologischer Theorie – speziell von Rational Choice Theorie und Strukturalismus – vermitteln; und dies, um „nützliche Konzepte" (Schmitt und Fuhse 2015: 5) für empirische Beobachtungen anzubieten.

Gesellschaftstheorien zwischen Soziologien der konstituierenden Subjektivität und Soziologien des konstituierten Subjekts

Die Vorstellung ist dabei erneut, dass in den bisherigen soziologischen Theorien entweder das Individuum oder aber die Gesellschaft als ‚Wesen' vorausgesetzt würden. Sicher stimmt für die (orthodoxe) RCT, dass sie vom autonomen Individuum ausgeht – aber es stimmt keineswegs für den Strukturalismus, dass er von „society as some preexisting entity" ausgeht (White 1992, zitiert ebd.). In diesem Studienbrief haben wir also den größten Wert auf die Frage gelegt, wie der Gesellschaftsbegriff bestimmt wird, wie ‚Gesellschaft' je inhaltlich gefüllt wird – davon ausgehend, dass es *nicht* ‚den einen' Gesellschaftsbegriff gibt und dass diese tatsächlich nirgendwo als Quasi-Subjekt gedacht wird (wie wir gleich noch einmal zusammenfassend zeigen wollen). Weiterhin ging es – dazu – darum, den Begriff der Gesellschaftstheorie streng zu fassen, und darunter tatsächlich soziologische *Theorie von ‚Gesellschaft'* zu meinen – statt unter dem Begriff Analysen ‚moderner' Gesellschaft zu verstehen. In der Auswahl der Theorien von ‚Gesellschaft' ging es weiterhin darum, nicht nur jene Soziologien darzustellen, die ausdrücklich am Gesellschaftsbegriff festhalten. Es ging ebenso auch darum, soziologische Theorien als *Gesellschaftstheorien* sichtbar zu machen, die diesen Begriff gerade aufzulösen und zu ersetzen trachten. Es ging in diesem Sinne ebenso um Soziologien mit Gesellschaft wie um Soziologien ohne Gesellschaft.

Und präziser – mit Balibar (2005) formuliert – ging es darum, die Gesellschaftstheorien in der Spannweite von einerseits *Soziologien des konstituierten Subjekts,* und andererseits *Soziologien der konstituierenden Subjektivität* darzustellen; sowie auch solche Theorien von Kollektiven, kollektiver Existenz einzuschließen, die gegenüber diesen beiden Polen (zwischen dem Gesellschaft erzeugenden Akteur und dem gesellschaftlich erzeugten Subjekt) etwas *Drittes* ins Spiel bringen. Als dieses ‚Dritte' haben wir einerseits die *Bedeutungssysteme* verstanden, die namentlich in Strukturalismus und Poststrukturalismus als das gedacht werden, das sowohl der Bildung von Kollektiven wie von Subjekten zugrunde liegt. Diese (in einem tiefen Sinn kultursoziologischen) Positionen haben wir – weil sie im Grunde bereits in der Durkheim-Schule vorliegen und weil hier die Frage nach dem konstituierten Subjekt deutlich bleibt – im ersten Teil der Theorien dargestellt. Als Gesellschaftstheorien, die etwas ‚Drittes' einführen, das der Konstitution von Kollektiven (Gesellschaft) wie auch von Subjekten zugrunde liegt, haben wir zum anderen jene verstanden, die am *Leben* ansetzen: Die das organische Leben im Menschen ernst nehmen, es als ‚Subjekt' des kollektiven Lebens und der Formung von Individualität verstehen; und solche, die am *Natur-Kultur-*Verhältnis ansetzen, um eine Gesellschaftstheorie zu entfalten. Was nun genauer die Soziologien ohne Gesellschaft, oder: die *Soziologien der konstituierenden Subjektivität* betrifft, so halten sie den Gesellschaftsbegriff zwar für schädlich (so Max Weber, Georg Simmel oder Bruno Latour), weil mystifizierend. Darin werde etwas vorausgesetzt, das es doch gerade zu erklären gelte. Sie erstellen gleichwohl Theorien von Gesellschaft: Sie wollen ja klären, wie sich aus Handlungen Institutionen bis hin zu z. B. nationalen Gesellschaften aufbauen und stabilisieren. Sie erstellen selbstverständlich auch Gesellschaftsanalysen. Was ihre und die weiteren Kritiken am Gesellschaftsbegriff betrifft, so hat sich zudem gezeigt: Weder gibt es auch nur *eine* ernstzunehmende Gesellschaftstheorie, die Gesellschaft tatsächlich als Einheit, Ganzheit, Totalität oder gar als Substanz denkt, die essentialistisch ist, wie regelmäßig jedem Gesellschaftsbegriff unterstellt wird. Noch ist jeder Gesellschaftsbegriff notwendig nationalistisch, eurozentrisch, anthropozentrisch oder fixierend – wie ebenso oft unterstellt wird.

Noch einmal: *Keine* Gesellschaftstheorie denkt Gesellschaft als bestehend, als Einheit, als etwas, das neben den Individuen besteht – macht sie zur ‚Essenz'. Gerade das haben wir darstellen wollen. Das gilt auch und gerade für Émile Durkheim, dem dies immer vorgeworfen wird: Er bestimmt Gesellschaft ausdrücklich als – handlungsleitende – *kollektiv geteilte Vorstellung des Kollektivs*, als *représentation collective* in einem doppelten Sinne also: Zum einen handelt es sich um eine Vorstellung *des Kollektivs*, die das Kollektiv also zum Inhalt hat (und sei es in religiösen Buchstaben, in der Vorstellung einer äußeren Macht, wie Durkheim in der Religionssoziologie von 1912 sagt, die seine Theorie von ‚Gesellschaft' ist). Und zum anderen geht es um *kollektiv geteilte* Vorstellungen. Daher sind geteilte Praktiken, die in ihnen erzeugte Affekte, sowie die Symbole und insgesamt die Bedeutungssysteme (einschließlich der Zweiteilung der Welt in Heiliges und Profanes) zentral oder konstitutiv. In ihnen besteht die Existenzweise der ‚Gesellschaft'. Durkheim denkt also eine in Praktiken und Symbolen erzeugte, imaginäre Existenz des Kollektivs – die bestimmte Werte und Normen unverfügbar macht, etwas erzeugt, in deren ‚Schuld' sich die Subjekte sehen, diese also formt. Auch macht Durkheim ja gerade *Integrationsprobleme* (Verbrechen und Sanktionen, Normabweichungen, Normenimplosionen) zum Bezugsproblem von Kollektiven – statt von einer Einheit der Gesellschaft auszugehen. Und was schließlich den ihm ebenso oft vorgeworfenen methodischen Nationalismus betrifft, so bezieht er sich in seiner gesellschaftstheoretischsten Schrift (eben in *Die elementaren Formen des religiösen Lebens*) zentral gerade auf nicht-staatlich organisierte, sondern die nomadischen totemistischen Kollektive. Ähnliches ließe sich für jeden einzelnen der dargestellten Gesellschaftsbegriffe zeigen und haben wir versucht, zu zeigen.

Pluralität der Gesellschaftsbegriffe

In diesem Durchgang durch die je spezifische Fassung des Gesellschaftsbegriffs ist auch deutlich geworden, dass es – entgegen der Rhetorik der Kritik – nicht ‚den' einen und immer selben Gesellschaftsbegriff gibt. Es gibt eine *Pluralität von Gesellschaftsbegriffen*, und alle sind sie raffinierter, als es diese pauschale Kritik also voraussetzt. Das gilt insbesondere sicherlich für die postfundamentalistischen Gesellschaftstheorien, in denen Gesellschaft als ebenso unmöglich wie notwendig, oder als kontrafaktische Imagination gedacht wird. In ihrer Rückverlängerung, in der immer erneut notwendigen Neulektüre der Klassiker gilt das ähnlich aber auch für die Konzepte von Foucault, Lévi-Strauss, oder eben bereits für Durkheim und Mauss. Um es einmal rasch zusammenfassend nebeneinanderzustellen – auch in der Gefahr unumgänglicher

5 Rückblick: Kritik, Pluralität und Notwendigkeit von Gesellschaftsbegriffen

Verkürzungen und Unschärfen gegenüber dem, was wir oben ausführlicher dargestellt haben: *Durkheims* Gesellschaftsbegriff läuft also letztlich normative Integrationen, auf die Formierung oder Produktion von Individualität ebenso hinaus, wie auf Gesellschaft als kollektiv geteilte Vorstellung (Repräsentation), die in gemeinsamen Praxen erzeugt wird und auf Symbole angewiesen ist. *Tarde* gegen versteht Gesellschaft als Summe von Nachahmungen. *Lévi-Strauss* interessiert sich für ein System aus Bedeutungen, für differentielle Relationen z. B. von Verwandtschaftspositionen oder der natürlichen und der sozialen Reihen; *Pierre Clastres* für das Politische, für Institutionen der Einheits- und Ungleichheitserzeugung in vor allem indigenen Gesellschaften. *Bourdieu* denkt Gesellschaft als herrschaftszusammenhang, der auf dem Habitus, auf in den Körper eingegangene Positionen im sozialen Raum der Klassen beruht, die permanent durch Praktiken und Geschmack reproduziert wird – statt wie bei *Marx* und auch in der *Frankfurter Schule* die Ökonomie und die von ihr erzeugte soziale Struktur der Klassen zur Grundlage von allem zu machen, was in Gesellschaften instituiert wird, oder was Gesellschaft instituiert. *Althusser* und *Gramsci* führen hier ebenso postmarxistische Konzeptionen ein, die Gesellschaft als Ineinander von Institutionen oder ‚strukturierten Strukturen' denkt, wie weiterhin als Kampffeld um Hegemonie. Bei *Michel Foucault* – und *Judith Butler* sowie den weiteren feministischen und Gender-Theorien – sind Macht-Wissen-Komplexe und Regime von Disziplinierungen oder Versicherungen das, was ‚Gesellschaft' ausmacht. In der Systemtheorie *Luhmanns* ist Gesellschaft ein Netz von Kommunikationen, respektive das, was sich als Gesellschaft beschreibt. *Elias* spricht von Gesellschaft als von Machtkämpfen durchsetzte, zu bestimmten Verhaltensweisen führende Sozialität oder ‚Figuration' und interessiert sich für die Entfaltung des modernen Staates und Subjekts. In den postfundamentalistischen Theorien von Gesellschaft (bei *Castoriadis, Laclau, Lefort* und *Gauchet*) wird Gesellschaft – und wird jedes Kollektiv – als imaginäre Institution sichtbar, die auf bestimmten Bedeutungen fundiert ist, und Subjekte formiert – durchaus in Antagonismen, sowie in der kontingenten und veränderlichen Definition eines Außen. Auch bei *Plessner* fand sich eine solche Fassung des Gesellschaftsbegriffes, einschließlich ihrer Begründung in der Struktur menschlichen Lebens. *Gehlen* fasst Gesellschaft als Imagination einer Gemeinsamkeit, die in konkreten Praxen erzeugt wird – im indirekten Vergleich oder der Gleichsetzung mit einem Anderen, Dritten; und konzipiert ansonsten (wie Durkheim und Mauss) den Begriff der Institution als den soziologischen Grundbegriff. *Weber* benutzt den Begriff der Vergesellschaftung und Vergemeinschaftung, und interessiert sich vor allem für Handlungsmotive, die an der Stabilität und Geltung solcher nicht vorhandener kollektiver Gebilde wie ‚des Staates' beitragen. *Simmel* denkt unter Gesellschaft ein Gewebe unterschiedlicher Formen von Interaktionen, respektive die Bewusstseinsakte, die mitlaufen, um kollektives Leben aufrechtzuerhalten (die soziologischen Aprioris). Bei *Mead* und *Dewey* ist ‚Gesellschaft' ein (auch normativer) Begriff einer Kommunikationsgemeinschaft, die gemeinsam und kreativ anstehende Probleme löst und eine allgemeine Perspektive entfaltet; bei *Goffmann*, im Symbolischen Interaktionismus oder auch in der phänomenologischen Soziologie *(Schütz, Berger* und *Luckmann)* interessieren die Weisen, in denen Gesellschaft von den Akteuren selbst gedacht wird, ‚konstruiert' wird. Latour fasst Gesellschaft als Netzwerke differenter Akteure, sowie als Kollektive von Menschen und Nichtmenschen – letzteres teilt er mit der neostrukturalen Anthropologie von *Philippe Descola* und *Eduardo Viveiros de Castro.* Bei *Deleuze* taucht der Gesellschaftsbegriff im Blick auf Fixierungen und Dynamiken auf – Fixierungen von Körpern und Subjekten in Territorialisierungs- und Reterritorialisierungsprozessen; und als bestehend aus je konkreten Gefügen oder *agencements* von menschlichen und nichtmenschlichen Körpern, Diskursen, Affekten.... Insgesamt also handelte es sich ausnahmslos um *nicht-essentialistische Gesellschaftstheorien,* die – weit entfernt davon, Gesellschaft vorauszusetzen – ja gerade danach fragen, wie diese zustande kommt, was konstitutiv ist, auf welches Problem Gesellschaft eine Antwort ist – und was dabei spezifische, konkrete Gesellschaften kennzeichnet. Und auch die Soziologien, die den Begriff auflösen wollen, kommen ihrerseits zu einer Füllung dessen, was ‚Gesellschaft' ist. Sie fangen anders an, halten anderes für ‚real' (das Subjekt oder die Interaktion), haben eine andere Ontologie und oft auch eine andere Wissenschaftsauffassung (‚was heißt erklären?') – und haben insgesamt eine ganz andere Frage: sie fragen gerade nicht nach der Subjektformierung. So ist es diese Frage, die Soziologien mit und ohne Gesellschaft unterscheidet.

Zum Schluss: Plädoyer für die Beibehaltung von Soziologien der

Die je verfolgte Fragestellung hat Effekte auf die Gesellschaftsanalyse, d.i. auf die Art der Forschung, die Methoden und die Daten, die erhoben werden und interpretiert werden; auf die Texte, die entstehen und insgesamt auf die Art der ‚gesellschaftlichen Aufklärung' (Foucault, Luhmann), der soziologischen Kritik oder auch der gesellschaftlichen ‚Selbstbeschreibung' (Luhmann), die die Disziplin anstrebt. Namentlich Erforschungen der Subjektformierung – wie sie in der Tradition des Poststrukturalismus, aber auch der Durkheim-Schule als Aufgabe der Disziplin verstanden werden können – implizieren eine Soziologie mit Gesellschaft oder eben genauer: eine des konstituierten Subjekts. Man kann also einen Gesellschaftsbegriff in den Sozialwissenschaften deshalb weiterhin für

5 Rückblick: Kritik, Pluralität und Notwendigkeit von Gesellschaftsbegriffen

notwendig halten, weil sonst die Machtstrukturen, hierarchischen Einbettungen, Habitusformen ungedacht bleiben, die die konstituierenden Bedingungen, Kontexte, oder Semantiken sind, in denen individuelles Leben oder soziale Interaktionen respektive Relationen stehen. Ähnliches gilt für das Konzept, den Begriff kollektiver Identität, den wir mit dem Gesellschaftsbegriff gerade in den postfundamentalistischen Konzepten von Gesellschaft oft eng verknüpft gesehen haben: Dieser Begriff, der ebenso wie ‚der' Gesellschaftsbegriff oder auch der Begriff der Kultur – oft verfemt, dekonstruiert wird, der ebenso wie ‚Gesellschaft' aufgelöst werden soll, ermöglicht es, die offensichtlich vorhandenen Begehren nach kollektiver Identität ernst zu nehmen und in ihren Gründen und Folgen zu erforschen – ohne dabei von einer essentialistisch gedachten Identität auszugehen. Diese wird vielmehr ihrerseits als Imagination, als kontrafaktische und gerade deshalb notwendige Institution gedacht (Delitz 2018). Auch verweist eine *kritische* Soziologie (der Gesellschaft) auf je eine Antwort auf die Frage, was ‚Gesellschaft' eigentlich ist. Und weiter: Will man über formale *Analysen* allgemeiner Interaktionsdynamiken hinausgehen, interessiert man sich für die Spezifik von vergangenen oder gegenwärtigen Weisen kollektiver Existenz oder von Vergesellschaftung, für typische Situationen, Handlungsweisen, Subjektformen oder Machttechniken, dann braucht es weiterhin Arbeiten am Kollektiv-, Kultur- oder Gesellschaftsbegriff in der soziologischen Theorie. Dasselbe gilt für die Gesellschaftsanalyse, insofern diese immer einen vergleichenden Blick impliziert: Jede Analyse einer konkreten Gesellschaft muss diese von anderen unterscheiden (diachron oder synchron). Eine Unterscheidung, ein Vergleich setzt voraus, dass es unterschiedliche Kollektive, Praxisformationen, Gesellschaften gibt, sie verweist auf einen je zu klärenden Begriff von ‚Gesellschaft'.

Literatur

Adloff, Frank. 2007. Marcel Mauss – Durkheimien oder eigenständiger Klassiker der französischen Soziologie? *Berliner Journal für Soziologie* 17(2): 231–251.
Adloff, Frank. 2019: Alles nur Tausch? *Soziopolis*, https://soziopolis.de/erinnern/jubilaeen/artikel/alles-nur-tausch/.
Adorno, Theodor. W. 1993 [1968]. *Einleitung in die Soziologie*. Frankfurt/M.: Suhrkamp.
Adorno, Theodor. W. 1994 [1951]. *Minima Moralia*. Frankfurt/M.: Suhrkamp.
Adorno, Theodor W. und Horkheimer, Max. 1971 [1944]. *Dialektik der Aufklärung*. Frankfurt/M.: Fischer.
Adorno, Theodor. W. et al. 1973 [1950]. *Studien zum autoritären Charakter*. Frankfurt/M.: Suhrkamp.
Albert, Gert. 2005. Moderater methodologischer Holismus. Eine weberianische Interpretation des Makro-Mikro-Makro-Modells. *Kölner Zeitschrift für Soziologie und Sozialpsychologie* 57: 387–413.
Albert, Gert. 2008. Bemerkungen zum Problem der Erklärung sozialer Vorgänge. Max Webers Synthese und die modernen Sozialwissenschaften. In: Andreas Diekmann (Hg.), *Rational Choice: Theoretische Analysen und empirische Resultate*. Wiesbaden: Springer VS, 15–22.
Albert, Gert. 2009. Das Weber-Paradigma. In: Georg Kneer und Markus Schroer (Hg.), *Handbuch Soziologische Theorien*. Wiesbaden: Springer VS, 517–554.
Albert, Gert. 2013. Figuration und Emergenz. Zur Ontologie und Methodologie des Ansatzes von Norbert Elias. *Kölner Zeitschrift für Soziologie und Sozialpsychologie* (65): 193–222.
Albert, Gert et al. (Hg.). 2003. *Das Weber-Paradigma. Studien zur Weiterentwicklung von Max Webers Forschungsprogramm*. Tübingen: Mohr Siebeck.
Althusser, Lois. 2011 [1965]. Widerspruch und Überdetermination. Anmerkungen für eine Untersuchung. In: Ders., *Für Marx*. Berlin: Suhrkamp, 105–144.
Althusser, Lois. 2015 [1965]. Das Objekt des Kapital. In: Ders. et al., *Das Kapital lesen*. Münster: Westfälisches Dampfboot, 263–440.
Althusser, Lois et al. 2015 [1965]. *Das Kapital lesen*. Münster: Westfälisches Dampfboot.
Angermüller, Johannes und Bellina, Leonie. 2012. Poststrukturalismus und Postkolonialismus: Jacques Derridas „Grammatologie" sowie Gilles Deleuzes und

Félix Guattaris ‚Tausend Plateaus'. In: Julia Reuter und Alexandra Karentzos (Hg.), *Schlüsselwerke der Postcolonial Studies*. Wiesbaden: Springer VS, 27–37.

Assmann, Aleida. 1999. *Erinnerungsräume. Formen und Wandlungen des kulturellen Gedächtnisses*. München: C.H. Beck.

Assmann, Jan. 1999. *Das kulturelle Gedächtnis. Schrift, Erinnerung und politische Identität in frühen Hochkulturen*. München: C.H. Beck.

Baecker, Dirk. 2007. *Studien zur nächsten Gesellschaft*. Frankfurt/M.: Suhrkamp.

Balibar, Etienne. 2005. Le structuralisme, une destitution du sujet? *Revue de métaphysique et de morale* 45(1): 5–22.

Barth, Fredrik. 1992. Towards greater naturalism in conceptualizing societies. In: Adam Kuper (Hg.), *Conceptualizing society*. London/New York: Routledge, 17–33.

Beck, Ulrich und Grande, Edgar. 2010. Jenseits des methodologischen Nationalismus. Außereuropäische und europäische Variationen der Zweiten Moderne. *Soziale Welt* 61: 187–216.

Becker, Howard. 1988. Blumer's Conceptual Impact. *Symbolic Interaction* 11(1): 13–21.

Becker, Howard. 2007. *Telling About Society*. Chicago: Chicago UP.

Benjamin, Walter. 1995. *Das Passagen-Werk*. Frankfurt/M.: Suhrkamp.

Bennet, Jane. 2020 [2009]. *Lebhafte Materie*. Berlin : Matthes & Seitz.

Benoist, Alain de. 2017 [1985]. *Kulturrevolution von rechts: Gramsci und die Nouvelle Droite*. Dresden: Jungeuropa.

Berger, Peter. L. und Luckmann, Thomas. 1966. *Die gesellschaftliche Konstruktion der Wirklichkeit*. Frankfurt/M.: Fischer.

Bloch, Marc. 1994 [1929]. Für eine vergleichende Geschichtsbetrachtung der europäischen Gesellschaften, In: Matthias Middell und Steffen Sammler (Hg.), *Alles Gewordene hat Geschichte. Die Schule der Annales in ihren Texten 1929–1992*. Leipzig: Reclam, 121–167.

Blumer, Herbert. 1969 [1966]. Sociological implications of the thought of George H. Mead. In: Ders., *Symbolic interactionism, perspective and method*. Englewood Cliffs: Prentice Hall, 61–77.

Blumer, Herbert. 2013. Der methodologische Standort des symbolischen Interaktionismus. In: Ders., *Symbolischer Interaktionismus. Aufsätze zu einer Wissenschaft der Interpretation*. Berlin: Suhrkamp, 63–140.

Boatcâ, Manuela und Sérgio Costa. 2010. Postcolonial Sociology: A Research Agenda. In: Encarnation G. Rodríguez, Manuela Boatcâ und Sérgio Costa (Hg.), *Decolonizing European Sociology: Transdisciplinary Approaches*. Burlington/Surrey: Routledge, 13–32.

Bogusz, Tanja. 2010. *Zur Aktualität von Luc Boltanski*. Wiesbaden: Springer VS.

Bogusz, Tanja. 2018. *Experimentalismus und Soziologie. Von der Krisen- zur Erfahrungswissenschaft*. Frankfurt/M./New York: Campus.

Boltanski, Luc und Chiapello, Ève. 2003. *Der neue Geist des Kapitalismus*. Konstanz: UVK.

Boltanski, Luc und Thevenot, Laurent. 2007. *Über die Rechtfertigung. Eine Soziologie der kritischen Urteilskraft*, Hamburg: Hamburger Edition.

Boudon, Raymond. 1980 [1979]. *Die Logik des gesellschaftlichen Handelns. Eine Einführung in die soziologische Denk- und Arbeitsweise*. Neuwied: Luchterhand.

Bourdieu, Pierre. 1979. Struktur, Habitus, Praxis. In: Ders., *Entwurf einer Theorie der Praxis auf der ethnologischen Grundlage der kabylischen Gesellschaft*. Frankfurt/M.: Suhrkamp, 139–202.
Bourdieu, Pierre. 1982 [1972]. *Die feinen Unterschiede. Kritik der gesellschaftlichen Urteilskraft*. Frankfurt/M.: Suhrkamp.
Bourdieu, Pierre. 1988 [1984]. *Homo academicus*. Frankfurt/M.: Suhrkamp.
Bourdieu, Pierre. 1992. Identity and Representation, in: Ders., *Language and Symbolic Power*, New York: Polity Press, 220–251.
Bourdieu, Pierre. 1993 [1980]. *Sozialer Sinn: Kritik der theoretischen Vernunft*. Frankfurt/M.: Suhrkamp.
Bourdieu, Pierre. 2011 [1971]. Eine Interpretation der Religion nach Max Weber. In: Ders., *Das religiöse Feld*. Konstanz: UVK, 11–38.
Braun, Norman und Voss, Thomas. 2014. *Zur Aktualität von James Coleman. Einleitung in sein Werk*. Wiesbaden: Springer VS.
Bröckling, Ulrich. 2007. *Das unternehmerische Selbst*. Frankfurt/M.: Suhrkamp.
Brubaker, Rogers. 2007. *Ethnizität ohne Gruppen*. Hamburg: Hamburger Edition.
Brunkhorst, Hauke, Kreide, Regina und Lafont, Christina (Hg.). 2009. *Habermas-Handbuch*. Stuttgart: J.B. Metzler.
Bublitz, Hannelore. 2003. *Diskurs*. Bielefeld: Transcript.
Bude, Heinz und Dellwing, Michael. 2013. Einleitung: Blumers Rebellion 2.0. Eine Wissenschaft der Interpretation. In: Herbert Blumer, *Symbolischer Interaktionismus. Aufsätze zu einer Wissenschaft der Interpretation*. Berlin: Suhrkamp, 7–25.
Burchardt, Marian und Wohlrab-Sahr, Monika. 2013. Von Multiple Modernities zu Multiple Secularities: kulturelle Diversität, Säkularismus und Toleranz als Leitidee in Indien. *Österreichische Zeitschrift für Soziologie* 38(4): 355–374.
Burchardt, Marian, Wohlrab-Sahr, Monika und Middell, Matthias (Hg.). 2015. *Multiple Secularities beyond the West: Religion and Modernity in the Global Age*. Berlin/New York: De Gruyter.
Butler, Judith. 1991. *Das Unbehagen der Geschlechter*. Frankfurt/M.: Suhrkamp.
Butler, Judith. 1997. *Körper mit Gewicht. Die diskursiven Grenzen des Geschlechts*. Frankfurt/M.: Suhrkamp.
Butler, Judith. 2001. *Psyche der Macht – Subjekt der Unterwerfung*. Frankfurt/M.: Suhrkamp.
Butler, Judith. 2006. *Haß spricht*. Frankfurt/M.: Suhrkamp.
Castoriadis, Cornelius. 1984 [1975]. *Gesellschaft als imaginäre Institution. Entwurf einer politischen Philosophie*. Frankfurt/M.: Suhrkamp.
Chakrabarty, Dipesh. 2010 [2000]. *Europa als Provinz. Perspektiven postkolonialer Geschichtsschreibung*. Frankfurt/M.: Campus.
Clastres, Pierre. 1976 [1974]. Die Gesellschaft gegen den Staat. In: Ders., *Staatsfeinde. Studien zur politischen Anthropologie*. Frankfurt/M.: Suhrkamp, 179–209.
Clastres, Pierre. 2008 [1980]. *Archäologie der Gewalt*. Zürich: Diaphanes.
Coleman, James S. 1986 [1982]. *Die asymmetrische Gesellschaft. Vom Aufwachsen mit unpersönlichen Systemen*. Weinheim: Beltz.
Coleman, James S. 1991 [1990]. *Grundlagen der Sozialtheorie. Band 1: Handlungen und Handlungssysteme*. Berlin: De Gruyter.

Dahme, Heinz-Jürgen und Rammstedt, Otthein. 1984. *Georg Simmel und die Moderne – Neue Interpretationen und Materialien.* Frankfurt/M.: Suhrkamp.
Danko, Dagmar. 2015. *Zur Aktualität von Howard S. Becker. Einleitung in sein Werk.* Wiesbaden: Springer VS.
Deleuze, Gilles. 2003 [1955]. Instinkte und Institutionen. In: Ders., *Die einsame Insel. Texte und Gespräche 1953–1974.* Frankfurt/M.: Suhrkamp, 24–28.
Deleuze, Gilles. 1997 [1956]. *David Hume.* Frankfurt/M.: Campus.
Deleuze, Gilles. 1989 [1966]. *Bergson zur Einführung.* Hamburg: Junius
Deleuze, Gilles. 1992 [1969]. *Woran erkennt man den Strukturalismus?* Berlin: Merve.
Deleuze, Gilles. 1976. *Kafka. Für eine kleine Literatur.* Frankfurt/M.: Suhrkamp.
Deleuze, Gilles. 1987. Die Strategien oder das Nicht-Geschichtete: Das Denken des Außen (Macht), in: Ders., *Foucault.* Frankfurt/M.: Suhrkamp, 99–130.
Deleuze, Gilles. 1991. Was ist ein Dispositiv? In: François Ewald und Bernhard Waldenfels (Hg.), *Spiele der Wahrheit. Michel Foucaults Denken.* Frankfurt/M.: Suhrkamp, 153–162.
Deleuze, Gilles. 1994. Philosophie und Minorität, In: Joseph Vogl (Hg.), *Gemeinschaften. Positionen zu einer Philosophie des Politischen.* Frankfurt/M.: Suhrkamp, 204–206.
Deleuze, Gilles. 1996. Lust und Begehren. In: Ders., *Lust und Begehren.* Berlin: Merve, 14–40.
Deleuze, Gilles. 2000. *Kritik und Klinik.* Frankfurt/M.: Suhrkamp.
Deleuze, Gilles. 2005. Foucault und die Gefängnisse. In: Ders., *Schizophrenie und Gesellschaft: Texte und Gespräche von 1975 bis 1995.* Frankfurt/M.: Suhrkamp, 260–268.
Deleuze, Gilles und Félix Guattari. 1977. *Antiödipus. Kapitalismus und Schizophrenie.* Frankfurt/M: Suhrkamp.
Deleuze, Gilles und Félix Guattari. 1992 [1980]. *Tausend Plateaus. Kapitalismus und Schizophrenie.* Berlin: Merve.
Delitz, Heike. 2011. *Arnold Gehlen.* Konstanz: UVK.
Delitz, Heike. 2013. *Émile Durkheim zur Einführung.* Hamburg: Junius.
Delitz, Heike. 2015. *Bergson-Effekte. Aversionen und Attraktionen im französischen soziologischen Denken.* Weilerswist: Velbrück.
Delitz, Heike. 2017. Das kollektive und das soziale Gedächtnis. Neue Literatur zur ‚Gedächtnissoziologie'. *Soziologische Revue* 44(1): 44–60.
Delitz, Heike. 2018. *Kollektive Identitäten.* Bielefeld: transcript.
Delitz, Heike. 2019. Theorien des gesellschaftlichen Imaginären. *Österreichische Zeitschrift für Soziologie* 44 (Supplement 2), 77–98.
Delitz, Heike. 2020. ‚There is no such thing…' Zur Kritik an Kollektivbegriffen in der Soziologie, *Mittelweg 36*, Jg. 28/29, H. 6, 160–183.
Delitz, Heike und Maneval, Stefan. 2017. The ‚Hidden Kings', or Hegemonic Imaginaries. Analytical Perspectives of Postfoundational Social Thought, *Im@go. Journal of the Social Imaginary* N° 10 (2017), 33–49.
Delitz, Heike und Seyfert, Robert. 2018. Introduction. In: Helmuth Plessner, *Political Anthropology.* Evanston, Ill.: Northwestern University Press, vii-xxv.
Delitz, Heike, Seyfert, Robert und Nungesser, Frithjof. 2018. Soziologien des Lebens. Einleitung. In: Dies. (Hg.), *Soziologien des Lebens. Überschreitung – Differenzierung – Kritik.* Bielefeld: transcript, 7–33.

Delitz, Heike, Müller, Julian und Seyfert, Robert (Hg.). 2022. *Theorien der Soziologie*. Wiesbaden: VS (i.V.).

Derrida, Jacques. 1976. Die Struktur, das Zeichen und das Spiel im Diskurs der Wissenschaften vom Menschen. In: Ders., *Die Schrift und die Differenz*. Frankfurt/M.: Suhrkamp, 422–442.

Descola, Philippe. 1986. *La Nature domestique. Symbolisme et praxis dans l'écologie des Achuar*. Paris: Éditions de la Maison des sciences de l'homme.

Descola, Philippe. 2011 [2005]. *Jenseits von Natur und Kultur*. Berlin: Suhrkamp.

Descola, Philippe. 2014. Von Ganzheiten zu Kollektiven. Wege zu einer Ontologie sozialer Formen. *Zeitschrift für Medien- und Kulturforschung* 2: 183–207.

Descola, Philippe und Ingold, Tim. 2014. *Être au monde. Quelle expérience commune?* Lyon: Presses Universitaires de Lyon.

Dellwing, Michael. 2014. *Zur Aktualität von Erving Goffman*. Wiesbaden: Springer VS.

Dewey, John. 1968 [1940]. Creative Democracy. The Task Before Us. In: Sidney Ratner (Hg.), *The Philosopher of the Common Man. Essays in Honor of John Dewey to Celebrate His Eightieth Birthday*. New York: Greenwood Press, 220–228.

Dewey, John. 1996 [1927]. *Die Öffentlichkeit und ihre Probleme*. Bodenheim: Philo.

Diaz-Bone, Rainer. 2006. Zur Methodologisierung der Foucaultschen Diskursanalyse. *Historical Social Research* 31(2): 243–274.

Diaz-Bone, Rainer. 2011. Einführung in die Soziologie der Konventionen. In: Ders. (Hg.), *Soziologie der Konventionen. Grundlagen einer pragmatischen Anthropologie*. Frankfurt/M.: Campus, 9–42.

Diaz-Bone, Rainer. 2017. Relationale Soziologie – Theoretische und methodologische Positionierungen zwischen Strukturalismus und Pragmatismus. *Berliner Journal für Soziologie* 3–4: 489–509.

Diekmann, Andreas und Voss, Thomas. 2008. Soziale Normen und Reziprozität. In: Andreas Diekmann et al. (Hg.), *Rational Choice: Theoretische Analysen und empirische Resultate*. Wiesbaden: Springer VS, 83–100.

Duerr, Hans-Peter. 1988-2002. *Der Mythos vom Zivilisationsprozeß. Bd. 1–5*. Frankfurt/M.: Suhrkamp.

Durkheim, Émile. 1988 [1893]. *Über die Teilung der sozialen Arbeit. Studie über die Organisation höherer Gesellschaften*. Frankfurt/M.: Suhrkamp.

Durkheim, Émile. 1961 [1895]. *Die Regeln der soziologischen Methode*. Neuwied: Luchterhand.

Durkheim, Émile. 1973 [1897]. *Selbstmord*. Neuwied: Luchterhand.

Durkheim, Émile. 1967 [1898]. Individuelle und kollektive Vorstellungen. In: Ders., *Soziologie und Philosophie*. Frankfurt/M.: Suhrkamp, 45–83.

Durkheim, Émile. 2009 [1900]. Die Soziologie und ihr Wissenschaftsbereich. *Berliner Journal* für *Soziologie* 19(2): 164–180.

Durkheim, Émile. 1994 [1912]. *Die elementaren Formen des religiösen Lebens*. Frankfurt/M.: Suhrkamp.

Durkheim, Émile. 1998. *Lettres à Marcel Mauss*. Paris: PUF.

Durkheim, Émile und Mauss, Marcel. 1996 [1901]. Über einige primitive Formen von Klassifikation. Ein Beitrag zur Erforschung der kollektiven Vorstellungen. In: Émile Durkheim, *Schriften zur Soziologie der Erkenntnis*. Frankfurt/M.: Suhrkamp, 169–256.

Eisenstadt, Shmuel N. 1986. *The Origins and Diversity of Axial Age Civilizations*. New York: State University New York Press.
Eisenstadt, Shmuel N. 2003. *Comparative Civilizations and Multiple Modernities*. Leiden: Brill Acedemic Pub.
Eisenstadt, Shmuel N. 2006. *Theorie und Moderne. Soziologische Essays*. Wiesbaden: Springer VS.
Eisenstadt, Shmuel N. und Giesen, Bernhard. 1995. The construction of collective identity. *European Journal of Sociology* 36: 72–102.
Elias, Norbert. 1969 [1939]. *Die höfische Gesellschaft. Untersuchungen zur Soziologie des Königtums und der höfischen Aristokratie*. Neuwied: Luchterhand.
Elias, Norbert. 1980a. *Der Prozess der Zivilisation. Soziogenetische und psychogenetische Untersuchungen. Erster Band. Wandlungen des Verhaltens in den weltlichen Oberschichten des Abendlandes*. Frankfurt/M.: Suhrkamp.
Elias, Norbert. 1980b. *Der Prozess der Zivilisation. Soziogenetische und psychogenetische Untersuchungen Zweiter Band. Wandlungen der Gesellschaft. Entwurf zu einer Theorie der Zivilisation*. Frankfurt/M.: Suhrkamp.
Elias, Norbert. 1986. *Was ist Soziologie?* Weinheim: Juventa.
Elias, Norbert. 1987. *Engagement und Distanzierung*. Frankfurt/M.: Suhrkamp.
Elias, Norbert. 1990a. Einleitung In: Ders., *Studien über die Deutschen. Machtkämpfe und Habitusentwicklung im 19. und 20. Jahrhundert*. Frankfurt/M.: Suhrkamp, 7–30.
Elias, Norbert. 1990b. Der Zusammenbruch der Zivilisation. In: Ders., *Studien über die Deutschen. Machtkämpfe und Habitusentwicklung im 19. und 20. Jahrhundert*. Frankfurt/M.: Suhrkamp, 391–516.
Elias, Norbert. 2002. *Über die Einsamkeit der Sterbenden in unseren Tagen. Humana conditio*. Gesammelte Schriften, Bd. 6. Frankfurt/M.: Suhrkamp.
Endreß, Martin. 2002. Wider die „Balkanisierung" der Soziologie. Neuere Versuche zu ihrer theoretischen Integration. *Berliner Journal für Soziologie* 12(1): 127–139.
Endreß, Martin. 2011. Individualität und Sozialität im Kontext verstehender. Soziologie: Max Weber und Alfred Schütz. In: Nico Lüdtke und Hironori Matsuzaki (Hg.), *Akteur – Individuum – Subjekt*. Wiesbaden: Springer VS, 67–81.
Engels, Friedrich. 1987 [1880]. Die Entwicklung des Sozialismus von der Utopie zur Wissenschaft. In: *MEW* 19. Berlin (DDR): Dietz, 189–228.
Erwägen Wissen Ethik. 2000. *Die Gesellschaft der Systemtheorie* (2000/2), 195–288.
Eßbach, Wolfgang. 1991. *Studium Soziologie*. Stuttgart: UTB.
Eßbach, Wolfgang, Fischer, Joachim und Lethen, Helmuth (Hg.). 2002. *Plessners ‚Grenzen der Gemeinschaft'. Eine Debatte*. Frankfurt/M.: Suhrkamp.
Esser, Hartmut. 1993. *Soziologie. Allgemeine Grundlagen*. Frankfurt/M.: Campus.
Esser, Hartmut. 1999. *Soziologie. Spezielle Grundlagen. Band 1: Situationslogik und Handeln*. Frankfurt/M.: Campus.
Esser, Hartmut. 2002. *Soziologie. Spezielle Grundlagen. Band 6: Sinn und Kultur*. Frankfurt/M.: Campus.
Esser, Hartmut. 2006. Eines für alle(s)? Das Weber-Paradigma, das Konzept des moderaten methodologischen Holismus und das Modell der soziologischen Erklärung. *Kölner Zeitschrift für Soziologie und Sozialpsychologie* 58(2): 352–363.
Fischer, Joachim. 2002. Simmels ‚Exkurs über die Soziologie der Sinne'. *Österreichische Zeitschrift für Soziologie* 27(2): 6–13.

Fischer, Joachim. 2008. *Philosophische Anthropologie. Eine Denkrichtung des 20. Jahrhunderts*. Freiburg/München: Karl Alber.
Fischer, Joachim. 2013. Philosophische Anthropologe. In: Georg Kneer und Markus Schroer (Hg.), *Handbuch Soziologische Theorien*. Wiesbaden: Springer VS, 323–340.
Fischer, Joachim. 2018. *Exzentrische Positionalität. Studien zu Helmuth Plessner*. Weilerswist: Velbrück.
Fischer, Joachim. 2019. Philosophische Anthropologie – Ein wirkungsvoller Denkansatz in der deutschen Soziologie nach 1945. In: Ders. und Stephan Moebius (Hg.), *Soziologische Denkschulen in der Bundesrepublik Deutschland*. Wiesbaden: Springer VS, 181–248.
Fischer, Joachim und Moebius, Stephan (Hg.). 2019. *Soziologische Denkschulen in der Bundesrepublik Deutschland*. Wiesbaden: Springer VS.
Fischer, Peter. 2012. *Phänomenologische Soziologie*. Bielefeld: Transcript.
Folkers, Andreas und Hoppe, Katharina. 2018. Von der Modernisierung zur Ökologisierung. Werden und Biopolitik bei Deleuze/Guattari und Haraway. In: Heike Delitz, Robert Seyfert und Frithjof Nungesser (Hg.), *Soziologien des Lebens. Überschreitung – Differenzierung – Kritik*. Bielefeld: transcript, 137–164.
Foucault, Michel. 1973. *Wahnsinn und Gesellschaft*. Frankfurt/M.: Suhrkamp.
Foucault, Michel. 1974 [1966]. *Die Ordnung der Dinge. Eine Archäologie der Humanwissenschaften*. Frankfurt/M.: Suhrkamp.
Foucault, Michel. 1976 [1975]. *Überwachen und Strafen. Die Geburt des Gefängnisses*. Frankfurt/M.: Suhrkamp.
Foucault, Michel. 1983. *Der Wille zum Wissen. Sexualität und Wahrheit 1*. Frankfurt/M.: Suhrkamp.
Foucault, Michel. 1991. *Die Ordnung des Diskurses*. Frankfurt/M.: Fischer.
Foucault, Michel. 1994. Das Subjekt und die Macht. In: Hubert L. Dreyfus und Paul Rabinow, *Michel Foucault. Jenseits von Strukturalismus und Hermeneutik*, 2. Aufl. Weinheim: Beltz, 243–263.
Foucault, Michel. 2004. *Geschichte der Gouvernementalität I. Sicherheit, Territorium, Bevölkerung. Vorlesung am College de France 1977-1978*. Frankfurt/M.: Suhrkamp.
Foucault, Michel. 2005. Die Gouvernementalität. In: Ders., *Die Analytik der Macht*. Frankfurt/M.: Suhrkamp, 148–174.
Foucault, Michel. 2006. *Die Geburt der Biopolitik. Geschichte der Gouvernementalität II. Vorlesungen am Collège de France 1978/1979*. Frankfurt/M.: Suhrkamp.
Foucault, Michel. 2009. *Hermeneutik des Subjekts. Vorlesung am Collège de France (1981/82)*. Frankfurt/M.: Suhrkamp.
Frisby, David. 1985. *Fragments of Modernity: Theories of Modernity in the Work of Simmel, Kracauer, and Benjamin*. Cambridge: Polity.
Gamma, Tara Hill. 2007. *Widerstandsfiguren. Macht und Subjektivierung bei Foucault und Deleuze. Lizentiatsarbeit Institut für Soziologie*, Philosophisch-Historische Fakultät, Universität Basel.
Garfinkel, Harold. 1967. *Studies in Ethnomethodology*. Englewood Cliffs: Long Higher Education.
Garfinkel, Harold. 1967/2019. *Studien zur Ethnomethodologie*. Frankfurt/M.: Campus.

Gehlen, Arnold. 1993 [1950]. *Der Mensch. Seine Natur und seine Stellung in der Welt. Arnold Gehlen Gesamtausgabe Band 3*, hrsg. Karl-Siegbert Rehberg. Frankfurt/M.: Vittorio Klostermann.

Gehlen, Arnold. 2004 [1947]. Die Seele im technischen Zeitalter und andere sozialpsychologische und andere Kulturanalysen. In: *Arnold Gehlen Gesamtausgabe Bd. 6*, hrsg. Karl-Siegbert Rehberg. Frankfurt/M.: Vittorio Klostermann, 1–137.

Gehlen, Arnold. 2007 [1956]. *Urmensch und Spätkultur*. Frankfurt/M.: Vittorio Klostermann.

Gertenbach, Lars. 2015. *Entgrenzungen der Soziologie. Bruno Latour und der Konstruktivismus*. Weilerswist: Velbrück.

Gertenbach, Lars und Laux, Henning. 2019. *Zur Aktualität von Bruno Latour. Einführung in sein Werk*. Wiesbaden: Springer VS.

Giddens, Anthony. 1988 [1984]. *Die Konstitution der Gesellschaft. Grundzüge einer Theorie der Strukturierung*. Frankfurt/M.: Campus.

Go, Julian. 2013. For a postcolonial sociology. *Theory and Society* 42(1) 25–55.

Go, Julian. (Hg.) 2016. *Postcolonial Sociologies: A Reader*. Bingley: Emerald Group.

Go, Julian und Lawson, George (Hg.). 2017. *Global Historical Sociology*. Cambridge: Cambridge University Press.

Göbel, Andreas. 2011. Société perdu? Eine Recherche. In: Thomas Schwinn, Clemens Kroneberg, Jens Greve (Hg.), *Soziale Differenzierung. Handlungstheoretische Zugänge in der Diskussion*. Wiesbaden: VS, 45–72.

Goffman, Erving. 1980. *Rahmen-Analyse. Ein Versuch über die Organisation von Alltagserfahrungen*. Frankfurt/M.: Suhrkamp.

Goffman, Erving. 1986. *Interaktionsrituale. Über Verhalten in direkter Kommunikation*. Frankfurt/M.: Suhrkamp.

Goffman, Erving. 2003. *Wir alle spielen Theater. Die Selbstdarstellung im Alltag*. München: Piper.

Gramsci, Antonio. 2019 [1948–1951]. *Gefängnishefte. 10 Bände*, 2. Auflage. Hamburg: Argument.

Greshoff, Rainer. 2006. Die Esser-Luhmann-Kontroverse als unbefriedigender Streit um die Grundlagen der Soziologie. *Soziologie* 35(2): 161–177.

Greshoff, Rainer und Schimank, Uwe (Hg.). 2007. *Integrative Sozialtheorie? Esser – Luhmann – Weber*. Wiesbaden: Springer VS.

Greshoff, Rainer und Schimank, Uwe (Hg.). o. J.: Hartmut Essers integrative Sozialtheorie – Erklärungs- und Verstehenspotenziale. http://archiv.ub.uni-marburg.de/es/2012/0003/pdf/II.2_Greshoff_Schimank_Esser.pdf.

Greve, Jens. 2015. *Reduktiver Individualismus. Zum Programm und zur Rechtfertigung einer sozialtheoretischen Grundposition*. Wiesbaden: Springer VS.

Habermas, Jürgen. 1981. *Theorie des kommunikativen Handelns*. Bd. 1/Bd. 2. Frankfurt/M.: Suhrkamp.

Habermas, Jürgen. 2019. *Auch eine Geschichte der Philosophie*. Berlin: Suhrkamp.

Halbwachs, Maurice. 1967 [1925–1944]. *Das kollektive Gedächtnis*. Stuttgart: Enke.

Halbwachs, Maurice. 1985 [1925]. *Das Gedächtnis und seine sozialen Bedingungen*. Frankfurt/M.: Suhrkamp.

Halbwachs, Maurice. 2003 [1941]. *Stätten der Verkündigung im Heiligen Land*. Konstanz: UVK.

Hall, Stuart. 1994 [1992]. Der Westen und der Rest. Diskurs und Macht, in: Ders., *Rassismus und kulturelle Identität. Ausgewählte Schriften 2*. Hamburg: Argument, 137–179.

Hardt, Michel, und Negri, Antonio. 2004. *Multitude: Krieg und Demokratie im Empire*. Frankfurt/M.: Campus.

Hechter, Michael und Horne, Christiane. 2009. *Theories of Social Order. A Reader*. 2. Aufl., Stanford: Stanford UP.

Hegel, Georg Wilhelm Friedrich. 1985 [1807]: *Phänomenologie des Geistes*. Hamburg: Meiner.

Heitmeyer, Wilhelm et al. (Hg.). 2002–2012. *Deutsche Zustände*. Frankfurt/M.: Suhrkamp.

Hillebrandt, Frank. 2014. *Soziologische Praxistheorien. Eine Einführung*. Wiesbaden: Springer VS.

Hinz, Michael. 2013. *Der Zivilisationsprozess: Mythos oder Realität? Wissenschaftssoziologische Untersuchungen zur Elias-Duerr-Kontroverse*. Wiesbaden: Springer VS.

Hodder, Ian. 2012. *Entangled. An Archaeology of the Relationships between Humans and Things*. London: Wiley-Blackwell.

Hollier, Denis. 2012. *Das Collège de Sociologie: 1937–1939*. Frankfurt/M.: Suhrkamp.

Honneth, Axel. 1982. Von Adorno zu Habermas. Der Gestaltwandel kritischer Gesellschaftstheorie. In: Wolfgang Bonß und N. Schindler (Hg.), *Sozialforschung als Kritik. Zum sozialwissenschaftlichen Potential der Kritischen Theorie*. Frankfurt/M.: Suhrkamp, 87–126.

Honneth, Axel. 1994a. *Kampf um Anerkennung. Zur moralischen Grammatik sozialer Konflikte*. Frankfurt/M.: Suhrkamp.

Honneth, Axel. (Hg.). 1994b. *Pathologien des Sozialen*: Die Aufgaben der Sozialphilosophie. Frankfurt/M.: Fischer.

Honneth, Axel. (Hg.). 2002. *Befreiung aus der Mündigkeit: Paradoxien des gegenwärtigen Kapitalismus*. Frankfurt/M.: Campus.

Horkheimer, Max. 1972 [1937]. *Traditionelle und kritische Theorie. Fünf Aufsätze*. Frankfurt/M.: Fischer.

Imbusch, Peter. 2005. *Moderne und Gewalt. Zivilisationstheoretische Perspektiven auf das 20. Jahrhundert*. Wiesbaden: Springer VS.

Joas, Hans. 1992a. Von der Philosophie des Pragmatismus zu einer soziologischen Forschungstradition. In: Ders., *Pragmatismus und Gesellschaftstheorie*. Frankfurt/M.: Suhrkamp, 23–65.

Joas, Hans. 1992b. Die Kreativität des Handelns und die Intersubjektivität der Vernunft. Meads Pragmatismus und die Gesellschaftstheorie. In: Ders., *Pragmatismus und Gesellschaftstheorie*. Frankfurt/M.: Suhrkamp, 281–306.

Joas, Hans. 1997. *Die Kreativität des Handelns*. Frankfurt/M.: Suhrkamp.

Joas, Hans. 1999. *Die Entstehung der Werte*. Frankfurt/M.: Suhrkamp.

Joas, Hans und Knöbl, Wolfgang. 2004. *Sozialtheorie. Zwanzig einführende Vorlesungen*. Frankfurt/M.: Suhrkamp.

Joas, Hans, Schubert, Hans-Joachim und Wenzel, Harald. 2010. *Pragmatismus zur Einführung*. Hamburg: Junius.

Keck, Frédéric und Plouviez, Mélanie. 2008. *Le vocabulaire d'Émile Durkheim*. Paris: Ellipses.

Keller, Reiner. 2012. *Das interpretative Paradigma. Eine Einführung*. Wiesbaden: Springer VS.

Kerner, Ina. 2012. *Postkoloniale Theorien zur Einführung*. Hamburg: Junius.
Kneer, Georg und Schroer, Markus (Hg.). 2009. *Handbuch Soziologische Theorien*. Wiesbaden: Springer VS.
Kneer, Georg und Schroer, Markus (Hg.). 2010. *Handbuch Spezielle Soziologien*. Wiesbaden: Springer VS.
Knoblauch, Hubert. 2017. *Die kommunikative Konstruktion der Wirklichkeit*. Wiesbaden: Springer VS.
Korte, Hermann. 1993. *Blicke auf ein langes Leben – Norbert Elias und die Zivilisationstheorie*. Wien: Picus.
Koschorke, Albrecht et al. 2007. *Der fiktive Staat. Konstruktionen des politischen Körpers in der Geschichte Europas*. Köln: Fischer.
Kracauer, Siegfried. 1977. Die kleinen Ladenmädchen gehen ins Kino. In: Ders., *Das Ornament der Masse*. Frankfurt/M.: Suhrkamp, 279–294.
Kuzmics, Helmut und Mörth, Ingo. 1991. Norbert Elias und die Kultursoziologie der Moderne. In: Dies. (Hg.), *Der unendliche Prozess der Zivilisation. Zur Kultursoziologie der Moderne nach Norbert Elias*. Frankfurt/M.: Campus, 7–32.
Laclau, Ernesto und Mouffe, Chantal. 1985/2001. *Hegemonie und radikale Demokratie. Zur Dekonstruktion des Marxismus*. Wien: Passagen.
Landwehr, Achim. 2001. *Geschichte des Sagbaren. Einführung in die Historische Diskursanalyse*. Tübingen: Kimmerle.
Landwehr, Achim. 2015. Prozessbegriff und Kulturgeschichte. In: Rainer Schützeichel und Stefan Jordan (Hg.), *Prozesse. Formen, Dynamiken, Erklärungen*. Wiesbaden: Springer VS, 273–301.
Lash, Scott. 2005/2018. Lebenssoziologie. Georg Simmel im Informationszeitalter. In: Heike Delitz, Robert Seyfert und Frithjof Nungesser (Hg.), *Soziologien des Lebens. Überschreitung – Differenzierung – Kritik*. Bielefeld: transcript, 35–64.
Latour, Bruno. 2008 [1991]. *Wir sind nie modern gewesen. Versuch einer symmetrischen Anthropologie*. Frankfurt/M.: Suhrkamp.
Latour, Bruno. 2001 [1994]. Eine Soziologie ohne Objekt? Anmerkungen zur Interobjektivität. *Berliner Journal für Soziologie* 11(2): 237–252.
Latour, Bruno. 1996. *Der Berliner Schlüssel. Erkundungen eines Liebhabers der Wissenschaften*. Berlin: Akademie.
Latour, Bruno. 2010 [2001]. *Das Parlament der Dinge. Für eine politische Ökologie*. Frankfurt/M.: Suhrkamp.
Latour, Bruno. 2007 [2005]. *Eine neue Soziologie für eine neue Gesellschaft. Einführung in die Akteur-Netzwerk-Theorie*. Frankfurt/M.: Suhrkamp.
Latour, Bruno. 2006. Über den Rückruf der ANT. In: Andréa Belliger und David J. Krieger (Hg.), *ANThology. Ein einführendes Handbuch zur Akteur-Netzwerk-Theorie*. Bielefeld: Transcript, 561–570.
Latour, Bruno. 2009. Eine andere Wissenschaft des Sozialen? Vorwort zur deutschen Ausgabe von Gabriel Tardes Monadologie und Soziologie. In: Gabriel Tarde, *Monadologie und Soziologie*. Frankfurt/M.: Suhrkamp, 7–16.
Latour, Bruno. 2017 [2013]. *Existenzweisen: Eine Anthropologie der Modernen*. Berlin: Suhrkamp.
Laux, Henning. 2014. *Soziologie im Zeitalter der Komposition. Koordinaten einer integrativen Netzwerktheorie*. Weilerwist: Velbrück.

Leach, Edmund R. 2004. Société. In: Pierre Bonte und Michel Izard (Hg.), *Dictionnaire de l'ethnologie et de l'anthropologie*. Paris: PUF, 668–669.
Lefort, Claude. 1999 [1980]. *Fortdauer des Theologisch-Politischen?* Wien: Passagen.
Lentz, Carola. 2009. Der Kampf um die Kultur. Zur Ent- und Re-Soziologisierung eines ethnologischen Konzepts. *Soziale Welt* 60: 305–324.
Lévi-Strauss, Claude. 1945. French *sociology*. In: Georges Gurvitch, W.E. Moore (Hg.), *Twentieth Century Sociology*. New York: Philosophical library, 513–545.
Lévi-Strauss, Claude. 1965 [1962]. *Das Ende des Totemismus*. Frankfurt/M.: Suhrkamp.
Lévi-Strauss, Claude. 1972. Gibt es dualistische Organisationen? In: Ders., *Strukturale Anthropologie*. Frankfurt/M.: Suhrkamp, 148–179.
Lévi-Strauss, Claude. 1973 [1962]. *Das wilde Denken*. Frankfurt/M.: Suhrkamp.
Lévi-Strauss, Claude. 1976 [1971]. *Mythologica I: Das Rohe und das Gekochte*. Frankfurt/M.: Suhrkamp.
Lévi-Strauss, Claude. 1978 [1955]. *Traurige Tropen*. Frankfurt/M.: Suhrkamp.
Lévi-Strauss, Claude. 1989 [1950]. Einführung. In: Marcel Mauss, *Soziologie und Anthropologie*. Frankfurt/M.: Fischer, 7–41.
Lévi-Strauss, Claude. 1993 [1949]. *Die elementaren Strukturen der Verwandtschaft*. Frankfurt/M.: Suhrkamp.
Lindemann, Gesa. 2002. *Die Grenzen des Sozialen. Zur sozio-technischen Konstruktion von Leben und Tod in der Intensivmedizin*. Weilerswist: Velbrück.
Lindemann, Gesa. 2008. Theoriekonstruktion und empirische Forschung. In: Herbert Kalthoff, Stefan Hirschauer und Gesa Lindemann (Hg.), *Theoretische Empirie: Zur Relevanz qualitativer Forschung*. Frankfurt/M.: Suhrkamp, 107–128.
Lindemann, Gesa. 2018. *Strukturnotwendige Kritik. Theorie der modernen Gesellschaft I*. Weilerwist: Velbrück.
Lüdemann, Susanne. 2004. *Metaphern der Gesellschaft. Studien zum soziologischen und politischen Imaginären*. München: Wilhelm Fink.
Luhmann, Niklas. 1978. Gesellschaft. In: Werner Fuchs-Heinritz et al. (Hg.), *Lexikon zur Soziologie*. Opladen: Westdt. Verlag, 267.
Luhmann, Niklas. 1980. *Gesellschaftsstruktur und Semantik. Studien zur Wissenssoziologie der Gesellschaft*. Frankfurt/M.: Suhrkamp.
Luhmann, Niklas. 1983. *Liebe als Passion*. Frankfurt/M.: Suhrkamp.
Luhmann, Niklas. 1984. *Soziale Systeme. Grundriß einer allgemeinen Theorie*. Frankfurt/M.: Suhrkamp.
Luhmann, Niklas. 1988. Arbeitsteilung und Moral: Durkheims Theorie. In: Émile Durkheim, *Über soziale Arbeitsteilung. Studie über die Organisation höherer Gesellschaften*. Frankfurt/M.: Suhrkamp, 19–40.
Luhmann, Niklas. 1997. *Die Gesellschaft der Gesellschaft*. 2 Bde. Frankfurt/M.: Suhrkamp.
Luhmann, Niklas. 2000. *Die Politik der Gesellschaft*. Frankfurt/M.: Suhrkamp.
Luhmann, Niklas. 2017. *Systemtheorie und Gesellschaft*. Berlin: Suhrkamp.
Lukács, Georg. 1975 [1923]. *Geschichte und Klassenbewusstsein. Studien über marxistische Dialektik*. Neuwied: Luchterhand.
Maffesoli, Michel. 1986 [1984]. *Der Schatten des Dionysos. Zu einer Soziologie des Orgiasmus*. München: Syndikat.

Maffesoli, Michel. 1987. Das ästhetische Paradigma. Soziologie als Kunst. *Soziale Welt* 4: 460–470.
Maffesoli, Michel. 1988. *Les temps des tribus. Le déclin de l'individualisme dans les sociétés de masse.* Paris: Meridiens Klincksieck.
Mannheim, Karl. 1984 [1924]. *Konservatismus. Ein Beitrag zur Soziologie des Wissens.* Frankfurt/M.: Suhrkamp.
Marchart, Oliver. 2013. *Das unmögliche Objekt. Eine postfundamentalistische Theorie der Gesellschaft.* Berlin: Suhrkamp.
Marx, Karl. 1961a [1859]. Zur Kritik der politischen Ökonomie. In *MEW* 13: 3–160. Berlin (DDR): Dietz.
Marx, Karl. 1961b [1857]. Einleitung (Zur Kritik der politischen Ökonomie). In *MEW* 13: 615–641. Berlin (DDR): Dietz.
Marx, Karl. 1962 [1867]. Das Kapital. Band 1. Kritik der politischen Ökonomie. In *MEW* 23: 11–802. Berlin (DDR): Dietz.
Marx, Karl. 1972 [1847]. Das Elend der Philosophie. In *MEW* 4: 63–181. Berlin (DDR): Dietz.
Marx, Karl. 1983 [1867]. Das Kapital. Band 3. In *MEW* 25. Berlin (DDR): Dietz.
Marx, Karl. 1987 [1875]. Kritik des Gothaer Programms. In *MEW* 19: 11–32. Berlin (DDR): Dietz.
Marx, Karl und Engels, Friedrich. 1960. Rezensionen aus der Neuen Rheinischen Zeitung. In: *MEW* 7. Berlin (DDR): Dietz: 255–291.
Marx, Karl und Engels, Friedrich. 1969 [1846]. Die deutsche Ideologie. In: *MEW* 3. Berlin (DDR): Dietz, 5–530.
Marx, Karl und Engels, Friedrich. 1972 [1848]. Manifest der kommunistischen Partei. In: *MEW* 4. Berlin (DDR): Dietz, 459–490.
Massumi, Brian. 2002. *Parables for the Virtual: Movement, Affect, Sensation.* Durham/London: Duke UP.
Maurer, Andrea. 2010. Die Analytische Soziologie Peter Hedströms und die Tradition der rationalen Sozialtheorie. In: Thomas Kron und Thomas Grund (Hg.), *Die Analytische Soziologie in der Diskussion.* Wiesbaden: Springer VS, 165–192.
Maurer, Andrea. 2019. Erklärende Soziologie. In: Joachim Fischer und Stephan Moebius (Hg.), *Soziologische Denkschulen in der Bundesrepublik Deutschland.* Wiesbaden: Springer VS, 277–315.
M.A.U.S.S. 2004. *Une théorie sociologique générale est-elle pensable? Journal de M.A.U.S.S.* 24.
Mauss, Marcel. 1989a [1924/25]. *Die Gabe. Form und Funktion des Austauschs in archaischen Gesellschaften.* Frankfurt/M.: Suhrkamp.
Mauss, Marcel. 1989b [1936]. Die Techniken des Körpers, in: Ders., *Soziologie und Anthropologie,* Bd. 2. Frankfurt/M.: Fischer, 199–220.
Mauss, Marcel. 2012. *Schriften zur Religionssoziologie.* Frankfurt/M.: Suhrkamp.
Mauss, Marcel und Fauconnet, Paul. 2005 [1901]. The Nature of Sociology. In: Marcel Mauss, *The Nature of Sociology.* Oxford: Berghahn Books, 1–31.
Mbembe, Achille. 2016. *Kritik der schwarzen Vernunft.* Berlin: Suhrkamp.
Mead, George H. 1932. *Philosophy of the Present.* LaSalle: Open Court.
Mead, George H. 1973 [1932]. *Geist, Identität und Gesellschaft aus der Sicht des Sozialbehaviorismus.* Frankfurt/M.: Suhrkamp.

Mead, George H. 1983 [1929]. Eine pragmatische Theorie der Wahrheit. In: Ders., *Gesammelte Aufsätze Band 2*, hrsg. Hans Joas. Frankfurt/M.: Suhrkamp, 185–210.
Moebius, Stephan. 2006a. *Die Zauberlehrlinge. Soziologiegeschichte des Collège de Sociologie (1937–1939)*. Konstanz: UVK
Moebius, Stephan. 2006b. *Marcel Mauss*. Konstanz: UVK.
Moebius, Stephan und Peter, Lothar. 2004. Neue Tendenzen der französischen Soziologie. Zur Einleitung. In: Dies. (Hg.), *Französische Soziologie der Gegenwart*. Konstanz: UVK, 9–77.
Moebius, Stephan und Gertenbach, Lars. 2008. Kritische Totalität oder das Ende der Gesellschaft? Zum Gesellschaftsbegriff des Poststrukturalismus. In: Karl-Siegbert Rehberg (Hg.), *Die Natur der Gesellschaft: Verhandlungen des 33. Kongresses der Deutschen Gesellschaft für Soziologie in Kassel*, Frankfurt/M.: Campus, 4130–4137.
Moebius, Stephan, Nungesser, Frithjof und Papilloud, Christian. 2012. Der Stellenwert der Religionssoziologie in Marcel Mauss' Leben und Werk. Einleitung. In: Marcel Mauss, *Schriften zur Religionssoziologie*. Frankfurt/M.: Suhrkamp, 9–31.
Moebius, Stephan und Reckwitz, Andreas. 2008. Einleitung: Poststrukturalismus und Sozialwissenschaften: Eine Standortbestimmung. In: Dies. (Hg.), *Poststrukturalistische Sozialwissenschaften*. Frankfurt/M.: Suhrkamp, 7–23.
Mouffe, Chantal. 2007. *Über das Politische. Wider die kosmopolitische Illusion*. Frankfurt/M.: Suhrkamp.
Mouffe, Chantal. 2010. *Das demokratische Paradox*. Wien: Turia+Kant.
Müller, Hans-Peter (Hg.). 2014. *Pierre Bourdieu. Eine systematische Einführung*. Berlin: Suhrkamp.
Müller, Hans-Peter und Reitz, Tilman (Hg.). 2018. *Simmel-Handbuch. Begriffe, Hauptwerke, Aktualität*. Berlin: Suhrkamp.
Müller, Julian 2015. *Bestimmbare Unbestimmtheiten. Skizze einer indeterministischen Soziologie*. München: Fink.
Nassehi, Armin. 2011. *Gesellschaft der Gegenwarten. Beitrage zur Theorie der modernen Gesellschaft II*. Berlin: Suhrkamp.
Nassehi, Armin. 2019. *Muster: Theorie der digitalen Gesellschaft*. Berlin: C.H. Beck.
Nora, Pierre (Hg.) 1984–1992. *Les Lieux de mémoire. Band I: La Republique/Band II: La Nation/ Band III: Les France*. Paris: Gallimard.
Nora, Pierre (Hg.) 2013. *Recherches de la France*. Paris: Gallimard.
Olson, Mancur. 1965/1968. *Logik kollektiven Handelns. Kollektivgüter und die Theorie der Gruppen*. Tübingen: Mohr.
Opp, Karl-Dieter. 2018. Die Theorie rationalen Handelns. In: Oliver Decker (Hg.), *Sozialpsychologie und Sozialtheorie*. Wiesbaden: Springer VS, 61–76.
Opp, Karl-Dieter, Voß, Peter und Gern, Christiane. 1993. *Volkseigene Revolution*. Stuttgart: Klett-Cotta.
Papilloud, Christian. 2017. *Sociology through Relation. Theoretical Assessments from the French Tradition*. Basingstoke: Palgrave
Parsons, Talcott. 1937. *The Structure of Social Action. A Study in Social Theory*. Glencoe: Free Press.
Parsons, Talcott. 1964. *Beiträge zur soziologischen Theorie*. Neuwied: Luchterhand.
Parsons, Talcott. 1972. *Zur Theorie sozialer Systeme. Herausgegeben von Stefan Jensen*. Opladen. Westdeutscher Verlag.

Parsons, Talcott und Shils, Edward. 1951: *Toward a General Theory of Action. Theoretical Foundations of the Social Sciences*. Cambridge, Mass.: Harvard University Press.
Plessner, Helmuth. 1969. Vorwort. In: Peter L. Berger und Thomas Luckmann, *Die gesellschaftliche Konstruktion der Wirklichkeit. Eine Theorie der Wissenssoziologie*. Frankfurt/M.: Fischer, IX–VXI.
Plessner, Helmuth. 1974 [1935/1959]. *Verspätete Nation*. Frankfurt/M.: Suhrkamp.
Plessner, Helmuth. 1975 [1928]. *Die Stufen des Organischen und der Mensch. Einleitung in die philosophische Anthropologie*. Berlin: De Gruyter.
Plessner, Helmuth. 1981 [1931]. Macht und menschliche Natur. Ein Versuch zur Anthropologie der geschichtlichen Weltansicht. In: Ders., *Gesammelte Schriften V*. Frankfurt/M.: Suhrkamp, 136–234.
Plessner, Helmuth. 1983 [1961]. Die Frage nach der Conditio humana. In: Ders., *Gesammelte Schriften VIII*. Frankfurt/M.: Suhrkamp, 136–217.
Plessner, Helmuth. 2002 [1924]. *Grenzen der Gemeinschaft. Eine Kritik des sozialen Radikalismus*. Frankfurt/M.: Suhrkamp.
Preyer, Gerhard. 2011. *Zur Aktualität von Shmuel N. Eisenstadt. Einleitung in sein Werk*. Wiesbaden: Springer VS.
Rammstedt, Otthein. 2009. Georg Simmels ‚Große Soziologie' – und das uns geschuldete Missverständnis. In: Cécile Rol und Christian Papilloud (Hg.), *Soziologie als Möglichkeit. 100 Jahre Georg Simmels Untersuchungen über die Formen der Vergesellschaftung*. Wiesbaden: Springer VS, 15–32.
Reckwitz, Andreas. 2003. Grundelemente einer Theorie sozialer Praktiken. Eine sozialtheoretische Perspektive. *Zeitschrift für Soziologie* 32(4): 281–302.
Reckwitz, Andreas. 2007. Antony Giddens. In: Dirk Kaesler (Hg.), *Klassiker der Soziologie, Band 2. Von Talcott Parsons bis Anthony Giddens*, 5. Aufl. München: C.H. Beck, 311–337.
Reckwitz, Andreas. 2008. *Subjekt*. Bielefeld: transcript.
Reckwitz, Andreas. 2017. *Gesellschaft der Singularitäten. Zum Strukturwandel der Moderne*. Berlin: Suhrkamp.
Rehberg, Karl-Siegbert. 1981. Philosophische Anthropologie und die „Soziologisierung" des Wissens vom Menschen. Einige Zusammenhänge zwischen einer philosophischen Denktradition und der Soziologie in Deutschland. In: *Kölner Zeitschrift für Soziologie und Sozialpsychologie*, Sonderheft 23:160–197.
Rehberg, Karl-Siegbert. 1986. Arnold Gehlens Beitrag zur „Philosophischen Anthropologie". Einleitung in die Studienausgabe seiner Hauptwerke. In: Arnold Gehlen, *Der Mensch*, 13. Aufl. Wiesbaden: Springer VS, I-XVII.
Rehberg, Karl-Siegbert. 2010. Der Mensch als Kulturwesen. Perspektiven der Philosophischen Anthropologie. In: Monika Wohlrab-Sahr (Hg.), *Kultursoziologie. Paradigmen – Methoden – Fragestellungen*. Wiesbaden: Springer VS, 25–51.
Rehberg, Karl-Siegbert. 2014. Eine Grundlagentheorie der Institutionen: Arnold Gehlen. Mit systematischen Schlußfolgerungen für eine kritische Institutionentheorie. In: Hans Vorländer (Hg.), *Symbolische Ordnungen. Beiträge zu einer soziologischen Theorie der Institutionen*. Baden-Baden: Nomos, 13–42.
Renn, Joachim. 2011. Handlungstheorie und Differenzierung. In: Thomas Schwinn, Clemens Kroneberg und Jens Greve (Hg.), *Soziale Differenzierung. Handlungstheoretische Zugänge in der Diskussion*. Wiesbaden: Springer VS, 93–111.

Reuter, Julia und Karentzos, Alexandra (Hg.). 2012. *Schlüsselwerke der Postcolonial Studies*. Wiesbaden: Springer VS.
Reuter, Julia und Villa, Paula-Irene. 2010. Provincializing Soziologie. Postkoloniale Theorie als Herausforderung. In: Dies. (Hg.), *Postkoloniale Soziologie. Empirische Befunde, theoretische Anschlüsse, politische Intervention*. Bielefeld: transcript, 11–45.
Rol, Cécile und Papilloud, Christian (Hg.). 2009. *Soziologie als Möglichkeit. 100 Jahre Georg Simmels Untersuchungen über die Formen der Vergesellschaftung*. Wiesbaden: Springer VS.
Salmon, Gildas und Charbonnier, Pierre. 2014. The two ontological pluralisms of French anthropology, in: *Journal of the Royal Anthropological Institute* (N.S.) 20: 567–573.
Schäfer, Hilmar. 2013. *Die Instabilität der Praxis. Reproduktion und Transformation des Sozialen in der Praxistheorie*. Weilerswist: Velbrück.
Schäfer, Hilmar (Hg.). 2016. *Praxistheorie. Ein soziologisches Forschungsprogramm*. Bielefeld: transcript.
Schäfer, Hilmar. 2018. Die „Tragödie der Kultur" und die Relevanzkrise der Spätmoderne. Ein Beitrag zur Aktualität Simmels. *Soziopolis* 24.9.2018. https://soziopolis.de/erinnern/jubilaeen/artikel/die-tragoedie-der-kultur-und-die-relevanzkrise-der-spaetmoderne/.
Schick, Johannes, Schmidt, Mario und Zillinger, Martin (Hg.). 2020. *The Social Origins of Thought: Durkheim, Mauss and the Category Project*. London: Berghahn.
Schimank, Uwe. 2013. *Gesellschaft*. Bielefeld: transcript.
Schlechtriemen, Tobias. 2014. *Bilder des Sozialen. Das Netzwerk in der soziologischen Theorie*. München: Fink.
Schluchter, Wolfgang. 1988. *Religion und Lebensführung. Band 1. Studien zu Max Webers Kultur- und Werttheorie*. Frankfurt/M.: Suhrkamp.
Schluchter, Wolfgang. 2000. Handlungs- und Strukturtheorie nach Max Weber. *Berliner Journal für Soziologie* 1: 125–136.
Schmitt, Marco und Fuhse, Jan. 2015. *Zur Aktualität von Harrison White. Einführung in sein Werk*. Wiesbaden: Springer VS.
Schubert, Hans-Joachim et al. 2019. *Pragmatismus zur Einführung*. Hamburg: Junius.
Schütz, Alfred. 1953/1971. Wissenschaftliche Interpretation und Alltagsverständnis menschlichen Handelns. In: Ders., *Gesammelte Aufsätze 1*. Den Haag: Nijhoff, 3–54.
Schütz, Alfred. 1932/1981. *Der sinnhafte Aufbau der sozialen Welt. Eine Einleitung in die verstehende Soziologie*. Frankfurt/M.: Suhrkamp.
Schütz, Alfred. 2003. *Theorie der Lebenswelt. 1: Die pragmatische Schichtung der Lebenswelt*. Konstanz: Halem.
Schützeichel, Rainer. 2008. Methodologischer Individualismus, sozialer Holismus und holistischer Individualismus. In: Jens Greve, Annette Schnabel und Rainer Schützeichel (Hg.), *Das Makro-Mikro-Makro-Modell der soziologischen Erklärung. Zur Ontologie, Methodologie und Metatheorie eines Forschungsprogramms*. Wiesbaden: Springer VS, 357–371.
Schwinn, Thomas. 2001. *Differenzierung ohne Gesellschaft. Umstellung eines soziologischen Konzepts*. Weilerswist: Velbrück.
Schwinn, Thomas. (Hg.). 2006. *Die Vielfalt und Einheit der Moderne. Kultur- und strukturvergleichende Analysen*. Wiesbaden: Springer VS.

Schwinn, Thomas. 2011. Von starken und schwachen Gesellschaftsbegriffen. Verfallsstufen eines traditionsreichen Konzepts. In: Ders., Clemens Kroneberg und Jens Greve (Hg.), *Soziale Differenzierung*. Handlungstheoretische Zugänge in der Diskussion. Wiesbaden: Springer VS, 27–44.

Sénéchal, Yan, Jonathan Roberge und Stéphane Vibert (Hg.). 2012. *La fin de la société. Débats contemporains autour d'un concept classique.* Montréal: Athéna

Seyfert, Robert. 2010. Die Entfaltung institutioneller Räume: Totemismus, Anthropismus, Gegenwart. In: Thomas Bedorf, Joachim Fischer und Gesa Lindemann (Hg.), *Theorien des Dritten. Innovationen in Soziologie und Sozialphilosophie.* München: Fink, 249–286.

Seyfert, Robert. 2011. *Das Leben der Institutionen. Zu einer Allgemeinen Theorie der Institutionalisierung.* Weilerswist: Velbrück.

Seyfert, Robert. 2019. *Beziehungsweisen. Elemente einer relationalen Soziologie.* Weilerswist: Velbrück.

Simmel, Georg. 1918. *Lebensanschauung. Vier metaphysische Kapitel.* Berlin: Duncker & Humblot.

Simmel, Georg. 1968 [1908]. *Soziologie. Untersuchungen über die Formen der Vergesellschaftung,* Berlin: Duncker & Humblot.

Simmel, Georg. 1989 [1900]. *Philosophie des Geldes. Gesamtausgabe Band 6.* Frankfurt/M.: Suhrkamp.

Simmel, Georg. 1992 [1896]. Das Geld in der modernen Cultur, in: Ders., *Aufsätze und Abhandlungen 1894 bis 1900, Gesamtausgabe Band 5,* Frankfurt/M.: Suhrkamp, 187–196.

Simmel, Georg. 1995a [1908]. *Soziologie. Untersuchungen über die Formen der Vergesellschaftung. Gesamtausgabe Band 11.* Frankfurt/M.: Suhrkamp.

Simmel, Georg. 1995b [1903]. Die Großstädte und das Geistesleben *In: Ders., Aufsätze und Abhandlungen 1901–1908. Band 1. Gesamtausgabe Band 7.* Frankfurt/M.: Suhrkamp, 116–131.

Simmel, Georg. 1996 [1911]. Der Begriff und die Tragödie der Kultur. In: Ders., *Hauptprobleme der Philosophie. Philosophische Kultur. Gesamtausgabe Band 14.* Frankfurt/M.: Suhrkamp, 385–416.

Soeffner, Hans-Georg. 1989. *Auslegung des Alltags – Alltag der Auslegung. Zur wissenssoziologischen Konzeption einer sozialwissenschaftlichen Hermeneutik.* Frankfurt/M.: Suhrkamp.

Soeffner, Hans-Georg. 1992. *Die Ordnung der Rituale: die Auslegung des Alltags 2.* Frankfurt/M.: Suhrkamp.

Soeffner, Hans-Georg. 2003. *Gesellschaft ohne Baldachin. Über die Labilität von Ordnungskonstruktionen.* Weilerswist: Velbrück.

Solchenyzin, Alexander. 1973/1974. *Der Archipel Gulag.* München: Scherz Verlag.

Spivak, Gayatri. 1990 [1985]. *Criticism, Feminism,* and the Institution. An interview with Elizabeth *Grosz,* in: Bruce Robbins (Hg.), *Intellectuals: Aesthetics, Politics, Academics.* Minneapolis, MN: University of Minnesota Press, 153–171.

Spivak, Gayatri. 2008 [1988]. *Können Subalterne sprechen?* Wien: Turia+Kant.

Spivak, Gayatri. 2010. Kultur. In: Julia Reuter und Paula-Irene Villa (Hg.), *Postkoloniale Soziologie. Empirische Befunde, theoretische Anschlüsse, politische Intervention.* Bielefeld: transcript, 47–68.

Srubar, Ilja, Renn, Joachim und Wenzel, Ulrich (Hg.). 2005. *Kulturen vergleichen. Sozial- und kulturwissenschaftliche Grundlagen und Kontroversen.* Wiesbaden: VS.

Stäheli, Urs. 1995. Gesellschaftstheorie und die Unmöglichkeit ihres Gegenstandes. Diskurstheoretische Perspektiven. *Schweizerische Zeitschrift für Soziologie* 21(2): 361–390.

Stäheli, Urs. 2000a. *Sinnzusammenbrüche. Eine dekonstruktive Lektüre von Niklas Luhmanns Systemtheorie.* Weilerswist: Velbrück.

Stäheli, Urs. 2000b. *Poststrukturalistische Soziologie.* Bielefeld: transcript.

Steets, Silke. 2015. *Der sinnhafte Aufbau der gebauten Welt.* Berlin: Suhrkamp.

Strübing, Jörg. 2005. *Pragmatische Wissenschafts- und Technikforschung. Theorie und Methode.* Frankfurt/M.: Campus.

Tarde, Gabriel. 2003 [1890]. *Die Gesetze der Nachahmung.* Frankfurt/M.: Suhrkamp.

Tarde, Gabriel. 2009a [1893]. *Monadologie und Soziologie.* Frankfurt/M.: Suhrkamp.

Tarde, Gabriel. 2009b [1898]. *Die sozialen Gesetze. Skizze einer Soziologie.* Marburg: Metropolis.

Tenbruck, Friedrich. 1981. Emile Durkheim oder die Geburt der Gesellschaft aus dem Geiste der Soziologie. *Zeitschrift für Soziologie* 10(4): 333–350.

Tenbruck, Friedrich. 1999. *Das Werk Max Webers. Gesammelte Aufsätze zu Max Weber.* Tübingen: Mohr Siebeck.

Touraine, Alain. 1981. Une sociologie sans société. *Revue française de sociologie* XXII(1): 3–13.

Touraine, Alain. 2003. Sociology without Societies. *Current Sociology* 51(2): 123–131.

Touraine, Alain. 2013. *La Fin des sociétés.* Paris: Points.

Trautmann, Felix (Hg.). 2017. *Das politische Imaginäre.* Berlin: August.

Treibel, Annette. 2008. *Die Soziologie von Norbert Elias. Eine Einführung in ihre Geschichte, Systematik und Perspektiven.* Wiesbaden: Springer VS.

Tyrell, Hartmann. 2011. Georg Simmels „große" Soziologie (1908). Einleitende Bemerkungen. In: Hartmann Tyrell, Otthein Rammstedt und Ingo Meyer (Hg.), *Georg Simmels große „Soziologie". Eine kritische Sichtung nach hundert Jahren.* Bielefeld: transcript, 9–67.

Urry, John. 2000. *Sociology beyond Society. Mobilities for the Twenty-First Century.* London: Routledge.

Villa, Paula-Irene. 2012. Gender Studies. In: Stephan Moebius (Hg.), *Kultur. Von den Cultural Studies bis zu den Visual Studies. Eine Einführung.* Bielefeld: transcript, 48–62.

Villa, Paula-Irene. 2020. *Gender Studies.* Bielefeld: transcript.

Viveiros de Castro, Eduardo. 1996. *From the Enemy's Point of View: Humanity and Divinity in an Amazonian Society.* Chicago: Chicago UP.

Viveiros de Castro, Eduardo. 2019 [2009]. *Kannibalische Metaphysiken.* Leipzig: Merve.

Weber, Max. 1980. *Wirtschaft und Gesellschaft.* Studienausgabe. Tübingen: Mohr Siebeck.

Weber, Max. 1989. *Die Wirtschaftsethik der Weltreligionen. Konfuzianismus und Taoismus: Schriften 1915–1920.* MWG, I, Bd. 19. Tübingen: Mohr Siebeck.

Weber, Max. 2011. *Briefe 1918–1920.* MWG, II, Bd. 10,1. Tübingen: Mohr .

Weber, Max. 2013. *Wirtschaft und Gesellschaft. Soziologie. Unvollendet. 1919–1920.* Max Weber Gesamtausgabe I, Bd. 23. Tübingen: Mohr Siebeck.

Weber, Max. 2016a. *Die protestantische Ethik und der Geist des Kapitalismus. Die protestantischen Sekten und der Geist des Kapitalismus. Schriften 1904–1920*. MWG, I, Bd. 18. Tübingen: Mohr Siebeck.

Weber, Max. 2016b. *Die protestantische Ethik und der „Geist" des Kapitalismus*. Wiesbaden: Springer VS.

White, Harrison. 1992. *Identity and Control. A Structural Theory of Social Action*. Princeton: Princeton UP

Wouters, Cas. 1999. *Informalisierung. Norbert Elias' Zivilisationstheorie und Zivilisationsprozesse im 20. Jahrhundert*. Opladen: Westdeutscher Verlag.

Zeitschrift für Theoretische Soziologie 2: 2017: Differenzierung.

Ziemann, Andreas. 2000. *Die Brücke zur Gesellschaft. Erkenntniskritische und topographische Implikationen der Soziologie Georg Simmels*. Konstanz: UVK.

Zifonun, Dariuš. 2018. ‚Aber das ist eigentlich eine andere Geschichte' – Wissenssoziologisches zur Theorie und Empirie der Differenzierung der modernen Gesellschaft. In: Martin Endreß und Alois Hahn (Hg.), *Lebenswelttheorie und Gesellschaftsanalyse. Studien zum Werk von Thomas Luckmann*. Köln: Halem, 193–204.

The manufacturer's authorised representative in the EU is Springer Nature Customer Service Centre GmbH, Europaplatz 3, 69115 Heidelberg, Germany. If you have any concerns regarding our products, please contact ProductSafety@springernature.com

Printed and bound by CPI Group (UK) Ltd, Croydon, CR0 4YY

25/03/2026

02078225-0003